权威·前沿·原创

皮书系列为
"十二五"国家重点图书出版规划项目

安徽蓝皮书
BLUE BOOK OF ANHUI

安徽社会发展报告（2015）

ANNUAL REPORT ON SOCIAL DEVELOPMENT OF ANHUI
(2015)

主　编／程　桦
执行主编／范和生　王开玉

社会科学文献出版社
SOCIAL SCIENCES ACADEMIC PRESS (CHINA)

图书在版编目(CIP)数据

安徽社会发展报告.2015/程桦主编.—北京：社会科学文献出版社，2015.4
（安徽蓝皮书）
ISBN 978-7-5097-7358-1

Ⅰ.①安… Ⅱ.①程… Ⅲ.①社会发展-研究报告-安徽省-2015 Ⅳ.①D675.4

中国版本图书馆 CIP 数据核字（2015）第 069831 号

安徽蓝皮书
安徽社会发展报告（2015）

主　　编 /	程　桦
执行主编 /	范和生　王开玉
出 版 人 /	谢寿光
项目统筹 /	张丽丽
责任编辑 /	张丽丽　王　颉
出　　版 /	社会科学文献出版社·皮书出版分社（010）59367127
	地址：北京市北三环中路甲29号院华龙大厦　邮编：100029
	网址：www.ssap.com.cn
发　　行 /	市场营销中心（010）59367081　59367090
	读者服务中心（010）59367028
印　　装 /	北京季蜂印刷有限公司
规　　格 /	开　本：787mm×1092mm　1/16
	印　张：25.75　字　数：433千字
版　　次 /	2015年4月第1版　2015年4月第1次印刷
书　　号 /	ISBN 978-7-5097-7358-1
定　　价 /	89.00元
皮书序列号 /	B-2013-288

本书如有破损、缺页、装订错误，请与本社读者服务中心联系更换

▲ 版权所有 翻印必究

《安徽社会发展报告（2015）》编委会

学 术 指 导	黄德宽　黄家海
编委会主任	程　桦
编委会副主任	王群京　王开玉　吴劲松　周　苏　李修松 高俊文　陈义平　范和生
主　　　编	程　桦
执 行 主 编	范和生　王开玉
执行副主编	方金友　徐　华
编委会成员	（按姓氏笔画为序） 马　芒　王群京　王开玉　王邦虎　王云飞 王建文　方金友　田　飞　孙语圣　孙中锋 汤夺先　吴劲松　吴宗友　李修松　张启兵 张冶栋　张德元　沈跃春　陈义平　陈俊峰 杨雪云　范和生　周　苏　周典恩　荣兆梓 俞本立　高俊文　唐世金　徐　华　夏当英 黄　鹂　程　桦

主要编撰者简介

程 桦 安徽巢湖人。国家级教学名师、博导、二级教授、安徽省先进工作者。现任安徽大学党委副书记、校长。享受国务院特殊津贴,是国家煤炭系统专业技术拔尖人才、安徽省杰出专业人才、安徽省首批高校学科技术带头人、安徽省科技创新学术团队带头人。兼任安徽省岩石力学与工程学会副理事长,安徽省力学学会副理事长,《煤炭学报》编委。

现主持国家级、省级纵向课题5项,横向课题6项。在专业核心期刊、学术期刊上发表学术论文50余篇,其中,《地方特色型院校学科专业结构优化及构造多样化人才培养模式的研究与实践》获国家级教学成果二等奖。

主要研究方向:①地下结构计算理论;②岩石力学与支护;③矿山与岩土工程特殊施工理论与技术等。近年来,获国家科技进步二等奖两项,省部级特等奖两项、一等奖两项、二等奖七项、三等奖三项,教育部科技进步二等奖一项,安徽省合芜蚌自主创新综合试验区创新人才奖和全国优秀科技工作者称号。

范和生 安徽无为人。安徽大学社会与政治学院副院长、教授、博士生导师、安徽大学中青年学术骨干、第二届全国社会工作专业学位研究生教育指导委员会委员、安徽省社会心理学会会长、安徽省社会学会副会长、安徽省老年学和医学学会副会长、中国社会学会理事、中国社会心理学会常务理事、安徽省政府立法咨询员、安徽省社会科学界联合会第七届委员会委员。任教以来,先后主讲社会学概论、行政管理学、社会心理学的理论与方法、社会发展研究、社会政策等课程,其中社会学概论被评为安徽省省级精品课,其编著的《行政管理新论》被评定为安徽省"十一五"省级规划教材。已出版专著八部,主编各类教材30余部。在《传统文化与现代化》《中国行政管理》《东南大学学报》《安徽大学学报》等刊物上,发表论文40余篇。主持与参与国家级和省级的科研项目 10 多项，获得科研奖项多项。学术研究方向：社会学理论、政治社会学、行政学、社会心理学。

王开玉 安徽凤阳人。安徽省社会科学院二级研究员，享受国务院特殊津贴、安徽省政府特殊津贴，安徽省直宣口"四个一批"拔尖人才。任安徽省社会结构研究中心主任、安徽省社会学会常务副会长。主要研究方向：社会结构研究、中国现代化研究。

王开玉是中国蓝皮书安徽项目协调人，策划并参与主编了《中国省会经济圈蓝皮书——合肥·六安·巢湖发展报告》《中国省会经济圈蓝皮书——合肥·六安·巢湖·淮南及桐城发展报告》《中国省会经济圈蓝皮书——合肥经济圈经济社会发展报告》。担任国家社科基金重点项目"中国百村经济社会调查"安徽项目协调人，主编了《大别山口的美丽家园》《魅力盐铺》《发现钱庙》。

专著和主编的著作获得国家政府奖的有：2000 年获"第十二届"中国图书奖、2010 年获"第三届中华优秀出版物提名奖"。参与的著作《邓小平新时期建党理论研究》获 1997 年"全国第六届'五个一'工程奖一等奖"。

王开玉还是我国知名的社会新闻评论专家。近年来，在新华社等主流媒体和地方有影响的报刊发表评论 43100 条，2012 年发表社会新闻评论 15 万字。

序　言

安徽蓝皮书系列已连续出版两年了。安徽省内外数十家主流媒体对此进行了大面积的深度报道，《安徽社会发展报告》在省内外产生了广泛的社会影响，为安徽大学服务安徽社会发展做出了应有的贡献。《安徽社会发展报告（2013）》经中国社学科学院专家严格评定，已进入全国蓝皮书百强行列。同时，《安徽社会发展报告（2013）》单篇报告还获得了社会科学文献出版社颁发的优秀皮书报告奖。《安徽社会发展报告（2014）》获得了省直机关、各地市的大力支持，报告内容涉及的领域进一步扩展、影响力进一步提升，已成为安徽大学服务安徽经济社会发展的重要平台之一。《安徽社会发展报告（2015）》又将与读者见面了，我们希望本报告在推动安徽经济社会发展方面充分发挥高校智库功能。

《安徽社会发展报告（2015）》紧扣蓝皮书"权威、前沿、原创"的核心要求，对安徽经济社会建设进行了全面、系统的分析，围绕法治社会、三农发展、就业保障、家庭建设、发展探索五大主题，勾勒其现状、进展和趋势，并提出了有针对性的对策建议。与前两版相比，本书的触角更深、视野更宽。

在法治社会篇，报告认为"十二五"时期安徽省法治社会建设取得长足进步，政府科学行政能力逐步增强，农村基层治理法治化水平不断提高。在三农发展篇，报告对安徽省农村集体经济发展、农业女性化现象进行了深入研究，并以小井庄为个案，全面描绘了安徽省美好乡村建设的新面貌。在就业保障篇，报告客观真实地反映了经济新常态下安徽省特别是合肥市在就业保障方面取得的成就以及存在的不足，并结合安徽经济社会发展的实际提出应对策略。在家庭建设篇，报告以幸福家庭建设为切入点，将研究的视角聚焦于安徽省留守儿童和计划生育特殊家庭的教育与关怀。在发展探索篇，报告指出了安徽对接长江经济带建设存在的优势与劣势及面临的机遇与挑战，并就安徽省城乡一体化发展水平评价、安徽儿童社会发展、安徽大学生价值取向、合肥市社

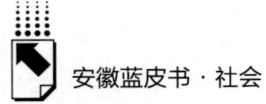

会组织发展等进行了认真的研究与探索,最后再次发布安徽社会发展指数及发展指数排名,让读者准确把握安徽社会发展的实情与动态。

安徽蓝皮书系列已成为展示安徽社会发展现状、揭示安徽社会发展问题、探寻解决社会发展问题路径的平台。安徽大学借助这个平台力图实现与安徽地方社会发展的深度融合,有力促进科学研究、学科建设、人才培养与服务地方社会的有机结合。

安徽蓝皮书系列涵盖了安徽社会发展的众多领域,汇集了安徽省社会发展的海量数据,除了传达社会与政府的声音外,还更多地展现了学者的独立研究成果。因此,该蓝皮书也将是专家学者服务地方社会发展的能力与个性的展示。

安徽蓝皮书系列已逐渐发展成有关安徽社会发展走向的舆论发布中心。安徽大学将以该蓝皮书为基础,会聚全省乃至全国的该领域专家,全面、深入、原创性地研究安徽社会发展的情况,对安徽社会发展问题进行科学诊断并提出富有针对性的解决方案,努力将该蓝皮书打造成直接服务于安徽省各级地方政府决策的高端智库。

安徽蓝皮书系列的顺利出版,离不开诸多同仁的艰苦努力,在此我向他们表示诚挚的感谢!感谢社会科学文献出版社谢寿光社长、安徽省社会科学院王开玉研究员以及安徽省社会学会的诸位专家为该书出版所做的贡献!感谢校内外专家学者、编辑人员为本书出版提供的大力支持!安徽大学社会与政治学院范和生教授及其蓝皮书创编团队为本报告的及时出版付出大量心血和艰苦努力,蓝皮书编辑部的范慧、唐惠敏、耿言虎、毛羽丰为本书出版做了大量的编辑、校对和翻译工作,对此,本人表示衷心的感谢!

程桦

2015 年 3 月 19 日

摘　要

本书是在安徽大学"安徽社会发展报告"课题组撰写的调研分析报告的基础上编写而成，内容主要涉及安徽省2014~2015年社会发展状况与前景。本书由安徽大学社会与政治学院、经济学院、法学院和管理学院的专家教授共同完成，安徽省社会学学会的专家学者以及政府研究人员也参与了撰写。

本书参考了国家及安徽省官方发布的统计数据并进行了相关的社会调查，在掌握大量文献资料和第一手调研资料的基础上，总结了安徽省在经济新常态下深化改革的社会发展历程。在"稳增长、调结构、促改革、惠民生、防风险"的总体思路指引下，安徽经济社会的调整转型逐步深化，经济运行稳中有进，发展活力不断增强，民生环境持续改善，社会风貌和谐良好。2014年，安徽开启了土地改革新模式，有效增加了农民收入；全面深化行政体制改革，深入推进行政层级改革试点；积极打造服务型政府，圆满完成33项民生工程任务，有效改善了民生环境；合肥跨步迈入长三角，正式跻身世界级城市群。同时，面对严峻的宏观经济下行压力，安徽外贸经济发展不均，吸引外资后劲不足；乡镇企业发展滞后，县域经济有待加强；就业扩容减速，就业压力增大；新型城镇化发展不均衡，配套服务体系不完善等问题凸显。安徽经济社会的快速发展仍然面临重大挑战。

本书对安徽经济社会建设进行了全面、系统的分析，勾勒其现状、进展和趋势，并提出了有针对性的对策建议。在法治社会篇，本书认为"十二五"时期安徽省法治社会建设取得了长足进步，政府科学行政能力逐步增强，农村基层治理法制化水平不断提高。在三农发展篇，本书对安徽省农村集体经济发展、农业女性化现象进行了深入研究，并以小井庄为个案，全面描绘了安徽省美好乡村建设的新面貌。在就业保障篇，本书客观真实地反映了经济新常态下安徽省特别是合肥市在就业保障方面取得的成就以及存在的不足，并结合安徽经济社会发展的实际提出了可行的应对策略。在家庭建设篇，本书以幸福家庭建设为切入点，将研究的视角聚焦于安徽省留守儿童和计划生育特殊家庭的教育与关怀。在发展探索篇，本书指出了安徽对接长江经济带建设存在的优势与劣势及面临的机遇与挑战，并就安徽省城乡一体化发展水平、安徽儿童社会发展、安徽高校大学生价值取向、合肥市社会组织发展等进行了认真的研究与探索，最后再次发布2013年安徽社会发展指数及发展指数排名，让读者准确把握安徽社会发展的实情与动态。

本书客观反映了2014~2015年安徽社会的发展实情，剖析了安徽社会建设中面临的矛盾和问题，提出了促进安徽和谐发展的对策建议，展望了2015年安徽社会形势的发展趋势。

目 录

BⅠ 总报告

B.1 2014~2015年安徽社会形势分析与预测 ………… 范和生 方 伟 / 001
    一 2014~2015年安徽社会发展的新成就 ………………………… / 002
    二 2014~2015年安徽社会发展存在的问题 ……………………… / 014
    三 2014~2015年安徽社会可持续性发展的对策 ………………… / 019

BⅡ 法治社会篇

B.2 安徽省社会法立法发展研究 ……………………………… 伍德志 / 023
B.3 安徽省行政审批制度改革：成效与反思 ………… 赵晓春 丁先存 / 057
B.4 安徽省第九届村民委员会换届选举观察报告
    …………………………………… 陈义平 王进芬 王中华 / 078

BⅢ 三农发展篇

B.5 安徽省城镇化进程中农村集体经济发展路径研究
    ……………………………………………… 范和生 唐惠敏 / 112
B.6 安徽省"农业女性化"现状及其影响 ……………………… 黄 鹂 / 138
B.7 小井庄社会发展报告 ………………… 周典恩 周 静 王怡田 / 160

001

BⅣ 就业保障篇

- B.8 安徽省就业和社会保障报告（2014） …………… 杨　军 / 187
- B.9 合肥市就业形势与展望 ……………………… 方金友 / 205

BⅤ 家庭建设篇

- B.10 秩序变化中的关怀：安徽省"幸福家庭建设"实践
  ………………………………………… 夏当英　熊　峰 / 220
- B.11 安徽省农村留守家庭的现状及对策研究 ……… 王云飞　高　源 / 236
- B.12 安徽省计划生育特殊家庭社会关怀项目基线调查分析报告
  ……………………………………… 孙中锋　周文静　王蓉蓉 / 252

BⅥ 发展探索篇

- B.13 安徽在长江经济带格局中的发展战略研究 ………… 李本和 / 272
- B.14 安徽城乡一体化发展水平评价及对策研究
  ……………………………………… 陈俊峰　宋雨洁　蔡　润 / 304
- B.15 安徽省儿童社会发展报告 …………………………… 杨雪云 / 321
- B.16 安徽高校大学生价值取向状况调查与分析
  ………………………………… 潘　莉　董梅昊　郝丹丹　李　青 / 333
- B.17 合肥市社会组织发展的探索与思考 ……… 颜翠芳　张　健 / 353
- B.18 2013年安徽省及各市社会发展指数
  ……………………………………… 田　飞　余　盼　何蕾蕾 / 370

Abstract ……………………………………………………………… / 384
Contents ……………………………………………………………… / 387

总 报 告
General Report

B.1 2014~2015年安徽社会形势分析与预测

范和生 方 伟*

摘 要： 2014年以来，安徽省积极适应经济发展新常态，实现了全面深化改革的良好开局。在"稳增长、调结构、促改革、惠民生、防风险"的总体思路指引下，安徽社会经济的调整转型逐步深化，经济运行稳中有进，发展活力不断增强，民生环境持续改善，社会风貌和谐良好。2014年，安徽开启了土地改革新模式，有效增加了农民收入；全面深化行政体制改革，深入推进行政层级改革试点；积极打造服务型政府，圆满完成33项民生工程任务，有效改善民生环境。此外，合肥跨步迈入长三角，正式跻身世界级城市群。与此同时，面

---

* 范和生，安徽大学社会与政治学院副院长、教授、博士生导师，安徽省社会心理学学会会长。研究方向：社会学理论、政治社会学、社会心理学。方伟，安徽大学社会与政治学院讲师，博士。研究方向：政治社会学、南部非洲国际关系。

对严峻的宏观经济下行压力，安徽外贸经济发展不均，吸引外资后劲不足；乡镇企业发展滞后，县域经济有待加强；就业扩容减速，就业压力增大；新型城镇化发展不均衡，配套服务体系不完善等问题凸显。因此，本文在展示2014~2015年安徽社会经济发展成就的同时，针对安徽发展过程中面临的一些现实问题，提出了相应的对策建议，以期为促进安徽经济社会平稳快速发展提供借鉴。

关键词： 创新驱动战略 土地改革试点 行政体制改革 民生工程 安徽

一 2014~2015年安徽社会发展的新成就

2014年以来，安徽省积极适应经济发展新常态，实现了全面深化改革的良好开局。在"稳增长、调结构、促改革、惠民生、防风险"的总体思路指引下，安徽省委、省政府带领广大人民，不断推动社会经济的全面转型升级，加快安徽跨越式崛起的步伐。2014年，安徽省GDP达20848.8亿元，增长9.2%。财政收入3663亿元，增长8.9%，其中地方财政收入2218亿元，增长6.9%。固定资产投资额21256.3亿元，增长16.5%。社会消费品零售总额7320.8亿元，增长13%。对外进出口总额492.7亿美元，增长8.2%。城镇常住居民人均可支配收入24839元，增长9%，居全国第10位；农村常住居民人均可支配收入9916元，增长12%，居全国第6位。城镇新增就业人口达67.1万人，超额完成年度目标任务；城镇登记失业率为3.2%，低于年度预期目标。居民消费价格上涨1.6%，比全国低0.4个百分点。[①] 总体而言，面对2014年复杂严峻的宏观经济环境，安徽省从容应对，主动适应新常态，抢抓发展新机遇，经济运行稳中有进、进中提质，发展活力不断增强，民生环境持续改善，社会风貌和谐良好。

---

① 安徽省统计局：《在转型升级中实现新发展——2014年全省经济形势系列分析之一》，2015年2月2日。

（一）以改革创新为动力，向农业现代化稳步迈进

安徽作为传统农业大省[①]和中国农村改革的发源省份，安徽省委、省政府一直高度重视农业对国民经济发展的基础作用。2014年，安徽省粮食播种面积9943.4万亩，与上年基本持平；粮食产量683.2亿斤，在全国的排名由上年的第8位前移到第6位，增长4.2%，增幅居全国第2位。养殖业生产稳定，全年生猪出栏3089.2万头，增长4%；主要肉类产量412.8万吨，增长2.6%；牛奶产量27.9万吨，增长10%；水产品产量223.7万吨，增长3.8%。[②] 2014年安徽农业的蓬勃发展，与安徽省委、省政府深入贯彻落实《中共中央、国务院关于全面深化农村改革加快推进农业现代化的若干意见》（中发〔2014〕1号），以改革创新为动力，积极推动安徽农业的现代化有着紧密联系。安徽省委、省政府明确全面深化农村改革总体思路，把握农业农村发展的正确方向，在稳定粮食等重要农产品供给的基础上，大力保障农产品质量安全，并且进一步加大"三农"投入，强化农业支持保护制度。此外，安徽省还加快农村金融创新，增加农村融资渠道，不仅强化金融机构服务"三农"的职责，还积极创新发展新型农村合作金融组织，为安徽省农业现代化的稳步发展保驾护航。[③]

（二）开启土地改革新举措，有效增加农民收入

2013年10月底，安徽省发布了《安徽关于深化农村综合改革示范试点工作的指导意见》，标志着安徽第二次土地改革的启动。安徽省将涡阳县、颍泉

[①] 安徽的农产品品种多、规模大，是农业经济的重要组成部分。常年农作物种植面积800万公顷，其中粮食作物占65%、经济作物和其他作物占35%，粮食作物主要为小麦、稻谷、玉米、薯类和其他旱杂粮，其中小麦、水稻的产量占粮食总产的80%左右，常年全省粮食总产2500万吨，商品率达40%；油料作物主要是油菜、花生、芝麻，常年油料总产290万吨，商品率达70%以上；棉花年种植面积40万公顷，总产30万吨，商品率为85%；蔬菜年种植面积70万公顷，总产1500万吨，其他如茶叶、蚕茧、水果、中药材等都是重要的经济作物。详见安徽省农委网站，http://ahzw.6636.net/info.asp?typeid=139。

[②] 安徽省统计局：《在转型升级中实现新发展——2014年全省经济形势系列分析之一》，2015年2月2日。

[③] 《中共安徽省委安徽省人民政府关于全面深化农村改革加快推进农业现代化的实施意见》（皖发〔2014〕1号）。

区、临泉县、烈山区、埇桥区、怀远县、凤台县、庐江县、凤阳县、含山县、无为县、宣州区、青阳县、铜陵县、潜山县、金寨县、金安区、黟县、广德县、宿松县等20个县（区）列为试点县，并在其余85个县（区）各选择1个乡镇开展试点。经过一年的改革试点，安徽在土地确权试点方面的努力切实提高了农民的收益。同时，积极探索农村合作制经济的发展路径，不断拓宽农民增收渠道，创新农村土地流转形式。例如，2014年12月，在合肥市肥西县官亭镇新民社区成立了全省首家土地股份合作社——新民土地股份合作社。在新民社区土地股份合作社模式下，参与流转的企业用工量较大，带动了当地每天多达200~300人的就业。土地入股合作社后，相比之前单纯种地，农民年收入增加2.4万元。此外，由于收入的增加，新民土地股份合作社也吸引了大量外出打工的农民返乡就业。①

（三）结构调整扎实推进，产业转型成效凸显

2014年，安徽省产业结构调整工作的重点主要是大力发展现代服务业和新兴产业，促进传统产业的改造与升级，努力构建富有竞争力的现代产业体系。具体而言，要继续坚持新兴产业规模化和传统产业新兴化的发展思路。按照目标明确、持续推进的总体要求，以突破产业链核心环节为关键，以培育壮大和引进发展领军企业为重点，积极谋划高端智能装备、集成电路、生物医药、物联网、节能环保新材料、新能源等新兴产业的发展。在推动传统产业改造升级方面，安徽省切实解决产能过剩的问题，并坚持通过"一企一策"的方式，落实重点骨干企业改造提升的具体方案，以提升企业创新能力为突破口，加快推进创新体系的建设，推进企业实现内涵式跨越发展。同时，安徽省还把推进现代服务业发展放到更加突出的位置，推进服务业提速发展，增加服务业的比重，提升服务水平。此外，安徽省还通过建设服务业集聚区②，加快发展生产性与生活性服务业，推动安徽现

---

① 查道坤：《安徽土地改革新模式：农民以土地入股年收入增2.4万元》，《每日经济新闻》2015年1月20日。
② 2014年，安徽省新增合肥港口物流园、马鞍山皖江金融产业园、芜湖文化创意产业园等16家省级现代服务业集聚区。郑莉、徐海涛：《安徽省现代服务业"四位一体"迸发活力》，《安徽日报》2014年11月26日。

代服务业在集聚、创新、错位、融合"四位一体"的基础上高速发展。在此背景下，2014年前三季度，安徽省GDP中服务业比重由上年同期的32.3%提高到32.8%。在规模以上工业中，装备制造业和高新技术产业增加值分别增长13%和14.4%，增幅比全部规模以上工业高1.7个百分点和3.1个百分点，其中电子信息业增加值增长40.6%，贡献率由上年同期的8.5%提高到12.6%，跃居全省40个行业之首。此外，安徽省民营工业企业增加值增长14.4%，对规模以上工业增长的贡献率由上年同期的75.5%提升到82.5%。固定资产投资中，技改、基础设施投资分别增长18.5%和20.3%，与上年同期相比，分别提高到23.2%和16%。[1]

（四）深化行政体制改革，积极打造服务型政府

2014年是国务院发布《全面推进依法行政实施纲要》的第十年，安徽省在全面总结依法行政工作的经验与教训的同时，全面深化行政体制改革，深入推进行政层级改革试点，不断清理和规范行政审批，积极打造服务型政府。在省级政府管理方面，2014年10月31日，安徽省公布省级政府权力清单和责任清单，将原有的5405项省级政府权力事项减少到1712项，并承诺2015年将在省、市、县三级全面推行责任清单和行政权力清单制度。[2] 在省级以下政府管理方面，全省食品药品监督管理体制改革工作和省级以下工商、质量监督行政管理体制调整已经顺利完成，县级工商、质量监督、食品药品监管机构实现有机整合，卫生与人口计生、广电与新闻出版等机构的整合工作稳步推进。通过改革，安徽省已经初步建立以经济调节、市场监管、社会管理和公共服务部门为主体的组织框架。在基层政府管理方面，安徽省稳步推进行政层级改革试点，不断深化乡镇行政体制改革。安徽省在61个县（区）开展并扩大县级经济社会管理权限试点工作，先后下放和减少管理层级的权限共287项。在150个试点镇，下放部分行政审批权和执法权，并赋予试点镇相应的建设管理权。在宿松县和广

---

[1] 赵金宝：《2014年前三季度全省经济运行情况》，安徽省统计局，2014年10月23日。
[2] 曹显钰、汪国梁：《安徽省全面深化行政体制改革实施"法制惠民工程"》，《安徽日报》2014年11月6日。

德县开展省直管县体制改革试点。在天长市的秦栏镇、无为县的高沟镇两个中央编制办确定的试点镇，开展经济发达镇行政管理体制改革试点，在霍山县衡山镇等8个镇开展省级行政管理体制改革试点工作。在此背景下，安徽省基层政权行政层级得到逐步优化，基层政府公共服务能力不断提升。

（五）民生工程成果显著，城镇居民收入稳步增长

2014年，安徽省不断完善社会保障机制，从学有所教、劳有所得、病有所医、老有所养、住有所居、三农发展六大方面，积极推进民生工程建设。在实践过程中，注重项目绩效评价，积极践行分类管理，有效运用市场规则，推行政府购买服务，逐步形成政府主导、社会支持、群众参与的良性互动格局。2014年，安徽省累计拨付民生工程资金686.3亿元，33项民生工程目标任务圆满完成（见表1）。[1] 需要特别指出的是，在农村医保工作方面，2014年安徽省新型农村合作医疗（以下简称新农合）参合人数达5190.4万人，参合农民住院实际补偿比达60.12%，门诊统筹实际补偿比达44%。全省所有县（市、区）参合农民全部享有大病保险政策。[2] 此外，在促进城乡居民收入增长方面，强化了省直各主管部门组织实施职责，开展居民收入倍增规划实施分析评价工作。加强增收政策制定和分类指导，督促落实各项强农、惠农、富农政策。规范收入分配秩序，落实收入分配政策措施，完善以税收、社会保障、转移支付为主要手段的再分配调节机制，努力缩小收入分配差距，稳步提高居民收入。2014年前三季度，安徽省城镇常住居民人均可支配收入18499元，增长9.4%，实际增长7.5%；农村常住居民人均可支配收入7457元，增长12.2%，实际增长10.4%。[3] 人民生活水平稳步提升。

---

[1] 刘甜甜：《为民办实事回头看：安徽去年33项民生工程圆满收官》，人民网，2015年1月13日。

[2] 冯珉：《新农合大病保险全覆盖参合农民住院补偿比达60.12%》，《安徽日报》2014年12月24日。

[3] 赵金宝：《2014年前三季度全省经济运行情况》，安徽省统计局，2014年10月23日。

表1 2014年安徽省民生工程任务完成情况

编号	项目名称	完成情况
1	义务教育经费保障机制改革	已完成全年目标任务。免除612万名城乡义务教育阶段学生学杂费并补助义务教育阶段学校公用经费44.28亿元,完成率106%;向546万余名农村义务教育阶段学生免费提供国家课程教科书,核拨免费提供教科书资金7.2亿元,春秋学期免费教科书已全部发放到学生手中,完成率117%;向17.69万名城乡义务教育阶段家庭经济困难寄宿生发放生活费1.98亿元,完成率100%
2	高校、中职和普通高中家庭经济困难学生资助	已完成全年目标任务。资助606679人,按月发放金额132301万元;免费补助学生272005人,补助金额58406万元
3	乡镇公办幼儿园建设	已完成全年目标任务。新建项目开工72个,完工率100%;改建项目开工319个,完工率100%
4	就业促进工程	已完成全年目标任务。就业技能培训完成人数35.7万人,完成率119%;公益性岗位开发54131个,完成率108%;开发高校毕业生基层特定岗位4000个,完成率100%;组织13601名高校毕业生参加就业见习,完成率113%
5	新型农村合作医疗	已完成全年目标任务。全省参合人数达5190万人,各地按财政补助320元、个人筹资70元的标准筹资总额达187亿元;住院率8.1%;参合农民住院实际补偿比为60.12%;增加51组常见病实行按病种付费;补偿工作正常开展
6	城镇居民基本医疗保险	已完成全年目标任务。全省参保人数达935.6万人,政策范围内报销比例达70.14%;参保居民住院及门诊特殊病的医疗费用实际报销(兜底报销)比例在35%以上
7	城乡居民大病保险	已完成全年目标任务。16个市和宿松县全部出台《城镇居民大病保险实施办法》,并组织实施,广德县交由新农合管理。全省城镇居民大病保险补偿人数达8.89万人次,补偿资金1.1亿元。全省共有66个统筹地区建立新农合大病保险制度,超额完成50%的目标任务。全省新农合大病保险补偿人数达7.45万人次,补偿资金3.6亿元
8	基本公共卫生服务	已完成全年目标任务。城乡居民健康档案电子建档4949万人,电子建档率达83%;高血压患者、Ⅱ型糖尿病患者、65岁以上老年人规范管理人数分别达523.8万人、123.6万人、565万人,规范管理率分别达64%、90%、83%
9	城乡医疗救助	已完成全年目标任务。共救助城乡困难群众388.6万人次,支出救助资金10.8亿元

续表

编号	项目名称	完成情况
10	妇女儿童健康水平提升工程	已完成全年目标任务。全省完成免费婚检116.7万例,完成率122%;农村孕产妇分娩补助57.1万例,完成率126%;免疫规划接种1849万剂次,完成率115%;建成县(区)妇幼保健规范化机构1所
11	县级公立医院药品零差率补助	已完成全年目标任务。全省74个县(市、区)所辖县级公立医院所有药品全部实行零差率销售
12	贫困残疾人救助与康复	已完成全年目标任务。救助贫困残疾人54.1万人,完成率103%;白内障复明手术完成13226例,完成率132%;贫困精神残疾人药费补助71485例,完成率105%;残疾儿童抢救性康复完成10055例,完成率101%
13	重大传染病医疗救治	已完成全年目标任务。救治贫困结核病人10567例,完成率117%;救治晚期血吸虫病人5022例,完成率110%
14	城乡居民社会养老保险	已完成全年目标任务。已参保人数3337万人,符合参保条件的城乡居民当年参续保率达98.2%,符合领取条件的人员养老金发放率达100%,领取金额5.58亿元
15	农村五保供养及敬老院建设	已完成全年目标任务。保障农村"五保"供养对象43.1万名,发放"五保"供养资金12亿元,农村"五保"供养水平提高10%,分散供养标准达180元/(月·人),集中供养标准达315元/(月·人);农村"五保"供养机构完工208个,完工率100%,新增床位20022张,完成率100%
16	社会养老服务体系建设	已完成全年目标任务。省财政及本级公益金支出5000万元专门用于支持社会力量兴办养老机构和社区养老服务
17	计划生育家庭特别扶助	已完成全年目标任务。全省计生特别扶助资格确认工作全部完成,确认特别扶助对象29142人,发放扶助金7871.9万元
18	保障性安居工程	已完成全年目标任务。开工棚户区改造住房35.43万套,开工率100.03%;开工公共租赁住房11.21万套,开工率100%;基本建成27.49万套,完成率100%;新增租赁补贴11518户,完成率242%
19	农村危房改造	已完成全年目标任务。开工109082户,开工率100%;完工109082户,完工率100%
20	山区库区农村住房保险试点	已完成全年目标任务。27个山区库区县(市、区)与保险公司签订协议,参保户数达277万户,保险金额达4437.8万元;已理赔1102.4万元
21	美好乡村公共服务体系奖补	已完成全年目标任务。种植业承保10195万亩,完成率228%;养殖业承保147.6万头,完成率201%;理赔兑现率达96.1%,高于目标任务的6.1%

续表

编号	项目名称	完成情况
22	政策性农业保险	已完成全年目标任务。足额落实美好乡村公共服务体系奖补资金10亿元,进一步加大涉农资金整合和社会资金引导力度
23	小型农田水利设施改造提升工程	已完成全年目标任务。完成小水库284座,完工率71%;完成小泵站11.9万千瓦,完工率99%;完成小水闸1041座,完工率102%;完成中小灌区74处,完工率96%;完成塘坝9万口,完工率100%;完成河沟7087条,完工率101%;完成机电井3.06万眼,完工率114%;完成末级渠系345.3万亩,完工率115%
24	农村饮水安全工程	已完成全年目标任务。已建成905个,完工率100%
25	农村公路危桥加固改造	已完成全年目标任务。以前年度项目已建成122座,完工率100%;2014年项目开工923座,开工率100%;必须当年完工项目完工479座,完工率100%
26	一事一议财政奖补	已完成全年目标任务。筹资筹劳人口计3210万人,占项目受益人口数的84%;共审批一事一议财政奖补项目13303个,已实施项目13303个,已完工项目13303个,完成率100%
27	农村居民最低生活保障	已完成全年目标任务。全省农村低保保障对象208万人,支出资金36.97亿元,人均补差水平比2013年提高10%
28	生活无着人员社会救助	已完成全年目标任务。流浪乞讨人员救助15.1万人,使用救助资金1.18亿元,人均救助支出650.8元;孤儿基本生活保障2.7万人,共发放资金2亿元,社会散居孤儿每人每月不低于600元,机构集中供养孤儿每人每月不低于1000元。实现"应救尽救"的救助目标
29	农村清洁工程	已完成全年目标任务。开工245个,开工率100%;完成245个,完工率100%
30	广播电视村村通	已完成全年目标任务。20户以下已通电自然村通广播电视完工9000处,完工率100%;无线发射站基础设施开工15个,开工率100%,完工15个,完工率100%
31	公共文化场馆开放	已完成全年目标任务。全省免费开放公共图书馆105个、文化馆120个、美术馆7个、乡镇综合文化站1283个、博物馆89个,共计1604个
32	农村文化建设专项补助	已完成全年目标任务。已演出21722场,完成率139.8%;放映电影194916场,完成率104.5%;开展体育活动94817场,完成率108.4%;更新出版物1779800册,完成率111%
33	公共文化服务信息化建设	已完成全年目标任务。完工339个,完工率100%,已全部投入使用

资料来源:根据安徽省民生工程协调小组办公室发布的相关信息整理所得。

（六）创新环保机制，加快生态强省建设步伐

加强环境保护，建设生态文明，不仅关系人民的福祉，也关乎安徽社会经济发展的未来。在"生态强省"的目标指引下，安徽省积极创新环保机制建设，以建立系统完整的生态文明制度体系为突破口，立足于解决生态环境保护的突出问题，用制度保护生态环境，建设绿色安徽。具体而言，其一，摒弃以牺牲环境为代价换取 GDP 增长的施政理念，建立系统的生态文明制度体系，用制度保护生态环境。例如，安徽省国土资源系统切实履行工作职责，稳步推进"三线三边"[①]矿山生态环境的整治工作，成效显著。截至 2014 年 10 月底，安徽省累计关停、整顿"三线三边"范围内，各种露采矿山企业共计 120 多个，有效遏制了破坏"三线三边"矿山生态环境的不良发展态势。安徽省各市、县累计组织实施矿山地质环境治理工程 61 个，累计投入治理资金约 17025 万元，累计完成治理面积 350 公顷。安徽省各市、县国土资源部门进一步加大对在建、生产矿山的监督和管理力度，严格规范相关企业的开采方式，实行"边开采、边治理"，有效维护矿山周边地区的生态环境。[②] 其二，积极开展治水"攻坚战"，铁腕整治环境违法行为和水质污染，并尝试跨省流域生态补偿，开展整个流域生态环境的综合治理，积极探索环境保护市场化机制。例如，新安江治理方面，在安徽省财政、环保部门的支持下，黄山市摸索前行，专门设立新安江流域生态建设保护局，用三年时间走出"六个全覆盖、四个强力推进"[③] 的治理路径，有效改善了周边的水域环境。此外，安徽省还稳步推进美好乡村建设和生态县、生态乡镇的创建，以卓有成效的工作有效改善城乡人居环境。

（七）着力强化旅游改革，旅游强省呈现蓬勃之势

安徽作为传统旅游大省，旅游业的发展一直受到安徽省委、省政府的关

[①] "三线三边"指铁路沿线、公路沿线、江河沿线及城市周边、省际周边、景区周边。
[②] 陈丽民：《整治"三线三边"助推生态强省——安徽省矿山生态环境治理显成效》，《安徽日报》2014 年 12 月 12 日。
[③] "六个全覆盖"指村级垃圾保洁、重点河面打捞、干流网箱退养、主要干支流综合治理、河道采砂整治、重要支流水草治理；"四个强力推进"指干流两岸风貌整治、农业面源污染整治、工业企业转型发展、城乡污水处理。

注与重视。"十二五"时期,安徽省旅游收入年均增长26%,高于全国平均水平,同时也高于安徽省GDP和财政收入增幅。2013年,旅游业增加值占安徽省GDP的5.7%,已经成为经济增长的重要动力、吸纳就业的重要渠道,同时在促进产业结构调整中也发挥着独特的作用。2014年,《安徽省人民政府关于促进旅游业改革发展的实施意见》的出台,为安徽省由旅游大省向旅游强省的转变指明了方向。2014年,安徽省旅游业蓬勃发展主要体现在以下三个方面:首先,竞争力、影响力全面增强,形成一批年营业收入10亿元、50亿元乃至百亿元的骨干旅游企业。2014年,安徽省旅游总收入3430亿元,跻身全国旅游业发展第一方阵。提出"皖南国际文化旅游示范区、环巢湖休闲度假旅游区、大别山旅游扶贫试验区、皖北历史文化旅游区"四个重点区域旅游目的地的建设任务。其中,皖南国际文化旅游示范区①建设经国务院同意,已经正式获得国家发改委批复,上升为国家战略。② 其次,硬环境、软环境全面改善。到2020年,安徽省将形成衔接顺畅、网络发达、便捷舒适的旅游综合交通体系,形成设施齐全、功能配套、优质高效的公共服务体系,支撑旅游业发展的法治环境、市场环境和人文环境,安徽旅游的国际国内知名度、美誉度显著提升。最后,贡献度、满意度全面提升。到2020年,安徽省旅游业增加值占GDP比重达7%,对财政和税收收入、吸纳就业的贡献率进一步提高;旅游项目投资持续扩大,来安徽的游客量和城乡居民满意度显著提高;旅游业真正成为安徽国民经济的战略性支柱产业和人民群众更加满意的现代服务业。③

---

① 皖南国际文化旅游示范区:2014年2月12日,经国务院同意,国家发改委正式批复《皖南国际文化旅游示范区建设发展规划纲要》。皖南国际文化旅游示范区区位条件优越,生态环境优良,文化底蕴深厚,旅游资源富集,是全国乃至世界上有重要影响、特色鲜明的文化旅游区域。示范区范围包括黄山、池州、安庆、宣城、铜陵、马鞍山、芜湖七市,共47个县(市、区),国土面积5.7万平方公里。其中黄山市、池州市,安庆市和宣城市为核心区。
② 国务院新闻办:《皖南国际文化旅游示范区建设发展规划纲要》相关情况新闻发布会,安徽省发改委网站,http://www.ahpc.gov.cn/pub/content.jsp?newsId=70661F40-1216-4747-AB52-2686989C3EBC,2014年3月19日。
③ 安徽省旅游局:《安徽省人民政府关于促进旅游业改革发展的实施意见》,2014年12月30日。

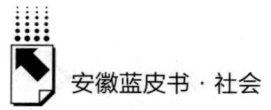

（八）振兴皖北战略稳步推进，"四化同步"①协调发展

振兴皖北是安徽科学发展、加速崛起的重大战略任务。皖北发展事关安徽省改革发展全局，加快皖北发展是统筹区域协调发展、建设美好安徽的必然选择。因此，安徽省委、省政府一直高度重视皖北经济的发展。近年来，皖北经济转型持续推进，"四化"协调发展已经初见成效。一方面，皖北地区以高新区升级和创新型园区建设为突破口，努力推进科技入园区行动，引导和支持各类开发区不断提升自主创新能力，为园区产业结构调整、经济增长方式转变提供了有力的科技支撑。截至2014年，皖北地区已拥有1家国家级高新区（蚌埠高新区）、4家省级高新区（淮南高新区、淮北龙湖高新区、宿州高新区、蚌埠高新示范园区），高新区总数占全省的31%。2014年上半年，皖北地区高新区共实现工业总产值407亿元，同比增长34.7%；高新技术产业产值达338亿元，同比增长31%，拥有高新技术企业107家，同比增长29%。② 皖北高新区在培育和发展高新技术产业，探索和实践新型管理体制和运行机制，辐射、带动皖北高新技术产业发展等方面，为推进创新型省份建设做出了重要贡献。另一方面，自安徽省委、省政府提出以"工业化、信息化、城镇化和农业现代化"同步协调发展振兴皖北的战略以来，皖北六市（阜阳、蚌埠、淮北、淮南、亳州、宿州）重点扶持优势和新兴行业，加大基础设施建设的投入，促进产业园区的有效扩容与升级，并且大力推进现代农业示范区建设。在此背景下，皖北地区的经济运行已经初步呈现稳中有进、结构优化、质效提升的良好局面，成为中国各地民营企业投资的新热土。截至2013年底，央企与皖北地区合作项目275个，投资规模6593亿元；省属企业在皖北地区安排项目120个，总投资774亿元，较好地促进了皖北地区经济社会发展。③ 2014年前11个月，皖北六市规模以上工业增加值2294.2亿元，比上年

---

① 皖北"四化"：安徽省委、省政府坚持实施加快皖北振兴战略，皖北地区经济社会发展取得显著成就，进入工业化、信息化、城镇化和农业现代化（以下简称"四化"）加速推进的新阶段。详见《安徽省人民政府办公厅关于建设皖北"四化"协调发展先行区的意见》（皖政办〔2013〕47号）。

② 任鸣：《提升自主创新能力促进皖北经济转型升级》，安徽省科技厅，2014年9月10日。

③ 周晓东：《建设皖北再发力》，《江淮时报》2014年12月9日。

同期增长8.0%;规模以上工业企业主营业务收入7956.1亿元,比上年同期增长11.4%。①

(九)合肥跻身长三角副中心,区域辐射能力不断增强

2010年5月24日,国务院正式批准实施《长江三角洲地区区域规划》。此规划明确了长江三角洲地区发展的战略定位,将该地区定位为亚太地区重要的国际门户、全球重要的先进制造业和现代服务业中心、有较强国际竞争力的世界级城市群。② 2014年9月,国务院印发《关于依托黄金水道推动长江经济带发展的指导意见》③,首次将合肥作为长三角副中心,与南京、杭州并列,新的定位给合肥带来前所未有的发展机遇。2014年12月2日,长江三角洲地区三省一市主要领导座谈会召开。上海市委书记韩正、市长杨雄,安徽省委书记张宝顺、省长王学军,江苏省委书记罗志军、省长李学勇,浙江省委书记夏宝龙、省长李强共同出席会议。此次会议正式提出,以上海为中心,以合肥、南京、杭州为副中心,加强该区域内铁路、公路、水路、航空等交通规划的对接和项目建设,进而形成"多三角、放射状"的大交通联动发展格局。在此背景下,2014年,合肥经济继续保持快速增长的良好势头,2014年上半年,合肥全市生产总值(GDP)达2154.2亿元,同比增长9.9%。在省会城市排行榜上,合肥GDP居省会城市第12位,增速居第7位。第一产业增加值79.1亿元,增长4%;第二产业增加值1308.6亿元,增长11.4%;第三产业增加

---

① 郑莉:《皖北加速转型蓄后劲》,《安徽日报》2015年1月13日。
② "长江三角洲城市群"处在中国东部"黄金海岸"和长江"黄金水道"的交会处,对内、对外经济联系十分便利,是中国城市化程度最高、城镇分布最密集、经济发展水平最高的地区。长江三角洲城市群人口数量已接近北美、西欧、日本的世界级城市群。中国建设长江三角洲世界级城市群,能为探索中国城市化道路积累经验,为我国城市群建设提供示范。长江三角洲城市群以上海为中心,南京、杭州、合肥为副中心。城市主要包括上海、南京、苏州、无锡、常州、徐州、镇江、扬州、南通、泰州、淮安、盐城、连云港、宿迁、杭州、宁波、嘉兴、湖州、绍兴、台州、金华、温州、丽水、衢州、舟山、合肥、芜湖、滁州、马鞍山、淮南,并以沪杭、沪宁高速公路以及多条铁路为纽带,形成一个有机的整体。
③ 《关于依托黄金水道推动长江经济带发展的指导意见》的出台,为合肥未来的发展指明了方向。一是"全国性综合交通枢纽",明确提出把合肥建设成全国性综合交通枢纽;二是"副中心",将合肥与南京、杭州并列为长三角城市群的副中心;三是"都市区",在国家文件中首次提出建设合肥都市区;四是"国际化",把提升国际化水平作为合肥未来发展的重要方向;五是"开放高地",提出把合肥建设成内陆经济开放高地。

值766.5亿元,增长7.8%。合肥完成工业产值4098.59亿元,实现增加值1030.06亿元,增长12.7%;投资完成2731.19亿元,同比增长19.3%;进出口总额625.3亿元,同比增长9.2%,其中,出口359.5亿元。[1] 全年预计实现地区生产总值5100亿元,增长9.5%;完成固定资产投资5380亿元,增长18%;规模以上工业增加值超过2100亿元,增长11.5%;财政收入880亿元,增长15%,其中,地方财政收入495亿元,社会消费品零售总额1660亿元。[2]

二 2014~2015年安徽社会发展存在的问题

(一)经济下行压力不容忽视,产业结构转型任重道远

2014年以来,安徽省经济运行总体平稳,虽然增速相对减缓,但仍处于较快增长区间。全年规模以上工业增加值9530.9亿元,增长11.2%,增幅比全国高2.9个百分点,居全国第7位、中部第2位;实现利润1775.2亿元,增长0.1%。[3] 需要指出的是,受产能过剩、有效需求不足等影响,经济运行面临的下行压力有所增强。2014年,安徽规模以上工业企业实现主营业务收入36653.6亿元,增长9.7%,比上年回落6.4个百分点;实现利税3169.6亿元,增长3.4%,比全国低1.1个百分点,回落13.9个百分点;实现利润1775.2亿元,增长0.1%,比全国低3.2个百分点,回落16.8个百分点。[4] 在此背景下,安徽加快推进经济结构调整的任务显得更加紧迫。2014年,安徽经济面临的主要问题有以下三方面:一是亏损企业亏损额大幅增长。规模以上工业企业中,亏损企业1307户,比上年增加148户;亏损面为8%,比上年扩大0.1个百分点。亏损企业亏损额达212.2亿元,增长57.2%,

---

[1] 苏晓琼:《上半年合肥经济同比增长9.9%多项指标步入省会前十》,《合肥日报》2014年7月31日。
[2] 《合肥2014年GDP超5000亿增幅9.5%》,合肥在线,http://news.hf365.com/system/2015/01/04/014413727.shtml,2015年1月4日。
[3] 安徽省统计局:《在转型升级中实现新发展——2014年全省经济形势系列分析之一》,2015年2月2日。
[4] 安徽省统计局:《工业效益下滑企业亏损增加——2014年全省经济形势系列分析之四》,2015年2月2日。

比上年上升52.6%，比全国高34.7个百分点。其中，煤炭业亏损123.5亿元，增长1.1倍；化学原料和化学制品制造业亏损8.4亿元，增长88.7%；专用设备制造业亏损8亿元，增长91.5%；汽车制造业亏损7.6亿元，增长44.1%。二是大型企业利润降幅扩大。大型工业企业实现利润471.8亿元，比上年下降12.7%，降幅比上半年扩大12个百分点。大型企业中，亏损企业亏损额达145.1亿元，增长94.7%，增幅比上半年上升63.2个百分点，高于全部工业的37.5%；亏损额占全部工业亏损额的68.4%，比上半年上升15.4个百分点。① 三是皖北地区经济增长压力增大。一季度，皖北六市生产总值增幅比上年同期回落2.3个百分点，回落幅度高于全省0.7个百分点；规模以上工业增加值回落3.9个百分点，高于全省1.7个百分点；财政收入回落4.1个百分点，高于全省3.1个百分点；固定资产投资回落6.1个百分点，高于全省2.8个百分点；实际利用外商直接投资回落17.8个百分点，而同期全省增加1.8个百分点。②

（二）外贸经济发展不均，吸引外资后劲不足

2014年以来，面对低迷的外部需求和国内经济下行压力加大的严峻形势，安徽省通过认真贯彻落实国家和省对外经贸合作的各项政策措施，使安徽省开放型经济仍然保持良好的发展态势。2014年，安徽省进出口总额达492.7亿美元，增长8.2%，增幅比全国高4.8个百分点。其中，出口314.9亿美元，增长11.5%，比全国高5.4个百分点，比上年高5.9个百分点；进口177.8亿美元，增长3%。新批外商投资项目256个，增长4.1%；实际利用外商直接投资123.4亿美元，增长15.5%。③ 但2014年安徽省开放型经济也存在一些问题值得关注，主要表现为：一是对外贸易发展不均。前三季度，安庆、淮南、芜湖、淮北和蚌埠5个市进出口同比增长20%以上，马鞍山、亳州、宿州、池州、

---

① 安徽省统计局：《工业效益下滑企业亏损增加——2014年全省经济形势系列分析之四》，2015年2月2日。
② 何苗、吴靖：《安徽省长调研皖北地区支柱产业遇困经济下行压力大》，《21世纪经济报道》2014年7月9日。
③ 安徽省统计局：《在转型升级中实现新发展——2014年全省经济形势系列分析之一》，2015年2月2日。

六安和铜陵6个市进出口同比下降。二是县域出口下降较多。前三季度,县域出口54.2亿美元,同比下降13.8%,其中有38个县(市)出现下降,如巢湖、肥东等地区净减少额超亿美元。① 三是外资发展后劲不足。2014年前三季度,安徽省合同外资额仅相当于实际到资额的21.2%,在中部六省中合同外资额居第5位,不到首位河南的1/4。四是开发区引资增长慢。前三季度,全省90个省级以上开发区引资53亿美元,同比增长6.4%,低于全省实际利用外商直接投资增幅11.3个百分点,其中有19个开发区无外资进账。②

(三)乡镇企业发展滞后,县域经济有待加强

2014年以来,安徽省62个县(市)经济总体呈现平稳增长、增幅趋缓的运行态势。县域主要经济指标增速与上年同期相比普遍放缓,主要体现在:一方面,全省县域外贸出口降幅较大。1~4月,县域进出口总额24.5亿美元,下降22.5%,总量占全省进出口的15.9%,比上年同期下降5.5个百分点。另一方面,利用外资增势减缓。2014年1~4月,62个县(市)实际利用外商直接投资13.6亿美元,增长14.7%,增幅比全省低7.2个百分点,比上年同期回落9个百分点。③ 同时,乡镇企业发展滞后。乡镇经济是我国农村经济的主体,同时也是县域经济的基础。虽然安徽省乡镇企业经过多年发展已经取得了一定的成绩,如当涂县博望镇专业生产特种刃模具、无为县高沟镇专业生产特种电缆、天长市秦栏镇专业生产光伏产品、祁门县祁山镇专业生产电子电器等,产业实现加速集聚,已经有力地推进了当地县域经济发展。但需要指出的是,安徽省乡镇企业的发展与国内先进地区相比仍然有着较大的差距。其主要表现为:一是产业集群的规模总体偏小,产业聚集程度不高,并且规模小、数量少;二是龙头企业带动能力相对较弱,有些龙头企业无论是自身实力还是创新能力都相对不足,有的龙头企业生产所需的主要配套件与零配件基本来自省外,对本地产业的带动促进作用有限;三是企业的创新能力有限,科技水平和装备水平较低,专业化程度不高,从而使产品附加值偏低;四是缺乏完善的社会化中介服务机构,服务体系不完善。

---

① 吴奇:《合肥前三季"吸金"19.6亿美元》,《合肥晚报》2014年11月17日。
② 安徽省统计局:《外贸出口形势趋好 利用外资增长放缓》,2014年11月5日。
③ 安徽省统计局:《2014年1~4月安徽县域经济运行情况分析》,2014年6月25日。

（四）就业扩容减速，就业压力增大

2014年是受国际金融危机深度影响的一年，主要经济指标的增长速度逐步减缓。尽管中央采取了定向降准等微刺激政策，但整体经济仍面临较大的下行压力。在此背景下，安徽省面临着就业扩容减速、就业压力增大等问题。具体表现在：其一，传统制造业普遍减员，高端制造业人员增幅回落。纺织工业、化学原料和化学制品业、黑色金属的冶炼和加工业、金属制品制造业等传统制造业的就业总量出现负增长，分别下降1.2%、0.1%、6.3%、5.8%。虽然电气机械和器材制造业、汽车工业、专用设备制造业等高端制造业的就业总量有所增加，但增幅同比回落明显，分别回落6.8个、3.7个和18.5个百分点。其二，房地产投资放缓增加就业压力。2014年，安徽省房产开发的投资增幅较上年同期回落10.5%，商品房新开工面积自2014年2月以来连续五个月回落，直接导致房产开发与经营的就业人员增幅回落5.1个百分点，相关建筑业人员增幅同比回落4.2个百分点。其三，采煤行业就业人员减少较多。2014年，安徽省规模以上采矿业就业人员36.5万人，同比减少0.2%。煤炭采选行业为30.3万人，同比减少2.1%；铁矿采选行业为3.6万人，同比增长11.5%；铜矿采选行业为0.9万人，与上年基本持平。①

（五）新型城镇化②发展不均衡，配套服务体系不完善

近年来，安徽省政府先后将芜湖、马鞍山、铜陵、淮北、合肥、淮南六市设为城乡一体化综合配套改革试验区。安徽省第九次党代会明确提出，要"更加突出统筹发展，走出农业大省城乡一体、区域联动的新路子"，将推进

---

① 安徽省统计局：《上半年安徽省规模以上企业就业与工资形势分析》，2014年8月7日。
② 城镇化：人口向城镇集中的过程，核心是农村人口转移到城镇。这个过程表现为两种形式，一是城镇数目增多，二是各城市人口规模不断扩大。城镇化伴随农业活动的比重逐渐下降、非农业活动的比重逐步上升以及人口从农村向城市逐渐转移这一结构性变动，并且包括既有城市经济社会的进一步社会化、现代化和集约化。城市的形成、扩张和形态塑造，深刻地改变了人类社会的组织方式、生产方式和生活方式。新型城镇化：坚持以人为本，以新型工业化为动力，以统筹兼顾为原则，推动城市现代化、城市集群化、城市生态化、农村城镇化，全面提升城镇化质量和水平，走科学发展、集约高效、功能完善、环境友好、社会和谐、个性鲜明、城乡一体、大中小城市和小城镇协调发展的城镇化建设路子。

安徽新型城镇化工作提升到一个新高度。2014年3月，中国首个城镇化专项规划文件，《国家新型城镇化规划（2014~2020年）》的出台，为推进安徽省新型城镇化建设指明了方向。目前，安徽省新型城镇化面临的主要问题有：一是在新型城镇化建设过程中，基层地方政府缺乏科学合理的规划，整体规划水平偏低；二是基层政府所能提供的配套服务较为落后以及基础设施相对落后等问题，不利于新型城镇化工作的推进；三是新型城镇化发展水平与经济发展呈正相关关系，安徽的区域发展总体不平衡，经济强市好于经济弱市，长江沿线优于淮河沿线，城市周边强于边远地区，大致呈现南高北低、东强西弱的发展不平衡局面。2013年，全国城镇化率为53.73%，安徽省城镇化率达47.86%，皖北地区城镇化率为46.95%，低于安徽省城镇化平均水平。其中阜阳、宿州、亳州三市分别为36.2%、36.2%、34.4%，低于地区平均水平。[①] 皖北地区土地面积为3.91万平方公里，占全省面积的28.1.%，人口2769万人，占全省总人口的45.1%，"皖北兴，则安徽兴"，加快皖北城镇化进程，成为安徽社会经济科学发展的重中之重。

（六）环保工作形势严峻，防治难度不容低估

安徽省人口为6782万人，面积达14万平方公里，使得安徽人口总体密度偏大，人均环境容量相对较小，单位国土面积的工业污染负荷较高，生态环境总体较脆弱。因此，安徽必须把生态文明建设摆在更加突出和重要的位置，大力推进资源节约型、环境友好型社会建设，加快形成节约能源资源，突出生态环境保护的产业结构、经济增长方式和消费模式，从而有效化解制约安徽社会经济发展的资源瓶颈，推动安徽社会经济和生态环境的协调发展。在此背景下，2014年安徽省狠抓各项环境污染治理工作，全面落实和推进大气污染防治的各项措施，并着力建立重点区域大气污染联防联控机制。安徽还加快实施合肥等城市的主城区重污染企业搬迁和改造工作，大力推进火电机组脱硫、脱硝工程建设。此外，安徽省着力加强对长江、淮河、巢湖等重点流域的水环境综合治理，重点支持建设一批城镇污水和垃圾无害化处理设施，有效推动重点流域污水处理厂提标改造工作的完成。但需要指出的是，安徽环境保护工作仍

---

① 本数据根据安徽省统计局《安徽统计年鉴（2014）》整理而得。

然任重而道远。在水资源保护方面，淮河治污至今已近20载。经过多年努力，淮河污染得到有效控制。然而，与国家提出的治淮目标仍然有较大差距，部分支流污染依然严重，水生态现状不容乐观。① 在治理空气污染方面，2014年上半年，安徽省16个地级市可吸入颗粒物日均值均出现不同程度的超标，超标率范围为1.7%（池州、黄山）~34.8%（蚌埠）。全省平均环境空气质量优良率为80.6%，与上年同期相比，全省平均环境空气质量优良率下降12.8个百分点。②

三 2014~2015年安徽社会可持续性发展的对策

（一）深化农村综合改革，切实保障农民权益

2013年10月底，安徽省发布了《安徽关于深化农村综合改革示范试点工作的指导意见》，标志着安徽启动了第二次土地改革，开始响应中央政府有关农村土地改革的各项措施，以进一步解放和发展农村生产力，适应当地"三农"发展新形势。经过一年的改革试点，尤其在土地确权试点方面的努力，安徽为创新农村土地流转、经营方式，增进农村经济内生动力，切实增加农民受益，做了很多开创性的工作。但一些问题仍然需要予以重点关注：一是土地流转之后，丧失土地经营权的农民需要能够靠流转补偿满足生活需求；二是地方政府需要切实关注农民的医保、社保和就业等问题。简言之，土地改革过程中的一个核心问题就是要切实保障农民利益。因此，深化农村综合改革，尤其在土地流转改革方面，需要进一步完善土地流转服务体系，丰富土地流转服务中心的各项功能。在大力推进土地承包经营权确权登记工作的同时，尝试逐步允许农户把土地作为要素资源在市场上流转，优化农业生产要素，切实保障农民权益。此外，还应该建立规模经营主体准入制度，设置农村土地流转风险基金，完善各项土地流转风险保障机制。

---

① 《淮河"污害"仍不乐观 水生态危局令人忧》，安徽省环境保护厅网站，http://www.aepb.gov.cn:8081/zwgk/xxgkweb/blue/showView.jsp?unit=002985878&newid=153011，2014年12月19日。
② 安徽省环境监测中心站：《安徽环境质量半年报》（2014年上半年），2014年7月30日。

（二）加快经济结构转型，以创新驱动技术革新

2014年，是20多年来中国经济增速最低的年份。全年增速为7.4%，为1990年以来最低。① 在经济下行压力日渐增大的大环境下，加快经济结构转型成为推动安徽经济稳定发展的重要保障，而利用创新驱动技术跨越式发展应该成为推动安徽经济结构转型的主要手段。事实上，2014年以来，安徽省委、省政府一直把科技创新作为经济转型升级的重要驱动力。一方面，安徽省先后出台《关于实施创新驱动发展战略进一步加快创新型省份建设的意见》及6个配套政策，并坚持立足产业层面建设"三体"（企业主体、创新载体、产学研一体），充分发挥合芜蚌自主创新综合配套改革试验区的龙头示范作用；另一方面，高新技术产业在宏观经济下行压力增大的情况下为安徽省经济稳增长、调结构发挥了重要的支撑作用。2014年，在安徽省规模以上工业中，高新技术产业实现增加值3320.6亿元，增长13.6%，高于全部工业2.4个百分点，对全部工业增长的贡献率为40.9%，比上年提高3个百分点；装备制造业实现增加值3244.8亿元，增长12.3%，高于全部工业1.1个百分点。其中，电子信息业增加值增长43.8%，对全部工业增长的贡献率达13.8%，比上年提高6.1个百分点，居40个工业大类行业之首。战略性新兴产业快速成长，总产值增长22.5%，增幅高于全部工业11.1个百分点，总产值占全部工业比重由上年的20.5%提高到22.6%。② 此外，2014年1~11月，安徽省共申请发明专利43018件，居全国第6位、中部第1位；同比增长49.2%，高于全国平均增幅34.8个百分点，增幅居全国第3位、中部第1位。合芜蚌试验区共申请发明专利23040件，占全省的53.6%，同比增长53.8个百分点。③

（三）深化行政审批制度改革，健全行政审批服务体系

推进行政审批制度改革是建设法治政府的内在要求，有助于规范审批权和

---

① 《从2014走向2015：中国经济结构之变》，《中国证券报》，转引自新华网，http://news.xinhuanet.com/fortune/2015-01/07/c_127365292.htm，2015年1月7日。
② 安徽省统计局：《工业运行平稳下行压力仍然较大——2014年全省经济形势系列分析之二》，2015年2月2日。
③ 黄娜娜：《转型发展的安徽交出2014成绩单》，人民网，http://ah.people.com.cn/n/2014/1225/c358428-23337651.html，2014年12月25日。

审批行为,并提高政府的行政能力和行政效率,同时也有助于促进社会主义物质文明、政治文明、精神文明建设与和谐社会的全面发展。2014年,《安徽省人民政府关于进一步深化行政审批制度改革的意见》的发布,为安徽省行政审批制度改革指明了方向。2014年10月31日,安徽全面公布省级政府权力清单和责任清单,将原有的5405项省级政府权力事项减少到1712项,精简68.3%,并承诺2015年将在省、市、县三级全面推行行政权力清单和责任清单制度。① 然而,应当看到在行政审批领域仍然存在如行政审批流程烦琐和重审批、轻监管等问题。解决这些问题可以从以下几方面入手:首先,加大审批和收费事项的清理力度;其次,优化和再造审批流程,加强对审批事项的科学设定与规范管理;再次,创新服务模式,不断提高公共服务效能和质量;最后,强化监督检查和考核奖惩,做到精简下放与有效治理的有机统一。

(四)加强节能减排,推动绿色发展

安徽省拥有丰富的煤炭资源,是华东地区重要的能源输出地,先天条件决定了安徽在能源消耗方面对煤炭资源的结构性倚重。在国家大力推进"节能减排"的指导方针下,安徽建设生态强省、推动绿色发展面临诸多困难。2014年以来,受工业经济较快增长,尤其是部分高耗能企业投产或扩产的影响,安徽省规模以上工业能源需求回升,能耗增幅创新高。上半年,安徽规模以上工业能耗4555.6万吨标准煤,同比增长6.5%,增幅分别比一季度、上年同期高0.3%个和3.5个百分点,高于全国4.4个百分点,创近三年同期新高,居全国第6位、中部第2位。在此背景下,上半年安徽省有8个市的规模以上工业能耗增幅高于全省。其中,池州、蚌埠、宿州等增幅靠前,能耗分别增长18.2%、17.7%和13.8%。与上年同期比,池州、蚌埠增幅分别上升8.8个百分点和24.3个百分点;宿州虽比上年同期回落6.5个百分点,但比2013年全年高5.4个百分点。在此背景下,推动绿色发展,把安徽建设成生态强省,可以从以下几方面入手:首先,推进传统产业结构调整,严控高耗能行业新增产能,化解产能过剩;其次,加快培育发展新兴产业,加强对服务业和战略性新兴产业相关政策措施落实

---

① 曹显钰、汪国梁:《安徽省全面深化行政体制改革实施"法制惠民工程"》,《安徽日报》2014年11月6日。

情况的督促检查;再次,大力优化能源消费结构,研究制定降低煤炭消费比重的政策措施,严控煤炭消费过快增长;最后,合理优化能源消费配置,严把固定资产投资项目节能审查关,完善节能评估与审查程序,将有限的新增能源消费空间优先配置到低投入、低消耗、少排放、大产出、可持续的产业中。

(五)推动文化创新,做强文化产业

党的十八大以来,安徽省努力深化并不断完善文化体制改革,大力推进体制机制创新,有效激发了文化发展活力,文化事业和文化产业呈现蓬勃发展的良好态势。安徽省105个公共图书馆、120个文化馆、1283个乡镇综合文化站、7个美术馆、89个博物馆免费开放,"农家书屋"实现全覆盖。2014年,安徽推出文化产业重点招商项目327个,投资总额2958.13亿元,较上年分别增长8.64%和36.89%。其中,总投资超过10亿元的项目为92个,占项目总数的28.13%;投资额100亿元以上的项目为4个,比上年增加2个。[1] 大运河(安徽段)入选世界文化遗产。8部作品获"五个一工程"奖,居全国第3位。义务教育学校标准化覆盖率提高到78.4%。发放家庭经济困难学生补助金21.8亿元。[2] 此外,安徽还启动了建设公共文化省级示范区、乡镇综合文化服务中心和中心村农民文化乐园试点。在做大文化产业的同时,如何做强文化产业,成为摆在安徽面前的一项重要课题。笔者认为可以从以下几方面入手:首先,积极发展新型艺术模式,鼓励各地结合当地文化特色不断推出原创文化产品和服务,推动特色文化产业发展;其次,开展文化科技攻关、文化科技创新成果转化和文化品牌打造,培育一批具有核心竞争力的文化企业、拥有自主知识产权的文化产品和具有国际影响力的文化品牌;再次,通过政府购买服务、原创剧目奖补等方式,鼓励演艺企业创作开发文化精品,创作更多思想性、艺术性、观赏性俱佳的文化产品;然后,通过打造国家级演出院线、电影院线,培育一批国家级和省级文化企业集团,扶持民营文化企业做大做强;最后,努力建设一支适应时代要求、富有开拓创新精神的高层次文化人才队伍,以文化人才队伍推动文化创新,以文化创新引领文化产业进一步做大做强。

---

[1] 桂运安:《安徽2014年推出327个文化产业重点招商项目》,《安徽日报》2014年4月1日。
[2] 王学军:《2015年安徽省政府工作报告》,《安徽日报》2015年2月3日。

法治社会篇

Rule of Law

B.2
安徽省社会法立法发展研究

伍德志*

摘　要： 社会法的主要目的在于保障社会公平，改革开放以来，安徽省社会法立法工作取得了很大成就，但安徽省的社会法规范在地方立法体系中仍处于落后地位。安徽省社会法立法在城乡之间、不同地域之间、不同领域之间存在着一系列的不平衡。安徽社会法立法主要限于对传统性弱势群体的保护，忽视了因工业化与城市化而引起的农民工问题、失地农民问题、农村空巢老人问题与留守儿童问题以及因计划生育政策所产生的失独老人问题等。安徽省社会法立法的具体实施则存在可操作性与创新性不足的问题。安徽省社会法立法体系不完善也有立法程序方面的原因。针对以上问题，本文提出了相应的立法建议。

---

* 伍德志，安徽枞阳人，安徽大学法学院讲师，法学博士，研究方向：法社会学。

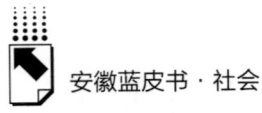

关键词： 社会法　社会公平　弱势群体　民意吸收　安徽

全球化时代，世界各国的观念与制度都开始对中国产生深刻的影响。尽管中国在政治体制与意识形态上有别于西方国家，但法治国家应有的社会权利意识以及社会法需求却在中国产生了不可忽视的影响。当前，政府在社会福利上的政治承诺其实并不少于西方发达国家。而在全球化时代，不同国家社会福利水平的鲜明对比自然也会使中国政府备受压力。当前，中国政府倡导的以人为本、促进人的全面发展的理念尽管在某种程度上是中国传统社会民本思想的延续，却和现代社会权利意识有着相当大的契合性。中国共产党十八届四中全会也提出，要完善教育、医疗、就业、食品安全、社会保障与社会救助、慈善、弱势群体权益保障等方面的法律法规。这些民生方面的立法要求也是适应中国社会法的发展要求。在制度层面上，改革开放以来中国社会法立法有了相当程度的发展。这种发展也体现在地方立法层面上。安徽省社会立法的发展是在改革开放之后才开始的，改革开放之前相关法治观念淡薄，即使要为公民提供社会福利保障，也不是通过制定法律以及法律的实施方式——规范化与程序化的司法与执法予以保障的。那时城市社会在单位制度下被整合于行政系统中，公民享受的社会福利完全依赖于国家的计划分配。农村在改革开放之前更是缺乏社会福利保障，长期以来一直处于一种"负福利"状态①，农民作为弱势群体比城市居民更加贫困，不仅缺乏社会福利保障，而且还要额外补贴城市，承担沉重的农业税，这不仅不会减轻不平等，还会加重不平等。改革开放以来，安徽省的社会权利保障及其立法已经有了较大进步，虽然还存在着一些问题，但向好的方向发展是主流。

一　安徽社会法立法的发展现状

地方政府的立法权主要限于行政立法、经济立法、社会立法三种类型。为了能够了解安徽省的社会法现状，需要对这三种类型进行适当的区分。由于理

---

① 秦晖：《"负福利"的中国现象》，《中国老区建设》2013年第8期。

论上对经济法、行政法、社会法的概念、定位、区分都存在争议①，本文对经济立法与社会立法大致做出如下区分：经济立法一般是涉及经济秩序的管理与安排的立法，以提高经济效率为核心目的，而社会立法尽管也可能涉及经济秩序的管理和安排，但其主要目的却不在于提高经济效率，而在于促进社会的全面与均衡发展，实现社会公平。由此看来，劳动法应被划归为社会法的范畴。劳动法的目的在于解决雇主与雇员之间因力量不对称导致的谈判能力的不平衡问题，如劳动法对用人单位的劳动合同期限、解除合同条件及其赔偿有着特别的规定，这迥异于普通合同法。而经济法中的竞争法也涉及社会公平问题，但竞争法的出发点主要是效率，因为垄断是一种低效率的经济状态②，而且从道德常识的角度来看，竞争法涉及的是不同企业之间竞争的公平性问题，是强者之间的竞争规范问题，因此不属于社会道德意义上关于强者与弱者之间的公平性问题。就行政法与社会法的区分而言，行政立法一般以授予、规范与限制行政权为主要内容，而社会法一般会赋予公民一般性或特别性的福利权利。社会法在赋予公民一定的福利权利的同时，一般也会为保障这种权利而授予行政机关一定的行政权，并做出相应的规范与限制。尽管两者存在一定的重叠，但可以根据立法目的在语义上对两者做出粗略的区分。社会法、经济法与行政法都涉及政府对社会的行政管理，但只有社会法在授予政府行政权力的同时也提出了赋予公民福利权利的要求。根据上述区分，本文首先就分析安徽社会法立法的总体概况，再通过对比三者的发展情况来观察社会法立法在地方政府立法中的相对权重。这里主要以安徽省地方性法规与地方政府规章为依据材料来分析安徽省社会法发展状况。

（一）安徽省社会法立法的总体概况

本文对安徽省现有的社会法种类与具体立法进行了粗略统计，如表1所示。

---

① 郑尚元：《社会法的定位与未来》，《中国法学》2003年第5期；李昌麒、甘强：《经济法与社会法关系的再认识》，《法学家》2005年第6期。
② 理查德·波斯纳：《法律的经济分析》，蒋兆康译，法律出版社，2012，第399~403页。

表1　安徽省现有社会法种类与具体立法的粗略统计

1	妇女保护性立法	《安徽省保护妇女儿童合法权益的若干规定》(1984) 《安徽省实施〈中华人民共和国妇女权益保障法〉办法》(1994年制定,2007年修改)
2	未成年人保护性立法	《安徽省未成年人保护条例》(1994年制定,2009年修改) 《安徽省预防未成年人犯罪条例》(2005) 《安徽省预防接种管理条例》(2007)
3	老年人保护性立法	《安徽省实施〈中华人民共和国老年人权益保障法〉办法》(2001) 《城乡养老服务体系建设实施办法》(2013) 《合肥市机关事业单位工作人员基本养老保险规定》(2006)
4	残疾人保护性立法	《安徽省残疾人保障条例》(2011) 《安徽省优待扶助残疾人规定》(2007) 《安徽省按比例安排残疾人就业办法》(2004) 《合肥市优待扶助残疾人规定》(2012) 《淮南市按比例安排残疾人就业办法》(2004)
5	流浪人口保护性立法	《安徽省城市生活无着的流浪乞讨人员救助管理办法》(2010)
6	劳动者保护性立法	《安徽省劳动合同条例》(2004) 《安徽省劳动保护条例》(2004) 《安徽省集体合同条例》(2010) 《安徽省劳动保障监察办法》(2008) 《安徽省实施〈工伤保险条例〉办法》(2004) 《安徽省实施〈中华人民共和国工会法〉办法》(2004) 《安徽省实施〈中华人民共和国就业促进法〉办法》(2010) 《安徽省职工生育保险暂行规定》(2006) 《安徽省工资支付规定》(2006) 《安徽省生产安全事故报告和调查处理办法》(2011) 《安徽省企业民主管理条例》(2014) 《安徽省失业保险规定》(2000) 《合肥市失业保险办法》(2002) 《合肥市职工生育保险办法》(2007) 《合肥市工会劳动法律监督条例》(2010) 《合肥市劳动用工条例》(2010) 《合肥市职工民主管理条例》(2006) 《淮南市职工失业保险规定》(1998) 《淮南市职工生育保险暂行办法》(2006)

续表

7	最低生活保障立法	《安徽省城市居民最低生活保障实施办法》(2002) 《安徽省农村居民最低生活保障实施办法》(2013) 《安徽省城乡居民最低生活保障工作操作规程》(2013) 《合肥市城市居民最低生活保障暂行办法》(2001) 《合肥市城市居民最低生活保障实施细则》(2004) 《合肥市农村居民最低生活保障实施办法》(2013) 《合肥市城乡居民最低生活保障工作操作规程》(2014) 《淮南市城市居民最低生活保障工作细则(试行)》(2003) 《淮南市城市居民最低生活保障工作操作规程(试行)》(2010) 《淮南市农村居民最低生活保障实施办法》(2013)
8	医疗保障立法	《安徽省城乡医疗救助实施办法》(2013) 《合肥市城镇职工基本医疗保险办法》(2011) 《合肥市城乡医疗救助实施办法》(2013) 《淮南市城镇居民基本医疗保险实施办法》(2014) 《淮南市困难群众医疗救助实施办法》(2013)
9	住房保障立法	《安徽省保障性住房建设和管理办法(试行)》(2013) 《合肥市经济适用住房管理暂行办法》(2007) 《合肥市廉租住房保障办法》(2013) 《合肥市廉租住房保障实施细则》(2013) 《淮南市城市保障性住房条例》(2010) 《淮南市公共租赁住房管理暂行办法》(2011)
10	社会道德与慈善事业立法	《安徽省见义勇为人员奖励和保护条例》(2011) 《安徽省华侨捐赠条例》(2009) 《淮南市保护和奖励见义勇为人员条例》(2014) 《合肥市志愿服务条例》(2012)

资料来源:《中国法律法规信息系统》,中国人大网。

根据表1,从条文的内容来看,安徽省现有社会法还是比较齐全的。既有保护特殊性社会弱势群体的社会法规范,如妇女保护性立法、未成年人保护性立法、老年人保护性立法、流浪人口保护性立法、劳动者保护性立法,也有针对特殊内容的社会法规范,如最低生活保障立法、住房保障立法、医疗保障立法、社会道德与慈善事业立法。这些立法都从权利本位出发,比较详细地规定了被保护者的各项权利。

1. 妇女保护性立法

安徽保护妇女权益的地方性法规最早可追溯到《安徽省保护妇女儿童合法权益的若干规定》，该法规制定于1984年，这个法律有着强烈的政治意味，还明显地带有农村社会的印记。该法规既规定了刑事责任，也规定了行政责任和民事责任，颇有传统社会"诸法合体、刑民不分"的遗风，而且该法规的用词也具有强烈的命令意味，"禁止""严禁"等字眼随处可见，有关权利的规定极少。该法规的很多规定已经不符合今天的社会语境与法治精神。实际上，这一部法规在实践中已经不再适用。而后来制定的《安徽省实施〈中华人民共和国妇女权益保障法〉办法》则更像一部人们熟悉的"法律"了。与前一部保护妇女的法规不同，这部法规大部分内容都是关于权利的规定，如对妇女的政治权利、文化教育权益、劳动与社会保障权益、财产权益、人身权利与婚姻家庭权益等分别做出相应的保护性规定，并在现有政府权限范围内规定了若干行政法律责任。

2. 未成年人保护性立法

《安徽省未成年人保护条例》为保护未成年人的生命、健康以及促进未成年人的全面发展，对家庭、学校、社会组织、司法机关的义务做了非常细致的规定。《安徽省预防未成年人犯罪条例》虽从预防未成年人犯罪出发，但其规范的对象却指向未成年人成长的整个社会环境，对学校、监护人、政府、社会自治组织提出了很多义务性要求。《安徽省预防接种管理条例》从卫生健康方面规定了保护儿童的法律机制，该法规规定了地方政府、医疗机构、疾病预防机构、托幼机构、学校在儿童预防接种方面的义务。

3. 老年人保护性立法

《安徽省实施〈中华人民共和国老年人权益保障法〉办法》是为适应中央立法《中华人民共和国老年人权益保障法》而制定的一项实施办法。这部法规要求政府应建立老年人事业发展规划、增加老年人事业投入、鼓励老年人传播知识、兴办老年人福利与服务设施，对老年人事业减免税费、完善社会老年服务与管理体系，规定赡养人的义务、保护老年人的财产与婚姻自由，保障老年人的医疗需求，为老年人提供特殊医疗服务，对老年人使用公共设施予以优待等。《城乡养老服务体系建设实施办法》是特别针对老年人权益中的养老问题，而为其提供的制度、设施与资金保障。该办法对农村"五保"户的保障范围和保障标准与申请程序、城乡社会养老机构的建设目标和补贴标准与审批程序、城乡养老的资金来源与资金筹措方式做出了具体规定。合肥市对本市机关事业单位的养老保险也做出了相应的规定。

4. 残疾人保护性立法

《安徽省残疾人保障条例》也可视为安徽省人大常委会为实施《中华人民共和国残疾人保障法》而制定的具体适用办法。该条例从预防、康复、教育、劳动就业、文化生活、社会保障等方面对残疾人的社会权利做出了特别的规定。而《安徽省优待扶助残疾人规定》则是省政府针对残疾人救助而制定的地方政府规章。该规定明确了政府在劳动就业、生活医疗、文化教育等方面为残疾人提供政策与财政支持的义务。但上述两部法律都规定得比较简单，可操作性不强。《安徽省按比例安排残疾人就业办法》则特别就残疾人就业过程中的各种特殊保障与福利性待遇制定了具体规范，该办法从就业方面在一定程度上弥补了残疾人保障条例的不足。同时，该法规也对残疾人的福利待遇提出了一些数字化的要求，如第五条规定："本省行政区域内的国家机关、社会团体、企业、事业单位和其他社会组织按不低于本单位上一年度从业人员总数的1.5%的比例安排残疾人就业。"第九条规定："市、县（市、区）残疾人联合会或地方税务机关代上一级残疾人联合会或地方税务机关征收的残疾人就业保障金，60%划入本级残疾人就业保障金财政专户，40%划入上一级残疾人就业保障金财政专户。"这就使残疾人的就业保障权利更加明确。另外，合肥市对残疾人的优抚优待、淮南市对残疾人的就业保障也做出了和安徽省上述法规类似的规定，但有些内容亦有重复之嫌。

5. 流浪人口保护性立法

《安徽省城市生活无着的流浪乞讨人员救助管理办法》是根据国务院的《城市生活无着的流浪乞讨人员救助管理办法》并结合安徽省实际情况而制定的具体实施办法。而国务院的管理办法则是对2002年广东孙志刚事件的一个回应，孙志刚事件的发生被法学界归责于国务院1982年制定的《城市流浪乞讨人员收容遣送办法》所设立的强制收容制度，这一制度严重侵犯了公民的人身自由、择业自由、迁徙自由。而且根据后来制定的《中华人民共和国立法法》，国务院没有权力制定限制公民人身自由的行政法规。在激起社会舆论的强烈抗议以及多名学者上书全国人大常委会要求违宪审查后，国务院废除了原有的收容遣送制度，并制定了现在的救助管理办法。① 与此相应，安徽省政府制定的救助管理办法的立法精神也从原来的预防犯罪与社会救助相结合转变为纯粹的社会救助。该规章以自愿救助为前提，对救助站的设立、救助的条件和程序、救助过程中的管理以及政府的职责做出了具体规定，从而明确了政府对于流浪乞讨人员的救助义务。

6. 劳动者保护性立法

该类别是安徽省种类最多的社会法。具体而言，《安徽省劳动合同条例》《安徽省集体合同条例》是根据国家劳动法与劳动合同法，对个人劳动合同与集体劳动合同做出的细化规定，两者对劳动合同的订立、协商、内容、履行、变更、解除与终止，合同争议的处理，解除合同的赔偿等条款做出了具体的规定。《安徽省劳动保障监察办法》《安徽劳动保护条例》《安徽省生产安全事故报告和调查处理办法》是从行政执法的角度为劳动者提供法律保障措施，目的在于加强劳动保护，改善劳动条件，保障劳动者在劳动生产过程中的安全和健康，防止伤亡事故的发生，减少职业危害。《安徽省实施〈工伤保险条例〉办法》是安徽省政府根据国务院的《工伤保险条例》制定的针对安徽省的具体实施办法。该办法规定了工伤保险基金的统筹及使用、工伤认定的程序、劳动能力鉴定的权限与程序、工伤保险待遇、工伤医疗与工伤康复的费用承当等问题。《安徽省实施〈中华人民共和国工会法〉办法》承袭《中华人民共和国工会法》的立法精神，通过规范工会的组织与运作来提高劳动者谈判地位，保护劳动者的合法权利。该办法规定了工会的组织条件、工会的权利与义务、工会的经费来源、工会财产的管理以及相关的法律责任。合肥市也对工会监督劳动法实施的权力进行了规定。《安徽省实施〈中华人民共和国就业促进法〉办法》是安徽省针对《中华人民共和国就业促进法》的一个具体实施办法。为促进劳动者就业，该办法规定了政府对就业的政策支持，公民的平等就业权利，政府在就业服务与管理、职业教育与培训、就业援助、法律实施方面的职责。《安徽省劳动力市场管理条例》是为整顿劳动力市场秩序而制定的专项地方性法规，规定了劳动就业过程中的求职条件与就业培训，招聘过程对用人单

---

① 《孙志刚事件》，《瞭望新闻周刊》2003年第46期；《"孙志刚事件"引发三博士上书》，《瞭望新闻周刊》2003年第22期。

位的要求与限制，职业中介的职能、设立条件与法律限制，劳动行政部门应提供的公共就业服务以及相关主体的法律责任。《安徽工资支付规定》既是对《中华人民共和国劳动法》的深化，也是对社会反响强烈的拖欠农民工工资问题的一个回应。该规定既有对工资支付标准、时间、形式等问题的一般性规定，也有对加班工资、计件工资、工伤、生病期间以及参加重要政治活动与社会活动期间的工资发放等特殊情况的特别规定。除此以外，该规定还对劳动行政部门的劳动督察程序、因工资问题而提起的仲裁与诉讼等程序问题及其权利保障以及相关的法律责任做出了一些特别性规定。该法规对用人单位拒不支付工资规定了比较明确的行政法律责任，劳动行政部门对用人单位的违法行为享有主动的调查权与相应的行政处罚权，强化了劳动行政部门在保护劳动者合法权利方面的责任。劳动者除了通过仲裁与诉讼的方式来主张自己的合法权利外，劳动行政部门也有积极义务帮助劳动者去争取他们应得的劳动收入。因此，该规定也强化了劳动者的权利主张，特别是对于拖欠农民工工资问题有了更有效的行政法解决机制，农民工因此可以一定程度地避开复杂、漫长的仲裁与诉讼程序，直接向劳动行政部门举报，并由劳动行政部门直接立案调查，并根据调查情况做出具体的行政处罚决定。这为农民工讨薪提供了更有效率的法律手段。《安徽省职工生育保险暂行规定》是兼具保护劳动者合法权益与妇女合法权益双重立法目的的综合性政府规章。该规章对职工生育保险基金的来源与使用、生育保险待遇、生育保险的管理、用人单位和医疗机构以及劳动行政部门的相关法律责任做出了规定。《安徽省企业民主管理条例》为保障、强化职工民主权利，对职工代表大会的组织机构、职权、会议制度、职工代表选拔方式、企业事务公开制度、职工董事与职工理事的选拔、保障职工民主权利的行政执法以及相关的法律责任做出了规定。《安徽省失业保险规定》是为失业者提供政府救济的一项立法，规定了失业者的登记、失业保险的统筹、失业保险基金的管理、失业保险金的申请和使用与管理等内容。除此以外，合肥市与淮南市也有一些劳动者保护性立法，但由于其内容和省级社会法立法类似，这里就不赘述了。

7. 最低生活保障立法

《安徽省城市居民最低生活保障实施办法》与《安徽省农村居民最低生活保障实施办法》是为城乡居民中的低收入者提供社会福利的保障，该办法规定了确定家庭收入与财产的具体标准，申请、审批、发放、管理与监督最低生活保障的程序以及相关的法律责任。而《城乡居民最低生活保障工作操作规程》则是对接受生活保障的对象的条件，家庭经济状况的核对与计算标准，城乡低保申请、受理、审核、审批和发放程序，保障对象的分类与管理，保障资金的筹集与管理以及相关的监管与责任做出的更加具体、更具可操作性的规定，目的在于提高城乡低保制度的管理精确度，能够使真正意义上的低收入者及时、方便地领取到最低生活保障金。另外，合肥市与淮南市也制定了关于城乡居民最低生活保障的类似实施办法与实施细则。

8. 医疗保障立法

《安徽省城乡医疗救助实施办法》是针对城乡低收入者，如城乡低保户和"五保"户、国家抚恤对象、低收入家庭大病患者与老年人而制定的一项特殊救济办法。因此，该实施办法主要是对那些医疗保险不足以涵盖医疗费用的低收入家庭的一项急救措施，不同于城乡医疗保险的全面覆盖范围，这是针对少数低收入者做出的带有兜底性质的保障性规定，而且医疗救助的资金主要来自政府，是政府为了救助绝对贫困者而提供的一项福利性保障措施。《合肥市城乡医疗救助实施办法》与《淮南市困难群众医疗救助实施办法》也具有类似的性质，都是为了救助那些承担不起基本医疗费用的绝对贫困者。而《合肥市城镇职工基本医疗保险办法》与《淮南市城镇居民基本医疗保险实施办法》是合肥市与淮南市针对所有市民实施的基本医疗保险办法，规定了基本医疗保险的征缴标准与方式、统筹基金与个人账户的设立方式、基本医疗保险的待遇与管理以及相关的法律责任。这属于常规的医疗保险范畴，其资金来自企事业单位的缴纳、个人的扣缴、财政补贴、社会捐助、银行利息等多方渠道。

9. 住房保障立法

《安徽省保障性住房建设和管理办法（试行）》就城镇保障房的投资与建设、保障对象与标准、申请与审核程序、使用权限、后期管理等做出了一些比较简略的规定。由于近年来房价高，城镇居民的住房问题也成为社会舆论的热点问题，并且引发了公众的普遍不满。在中央政府频频强调控制房价、建设保障性住房的政策风向下，安徽省也制定了这一地方政府规章。保障性住房建设是一项耗资极大、管理极为复杂的社会福利工程，其不仅需要考虑地方居民的收入水平，也要权衡各级政府的财政负担能力。由于这些困难，不难看出安徽省政府制定的这个规章大多属于宽泛性规定,尽管该规章对保障性住房的投资与建设做出了要求,但对于投资力度、住房面积、申请条件、监督管理并没有做出具体的规定,这实际上只能由地方政府自主确定住房保障标准。因此,享有地方性法规立法权的城市以及其他没有立法权的城市只能对住房保障的建设、申请与使用做出更加具体的规定。实际上,合肥市就先于省政府对廉租房的保障资金、筹集和定价、申请与分配、监督、退出与管理以及相关的法律责任制定了更加具体的规范以及相关的实施细则。淮南市也先于省政府对城市保障性住房做出了具体的规定,不仅如此,淮南市还对公共租赁住房保障独立地制定了地方政府规章,就公共租赁住房的规划建设、政策支持、准入管理、配租管理与退出管理做出了简约的规定。但也正由于住房保障的具体实施属于地方政府的自由裁量,地方政府完全可能以财政资金不足等种种理由来敷衍上级政府的政令要求或者对住房保障政策执行不力。[①] 除此以外,合肥市的《合肥市经济适用住房管理暂行办法》则以经济适用房的形式向低收入者提供福利性住房保障。该办法就经济适用房的优惠政策、价格管理、建设管理、交易管理、监督管理以及单位集资房做出了一系列的规定。经济适用房是向低收入者出售但交易受到一定限制的一种保障性住房,而前述的保障性住房主要是廉租房和公共租赁房。

10. 社会道德与慈善事业立法

见义勇为一般被认为是私法问题,但政府的合法性往往也需要道德的支持,因此,对见义勇为行为的社会补偿也应当成为政府社会立法的内容之一。安徽省制定的《安徽省见义勇为人员奖励和保护条例》也对见义勇为的奖励与保护做出了规定。该法规规定了见义勇为行为的确认标准和程序、奖励标准,行为人的医疗保护、经济补助、生活照顾以及见义勇为基金的来源和使用。淮南市对此也做出了类似的规定。关于慈善事业,安徽省还制定了一项地方性法规《安徽省华侨捐赠条例》,该条例的目的一方面是鼓励华侨积极参与国内的慈善事业;另一方面是将捐赠行为纳入法制轨道,使捐赠的各方当事人的合理期待与合法权益能够得到保障,从而促进公益事业的发展。该条例对捐

---

① 新华网:《保障房开工率不足,未必是资金短缺惹祸》,http://news.xinhuanet.com/politics/2011 - 06/07/c_ 121502791. htm? prolongation = 1,2014 年 11 月 4 日。

赠财产的保护、使用、税收减免，捐赠项目的管理、审计以及因滥用捐赠款而产生的法律责任等做出了规定。合肥市的《合肥志愿服务条例》也是一项关于慈善事业的地方性法规，规定了志愿者的权利与义务、志愿者组织的功能、志愿服务的范围与方式、志愿活动的资金来源与保障以及相关的法律责任。

（二）安徽省社会法立法在地方立法格局中的地位

关于社会法立法在地方法体系中的地位，笔者对近十年来安徽省地方立法状况进行了统计，如表2所示。

表2 2005~2014年安徽省地方立法状况的统计

单位：项

立法\年份	2005	2006	2007	2008	2009	2010	2011	2012	2013	2014	合计
社会立法	1	4	4	3	1	7	4	2	12	4	42
经济立法	15	6	3	9	10	5	8	7	8	6	77
行政立法	7	11	13	10	17	17	12	13	16	12	128
其他立法	11	27	23	12	3	57	13	11	7	9	173

资料来源：《中国法律法规信息系统》，中国人大网。

表2的其他立法主要是对过去的法案进行修改的立法决议或者一些非立法性的决定。通过上述统计能够明显看出，相比于偏向行政管理的经济立法与行政立法，赋权性的社会立法明显要薄弱得多。这种发展态势可以说是当前中国政治体制与经济体制下的一种普遍性现象。目前安徽省制定的各项立法，大多管理性色彩比较强，而在管理性立法中，主要考虑行政管理效率的行政立法或主要出于经济效率考虑的经济立法又占据大多数，而旨在实现社会公平的社会立法则要少得多。在过去10年中，几乎每一年的社会立法数量都少于经济立法与行政立法，过去10年累计的社会法立法为42项，大大少于经济立法的77项与行政立法的128项。如果不考虑概念上的人为划分，经济立法实际上也可以被归类到政府的行政管理范围中，只是调整对象为经济关系而已，如《安徽省财政监督条例》《安徽省内部审计条例》《安徽省促进皖江城市带承接产业转移示范区发展条例》《安徽省价格条例》《安徽省工业企业技术进步条例》《安徽省中小企业促进条例》等。经济法如果要追溯到更早的思想渊源，则是

凯恩斯为应付西方国家的经济危机而提出的国家干预理论，即通过行政权力手段对经济秩序进行安排、调整，以弥补市场失灵。在中国的国情之下，受GDP政绩考核的压力，促进经济发展自然是头等大事，而人大当然会在立法工作上对经济发展规划予以配合。而行政立法的内容主要是关于生产生活安全维护、市政管理或一些技术性规定。就生产生活安全维护方面的行政立法而言，有《安徽省水上交通安全管理条例》《安徽省防震减灾条例》《安徽省城镇供水条例》《安徽省水文条例》《合肥市消防条例》等，这一类立法主要涉及交通安全管理、消防安全、用水安全、地震灾害、气象灾害等内容。这些领域产生的问题，大多数属于道德灾难性质或涉及日常生活起居，容易引起公愤，产生重大的道德影响或舆论影响。而政府出于自身合法性考虑，在制定这一类基本的生产生活安全法规方面也比较着力。因此，这一类立法在行政立法中占有相当大的比重。就市政管理而言，如城市规划、绿化建设、市容与环境卫生等，从公众的认知角度来看，其信息成本也比较低。当上级部门或普通民众进入一个城市时，首先看到的是市容环境，而不是贫富差异、儿童失学、男女平等、治安好坏。从政绩考核与"面子"的角度考虑，这一类行政立法也占有比较大的比重。这特别体现于享有立法权的较大的城市，如合肥市与淮南市的立法中，有《合肥市水环境保护条例》《合肥市城市绿化管理条例》《合肥市市容和环境卫生管理条例》《淮南市城市绿化条例》《淮南市市政设施管理条例》等。技术性立法则有《安徽省促进散装水泥发展和应用条例》《安徽省无线电管理条例》《安徽省禁止非医学需要鉴定胎儿性别和选择性别终止妊娠的规定》《安徽省水工程管理和保护条例》等。这一类立法属于专业范畴，只有政府相关职能部门才有专业能力制定相关立法。而实际上安徽省大部分地方性法规都是由政府职能部门起草，并由人大进行形式上的表决通过。无论是经济立法还是行政立法，都大大超过旨在实现社会公平的社会立法。从安徽省社会法规范在地方性法律法规的总体格局来看，对效率的考虑是远远超出对公平的考虑的。这种状况令人担忧，因为当前政府的合法化危机以及由此导致的社会不稳定正是主要来自公平性问题，但在目前的政治体制下这可能是一种短期内难以得到解决的问题。社会法的发展是一个随着政治民主化进程的逐步推进而不断完善的过程。目前，安徽省的社会立法现状也反映了中国政治体制在这方面的不足。当然，安徽省的社会法立法严重偏少，也可能和社会法本身的独有特征相关。社会法提供的各种福利保障涉及政府财政资源的巨额投入，但安徽省作为一个经济欠发达的省份可能无力承担社会法的经济成本。而且社会福利一旦授予公民，就很难被收回，无论政府财政状况的好坏只能继续维持，甚至随着物价的上涨还须持续提高。社会法也涉及复杂、很可能遭到民众控诉的复杂行政管理，很多情况下对于政府来说是一件"吃力不讨好"的差事，政府为减轻自己的财政负担与行政负担，也可能在社会法立法上无所作为。

二　安徽省社会法立法所存在的问题

（一）社会法发展的不平衡

这里的不平衡有三方面：城乡之间的不平衡、不同地域之间的不平衡、不同社会法领域之间的不平衡。

1. 城乡之间的不平衡

安徽省很多社会法规范要么以城市社会为问题背景，要么在提供的福利保障与政府救助方面更偏向于城镇。例如，在数目比较多的劳动者保护性立法中，也能看到明显的"都市化"倾向[1]，也就是说这些法律法规更多的是以城市中的就业市场与社会特征为问题背景，而缺乏对农村具体情况的深度关注。如在农村有着大量的小作坊、小工厂、小商店、个体户，这些工作单位虽小，但都有可能雇佣员工，这些劳动合同关系可能流动性比较高、季节性比较强，或者实行计件工资制度，或者工作时间非常松散，虽然中央立法与安徽省立法都有关于劳动合同的规定，但对于农村地区的小企业来说，签订正式劳动合同的交易成本太高，不足以弥补不稳定的雇佣关系与低收入的工作产生的收益。不同于农村地区，城市地区劳动合同关系大多比较稳定，劳资双方能够签订正式的劳动合同，这种长期的劳动合同关系也能够弥补由此产生的交易成本。尽管农村地区的企业很少和员工签订劳动合同，但不意味着农村地区就没有劳动合同纠纷，就没有工伤赔偿，女职工就不需要生育保险。即便安徽省制定的《安徽省劳动保障监察办法》规定了具体的行政执法职权与程序，但这些规定

---

[1] 邓正来：《中国法学向何处去》，商务印书馆，2006，第116页。

更适用于城市地区,城市地区企业用工规模一般比较大,劳动行政部门能够实施规模化执法,有利于降低执法成本。对于农村地区那种不稳定而又分散的劳动合同关系,这种执法模式就难以显现其规模效应了。而且农村地区职工收入也比较低,农民能否承当得起复杂的行政程序所产生的时间成本与物质成本也是个问题。除以上问题外,很多社会法立法在保护的福利待遇方面也明显偏向城市地区。例如,安徽省与合肥市的失业保险规定都主要面向城镇企事业单位职工与城镇就业人员,但缺乏对城市农民工或失地农民的失业救济。即便农民工在家乡仍有一亩三分地,很多新生代农民工已经很难再适应务农生活了。因此,政府也同样需要为他们提供失业救济。虽然安徽省各个地市都制定了关于城乡最低生活保障的规范性文件,但就失业救济而言,城乡之间仍然是不平衡的。又如,《安徽省保障性住房建设和管理办法(试行)》规定的保障性住房主要针对城市和县人民政府所在地的镇符合条件的住房保障对象。没有理由认为县驻地的镇之外的其他乡镇就不存在住房需求。既然今天我们强调建设法治国家,那么就不应该有失偏颇,政府财政支付能力固然是一方面的问题,但在有限的财政支付能力范围内,就应该尽量做到公平,做到法律面前人人平等。

2. 不同地域之间的不平衡

目前,安徽省享有地方性立法权的地级市只有两个,即合肥市与淮南市,这两个市能够对省级社会法立法再进行补充立法。尽管安徽省人大与政府有多项社会法立法,但很多立法都是一些原则性的规定,或者主要是一种政治性的宣示。这些立法可能还需要更低一级的政府进行补充与完善,而目前只有合肥市与淮南市享有地方性立法权,这就可能造成这两个城市与安徽其他城市之间的不平衡,从而有悖于法律平等精神。如合肥市有关于优待扶助残疾人的规定,而其他一些没有地方政府规章制定权的地级市,如安庆、六安、芜湖等市就没有相应的规定。虽然这些市也可能制定一些关于残疾人就业保障的规范性文件,但还不够全面,而且也不属于法律的范畴。因此在效力与权威性上要弱于合肥市的相关规定。又如,合肥市制定有《合肥劳动用工条例》《合肥市工会劳动法律监督条例》,其他地市就没有这方面的具体规定。合肥市作为省会城市,相比于淮南市与其他地市,高校与企业数量众多,知识与资本更为密集,政府税收也更为充足,能够满足社会法立法的知识需求与财政需求。因此,合肥市在立法知识、财政资源等方面有着更大的优势,比淮南市和其他地市在社会法立法方面经验也更加丰富。但这也造成合肥市与淮南市以及其他城市之间的不对称，使合肥市职工在享有更高收入时，也能够享受到更健全的社会法保障。

3. 不同社会法领域之间的不平衡

从上文可以看出，在所有社会法立法中劳动者保护性立法最为健全，其不仅就最基本的劳动合同制度与集体劳动合同制度做出了具体规定，还制定了关于工资支付、工伤保险、就业促进、生育保险、企业管理、工会组织、行政执法等方面的劳动者权益保护法规。劳动者保护性立法门类齐全，对劳动法律关系中可能涉及的相关问题基本都做出了相应的规定。这主要是因为劳动保障涉及基本生存问题，关乎社会稳定。因此，劳动者保护性立法在地方性立法中理应占有重要地位。另外，关于最低生活保障的立法相对来说也比较健全，除了制定有基本的实施办法，还制定有实施细则与操作规程。但安徽省在其他社会法领域就显得比较单薄，如妇女权益保护、未成年人权益保护、老年人权益保护、残疾人权益保护、住房保障、医疗保障，虽然这些法律法规都对适用对象的权利与责任做出了比较全面的规定，但很多内容仍然比较抽象、不够具体，即使有些法规就相关权利规定得比较丰富，但却没有规定或设立专门性的执法机关，或对执法机关的具体职权与责任规定得不够详细，或相关的行政执法程序与救济程序的操作性不强。很多立法虽然涉及复杂的申请标准与流程，但没有制定相应具体实施细则，如《安徽省优待扶助残疾人规定》的规定就非常简约，不足以落实赋予残疾人的各项福利待遇。

（二）社会法立法尚未照顾到新型弱势群体

安徽省的社会立法主要限于对劳动者、妇女、老年人、青少年、儿童、残疾人、流浪者等传统型弱势群体的保护。制定专门性法律法规保护这些弱势群体的利益，为他们提供必要的救助也在情理之中。随着城市化的不断推进以及随之而来的农村空心化，加上缺乏某些特殊性社会救助政策，中国出现了过去没有的弱势群体，如农民工与失地农民、空巢老人、失独老人、留守儿童，特别是农民工群体。

尽管农民工为城市发展做出了重要贡献，在城市里干着最脏最累的活，但在城市社会中却得不到教育、医疗、社会保障方面的平等国民待遇，农民工在城市的生活与工作中仍然受到各种歧视。现实中,农民工在城市的工作环境与居住环境很难以令人满意,大多数农民工所从事的体力劳动多少带有危险性,他们在工作中极易遭受身体伤害。近年来,农民工讨薪事件、索取工伤赔偿事件时有发生,农民工维权却存在知识与成本上的障碍。农民工社会保障权利基础的薄弱使得农民工抗风险的能力也比较低。基于农民工群体的这种现状,他们仿佛是城市中有着自己独立生活世界的"他者"①。他们在城市里很多情况下只能依赖既有的乡村血缘或地缘纽带相互帮助、相互团结,从而在就业、生活上互相照应,谋取基本生存条件。他们如同城市里"熟悉的陌生人",积极参与到城市化的进程中,但似乎又被这个进程排斥,无法从制度与观念方面被城市社会接纳。对于这么一个巨大的弱势群体,目前尚没有关于他们的专门保护性立法。尽管农民工融入城市获得平等国民待遇需要经济的逐步发展,是一个逐步推进的过程,但在现代法治精神的参照与批判下,农民工群体的现状是极难令人满意的。除了农民工群体外,中国每年都有大量的失地农民,如何为这些失地农民提供最低限度的生活保障也是极为重要的议题,否则就可能危害政治体制的稳定性。中国社会科学院有报告指出,中国失地农民的数量目前已经有4000万~5000万人,② 失地农民如果既不能自足于农村社会体系,又不能被纳入城市社会体系,那么他们作为无依无靠的流动人口,最终极有可能成为社会动乱的根源。流动人口虽是弱势群体,但也有强势的一面③,他们之所以是弱势群体,是因为他们处处受到国家正式制度的排挤,在各种制度待遇方面低人一等。他们也有强势的一面是因为外在的排挤反而会增加他们的凝聚力,使他们铤而走险,团结一致,实施集体性违法或犯罪。因而,只有为失地农民提供平等的社会保障,将他们接纳为体制中的平等一员,才不会使失地农民走向国家体制的反面。

农村地区的空巢老人现象也非常普遍。早在2005年安徽省就有学者提出在农村地区空巢老人养老存在难度加大、传统的家庭养老模式难以持续、老年

---

① 尤尔根·哈贝马斯:《包容他者》,曹卫东译,上海人民出版社,2002,第2页。
② 《社科院报告指出中国失地农民已达4000~5000万》,《党政干部参考》2011年第9期。
③ 王志强:《对近年来流动人口犯罪问题的实证分析》,《中国人民公安大学》(哲学社会科学版)2006年第2期。

社会化设施供需矛盾突出、老年人心理健康、精神需求和代际矛盾增多等问题,① 但安徽省在这方面至今还没有相关的社会保障立法。由于未能建立健全的养老保障,农村地区也普遍缺乏供老人交流、娱乐的公共基础设施,而城市目前也缺乏能够让农民工拖家带口移民城市的制度条件与物质保障。因此,空巢老人现象不仅意味着生存危机,也意味着心理危机。尽管我国开始在农村地区推行农村合作医疗制度以及有限度的养老保障制度,但这些投入还远远不够,不足以解决农村空巢老人的养老保障问题。

失独老人也成为一个严重的社会问题。由于中国特殊的独生子女政策,那些失去唯一子女的老年人的养老、心理与健康也成为被普遍关注的社会问题。大多数失独老人存在经济状况恶化、精神抑郁、健康状况下降、人际交往敏感封闭等问题,在生活救助、养老保障、医疗保障以及精神慰藉等方面存在着强烈的需求。② 老年人年纪越大,对子女的心理依赖越大,而且这种心理依赖无法用物质保障予以弥补,晚年丧子会造成巨大的伤痛,而失独老人一般也丧失了生育能力,难以再生养,即便可以生养,也可能缺乏生养的经济能力。对于失独老人,除了要调整当前的计划生育政策外,也要提供更具体的养老保障措施,由政府来系统地为失独老人提供救助,缓解他们的晚年丧子之痛。这一方面要提供更大的物质补偿与养老保障,另一方面也要建立相应的情感抚慰机制。

还有留守儿童问题也是目前农村地区比较严重的社会问题。很多研究都表明,农村留守儿童普遍存在心理问题与教育问题,如相比于一般儿童与随迁儿童,留守儿童自尊心比较脆弱而孤独感与抑郁感比较强,而目前农村地区也基本没有针对留守儿童的学校或教育机构,大多数农村学校也没有相关的心理辅导。③ 通过法律来保障他们在农村地区度过正常的童年生活以及接受正常的教

---

① 路远:《近年来安徽社会保障理论研究综述》,《安徽日报》2005年11月14日第B04版。
② 姚兆余、王诗露:《失独老人的生活困境与社会福利政策的应对》,《重庆工商大学学报》(哲学社会科学版)2014年第4期。
③ 范兴华、方晓义、刘勤学、刘杨:《流动儿童、留守儿童与一般儿童社会适应比较》,《北京师范大学学报》(哲学社会科学版)2009年第5期;高亚兵:《农村留守儿童心理健康状况及人格发展特征》,《中国公共卫生》2008年第8期;孙晓军、周宗奎、汪颖、范翠英:《农村留守儿童的同伴关系和孤独感研究》,《心理科学》2010年第2期;殷世东、朱明山:《农村留守儿童教育社会支持体系的构建——基于皖北农村留守儿童教育问题的调查与思考》,《中国教育》2006年第2期。

育，也是目前安徽省地方立法中比较欠缺的一部分。安徽是一个农业大省，也是一个劳务输出大省，制定关于留守儿童的专门立法势在必行。要么为留守儿童提供在城市中的平等教育机会，为随迁儿童提供特别照顾，要么在乡村学校为留守儿童提供更全面的生活、学习、娱乐与情感保障，让乡村学校也承担抚养留守儿童的部分功能或者就留守儿童教育与心理问题在学校和家长之间建立更有效的沟通与协作机制。

（三）社会法立法的可操作性不足

安徽省社会法立法的可操作性不足大致体现为两方面的问题：规范方面的问题主要在于权利界定比较模糊，而实施方面的问题主要在于执法主体、法律责任与法律程序比较模糊。

首先，有些立法的权利界定比较模糊。权利界定模糊不仅增加受益者主张权利的困难，也可能造成更多的扯皮与推诿。如《安徽省实施〈中华人民共和国妇女权益保障法〉办法》第十七条、第十八条规定的妇女的平等就业权利，要求除某些特殊的工作岗位外，任何用人单位不得因性别歧视而不雇佣妇女，不得以性别为由拒绝接收国家分配的妇女毕业生，企业在转换经营机制，实行人事、劳动、工资制度改革时，也不得歧视女职工。对不适应原岗位工作的女职工，应为其转岗创造条件。这些规定都非常正确，但问题是这一权利界定是非常模糊的。例如，何种岗位属于不适应妇女从事的工作或岗位？提高对妇女的录用标准到何种程度才是对妇女平等就业权利的侵犯？人事、劳动、工资制度改革与正常性的职位晋升与岗位调动又如何区别？又如，《安徽省实施〈中华人民共和国老年人权益保障法〉办法》第二十六条规定，"各级医疗卫生机构应当开展多种形式的老年医疗保健服务，增加社区老年医疗保健设施，发展家庭病床，采取定点、巡回、上门服务等多种形式，为老年人提供预防、医疗、保健、护理、康复和心理咨询等服务"。但这些医疗服务的频次、方式、设施标准应该如何界定呢？如果没有界定，那么如何确定老年人的权利没有得到了很好的保障呢？权利界定的模糊就可能使得这些福利性保障成了镜花水月。

其次，有些立法的执法主体、法律责任与执法程序比较模糊。特别是带有行政法性质的社会立法更是如此。这一类社会立法需要行政执法部门的积极作为，需要提供明确的举报手段与申诉程序，如出现行政执法部门不作为时，能够提供及时便捷的行政救济服务。但安徽省社会法立法很多只是对相关权利保障做出原则性或宣示性的规定，对于权利的保障却缺乏可操作的程序性或责任性规定。如就《安徽省实施〈中华人民共和国老年人权益保障法〉办法》而言，第三十一条规定："老年人的合法权益受到侵害时，老年人或者其代理人有权要求村民委员会、居民委员会、乡（镇）人民政府、街道办事处、老龄工作机构、公安机关以及其他有关部门处理，或者依法向人民法院提起诉讼。人民法院和有关部门，对侵犯老年人合法权益的申诉、控告和检举，应当依法及时受理，不得推诿、拖延。"第三十二条规定："对不履行赡养、扶养老年人义务的，侵害老年人合法权益的家庭成员，有关部门和组织应当给予批评教育，责令改正；对拒不改正的，可以支持和协助老年人或其代理人向人民法院提起诉讼。"第三十三条规定："不履行保护老年人合法权益职责的部门或者组织，由其上级主管部门、老龄工作机构责令改正。国家工作人员不履行规定的职责，致使老年人合法权益受到损害的，由其所在单位、组织或者上级机关责令改正，情节严重的，依法给予行政处分。"在这些条文中，对受理部门、申诉程序、答复期限、责任承担等的规定都非常不明确，相关部门应负责保护的权益范围也非常不明确，如果发生相互推诿问题就可能难以得到及时有效的处理。当然，司法是最终的救济手段，如果行政部门拒不执行，可以提起诉讼，但司法的时间成本与金钱成本都是非常高的，特别对于农村老年人来说，如为了获得也许只有几百元的低保，提起诉讼是得不偿失的。上述立法也缺乏其他补充性的立法或行政规定，使这些立法的实施与救济均有章可循，从而能够得到具体实施。又如，《安徽省未成年人保护条例》第十四条规定，"学校和父母或其他监护人应当及时管教、制止、纠正未成年学生的下列行为：（一）吸烟、饮酒；（二）打架、斗殴、辱骂他人；（三）旷课、逃学、弃学、流浪或夜出不归……"，如果学校和监护人没有满足这一条款，应该如何处理，是由未成年人保护委员会进行执法，还是未成年人接受举报后申请公安机关执法？如果监护人拒不执行法律规定，执法机关又该如何执法？是对监护人实施行政拘留，还是进行罚款，又或者将不良少年送进少管所管教？从条例本身来看，这个条文也是缺乏可操作性的。再如，《安徽省实施〈中华人民共和国就业促进法〉办法》，这一法规基本都是原则性的规定，尽管该办法规定了政府对就业的政策支持，政府在就业服务与管理、职业教育与培训、就业援助、法律实施方面的广泛职责，但几乎没有提出任何可以量化的权利与责任标准，也缺乏具体的申诉程序与法律责任承当方式。当然，类似于上述情况的其他法律条文还很多，这里就不一一点明了。

（四）社会法立法的创新性不足

安徽省社会法立法的创新性也存在不足之处。安徽省很多社会法立法都只是重复中央立法的规定，或者和其他省份的相关社会法立法大同小异。这些社会法立法可能没有深入调查安徽省的具体情况，从而没有能够在立足本省省情的基础上做出与中央立法和其他省份的立法不同但可能更有实践意义的规定。如《安徽省实施〈中华人民共和国妇女权益保障法〉办法》就是如此，其他省份如河北省、山西省、辽宁省、吉林省等，普遍在1993年或1994年制定了类似于安徽省的实施妇女权益保障法的办法。安徽省这样一个农业大省甚至和青海省这样一个以畜牧业为主的省份制定的妇女权益保障办法基本类似。很显然，两者面临的妇女人口特征、民族习惯背景是极不同的。而《中华人民共和国妇女权益保障法》制定于1992年，各省份类似于此的一种集中性立法并非偶然。更让人感到惊奇的是各省区的法规内容结构都高度的一致。这种现象只能说明一个问题：各省区地方立法机关都在抄袭中央立法，或者各省区之间互相抄袭。抄袭的立法当然只能泛泛而谈，或者只是重复中央立法的规定。中央制定妇女权益保护法后，各省区在短时间内纷纷制定相关实施办法，时间之仓促也显而易见，对于一项涉及妇女多项重要权利的立法，立法者能够在短暂的时间内出台这么一部大而全的立法，显然也是不可思议的，这部立法到底具有多大的可操作性，是否能够切实解决妇女权益保护中的实践问题，都是非常可疑的。各省区集中性的大规模立法更可能是中央政府施加的政治要求或者是各省区之间相互跟风性的政治行为，而不是一项经过对民意、民情、民俗的充分调研的严肃立法活动。因此，这部法规也许更多的是为了向社会展示一种负责任的政治态度，但与有着具体的责任规定与救济机制的完善法律还相距甚远。

除此以外，《安徽省未成年人保护条例》《安徽省实施〈中华人民共和国老年人权益保障法〉办法》《安徽省实施〈中华人民共和国工会法〉办法》《安徽省实施〈中华人民共和国就业促进法〉办法》《安徽省城市生活无着的流浪乞讨人员救助管理办法》等法律法规都和妇女权益保护办法类似，政治宣示意义大于实践意义，其内容要么重复中央立法的一些规定，要么与其他省份的相关立法大同小异。中国是一个民意、民情、民俗的地区差异极大的国家，社会法如果真能够解决具体的社会问题，各省区在内容结构上就不可能高度雷同。这种涉及公民重大权益的立法也需要充分听取公众意见，需要调研、分析、研究、探讨，而现实永远是非常复杂的，经过前期的充分调查和论证的立法项目肯定在不同的省份之间显示出某些重要差异。立法也不是为了创新而创新，但如果真能够深入民情、深入社会、深入实践，即使无意创新，现实的复杂性决定了不同省份必然发现各自不同的民情、民意与实践经验，从而决定了各省份面对的问题是不同的，而相关的社会法规范必然也是不同的。

（五）社会法立法程序难以有效吸收民意

安徽省人大及其常委会是制定地方性法规的立法主体，本来人大及其常委会是民意代表机关，这一制度设置本身的目的就在于吸收民意，但人大代表大多数是非专职的，也没有配备西方国家议员所普遍配备的法律助手与专业助手，因此安徽省人大及其常委会在制定涉及高度专业化的行政管理问题时往往也缺乏相关的专业能力。在这种背景下，安徽省人大及其常委会审议的草案绝大多数都是政府职能部门起草，其对于职能部门提交的法律草案的表决可能难以进行专业审查，形式性的程序表决可能更多一点。对此，五年来的安徽省人大立法规划就能显示这一点（见表3）。

表3 2010~2014年安徽省人大立法规划

单位：项

年份	提交审议的立法项目总数	由人大及其常委会起草的立法项目数量	由政府职能部门起草的立法项目数量	调研论证的立法项目总数	由人大或其常委会调研的立法项目	由政府职能部门调研的立法项目
2010	8	0	8	15	2	13
2011	9	1	8	19	2	17
2012	7	0	7	23	1	22
2013	12	3	9	26	2	24
2014	15	5	10	24	5	19

注：参见安徽人大的相关资料，安徽人大网，http：//www.ahrd.gov.cn/npcweb/web/list.jsp?colId=1365314166953030，2014年3月9日。

从表3可以看出，安徽省人大绝大部分的立法项目都由政府职能部门起草，而由人大常委会起草的立法项目也只是由人大常委会牵头，政府职能部门予以配合。尽管省人大多数情况下只是对法规草案进行表决，但不能仅仅根据对民意机关的传统理解来否定这种行政主导的立法现象。这在某种程度上是不可避免的，政治已经变成高度分工的一个社会领域①，只有具备职业经验与专家知识的人才能在政治治理中有效地操纵行政机器，实施有效的社会治理。这也是一个由"自由法治国"向"社会法治国"转变的世界性趋势②，这不能完全说是公民自由的逐渐减少，因为公民自由的扩大也需要政府的制度保障，必须由政府来区分自由与不自由，并保障自由，限制侵犯他人自由的行为。尽管由行政机关主导社会立法是一个不可避免的趋势，但其中也可能会产生对民意吸收不足的问题。由于这些立法都是由政府职能部门起草，民众的参与不能说没有，在现有立法体制下也是非常少的。因此，尽管很多社会立法的出发点很好，但在此过程中可能并没有照顾到民众的实际需求，很多社会立法可能只是政府的一厢情愿，民众未必认为这种利益与福利至关重要，导致很多非常重要的社会法保障可能又没有被制定为法律。如前文提到的安徽省社会法保障多数限于传统型弱势群体，而对于农民工、农村空巢老人、留守儿童等随着中国工业化与城市化而产生的新型弱势群体，政府职能部门起草的立法目前并无太大作为。

为了弥补行政机关主导立法的不足，安徽省还建立了立法专家库制度，省人大常委会主任办公会议制定了《关于建立立法咨询专家库办法》，该办法规定了立法咨询专家库成员的选拔标准，省人大可以在立法规划、法案起草、立法论证、立法评估等程序中邀请立法咨询专家参与。这一专家库引入了知识精英参与立法的机制，对于社会立法来说是一种非常必要的机制。因为中国地方立法本来的民意吸收效能就不强，民众即使存在某种抽象的愿望，要将这种抽象的愿望转化为可操作性的立法，也缺乏必要的参与动力和相关的制度表达技巧。因此，通过知识精英的参与，可以在一定程度上弥补这一不足。总体来

---

① 约翰·邓恩：《信任与政治行为》，皮小林译，郑也夫编《信任：合作关系的建议与破坏》，中国城市出版社，2003，第106~108页。
② 于安：《论社会行政法》，《现代法学》2007年第4期。

看，安徽省社会立法和其他类型的地方性立法类似，主要是政治精英和知识精英相互补充、相互配合的过程，但这样一个过程可能使社会法这一涉及社会公平与政治合法性的重要部门立法难以广泛吸收民意、准确表达民众诉求。社会法立法作为现代福利国家建设的一个重要组成部分，应该能够贴近民生，贴近民众的生活冷暖与基本需求。为了缓解当前少数官员的腐败现象以及民众对贫富差距的普遍不满，也需要能够充分吸收民意的社会法规范。

安徽省人大为了克服这些局限，在原有正式制度设置外，又设立了一些非正式制度，以拓展吸收民意的渠道，加强立法的民意基础。如安徽省人大常委会制定的《关于加强和改进立法工作的若干意见》就要求进一步拓宽省人大代表参与立法的渠道，立法规划要向人大代表征集立法项目，通过座谈会、协调会、论证会等方式加强人大代表对立法的积极参与，邀请他们列席常委会会议并参与执法调研、执法检查、立法效果评估等，广泛听取代表的意见和建议。就向公众吸收意见而言，安徽省人大在法律草案起草完成后一般都会通过报纸、网络向社会公布，并听取公众的意见。但可能由于效果不太理想，安徽省后来制定的《安徽省人大常委会公开征集立法意见的评审和奖励办法》为了激励公众向省人大提供立法项目建议与立法草案修改意见，对符合条件的立法意见提供物质奖励和精神奖励。这种立法机关另辟渠道吸收民意的机制可以说是中国立法体制下的无奈之举。但这并不能解决所有问题，一方面，民众没有能力就专业性立法进行思考与判断，很多社会法不仅涉及政府财政资源的可分配性与统筹性问题，而且也涉及复杂的行政管理与可操作性问题，民众对于自己的生活事务尚且难以照顾周全，更不会有心思去思考和自己未必有直接关系或者关系非常微弱的立法。而那些真正关心相关社会法草案的群体可能又没有能力提出立法建议。另一方面，民意很多情况下并不能自动表达出来。根据经济学理论，在较大集团中，由于每一个成员都显得微不足道，集体性行动往往缺乏有效的激励动机，[①] 为提供一项有价值的立法建议，其个人成本远远大于建议最终被采纳的满足感，也远大于个人建议造福于社会的微弱收益。对于普通民众来说，他们提不起足够的兴趣参与政府立法，民意更多情况下不能被激发出来。为此，就必须要有发达的政治动员机制，只有通过政治动员，将各

---

① 曼瑟尔·奥尔森：《集体行动的逻辑》，陈郁等译，上海三联书店，2011，第72页。

种也许很专业、很枯燥的立法的意义放大化，成为一项万众瞩目的盛举，这时才能博得民众的另眼相看，才会使他们积极参与到立法中。因此，上述非正式机制也难以有效吸收民意。

三 完善安徽省社会法的建议

社会法立法是由政府来赋权的一种立法，尽管任何社会法保障都需要一定的财政支持，社会法立法的发展进度与政府财政负担能力密切相关，但由于社会法关涉社会公平性并进而影响政治合法性，政府仍然需要挤出一定的行政资源并根据中国的特殊国情来促进相关的社会法发展。就安徽省而言，鉴于上文提到的种种问题，本文从以下五个方面提出立法建议。

（一）加强社会法在城乡、不同地域与不同领域之间的均衡发展

1. 社会法在城乡之间的均衡发展

安徽省大部分社会法立法都以城市社会作为问题背景，但可能忽视了农村地区的特殊要求。鉴于这种现状，需要深入调查农村地区的经济发展水平、经济组织现状、公共基础设施、基本教育水平、权利意识强度，并在此基础上提出切实、可行的并能够适应农村地区问题背景的立法项目，有效地照顾到目前社会法立法的"都市化"倾向扫描不到的边缘群体与现实问题。例如，就劳动者保护性立法而言，在农村地区应该实施更加主动的行政执法行为，采用更加便捷的执法程序，从而减少文牍主义要求，降低农民的权利救济成本，使收入和教育程度都比较低的农民的合法权利能够得到相对有效的保障。除此以外，也应加强城乡社会法立法之间的公平性。社会法的一个重要目的是为弱势群体提供福利保障与政府救助，从而提升社会公平。对于某些福利保障或政府救助，不应仅仅赋予城市居民，如果农村居民有着同样的问题，那么也应该赋予农村居民相应的福利。如农村地区也有流浪人口，但相关的社会法立法仅为城市流浪人口提供救助，因此，同样需要为农村流浪人口提供救助。除此以外，也需要对关于失业保障的社会法做出类似的修正。又如，住房需求不仅存在于县级以上的城镇，也存在于乡镇一级，同样需要为乡镇居民提供保障性住房。即使社会法立法在城乡之间有不同规定，但不同规定应该有利于较弱势一

方,如可以为上面提到的农民工群体提供特殊的社会法保障,因为相比于有着城市户口、能够享受基本社会福利待遇的城市居民,农民工过去遭受严重的歧视,今天的生存境况也更差,因此需要通过更多的社会法保障进行弥补。这类似于美国的"肯定性行动",目的在于为过去遭受歧视的群体提供补偿性的政策支持。在城乡二元体制下,农民长期以来得不到平等的国民待遇,今天为他们提供更多的社会福利保障,从道德的角度来看也理所当然。

2. 社会法在不同地域之间的均衡发展

安徽省目前享有地方立法权的地级市只有合肥市与淮南市,而目前在制度上很难根本改变这一立法体制现状。因此,一方面,需要加强省级立法,使立法涵盖范围更加广泛,权利义务标准更加清晰,执法主体更加明确,责任机制更加严明,执法程序更加具有可操作性,从而使省级立法制定出来就能够直接适用于那些没有地方立法权的地市;另一方面,对于某些省级立法无法做出具体规定的社会法规范,也要对下级人大和政府进行适当的授权,由下级人大和政府根据自己的财政负担能力与本地市情况制定具体的实施办法。实际上,虽然安徽省只有合肥市与淮南市享有地方性立法权,但其他地市制定出来的很多规范性文件和这两个市并没有实质性区别。尽管享有地方性立法权的地市与不享有地方性立法权的地市制定出来的规范性文件在用词上可能不一致,但都有类似的法律规范结构,如权利、义务、执法与责任。尽管中共十八届四中全会也提出要赋予设区市以地方立法权,但还没有付诸实施,因此严格意义上来说,上述做法可能并不符合《中华人民共和国立法法》,但却是一种超越法条主义的实践智慧。但由于不享有地方性立法权的地市的立法水平可能不高,安徽省人大常委会对于这一类规范性法律文件也应对其合法性、合宪性以及技术性问题进行监督与审查,以确保规范质量。

3. 社会法在不同领域之间的均衡发展

安徽省在劳动者保护性立法与最低生活保障立法两部分比较完善,但在妇女权益保护、老年人权益保护、未成年人权益保护、住房保障、医疗保障等领域的社会法规范却显得比较单薄。因此,还需要加强这些领域的立法。如进行更充分的前期立法调研,对于不同群体的各项权利进行更细致的规定,就相应的执法机制规定更明确的执法主体、执法权限与执法程序。如妇女权益保护、老年人权益保护、未成年人权益保护以及住房保障,除了原有的地方性法规与地方政府规章外，还需要更具可操作性的实施细则，就权利的范围、执法主体、执法权限与执法程序做出更具体的规定。而医疗保障领域的问题目前更加严重，看病难、看病贵的问题仍然普遍存在，医疗服务态度与质量仍然不尽如人意，医患纠纷与"医闹"事件也时有发生。为了克服这些问题，地方立法者需要对医疗领域的问题进行积极调查，并在此基础上逐步摸索有效的治理模式与调整规范，并针对医患纠纷建立更加普遍性的第三方纠纷解决机制。

（二）加强对新型弱势群体的社会法保护

农民工、失地农民、空巢老人、失独老人、留守儿童是在中国特殊国情下产生的新型弱势群体。这些弱势群体能够得到社会法保障不仅关乎社会公平，也关乎社会与人的全面发展。虽然关于这些群体的权益保障，政府也有一些非法律性质的行政命令，但应通过立法的方式将这些弱势群体的权益规定下来，并通过法律手段进行救济。

1. 农民工的社会法保障

尽管很难瞬间改善数量庞大的农民工群体的生存状况，但至少应该对此进行持续性努力。针对农民工群体的生存现状，可以通过社会立法为农民工提供特殊的权益保障。首先，在户籍、子女教育、失业救济、住房保障、基本医疗保障方面为农民工提供平等的国民待遇。法律面前人人平等是宪法的基本原则之一，没有理由将农民工这一公民群体排除在宪法保障范围外。这需要努力改善当前的城乡二元体制，将农民工的子女入学强制性地纳入其工作地政府的统筹安排，为他们提供财政与教育基础设施方面的特殊支持。为城市农民工提供同等的失业救济与福利保障，让他们能够享受社会保险、医疗保险与住房公积金等为城镇职工所独享的待遇。建立全国性的医疗保险统筹账户，让农民工在异地就医也能享受到与其户籍地同等的待遇。其次，针对农民工抗风险能力弱的特征，在就业培训、工伤赔偿、大病医疗、医疗救助等方面为农民工提供更高标准的社会法保障。农民在学历、生存技能与收入水平方面均弱于其他劳动者群体，不仅如此，农民工还面临着就业歧视、工作环境恶劣、劳动法保障不力等外在困境。因此，为了使农民工能够顺利融入城市社会，除了一般性的平等社会法保障外，在失业、工伤、医疗等可能引起农民工基本生存困境的方面为农民提供更高标准的社会保障。再次，为农民工维权、劳动法保护、安全卫生保障提供专门性的执法力量与简化性的程序保障。这需要在劳动行政部门建立职权更加积极的专门性执法部门，由他们主动调查农民权益保障状况，并主动执法。同时，简化农民工维权的法律程序，简化各种文牍主义，由专门性的执法部门提供程序引导服务。司法行政机关也应安排一定的资源为农民工维权提供专门性的法律援助，并提供便捷性的程序性服务。最后，建立农民工权益保障的行政问责机制。为防止行政执法部门对保障农民工权益的执法不力，应根据所辖地域农民工的劳动合同签订情况、工资发放情况、社会福利保障情况，建立相应的绩效考核，对执法不力的行政执法部门进行相应的惩戒。

2. 失地农民的社会法保障

除了上述为农民工提供的立法保障外，还需要为失地农民提供更高的失业保障待遇。失地农民只能融入工业化与城镇化大潮中，但长期的生活环境与既有的技能条件决定了他们在从农村生活转向城镇生活中要支付更高的转变成本，这也导致了他们抵抗生存风险的能力更低。因此，除了需要修改关于土地征收补偿标准的相关规定外，还需要国家为失地农民提供更高额度的失业保险，为他们在城镇立足提供条件更加宽松的住房保障，为失地农民的就业培训提供更多的政策支持，并在劳动力市场中为农民工就业提供更多的帮助与信息。

3. 空巢老人的社会法保障

这是农民工群体外出打工而产生的问题。农村地区的空巢老人已经成为一种普遍性现象，让空巢老人安享晚年生活，使他们不至于陷入物质与精神都非常匮乏的地步，也是当前社会法立法的一项重要任务。对此，可结合实际情况从以下方面做努力：首先，为城市打工的农民工子女建立定期的探亲假制度，使外出务工子女能有时间探望年迈父母。尽管老年人权益保障法要求家庭成员经常看望老年人，但对于如何落实却没有具体规定。因此，通过建立定期探亲假制度，为这一要求提供制度化的保障。其次，提高农村老年人的养老金标准，为农村老年人提供基本的物质保障。尽管家庭仍然是农村老年人的主要生活保障，但目前每月55元的基本养老金明显是过低了。因此，仍然需要根据地方财政能力大幅度提高农村老人的养老金标准。再次，通过财政支持与社会捐助，在农村地区建立能够集中生活或活动的养老机构与老年人娱乐场所，加强老年人之间的沟通与交流，缓解他们精神上的孤独与寂寞。能够集中生活或活动的养老机构与娱乐场所有利于形成老年人的定期见面机制，为老年人的沟通与交流建立常规化的渠道，从而形成老年人的集体生活空间。最后，以村委会为依托建立针对农村空巢老人的帮扶制度。对于某些缺乏基本生活来源、生病无人照料、残疾或生活无法自理的老人，在地方政府财政支持下，应由村委会积极为空巢老人提供各种帮扶，解决他们的基本生活困难，积极为他们安排就医，并拨出一定的资金资助残疾或生活无法自理的空巢老人。

4. 失独老人的社会法保障

失独老人现象是国家计划生育政策产生的结果，对于失独老年人，必须提供特殊的保障机制。一方面，需要给予失独老人高于一般老人的物质待遇，从物质角度弥补他们的晚年丧子之痛，如政府出资建立专门性的养老机构，提供更丰厚的养老金，给予更高标准的医疗保障；另一方面，也要为失独老人提供制度性的情感抚慰机制，如建立由失独老人共同生活的养老机构与失独老人之间能够相互交流的活动场所，免费提供心理与情感上的医学咨询与治疗，建立以居委会、村委会或基层民政部门为依托的定期慰问机制与帮扶机制等。

5. 留守儿童的社会法保障

农村的留守儿童目前在监护、教育、关爱等方面存在严重的不足，已经导致很多留守儿童在心理、学习与成长方面产生了严重扭曲。首先，解决这个问题最基本的方法是通过赋予农民工子女在城市的平等地位，让留守儿童跟随父母，在城市能够接受平等的教育与医疗，同时也能够获得父母的关爱。其次，对于必须留守农村的儿童，也需要从教育、监护方面进行改革。对此，应实行留守儿童住校制度，并加强学校的监护职能，使留守儿童能够在学校得到更完整的教育，并在日常生活起居方面提供更健全的监护与更安全的保障，同时由学校提供相关的心理教育，防止儿童出现各种心理问题。最后，基层政府与村委会仍然需要对留守儿童的生活与学习状况进行定期的检查，如发现问题，应与父母和学校进行积极沟通，促使父母和学校尽快解决问题，并为之提供力所能及的帮助。

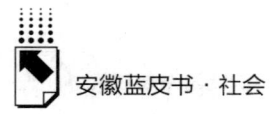

（三）加强社会法立法的可操作性

社会法立法的有效落实，还必须强化权利义务的精确度，明确执法主体、执法权限与责任承担，规定便捷的行政程序与救济方式。

1. 提高权利义务的精确度

提高权利义务的精确度可以降低公民与政府之间的交易成本。一方面，明确的权利义务确定了行政机关的权力和职责，使其很难逃避责任的承担；另一方面，明确的权利义务也有利于当事人积极有效地主张自己的权利，从而有利于权利的保障与救济。当然，立法很难对具体情况做出预见和规定，但起码要有一定的方法和程序能够让自认为权利受侵犯的公民提出救济的申请，能够让执法者根据社会道德标准与常识对具体情况做出判断。

2. 明确执法主体、执法权限与责任承担

妇女保护性立法、老年人保护性立法、未成年人保护性立法、残疾人保护性立法中的很多条文只是抽象地要求政府与社会组织提供政策支持与福利保障，但却没有规定明确的执法主体与执法权限，如果相关行政机关与社会组织不履行这些法定义务，该法规也没有规定明确的法律责任。为了使该条文能够被有效地落实，就应确定具体的执法机关与执法权限以及相应的法律责任。这不仅能够使权利受侵犯者能够快速找到可以申诉的责任部门，而且能够大大降低不同的责任部门之间相互推诿的可能性。社会法是赋权性的立法，需要政府的积极作为，为了使政府能够大力地实施社会法，就必须通过法律规范将政府的职能明确下来。

3. 规定便捷的行政程序与救济方式

大部分社会法保护的是弱势群体，特别是农民工、老人、未成年人、流浪者等，这些群体收入比较低，生存技能比较差，抗风险能力比较差。因此，为了使他们能够以更低的成本主张自己的合法权利，需要规定便捷的行政程序与救济方式。可以在相关的社会法立法或者实施办法中，规定明确的申诉渠道、受理机关、回复时限、纠纷解决程序、复议方式，并在此过程中赋予执法机关更积极的权能，使他们积极参与到申请材料与申诉材料的收集及对当事人申请与申诉的引导中，而不能被动等待权利人提交相关材料和参与法律程序。

（四）加强社会法立法的创新性

社会法立法的创新并不是为创新而创新，而是基于复杂的现实经验与清晰的问题意识自然形成的不同或独到的做法的过程。

1. 立法者要对复杂的现实经验进行深入的调查

基于现实经验的复杂性，如果某一地方的立法者能够真正地对现实情况进行深入的调查，那么制定出来的法律法规肯定会多多少少不同于其他地方的立法。前文已经提到，安徽省很多社会法规范与其他省份的立法大同小异，这些立法更多的是一种政治性宣示，缺乏具有可操作性的权利、责任与程序机制。要改变这种现状，立法者就必须做好前期的调研工作，对民众生活中的各种困难进行深入的调查，对民情民俗能有多方面的了解。除此以外，还必须能够建立更加充分的民意吸收机制，从而反映多方面的实际需求，并了解现有社会法实施过程中的各种问题与不足。在对法律的社会需求或实际效果形成充分认知的基础上，还应根据民众的法律意识、经济状况、受教育程度和地方性的民情与民意，规定能够行之有效的行政执法程序，从而方便弱势群体的权利主张与权利救济。

2. 立法者应具备清晰的问题意识

中国人口众多、地域广阔、国情极度复杂，各个省份对不同领域的社会法都应有自己的问题意识，而中央立法由于中央与地方之间的信息不对称而难以洞察到所有地方性问题，其他省份也基于其独特的省情而不可能代替安徽省立法者对于本省问题的思考。只有在问题意识的引导下，才能有针对性地制定相关立法，并出于解决问题的需要，设立有效的执法机制。在明确需要解决的问题的前提下，就可以在立法过程中积极思考当事人何种权利更容易受到侵犯，当事人在寻求权力救济过程中会遭遇何种困难，为解决问题何种手段与方法才是有效的。如目前"医闹"问题比较突出，其原因主要在于医疗服务质量不能令人满意，而不是因为医疗技术不发达。[①] 安徽省就完全可以就医院的医疗服务态度、医疗服务标准、医疗服务设施等在力所能及的财政能力范围内做出具体的规定。再者，鉴于司法在解决医患纠纷方面的低效，安徽省也可以就医

---

① 伍德志：《论医患纠纷中的法律与信任》，《法学家》2013年第5期。

患纠纷中的暴力冲突设立医疗问题及时回复、及时处理的预防机制以及就医患纠纷的解决等建立第三方调解机制。又如安徽省阜阳曾发生过空巢老人死后无人问津导致被狗啃尸的事件①，这虽然是个案现象，但也反映出农村空巢老人无人照料的普遍问题。针对这个问题，应该以村委会为依托建立定期家访机制，由最基层的村干部定期调查空巢老人的生活状况，并对生活困难、生病或生活难以自理的老人提供相应的救助，或者积极联系空巢老人的外出打工子女。由村干部定期调查空巢老人的生活状况最为合适，因为村干部有着更多关于基层状况的信息，即便他们不知道具体情况，从乡邻街坊的各种传闻与交谈中也能略知一二。根据这些信息，再加上亲自察看，就能够掌握老人的生活状况。此外，他们也有时间和精力去从事此类工作。

（五）加强立法程序对民意的吸收

1. 建立对立法项目与立法草案进行讨论的网络公共平台

虽然目前安徽省人大也就立法项目、法规草案通过传媒与网络向社会公布，并通过电子邮件或在线提交等方式向社会公众征求意见，但意见的提交与吸收都是封闭性的，不足以成为公共论坛的热点问题。公众对参与立法过程的兴趣，很多情况下并不仅是个人有这方面的研究或爱好，也有可能来自公众对这个问题的普遍关注或热烈讨论。在这种大家都普遍感兴趣的热烈氛围中，有些公众即使本来对这个问题并无多大兴趣，但在热烈氛围的刺激与带动下，也会积极参与对法规草案的讨论。因此，通过建立网络公共平台，能够形成就法规草案进行讨论与争论的公共论坛，调动起公众参与立法的广泛兴趣，并在此基础上形成热点议题与普遍共识，从而为社会法立法提供坚实的民意基础。网络公共平台有利于形成一个意见交流中心，并能够促进政治动员，从而最大限度地吸收多方面的民意。

2. 向普通公民开放人大及其常委会审议法规草案的程序

为了能够尽最大可能调动民众参与立法的积极性，除了前述通过媒体与网络公布法律草案外，也可以将立法草案审议与表决过程完全向社会公众开放，

---

① 南方网：《安徽空巢老人去世被啃尸，10条狗分食场面惊悚》，http://news.southcn.com/community/content/2014-11/24/content_112858512.htm，2014年12月20日。

公众可以自由旁听法律草案的审议，并可以在会后向人大提交自己的意见。有条件的话，也可以将某些重要法案的审议过程全程对公众进行电视直播。通过这种方式，吸引公众的广泛注意，从而促使公众积极思考立法过程中的问题与不足，并积极向省人大及其常委会献言献策。

3. 联合基层人大对民意民情进行社会调查

基层民众由于文化教育、沟通手段的限制，可能并没有条件向省级人大与政府提供立法意见。为了克服这一问题，省人大就不能被动等待民众的意见，而必须积极调查民意。中共十八届四中全会就提出要建立基层立法联系点制度，从而能够有效地吸收基层人大的立法意见。与此相应，省人大完全可以联合地方人大，就某些法规草案的问题以及某些已制定法规的实施效果，对基层民意进行问卷调查或者其他形式的社会调查。地方人大虽然没有立法权，但由于更加接近基层法律实践，可以就此充分发挥地方人大的民意代表功能，让其根据自己对基层治理的经验与对基层民众生活的了解，为法规草案的完善积极献言献策，或者由他们配合省级人大征集立法意见以及对既有法规的实践效果进行社会调查。

参考文献

理查德·波斯纳：《法律的经济分析》，蒋兆康译，法律出版社，2012。

尤尔根·哈贝马斯：《包容他者》，曹卫东译，上海人民出版社，2002。

曼瑟尔·奥尔森：《集体行动的逻辑》，陈郁等译，上海三联书店，2011。

让妮娜·贝尔：《警察与警务》，刘毅译，奥斯汀·萨拉特编《布莱克维尔法律与社会指南》，北京大学出版社，2011。

卡洛儿·塞隆、苏珊·希贝尔：《职业、科学、文化》，高鸿钧译，载〔美〕奥斯汀·萨拉特编《布莱克维尔法律与社会指南》，北京大学出版社，2011。

约翰·邓恩：《信任与政治行为》，皮小林译，郑也夫编《信任：合作关系的建议与破坏》，中国城市出版社，2003。

琳·A. 史道特：《社会规范与涉他偏好》，约翰·N. 卓贝克著《规范与法律》，杨晓楠、涂永前译，北京大学出版社，2012。

邓正来：《中国法学向何处去》，商务印书馆，2006。

《孙志刚事件》，《瞭望新闻周刊》2003年第46期。

《"孙志刚事件"引发三博士上书》,《瞭望新闻周刊》2003年第22期。

于安:《论社会行政法》,《现代法学》2007年第4期。

秦晖:《"负福利"的中国现象》,《中国老区建设》2013年第8期。

郑尚元:《社会法的定位与未来》,《中国法学》2003年第5期。

李昌麒、甘强:《经济法与社会法关系的再认识》,《法学家》2005年第6期。

路远:《近年来安徽社会保障理论研究综述》,《安徽日报》2005年11月14日第B04版。

《社科院报告指出中国失地农民已达4000~5000万》,《党政干部参考》2011年第9期。

王志强:《对近年来流动人口犯罪问题的实证分析》,《中国人民公安大学》(哲学社会科学版)2006年第2期。

姚兆余、王诗露:《失独老人的生活困境与社会福利政策的应对》,《重庆工商大学学报》(哲学社会科学版)2014年第4期。

范兴华、方晓义、刘勤学、刘杨:《流动儿童、留守儿童与一般儿童社会适应比较》,《北京师范大学学报》(哲学社会科学版)2009年第5期。

高亚兵:《农村留守儿童心理健康状况及人格发展特征》,《中国公共卫生》2008年第8期。

孙晓军、周宗奎、汪颖、范翠英:《农村留守儿童的同伴关系和孤独感研究》,《心理科学》2010年第2期。

殷世东、朱明山:《农村留守儿童教育社会支持体系的构建——基于皖北农村留守儿童教育问题的调查与思考》,《中国教育》2006年第2期。

B.3
安徽省行政审批制度改革：成效与反思

赵晓春　丁先存*

> **摘　要：** 为顺应时代发展和法治政府建设的内在要求，安徽省政府以行政审批制度改革为突破口，在行政审批体制与机制上大胆创新，取得了明显的成效。本文首先对安徽行政审批制度改革的经验和问题进行了总结，在此基础上，反思深化行政审批制度改革的着力点，以实现法治政府、服务型政府的一体化。
>
> **关键词：** 安徽省　行政审批　制度改革

一　前言

2001年10月，国务院召开行政审批制度改革工作电视电话会议，正式启动行政审批制度改革工作。经过十余年的努力，行政审批制度改革取得了重要进展。2001~2012年，国务院先后分六批共取消和调整了2497项行政审批项目，占原有总数的69.3%，对转变政府职能、完善社会主义市场经济体制、加强廉政建设起到了至关重要的作用。

党的十八大报告提出，深化行政审批制度改革，继续简政放权，推动政府职能向创造良好发展环境、提供优质公共服务、维护社会公平正义转变。[①] 党

---

* 赵晓春，安徽大学管理学院副教授，博士，研究方向：公共管理与科技管理；丁先存，安徽大学管理学院教授，博士生导师，研究方向：公共管理与政府法治。

① 摘自党的十八大报告。

的十八届三中全会对全面深化改革做出了顶层设计，把行政审批制度改革作为加快转变政府职能、深化行政体制改革的重要抓手，提出要"大幅度减少政府对资源的直接配置"。① 党的十八届四中全会绘制了全面推进依法治国的路线图，为依法推进行政审批制度改革明确了方向。这些要求既拉开了新一轮行政审批制度改革的序幕，也抓住了行政体制改革的关键环节，必将进一步推动政府职能转变，进一步激发市场创造活力。

行政审批制度改革是一场深层次的观念和体制变革，是刺破行政管理体制改革僵局的"利刃"。这样一把改革利刃面向的就是政府权力。正如李克强总理所说，要有"壮士断腕的决心"，要有"革自己的命"的决心、智慧和勇气。2013年以来，国务院又先后取消和下放7批共632项行政审批等事项，完成了新一届政府削减1/3行政审批项目的任务，力度之大，前所未有。

安徽省行政审批制度改革一直走在全国前列，在精简行政审批事项、完善政务服务体系、提高办事效率等方面进行了积极探索，包括在全国较早成立省级政务服务中心，建立比较完备的省、市、县、乡政务服务体系，率先推进政务服务标准化建设试点，大力推动行政审批权"两集中、两到位"、并联审批、"一站式"服务等，对推动法治政府、服务政府、责任政府、廉洁政府建设至关重要。

二　安徽行政审批制度改革的成效

安徽省积极推进行政审批制度改革，用政府权力"减法"换取市场和社会活力"加法"。安徽行政审批制度改革从2000年到2011年，主要分四次，十个批次减少下放行政审批权，使省级行政审批项目从2109项减少到722项，减少65.8%。

2012年底，安徽省开展了行政审批制度改革以来范围最广、审查最严、力度最大的行政审批项目清理工作，对省直45家单位实施的707项行政审批

---

① 摘自党的十八届三中全会报告。

事项进行了全面清理,确定保留省级行政审批事项 320 项,取消和调整 387 项,减少 54.7% 的行政审批事项,保留的行政审批事项办理时限平均压缩了 51.2%,省政府原则上不再新设行政审批事项。2014 年,省政府继续精简和调整审批项目,省级行政审批事项由 316 项减少到 213 项,减少了 32.6%,成为全国行政审批事项较少的省份之一。在减少行政审批事项的基础上,围绕提高行政效率、方便群众办事,更加重视政务服务体系建设、办事流程再造、运行模式创新,进一步巩固行政审批事项清理成果,让改革真正使市场主体和人民群众受益。

(一)政务服务体系不断完善

安徽省建立政务服务中心这项改革,一直在触及权力、利益中突破阻力,艰难行走。2000 年 5 月,芜湖市成立全省第一家政务服务中心,将政府部门行政审批事项集中到服务中心办理。这也是全国地级市中最早的一批政务服务中心。

地方自发点燃的创新之火,自下而上推动着省级层面的改革。2001 年 12 月 7 日,安徽省政务服务中心正式运行,这是继陕西、四川之后全国成立的第三家省级政务服务中心。政务服务中心通过十年历程,走完了初创、巩固和发展阶段,解决了省中心从无到有的问题,推动审批和服务事项进驻,建立健全管理制度,不断强化考核监督和规范审批行为,为安徽省行政效能的提高做出了重要贡献。当然,与全国其他政务服务中心一样,安徽省政务服务中心也面临相同困境:部门和审批事项进驻率低,人员频繁轮换,"两头受理",只挂号、不看病现象普遍存在。

2011 年 4 月,安徽省政务服务中心进行了二次创业,中心搬入新址,更名为安徽省人民政府政务服务中心。通过这几年的努力,省政府具有审批职能的部门及其保留的审批项目全部进驻,政务服务中心的任务全面完成。目前,全省 16 个省辖市、62 个县(市)、39 个区(开发区)成立了政务服务中心,1476 个乡镇(街道)建立了为民服务中心,1.75 万个村(社区)建立了为民服务全程代理工作站。全省范围的政务服务体制机制创新,体系化、信息化和自身建设迈上新的台阶,具有安徽特色的政务服务品牌初步形成。

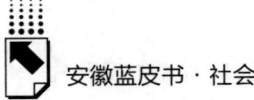

安徽省政务服务中心的发展历程以及在推动行政审批制度改革的成效方面可以通过历年办件情况来分析。

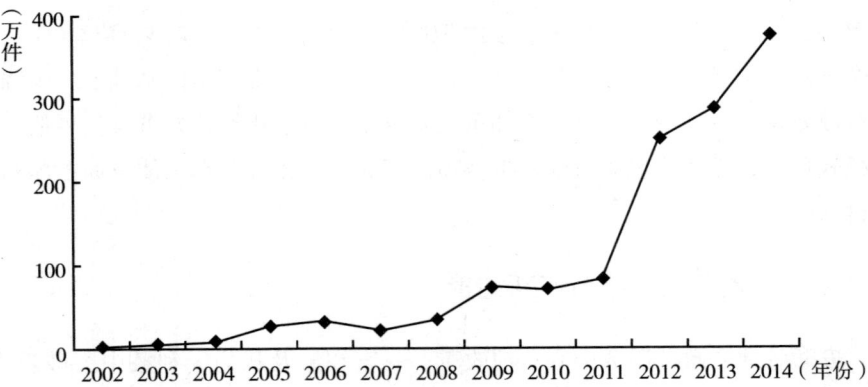

图1 安徽省政务服务中心历年办件受理数

注：数据由安徽省人民政府政务服务中心提供。

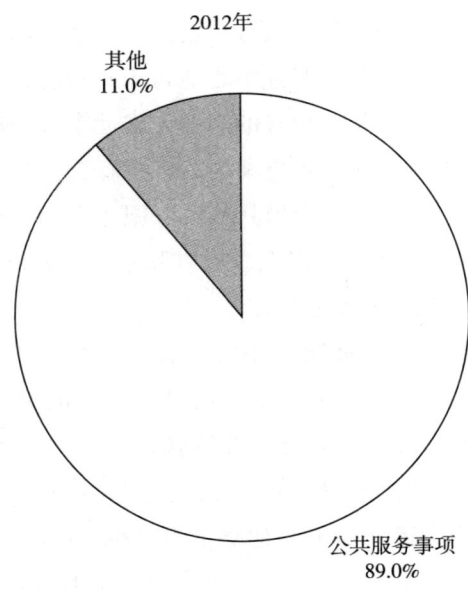

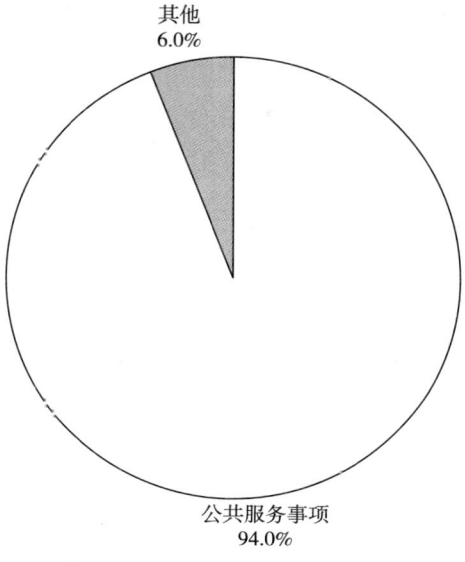

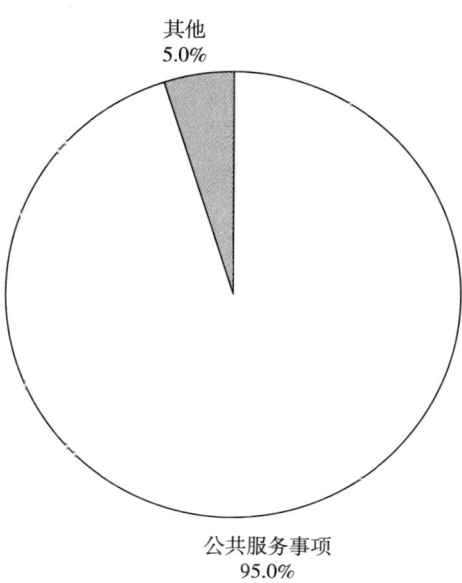

图 2　2012~2014 年便民服务项目占比

注：数据由安徽省人民政府政务服务中心提供。

通过图1可以清楚地看到，中心的办件受理数在不断地提高，表明进驻中心的厅局单位行政审批项目不断增多，有效地监督和制约了政府行政审批行为。从2012年开始，厅局受理数发生质变，达到200多万件，这主要是因为大量厅局将便民服务项目进驻政务服务中心。通过图2可以清晰地看到，便民服务项目占了中心受理项目绝大多数，体现了厅局单位从管理型政府到服务型政府的理念转变。政务服务中心建成这段时间行政审批项目数量大幅下降，与安徽省减少和下放省级行政审批项目数量有关。

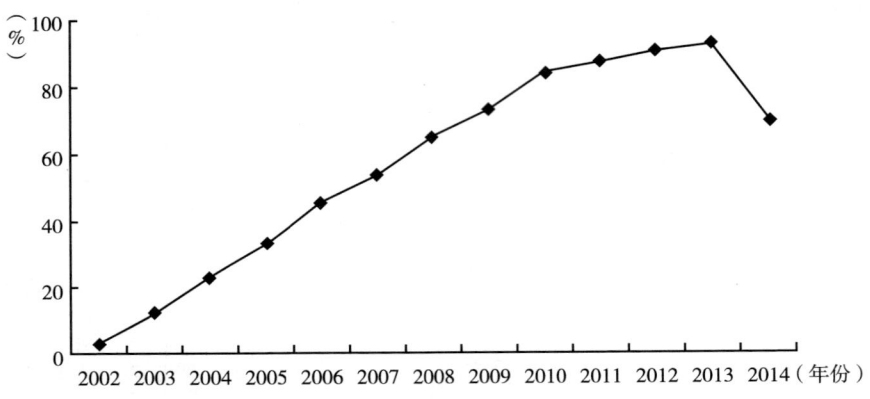

图3　安徽省政务服务中心历年办件即办率

注：数据由安徽省人民政府政务服务中心提供。

图3反映了2002~2014年安徽省政务服务中心的办件即办率在不断提高，这与厅局单位将便民服务项目即办件进驻中心有关，但很大程度上也与各厅局机关不断缩短行政审批时限有关。在安徽省政务服务中心推进提高行政审批效能建设的努力下，很多厅局将原来承诺时限办结的项目改为在政务大厅窗口即时办结，方便了群众，提升了群众对政务服务的满意度，安徽省政务服务中心的理念是让群众满意度都在99%以上。

（二）行政审批流程进一步优化

行政审批的流程包括受理、承办、审查、决定、收费、办结、送达七个环节。行政审批流程再造是非常复杂的系统工程，表面上只是条件、材料、环节、时限的优化,实际上触及许多深层次矛盾。从内部来看,目前,虽然进行了审批权相对集中的改革,但审批职能归并还不到位,各部门的审批权仍分散在各处室,由不同领导分管。从外部来看,部门之间互相制约,前置审批审查多。由于缺乏改革顶层设计,部门缺乏改革的动力和压力,造成内外部审批环节多、时限长。

安徽省推进行政审批流程再造主要做了两个方面的工作:首先,改革前置审查办法。各服务窗口继续加大力度对前置审批和前置条件进行清理精简,取消了没有法律法规依据或者可以通过事后监管、间接管理来解决的项目,力争实现前置要件减少10%以上的目标。确需其他部门前置审查或提出意见的,由主办单位负责征求,不得将审批机关内部流程外化,转交当事人办理。前置审查部门要在主办单位限定时间内回复意见,未按时回复的,实行超时默认,视为同意,责任由前置审查部门承担。其次,压缩承诺办理时限。大力减少审批环节,将"即来即办"作为行政管理事项改革首要目标,对形式审查的项目,要求办结时限为1个工作日。一律取消没有法律法规依据的地方市县初审、检验检疫、专家论证、现场勘察、评估认证等环节和其他申报材料;确实有相关依据的,对时限要从严设定,专家论证、检验检测等特别程序的时限,原则上不超过审批承诺时限。进一步精简申报材料,推行申报材料电子化,没有法律法规依据的申报材料一律取消,脱离实际、显失合理的申报材料一律取消。从业务系统、档案库和数据库能查证的材料,各服务窗口一般不再要求办事人提供。

安徽省政府始终将流程再造作为行政审批改革重点工作来抓,通过几轮流程再造,极大地精简了行政审批环节,优化了审批流程。2014年,安徽省政务服务中心再次发力,开启新一轮流程再造,确立了将安徽省保留和转报的审批项目申报材料减少1/3、审批环节减少1/4、承诺时限压缩1/5的"三个一"目标。

行政审批流程再造成果,可以通过对行政审批承诺件平均办理时限的量化分析体现出来。通过图4可以看到,安徽省政务服务中心承诺件平均办理时限从2002年的27.6个工作日下降到2013年的7.8个工作日。通过流程再造大幅提升了办事效率,让审批服务更加快速方便。

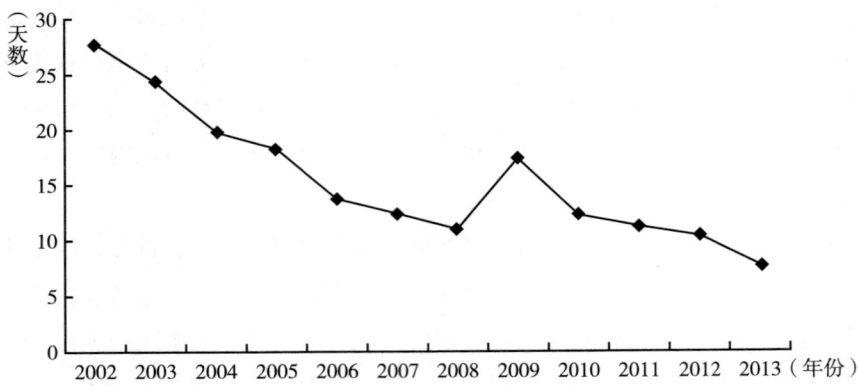

图 4　安徽省政务服务中心历年承诺件平均办理时限

注：数据由安徽省人民政府政务服务中心提供。

（三）审批权集中改革稳步推进

行政审批制度改革有两个重要内涵：一是精简审批事项，这是"量"的概念，主要采取取消、下放、转变管理方式等多种手段，缩减行政审批的范围；二是规范审批行为，这是"质"的概念，主要是合理配置行政审批权，减少审批环节，缩短审批时限，优化审批流程，提高审批效率。自 2004 年《行政许可法》正式提出相对集中行政审批权以来，安徽省在继续精简行政审批事项的同时，开始将改革重点转移到合理配置行政审批权上，将"两集中、两到位"作为推进行政审批权相对集中改革的主要内容。

2008 年，安徽省在总结省内芜湖、滁州、安庆等市以及省外吉林、海南等地行政审批权相对集中改革经验的基础上，分四批进行了试点，具体情况如图 5 所示。

2013 年，安徽省编办对其余 11 家单位的审批权相对集中改革做出部署。至此，省级具有审批权的 36 个行政部门和机构全部开展了行政审批权相对集中改革。

行政审批权相对集中改革最主要的改革措施是归并审批职能。大多数单位都制定了审批职能整合调整方案，并报编办批准，逐步将审批职能向一个处室集中。目前，做到审批职能全部集中到行政审批办公室，其他处室不再行使审

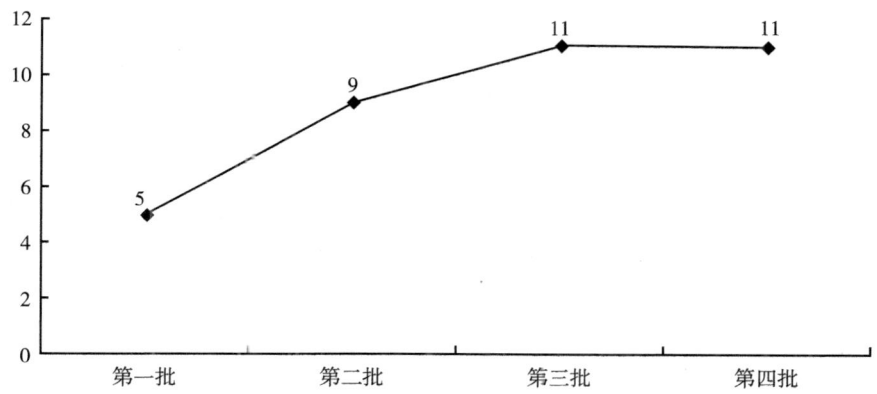

图5 安徽"两集中、两到位"改革试点单位数量

注：数据由安徽省人民政府政务服务中心提供。

批职能的只有2家，占比仅为5.6%；大部分还处于审批职能不断集中推进的过程中。

在组建行政审批办公室组织机构方面，各单位完成情况较好，32家单位在省编办批复下，成立行政审批办公室，占全部单位的88.9%，其余几家因为单位审批项目少，只需进行内部整合。

在专业审批队伍建设方面，在省政务服务中心挂牌的28家单位，均任命了行政审批办负责人并兼任首席代表。一些单位通过双向选择、组织研究等方式配备审批办工作人员。目前，审批办工作人员进驻窗口，最多的单位有22人，7家单位有6~10人，其余多在2~4人，窗口人员普遍增加。

在建立新的审批运行机制方面，大部分单位建立了行政审批办职能职责、审批授权、办件运行、监督协调、前后方衔接等制度，理顺前台与后台的关系。虽然还没有实现行政审批办独立审批权，但是部分已实现审批与监督分离，推进以行政审批办牵头、相关业务处室配合的工作方式，初步形成了以窗口为主导的审批运行新机制。

行政审批权相对集中改革最主要的成果是转变了政府职能。改革后，窗口专门从事审批事务，而拟定政策、制定规划、加强监管等成为后方处室的工作重点，推动了政府部门工作重心由过去的重管理、重审批、重收费向重制定发展规划、重深入调查研究、重制定政策措施和重事中事后监管转变。

同时，审批效率明显提高。通过改革，从体制和流程上理顺了窗口与部门的关系，一定程度上减少了处室的交叉职能，简化了审批环节，优化了审批流程。各部门对审批办的授权力度加大，中心现场即办件明显增多，即办率逐年上升。这一点通过安徽省政务服务中心每年承诺件的平均提速率可以发现（见图6）。

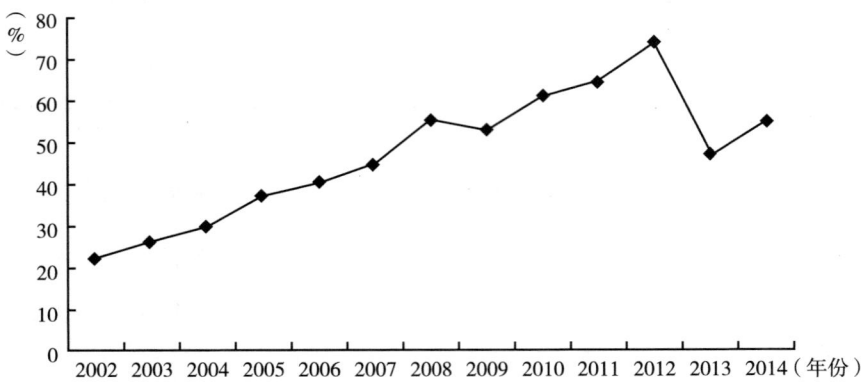

图6　安徽省政务服务中心每年承诺件平均提速率

注：数据由安徽省人民政府政务服务中心提供。

2013年，对窗口全部授权的事项比例超过50%的单位有15家。同时，部门授权力度的加大也促进了联合审批效率的提高。

（四）服务标准化建设着力推进

服务标准化是以服务活动为标准化对象，其研究范围包括国民经济行业中的全部服务活动。将政府的审批行为纳入标准化建设中，是贯彻服务型政府的一项重要创新。

近年来，安徽省人民政府以"服务质量目标化、服务方法标准化、服务过程程序化"为核心，全面推进省、市、县三级政务服务标准化建设，将创新创优与标准化工作有机结合，坚持标准引领，规范了政务服务行为，提高了政务服务质量，树立了"安徽政务服务"品牌形象。

在具体实践中，按照GB/T24421规定，贯彻DB34/T1661要求，将"统一、简化、协调、优化"的标准化原理引入政务服务领域，遵循构建框架、梳理事项、提炼要点、制定标准、建立体系的标准化工作规律，探索制定出一套适合政务服务部门自身改革和发展要求的政务服务标准体系。

按照政务服务中心工作特点和运作模式，在服务提供标准体系中，强调以服务对象的需求为导向，以窗口审批服务为主体，具体如图7所示。

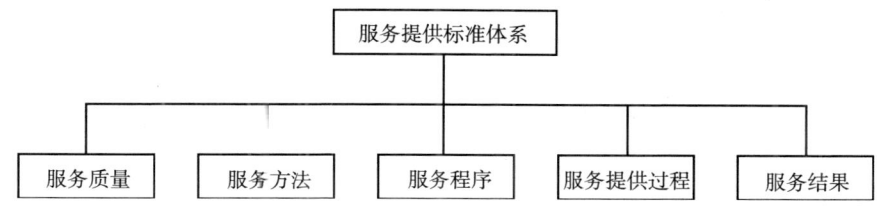

图7　服务提供标准体系

通过服务提供标准体系制定服务规范、服务提供规范和服务过程规范等标准，重点对工作人员的服务行为、各类事项的受理和办理流程及办理过程中的运作方式进行明确规定。力求让行政相对人进入政务服务大厅后享受高效、便捷、规范的服务。

在服务保障标准体系中，强调以窗口保障需求为导向，以对人、财、物的管理为核心，以中心管理层为主体，力求为窗口提供体贴规范、细致周到的服务，具体如图8所示。

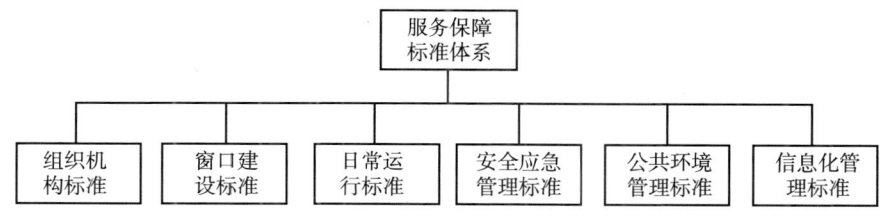

图8　服务保障标准体系

在服务评价与改进标准体系中，强调以客观评价为导向，实时、量化和持续改进为主体，推进依法行政、公开办事，保障公众的知情权、监督权，力求窗口服务做到公开、公平、公正，具体如图9所示。

在标准化建设过程中，按照"科学合理、依法高效、简化合并、集中统一"的原则，积极探索新的模式和方法，在办理规范中引入时间矩阵和责任

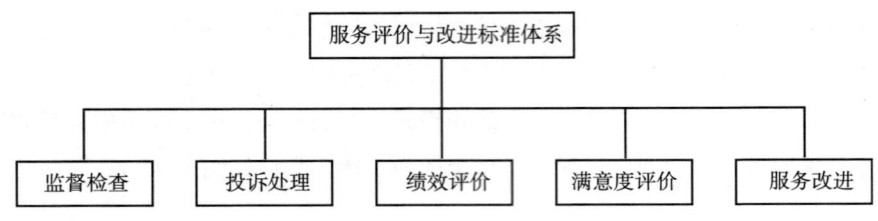

图 9　服务评价与改进标准体系

追溯流程，明确事项办理的步骤、责任人、工作时间、流转记录和责任追溯，推行节点式控制，精细化运作，不仅为办理时限的设置提供依据，而且使办件监督能够落到实处。

标准化服务需要制定和实施一系列细化、量化、可操作的政务服务标准，并公之于众，用标准把权力关进制度的笼子里，强化了权力运行监控，避免了暗箱操作，实现了权力阳光、廉洁透明，打造了廉洁审批。政务服务量化考核指标体系具体如图 10 所示。

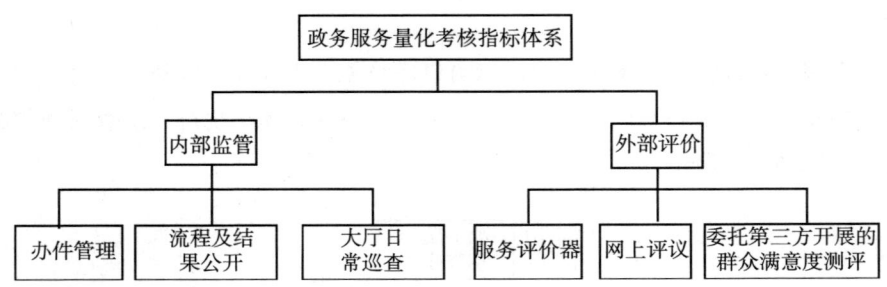

图 10　政务服务量化考核指标体系

在标准编写过程中，及时印发《政务服务标准化窗口标准编制操作手册》，要求各部门在制定标准时，充分吸收职权清理、流程再造成果，结合各窗口、岗位要求，项目办理流程、审批环节保障需求，按全国审批环节最少、办事效率最高、行政成本最低的目标，制定涵盖行政审批和服务事项每一个环节和细节的标准，建立健全审批服务标准，做到行政审批各环节有标准可依，标准齐全，实现全覆盖。

目前，省政务服务中心构建了通用基础标准体系、服务提供标准体系、服务保障标准体系、服务评价与改进标准体系四大标准体系，共收集、制定通用基础标准 44 项，服务提供标准 2250 项，服务保障标准 31 项，服务评价与改进标准 14 项，合计 2339 项，基本形成"服务质量目标化、服务方法规范化、服务过程程序化"的服务新格局。

安徽在行政审批制度改革过程中，持续的努力换来了可喜的成果。北京师范大学管理学院及北京师范大学政府管理研究院发布的《2012 年中国省级地方政府效率研究报告》称，安徽省政府行政效率在 31 个省级地方政府中排名第 11 位，在中部地区中排名第 1，2013 年，安徽省级行政审批事项继续位居全国最少省份行列，地方政府效率位居全国前列。第 12 届中国政府网站绩效评估结果显示，安徽省政府信息公开指标名列全国省级单位第 3。① 2014 年，根据中国社会科学院发布的《中国法治发展报告》，安徽省政府行政透明度在全国省级政府排名中位列第 2、中部第 1。

三　行政审批制度改革的反思

行政审批制度改革是个系统工程，受传统惯性等各方面因素的影响与制约，不可能一蹴而就，也不会一步到位。虽然改革成就显著，各项制度不断建立与完善，但建立不等于健全，完善不等于完美，无论是市场、群众，还是政府，都有强烈的深化行政审批制度改革的原动力。

（一）当下行政审批制度本身改革空间依然较大

1. 行政审批下放力度需要进一步加大

目前，下放不到位、含金量不高依然是制约行政审批制度改革的绊脚石。如某些省直单位将最终的证照发放权保留在手中就是典型的下放不到位，实质上保留了项目的最终审查权；有些项目早已名存实亡，不再审批，还作为下放项目，导致下放行为停留在纸上，成为形式。前后置审批过多更是行政审批改革的痼疾，造成行政审程序烦琐、推诿扯皮、耗时过长，阻碍了市场主体作用的发挥。一些项目前后置审批，涉及中央到地方政府的几十个部门。少数批文，纵向上要各级部门层层审查，横向上还要行业主管部门的前置审批。上级

---

① 摘自安徽省人民政府政务服务中心《政务公开交流》2014 年第 3 期。

部门核准项目申请时以前置批文为条件，而前置部门办理审批时又往往要求上级部门出具相关材料，互为条件，进行了不同规定，导致一个项目核准下来，时间甚至长达1~2年。

2. 中介服务市场化程度需要进一步提高

很多行政审批项目需要中介机构提供的专业知识和技术服务作为依据，其结论是行政审批的前置要件。但中介组织的行为往往由相关审批行政部门下属的事业单位承担，不规范、缺乏竞争的情况普遍存在，导致中介服务收费高、质量差，成为阻碍审批效率提高的一大障碍。比如，目前进驻安徽省政务服务中心的有312个审批事项，约有27个部门195项涉及33类中介服务，其中有21类存在市场竞争不充分现象，占63.6%。少数中介机构往往与审批单位存在千丝万缕的联系，也很难起到监督作用；即使中介组织进入市场，得到有效竞争，也存在制约审批效率的问题，一些大的项目，几乎个个环节都需要不同类型的中介机构介入，中介办理的时限超过审批时间并不是个案。如何提高中介服务的水平和效率，必然成为未来行政审批制度改革的重点。

3. 行政审批监管主体需要进一步明确

2013年6月，国务院明确行政审批制度改革工作牵头单位由监察部调整为中央编办，国务院审改办设在中央编办①，推进行政审批改革的机构得到明确，但对行政审批过程的监管却是空白。以前，部分省份的政务服务中心依据行政审批制度改革工作牵头单位是监察部，由省监察厅在政务服务中心设立监察投诉窗口来监管行政审批过程。随着国务院的职能调整，监察系统会逐步退出各级政务服务中心。目前，法律并没有赋予各级政务服务中心作为行政审过程监督主体的权力，无法履行监管职责。虽然地方政务服务中心积极推进行政审批过程透明、高效的工作始终没有放松，但受制于行政审批单位的重视程度，成效不一，推动工作也举步维艰。

4. 部门的权力需要进一步监管

按照行政管理学的观点，政府和部门的关系应该是政府决策、部门执行，但现有的决策模式是：政府将权力下放给部门，由部门来议定、协商、起草，

---

① 摘自中国机构编制网公告公示。

政府盖章发文，然后由部门照章执行。从某种程度上说，政府权力演化为部门权力，形成"弱政府、强部门"的格局，行政审批也不例外。行政审批的改革，跟病人去医院看病一样，存在信息不对称问题。部门会利用监督改革的政府部门不了解其审批的具体过程和相关业务知识，也就是信息不对称，来维护自己的部门利益。清理什么、清理多少，审批职能部门甚至处室提供的改革意见，往往不是完全出自市场和群众需要的角度，带来的结果是改革不到位，人民群众和市场主体并没感受到改革所带来的高效和便利。

5. 依法行政需要进一步落实

目前，少数行政审批项目的合法性原则有待商榷，《行政许可法》效力至上的原则并未得到落实。虽然规定在《行政许可法》发布之前，由各行业法规规定的审批项目如果与《行政许可法》精神相抵触，则以《行政许可法》为上位法，该审批项目原则上列入减、放、转范围。省人大及其常委会制定的地方性法规设定的审批项目、各级文件设定的审批项目，按照国务院常务会议决定精神一律取消。但这些依法行政的要求在执行过程中并未得到很好的落实，甚至产生一定数量的"非行政许可"审批项目，如登记、备案、年检等。各种形式的非行政许可审批，多半由行政机关根据"红头文件"自行设定，可对于市民或企业来说，都需要走报材料、审核等流程，[①] 容易形成审批管理中的"灰色地带"，导致政府职能未在法律范畴之内。

（二）行政审批制度改革需要注意的方面

1. 要正确认识行政审批

行政审批不只中国有，国外也有。现在有个错误的认识，把行政审批等同于计划经济的产物，只要市场经济出了问题，就归罪于"行政审批泛滥"，没有站在一个客观公正的立场分析行政审批作为政府治理手段的作用。

20世纪70年代，美国政府行政审批的范围已延伸到社会生活的各个领域，达到了最高峰，"除了像旅馆和出租汽车公司这种个体业务外，已有80多种不同职业被法律规定要发给执照"，一定程度上弥补了市场经济的缺陷，促进了美国市场经济的发展和完善。当然，政府的过度介入，也会破坏市场的竞

---

① 摘自安徽省人民政府政务服务中心《政务公开交流》2014年第10期。

争均衡格局,为行政腐败提供了温床,破坏了人们对政府的信任感,扭曲了公共权力。行政审批制度改革的目的是实现政府与市场的良性互动,并不是一味地减少行政审批,而是通过行政审批弥补市场缺陷,促进市场经济的健康稳定发展。虽然当前政府改革的总趋势是简政放权,但不能在认识上将行政审批一味否定、一味排除。

2. 要注意行政审批改革方式

行政审批制度改革不能单纯做减法功课,很多时候,各地都以数字论英雄,以速度看成效,要求项目越少越好,要求办理时限越短越好,导致下级部门开始拼数字,不该管的确实减少了,但是该管的也不管了。习近平最近强调,各级政府一定要严格依法行政,切实履行职责,该管的事一定要管好、管到位,该放的权一定要放足、放到位,坚决克服政府职能错位、越位、缺位现象。① 因此,行政审批改革方式是依据市场的状况,有减有增:一方面,以市场为导向,放开大多数竞争性行业的管制,让企业有更大的自由活动空间;另一方面,对于市场出现的新问题,要及时调研,出台新的行政审批办法,予以规范,甚至严格要求。比如,美国的国土资源使用没有严格的审批制度,但是中国是一个国土资源非常稀缺的国家,因此,国土资源使用的行政审批制度就需要更加严格,过度减少环节和时限反而容易滋生腐败行为。

3. 要注意改革的整体推进

政府职能的转变不能只盯着行政审批制度改革做文章。当然,发挥行政审批制度改革作为行政体制改革重要"突破口"的作用至关重要,通过"突破口"效应带动政府行政管理其他环节改革,如政府服务理念的打造等,才能进一步深化行政审批制度改革。

服务型政府的打造是一个系统工程。改革涉及方方面面,如建立科学民主决策制度、依法行政制度、政务公开制度、行政责任追究制度和绩效管理制度等,需要各方面的改革协同推进。各方面改革不能协同推进,行政审批制度改革的效果必然会大打折扣。比如,公开行政审批制度改革过程就要求"审批过程信息公开",这与推进政府信息公开、打造"阳光政府"的改革息息相

---

① 摘自习近平在中共中央政治局第十五次集体学习上的讲话。

关;行政审批效能建设,又与政府对部门负责人问责制度的实施密切相连。因此,没有政府上下齐心、多措并举、整体同步推进相关制度的完善和职能的转变,单纯地通过行政审批制度改革推进政府职能的转变,无疑是"单兵独进",效果也会大打折扣。

4. 要避免改革的简单化趋势

目前,很多人把行政审批制度改革理解为一减了之,国家要推进改革,不管条件具备与否,立马要求职能部门进行精简与合并,认为改革的成果等同于项目少、门槛低、速度快,使改革成为一次次数字化运动,往往背离了改革的真正内涵。

虽然不断地精简确实对我国行政审批制度中的某些弊端起到了很好的消解作用,但不能单纯用数字来衡量行政审批制度改革的成效。《新闻联播》曾连续报道一些地方基本建设项目审批破解了"万里长征图",做到从立项审批到施工许可证取得仅需30天的"神速",这样的宣传可能会导致各地的纷纷效仿,会助推新一波"少、低、快"浪潮。其实,行政审批制度改革不仅要关注审批事项的精简,更要关注审批职能的精简,要积极推进政府在职能上取消审批,转变政府管制方式,使政府部门的作用不仅体现在事前监管上,更加体现在事后监管上。行政审批制度改革不能局限于一个政府部门,还要从政府整体职能出发,找到审批事项之间的关联性,从市场主体和办事人的角度判定审批事项的必要性和存在方式。

(三)行政审批制度改革未来的着力点

1. 进一步推动法治化建设

《行政许可法》的出台与实施在一定程度上有助于行政审批改革的顺畅进行,它明确了行政许可设定权、实施机关、条件、程序、期限、监督与责任等。不过,近年来的实践表明,这部法律还有待进一步完善和有效实施。

其一,根据实施中的问题及时修改《行政许可法》。《行政许可法》实施中存在行政许可分类不合理、行政许可事项限定过于空泛、监管方式不明确等诸多问题。当务之急是细化第13条规定,即公民自主决定的、市场能够解决的、事后监督和中介组织能够解决的可以不设定许可。但这个标准太笼统、太抽象,到底哪些不应该设定、不能设定许可没有具体标准。因此,应细化第

13条"不能设定行政许可"的具体情形,最大限度地限制立法机关和行政机关设定新的行政审批许可事项。李克强指出,"市场经济的本质是法治经济,行政权力必须在法律和制度的框架内运行。"因此,进一步修改《行政许可法》有助于规范政府审批行为,把政府"缺位点"补上,更好地推进行政审批制度改革。

其二,将非行政许可纳入《行政许可法》管理轨道。《行政许可法》实施后,为了能达到有效管理,一些属于政府内部管理事务的非行政许可审批事项被国务院保留下来。但非行政许可审批被少数部门变相设定为面向公民、法人或其他组织的行政许可事项。这些不规范审批事项阻碍了市场作用的发挥。2014年4月,国务院决定不再保留"非行政许可审批"这一审批类别,取消的不需赘述,非行政许可调整为行政许可过程中遵从下位法服从上位法的原则,依据《行政许可法》设立行政许可的规定,进行必要性、可行性审查的程序,将与《行政许可法》不一致的行政许可事项的名称进行统一。

其三,推动行政审批定期评价制度的落实。《行政许可法》第20条明确了定期评价行政许可,依据许可的实施情况,行政审批实施机关对许可存在的必要性进行评价,并汇报给行政许可设定机关。公民、法人或其他组织也有权对行政许可提出意见和建议。事实上,定期评价制度在实施中并未落实。目前,行政审批制度改革主要依靠多次行政审批的取消和下放,并无规律性可循,会造成"运动式改革"的错觉。所以,不仅需要在设定新的行政审批项目时就明确规定对该审批项目的评价期,还要对正在实施的行政审批项目进行按时评价,如评价后认为已无存在的必要,应该及时取消。

其四,加快完善《行政许可法》的配套制度。制定并不断完善各项配套制度,是贯彻实施《行政许可法》的一项基础性工作。作为行政许可的实施机关,要建立健全各项行政许可实施的保障制度,明确行政许可的实施程序与条件,使政府的行政许可行为统一规范。同时,要推进行政许可的信息公开制度、电子政务制度、监督制度和行政补偿制度的及时制定,落实行政许可听证制度,对听证的程序和规则做具体规定;实施问责制度,对许可机关、政务中心及其工作人员不依法实施行政许可法的行为区别不同情况并分别追究不同的责任。为了加强对行政审批设定的监督,要建立行政许可设定的评价制度,包括事前合法性审查制度和事后监督制度①。

2. 创新行政审批的运行机制

突破行政审批制度改革的瓶颈，起到政府职能转变突破口和支撑点的作用，除了法律的完善，还必须创新行政审批运行体制和机制。

其一，强化政务服务中心的改革作用。触及行政审批部门的核心利益是行政审批制度改革难以推进的根源所在。目前，推进行政审批制度改革的主导部门是各级编办，但其职责未能也很难涉及行政审批事项的具体实施过程，大大影响了审批事项的社会效果评估，只能进行合法性的形式审查，对审批事项的必要性、合理性的实质审查很难开展。因此，发挥政务服务中心在行政审批制度改革中的作用显得至关重要。可以通过政务服务中心推动行政审批的制度建设，监管行政机关的审批过程和行为，构建关联审批事项协同机制。缺少政务服务中心的参与、支持，行政审批制度改革很难得到实质性推进。如果以政务服务中心为基础，整合各部门的力量，明确政务服务中心的制度设定和监督执行的职能，负责推动行政审批改革任务的落实，会有效避免利益部门的阻挠。

其二，提升政务服务中心的服务功能。2014年7月，国务院下发了《关于促进市场公平竞争维护市场正常秩序的若干意见》（国发〔2014〕20号），明确要求"建立健全政务中心和网上办事大厅，集中办理行政审批，实行一个部门一个窗口对外，一级地方政府'一站式'服务，减少环节，提高效率"。把政务服务中心建设提高到一个新的高度。当前，提升政务服务中心服务功能的首要工作是推进审批权进中心，防止审批"体外循环"，实现行政审批服务授权集中、事项集中、办理集中。此外，要不断推动基层政务平台建设，健全完善项目管理、代理服务等工作制度，通过延伸到基层乡镇、村居的为民服务中心、为民服务全程代理工作站，实现政务服务全覆盖，为办事群众提供更加透明、公正的服务环境，全面提升为民服务水平。

其三，推动行政审批流程的优化再造。政务服务中心要发挥行政审批流程优化再造的主导作用，会同有关部门对目前未完成流程再造的单位，逐一跟踪督办，督促限期整改，必要时，登门对接，帮助完成项目梳理任务。政府法制办要

---

① 摘自《安徽省人民政府关于进一步深化行政审批制度改革的意见》（皖政〔2014〕37号）。

认真审核确认，对照法律法规，核查每个项目及其流程的法定依据，向部门反馈审核意见。政府审批单位要以规范、高效为出发点，编制程序流程，确定办事步骤、环节及时限，取消不必要的层层把关、逐级审批的冗长环节，提升审批效能。两个以上部门实施的行政审批项目，要按照一家受理、全程负责、协调审批、限时办结的要求，在分解和细化审批环节的基础上，建立和完善主办和协办工作制度，并由牵头部门按照并联审批的要求，组织相关部门编制审批流程，确定各部门实施审批的环节、步骤及标准办理时限。总的原则是，不把管理的更多精力放在前置环节，而应放在后续过程，宽准入、严监管。

其四，推进网上行政审批工作的实施。要充分利用各级政务服务平台，将各地、各部门的网上办事资源整合起来，建设全省统一的网上行政审批平台，通过平台提供行政审批办理事项的法律法规、政策文件依据以及办事指南、办理流程和办理过程、结果的查询服务；设置"公民办事""法人办事"等角色服务子栏目和投资建设、企业设立等联合审批平台，开通网上咨询、投诉等功能，提供统一的办事人申办入口和部门协同服务，逐步推进行政审批网上办理。同时，将平台与省、市、县三级电子监察系统衔接，对省网上行政审批平台，各市、县网上行政审批平台和省直各部门网上办事窗口的服务效率和质量、服务满意度等进行效能监察、统计分析和绩效评价。以后逐步增加公共资源交易、便民服务、政民互动等功能模块，改变现有的"碎片化"服务方式，构建"一网式"整体型政府服务新模式。

其五，规范行政审批中介服务的方式。规范行政审批中介服务，应坚持严格规范与促进发展、强化监管与制度建设、整体推进与分类指导相结合的原则。首先，要大力培育中介服务市场，凡具备相关资质的中介机构，均可在法定区域内执业，任何部门不得擅自限制，要创造公平竞争的市场秩序。其次，要严格规范中介服务行为，行政主管部门和行业监管部门要制定中介服务的基本行为规范，责成中介机构公开服务事项的信息。再次，要加强对中介机构的监督管理，行业监管部门要通过信用评价、行风评议、执业考核、违规惩戒等形式，建立健全优胜劣汰机制，规范中介市场秩序。最后，推行中介事项"一站式"服务。逐步有选择地将与行政审批关联度高的中介机构纳入政务服务中心，设立窗口，集中办公。比照行政审批事项管理和运行模式，实行阳光操作、承诺办理，提高规范化服务水平。

参考文献

王东:《政府职能转变的举措:深化行政审批制度改革》,《改革与开放》2012年第23期。

胡敏:《简政放权让两只手各就其位》,http://theory.people.com.cn/n/2013/1015/c40531-23209296.html。

章石生:《行政审批制度改革的回顾与思考》,《安徽日报》2013年10月21日。

陈树隆:《抓住关键环节推进行政审批制度改革》,《人民日报》2013年5月28日。

陶娜:《安徽开"晒"权力清单,省级单位权力事项"砍掉"七成》,http://www.ahwang.cn/anhui/20141101/1396058.shtml。

汪国梁、吴林红、黄永礼:《政府改革,正在"换挡提速"——安徽服务型政府建设破冰之旅》,《安徽日报》2014年2月21日。

无锡质量技术监督局标准化处:《国家级服务外包产业服务业标准化试点介绍》,http://www.wxqts.gov.cn/zyw/bzh/bzhcgzs/51266.shtml。

程波、马贤凯:《政务服务标准化的"安徽样本"》,http://finance.china.com.cn/consume/20141014/2724572.shtml。

郭明、李辉:《用标准化打造政务服务升级版》,《中国质量报》2013年8月12日。

刘诚:《论我国行政权力运行机制的模式选择》,《岭南学刊》2010年第4期。

邬旭东、李荣:《美国行政审批制度改革对我国的启示》,《安徽广播电视大学学报》2008年第1期。

艾琳、王刚:《行政审批制度改革的理性思考》,《中国行政管理》2014年第8期。

杜宝贵:《推进我国行政审批制度改革的思路》,http://www.qstheory.cn/politics/2014-12/26/c_1113788836.htm。

马怀德:《关于行政审批制度改革的建议》,http://www.legaldaily.com.cn/bm/content/2013-10/16/content_4938524.htm?node=20740。

江苏省政府:《省政府公布56个部门"责任清单"》,http://www.jiangsu.gov.cn/jsyw/201412/t20141211_356818.html。

B.4 安徽省第九届村民委员会换届选举观察报告^{*}

陈义平　王进芬　王中华**

摘　要： 从2014年7月下旬到9月中旬，40名省级观察员对全省10个观察点的第九届村民委员会换届选举状况进行重点观察和调查了解。首先，着重观察了推选村民选举委员会、选民登记、提名候选人、投票选举等环节的状况；其次，总结了第九届村民委员会换届选举特别是全省推行"三项制度"改革的经验与成效，分析其中存在的问题，并且提出了相应的完善对策；最后，建议针对"三项制度"改革的整体推行情况开展总体调研，针对村委会换届选举中的村"两委"关系、选举成本、不同类型村庄的选情、农村后备干部和年轻干部的培养培训、推行电子投票计票系统、基层选举电子数据建设等情况开展专项调研。

关键词： 村委会选举　选举观察　"三项制度"改革　安徽

---

* 本篇观察报告是在10个观察点提交的观察分报告基础上撰写而成，在此向参与此次选举观察和分报告撰写的40名老师和学生（省级观察员）表示由衷的谢意！安徽省民政厅（特别是基层政权与社区建设处）对此次省级观察员的选聘和选举观察工作给予了热心指导和大力支持，对此亦表示衷心的感谢！根据社会学调查惯例，对其中部分人名做了技术处理。

** 陈义平，安徽全椒人，安徽大学社会与政治学院院长，教授，博士生导师，研究方向：政治社会学。王进芬，安徽潜山人，安徽大学基层选举实验室主任，安徽大学农村改革与经济社会发展协同创新中心和社会与政治学院副教授，研究方向：基层选举与基层治理。王中华，安徽岳西人，安徽大学农村改革与经济社会发展协同创新中心和社会与政治学院副教授，研究方向：政治学理论与方法。

安徽省第九届村民委员会换届选举观察报告

根据安徽省民政厅印发的《关于在村民委员会换届选举中推进"三项制度"改革的指导意见》(以下简称《指导意见》)的部署和要求,经过协商和研究,安徽大学社会与政治学院、安徽大学基层选举实验室、安徽大学农村改革与经济社会发展协同创新中心与安徽省民政厅基层政权与社区建设处合作,从安徽大学社会与政治学院选出师生40人组成省级观察员队伍,分成10个观察组,对全省10个地级市所辖的10个行政村(观察点)的第九届村民委员会换届选举状况进行全程观察。在此基础上,形成了安徽省第九届村民委员会换届选举观察报告。

一 安徽省第九届村民委员会换届选举观察概况

安徽大学省级观察员队伍组建完成后,为观察员每人发放一本安徽省民政厅编发的《安徽省第九届村民委员会换届选举指导手册》,召开专题会议认真学习《中华人民共和国村民委员会组织法》《安徽省实施〈中华人民共和国村民委员会组织法〉办法》《安徽省村民委员会选举办法》《安徽省村民委员会选举规程》(以下简称"一法、两办法、一规程")等涉及村民委员会换届选举的主要法律法规,对观察员队伍进行专门业务培训,掌握观察要领和观察规则以及相关注意事项,并且做好车辆、经费、组织、联络保障工作。从2014年7月下旬到9月中旬,40名省级观察员运用观察法、问卷调查法、访谈法、座谈法等对全省10个观察点及其所在市、县、乡三级换届选举状况进行重点观察和调查了解,着重观察推选村民选举委员会、选民登记、提名候选人、投票选举等重点环节,并且在时间和经费紧张的情况下尽量对周边村庄扩大观察范围,以期掌握更多的一手观察资料。

(一)做好联络,摸清村情概况,奠定选举观察的基础

根据各地级市选报和民政厅最终确定的观察点,每个观察点的带队老师首先与当地民政部门的联系人进行事先沟通,了解观察对象所在地村"两委"主要领导的联系方式,然后协调沟通和确定进村时间。10个观察组基本选在各个观察点"推选村民选举委员会"的时间节点进村,首先对当地民政、乡镇等基层机构陪同人员进行访谈,与村"两委"主要成员进行座

谈，了解村情和前期的选举准备工作，掌握该村的地理位置、面积大小、产业结构、集体经济、村民收入、村"两委"人员构成等基本信息，重点对村民小组名称及数量、户数、人口数及外出村民数、村民代表性别比及构成、登记选民人数、党员人数等与选举相关的信息进行专门询问并且在观察日志上做好记录（见表1），为进一步全面开展观察工作奠定了良好的基础。观察组还进村入户走访村民，重点对村民小组长、村民代表、党员进行访谈，在正式选举前还随机对部分村民进行问卷调查，了解基层群众对选举工作的认识和其思想动态以及对现任村"两委"成员的评价，以期更好地掌握村情概貌和选情。

表1 安徽十村村情概况

序号	地级市	县市区	乡镇街道	行政村（社区）	村民小组（个）	户数（户）	人口数（人）	选民（人）	村民代表（女）（人）	村选委会（人）	党员（人）
1	马鞍山	含山	铜闸	鸭西	33	1050	4265	3400	51(18)	7	138
2	滁州	全椒	十字	百子	22	941	3845	2628	50(19)	11	120
3	亳州	利辛	永兴	解集	15	1270	4830	2611	88(29)	11	98
4	宣城	宣州	向阳	河北	51	1780	6328	5216	60(20)	11	221
5	芜湖	无为	刘渡	庆丰	15	760	2975	2450	51(18)	9	58
6	淮南	潘集	芦集	罗集	13	675	2543	1914	59(21)	7	59
7	宿州	埇桥	桃园	吕寺	11	830	3367	2557	57(20)	11	107
8	铜陵	郊区	大通	和悦	12	635	1938	1470	36(13)	7	50
9	六安	裕安	顺河	青峰	18	567	2613	2094	49(16)	9	44
10	合肥	肥西	三河	龙安	19	497	2560	1650	50(15)	7	58

（二）弄清流程，把握重点环节，抓住选举观察的关键

10个观察组在进村以后，首先掌握推选村民选举委员会、改选村民代表、选民登记、推荐候选人、正式选举以及另行选举等涉及选举重点环节的时间安排（见表2），按照各村换届选举流程分步展开观察。

表2　安徽十村第九届村民委员会换届选举日程

序号	地级市	行政村（社区）	村民选举委员会成立	改选村民代表	选民名单公布	候选人公布	正式选举	另行选举
1	马鞍山	鸭西	7月26日	7月27日	8月10日	8月19日	8月30日	
2	滁州	百子	7月23日	7月26日	8月1日		8月25日	
3	亳州	解集	7月24日	7月29日	8月6日		8月28日	
4	宣城	河北	8月1日	8月2日	8月12日	8月20日	9月3日	
5	芜湖	庆丰	7月30日	7月31日	8月8日	8月13日	9月3日	
6	淮南	罗集	8月6日	8月10日	8月20日		9月12日	
7	宿州	吕寺	7月24日	7月25日	7月28日		8月18日	8月26日
8	铜陵	和悦	7月28日	7月29日	8月15日	8月18日	8月28日	
9	六安	青峰	8月5日	8月5日	8月20日	8月21日	9月3日	
10	合肥	龙安	8月2日	8月2日	8月10日	8月14日	8月27日	

注：表1已对10个行政村所在的乡镇社区、县市区和地级市名称进行明确标明，为了便于识别和书写更加简便，从表2到表5和部分正文中只对行政村以及所在的地级市进行标明，对其他级别的行政区划名称不再一一标明。

1. 推选村民选举委员会

10个村在调查摸底、民意测评、建立机构、做好离任经济责任审计、制定选举工作方案、培训骨干、做好选举部署的基础上，于7月下旬至8月初相继召开了推选村民选举委员会会议。考虑到召开村民全体会议和各村民小组会议相对困难，10个村的村民选举委员会主任和委员的推选方式全部采用村民代表会议的方式推选产生。村民选举委员会成员一般由上一届村民代表或村党总支提名后，在村民代表会议上通过公开举手表决的方式产生。从表3可以看出，8个村的村民选举委员会主任都由现任村党总支书记担任，其中亳州解集村和宿州吕寺村2个村由现任"一肩挑"的村党总支书记、村委会主任同时兼任，委员都由村民代表、小组长和党员构成，但是少数村的村民选举委员会委员中没有女性成员。成员人数控制在7~11人，都是奇数，这都完全符合省民政厅颁布的《安徽省村民委员会选举规程》（以下简称《规程》）的相关规定。为了保证村民选举委员会工作的顺利开展，各村还同时选出1~5人的候补委员，以随时填补因各种原因出缺的正式委员。各村村民委员会都按照程序规定在村部村务公开栏及时公布了村民选举委员会主任和委员名单，并向乡镇人民政府或乡级选举工作指导机构备案。村民选举委员会产生后，10个村一般都召开了3~5次的选举工作会议，掌握村民选举委员会职责，制定选举工作方案，改选村民代表，部署选举各项具体工作。

表3 安徽十村村民选举委员会人员构成

单位：人

序号	地级市	行政村（社区）	村民代表	小组长	女性	党员	合计	村选委会主任（现任职务）
1	马鞍山	鸭西	5	6	1	7	7	XX（村书记）
2	滁州	百子	7	2	1	4	11	WY（村书记）
3	亳州	解集	6	4	2	5	11	SQ（村书记、主任）
4	宣城	河北	3	5	0	8	11	ZY（村书记）
5	芜湖	庆丰	5	3	2	1	9	WZ（村小学校长）
6	淮南	罗集	7	1	1	7	7	LH（村书记）
7	宿州	吕寺	1	7	1	10	11	LQ（村书记、主任）
8	铜陵	和悦	7	2	0	4	7	LY（村书记）
9	六安	青峰	3	4	1	6	9	XC（村书记）
10	合肥	龙安	4	3	0	3	7	ZZ（曾任村书记，已退休）

注：人员构成有交叉。

2. 改选村民代表

从表2可以看出，10个村在村民选举委员会产生的当天或者随后的1~5天，紧接着全部改选了村民代表。大部分村采取户代表共同推选村民代表的方式，马鞍山市鸭西村等少数村采取由各村民小组推选村民代表的方式，10个村的村民代表在36~88人，而且由于村民维权意识和推选代表意识的不断增强，每个村的村民代表人数比上一届都有不同程度的增加。每个村的村民代表总人数都不少于30人，其中7个村的妇女村民代表占村民代表会议组成人员的1/3及以上。

3. 登记参加选举的村民

在选民登记前，各村村民选举委员会都发布了公告，告知了本届村民委员会选举的选民登记日。由于选民主动自愿登记的意识不足，而且自动登记容易出现漏登的情况，各村选民登记都没有遵循自愿登记的原则而是都按照自动登记的原则，一般根据派出所户籍信息或者户口本，按照每个村民小组逐户登记。也有部分村为了节省时间，参照上届选民名单，重点统计死亡、迁出、已年满18岁和新迁入的人员，然后汇总进行登记。由于各村民小组长和包组干部更熟悉本小组村民情况，他们在村民选举委员会的领导下更具体地负责本地选民资格审查和确认工作，并询问外出务工人员是否能够回村参与投票，如果不能回村参与投票又不愿意放弃选举权利的，则需要办理委托投票手续。选民登记是一个阶段性工作，一天之内不可能完成，其中还需要受理漏登、错登等申诉情况，这也需要一些时日，10个村都在3~15天内完成了选民登记工作并且对参加选举的村民名单都进行了登记造册。8个村在选举日的20天前公布了选民名单。选举日前，一般由各村民小组长、包组干部、村民代表负责把选民证发放到选民手中。

4. 提名确定候选人

从表2可以看出，10个观察点中有6个村采取常规选举的方式，都在选民名单公布之后的1~10天内、选举日的10天前完成了候选人提名和公布的工作。6个村的村民选举委员会根据法律法规及相关政策拟定职位和职数，再推荐和拟定候选人，6个村的村民委员会一般设置了主任、副主任和委员三种职位，少数村没有设置副主任职位或者副主任最终没有能够成功当选，职数控制在3~5人，如果算上村"两委"交叉任职情况，村"两委"实际人数更少。至于提名确定候选人的方式，马鞍山鸭西村、铜陵和悦村、合肥龙安社区3个村采取的是以村民小组为单位的提名方式，宣州河北村、芜湖庆丰村、六安青峰村3个村采取的是由过半数的登记参加选举的村民提名的方式，基本保证了村民的直接提名权。6个村都按得票多少对提名确定的候选人进行了资格审查，最终确定的正式候选人名额都多于应选名额1人以上，并且每个村都有1名以上妇女候选人，这都符合差额选举和保障妇女参选的法律规定。

5. 投票选举

10个观察点都没有召开选举大会，而是全部采取设立主投票站和分投票站的方式，少数村还设置了流动投票箱进行投票选举。村民选举委员会都提前并及时公布了选举日、投票方式、投票时间和投票地点。县级或乡级人民政府统一印制了选票，选票印制后一般加盖村民选举委员会的公章并签封，选举日在选举大会或者投票站上，选举工作人员当众启封。村民选举委员会依法提名了选举工作人员，提前布置好投票站或流动投票箱。在乡级指导组和包村干部等的指导下，村民选举委员会在正式投票前召开了简短的选举工作会议，布置了选举工作事宜，然后选举工作人员按照事先的分工分别到各个投票站，凭借造册的选民登记表和选民证发放选票，供选民填写选票和投票，或者拿流动投票箱收取选票。选民投票结束后，集中票箱，清点选票数，在村小学或幼儿园等有黑板的地方用粉笔书写"正"字计票，每个村分成几个小组同时公开验票、唱票、监票、计票，最后汇总选票总数，按照"双过半"的原则衡量候选人或参选人是否当选，随后当众公布选举结果和当选名单，封存选票，填写选举结果报告单及当选人情况统计表，报乡级人民政府或乡级指导组和县级民政部门备案。从表2和表4可以看出，6个村实行了常规选举，4个村实行了"一票制"选举，其中9个村选举一次性成功，只有宿州吕寺村"一票制"选举当天没有一次性成功，在8天后举行了另行选举，最终成功产生了新一届村民委员会。

从表2可以看出10个村的选举进度安排，在25～37天内全部完成了从村民选举委员会成立到最终完成投票产生新一届村民委员会的所有工作，时间安排紧凑，整个流程顺畅，基本按时按质完成了整个换届选举工作。

表4 安徽十村第九届村民委员会换届选举结果

序号	地级市	行政村（社区）	主任（票）	副主任（票）	委员一（票）	委员二（票）	委员三（女）（票）	合计			
								有效票（张）	收回票（张）	发出票（张）	选民数（人）
1	马鞍山	鸭西	2373	2375	2450		2395	2497	2511	2511	3400
2	滁州	百子	2475	2468	2257	2591	2326	2622	2625	2628	2628
3	亳州	解集	1432		781		722	1432	1432	1432	2611
4	宣城	河北	4353	4219	4273	3832（女）	3495	4544	4691	4691	5216
5	芜湖	庆丰	1970		1957		1963	2057	2098	2098	2450
6	淮南	罗集	1519		937		1158	1872	1872	1872	1914
7	宿州	吕寺	1342					2231	2274	2339	2557（正式选举）
				1757	1255		1111	2073	2324	2478	2557（另行选举）
8	铜陵	和悦	732	1137	785		984	1459	1459	1468	1470
9	六安	青峰	1533		892		1245	1638	1801	1801	2094
10	合肥	龙安	1388	1391	1388	1348（女）	1382	1404	1450	1650	1650

(三)坚持原则,履行观察职责,关注"三项制度"改革的推行

省民政厅在 2014 年第九届村民委员会换届选举中加快推进观察员制度、定岗选举制度和"一票"选举制度(以下简称"三项制度")的改革。安徽大学基层选举实验室等选出的 40 名省级观察员,直接参与和见证了观察员制度改革在全省的推行状况。作为省级观察员,他们坚持客观、中立、公正原则,认真履行观察职责,不仅对全省选出的 10 个典型村换届选举过程进行了全程观察,而且对进驻这些村的市级、县级、乡级观察员的遴选和观察情况进行了再观察,还对这些村定岗选举制度、"一票"选举制度(以下简称"一票制")推行的实际状况进行了专项观察和研究。

1. 观察员制度改革推行的概况

广东省早在 2005 年就已全面实施村民委员会换届选举观察员制度,安徽省芜湖市部分县区从 2008 年第七届村民委员会换届选举开始试点观察员制度,在前两次试点的基础上,根据省民政厅《指导意见》确定的工作目标,第九届村民委员会换届选举全省每个县(市、区)必须开展"三项制度"改革的试点工作,其中开展观察员制度的村不少于 30%。从表 5 可以看出,10 个观察点除了派驻省级观察员,其中有 3 个观察点共派驻了 5 名县级观察员,5 个观察点派驻了 10 名乡级观察员。部分观察点虽然没有派驻观察员,但根据对省级观察员的访谈和询问,其所在的县(市、区)范围内都开展了观察员试点工作,只是规模、人数和层级不同而已。肥西县在专门印发的《肥西县村民委员会换届选举"三项制度"改革实施方案》的通知中进一步扩大了观察员制度实施的范围,详细制定了在全县范围内实施的"三项制度"改革试点分配表,在全县 18 个乡镇(园区)274 个村(社区)中,共有 168 个村实施观察员制度,实施的比例达 61.3%。合肥市和肥西县还专门印发了统一制式的观察员登记表和观察日志,细化了观察事项,使观察员的观察和记录有章可循并且更加具有可操作性。10 个观察点的市级以下观察员主要从人大代表、政协委员、退休老干部、现任乡镇干部和事业单位人员中遴选,并且开展了专门的业务培训,做到了观察员进村进社区开展实地观察。

2. 定岗选举制度改革推行的概况

定岗选举是根据新农村建设的需要，在村民委员会选举中确定某一特定岗位，依据当地实际需要制定某一职位（一般为村委会副主任或委员）和竞选人应当具备的具体条件，对群众提名或报名的竞选者进行资格审查，实行差额选举，由登记参加的村民根据选举"双过半"的原则选举产生。选举若不成功，按原选举办法择日继续选举。根据省民政厅《指导意见》确定的工作目标，定岗选举的村不少于5%。定岗选举既可以与"一票制"同时实施，也可以与常规选举同时实施。肥西县在全县18个乡镇（园区）274个村中的14个乡镇16个村实行"一票制"和定岗选举，实施定岗选举的村占全县村总数的比例达5.8%，由此可见，与观察员制度相比，肥西县定岗选举推行的范围明显缩小。从表5可以看出，10个村中有5个村实行了定岗选举，定岗选举的条件主要是性别、年龄、学历，对岗位专业技术条件要求较少。实行定岗选举的5个村中只有宿州市吕寺村经过另行选举才选出定岗女性委员，其他4个村定岗选举一次性成功地选出了符合条件的定岗委员。

3."一票"选举制度改革推行的概况

根据"一法、两办法、一规程"，村民委员会换届选举既可以采取先提名确定候选人再经过投票选举两个环节的方式，也可以采取无候选人的方式，一次投票产生。根据民政厅的《指导意见》，2014年第九届村民委员会换届选举中推行"一票制"的试点工作且试点的村不少于5%。"一票制"选举将提名候选人和正式选举合并，在没有候选人的条件下选民凭自己的意愿将自己信得过的人直接推选出来，投票选民过半数且被选举人获得登记参加投票的村民过半数，才能当选。关于实行"一票制"选举的村的条件，全省各地的换届选举方案和实施意见一般要求选择民风淳朴、班子团结、有威信、群众公认良好、过去几届选举均成功无集体上访现象。对"一票制"选举成功实施的要求较高，所以在全省实施的比例并不算高，但是各市、县、区基本达到了民政厅规定的最低5%的要求，并且相比于前两届实施的村比例都有不同程度的增加，甚至个别乡镇实施的比例较高。例如宿州市埇桥区桃源镇10个村中有8个村都实行了"一票制"选举。从表4和表5可以看出，10个观察点中有4个村实行"一票制"选举，其中有3个村选举一次性成功。

表5 安徽十村第九届村民委员会换届选举"三项制度"推行概况

单位：人

序号	地级市	行政村（社区）	一票制	定岗选举 是否	定岗选举 主要条件	观察员 省级	观察员 市级	观察员 县级	观察员 乡级	来源
1	马鞍山	鸭西	否	否		4	0	0	0	
2	滁州	百子	是	是	新农村助理员，50岁以下，初中以上	4	0	2	1	县级2人为县人大代表和政协委员，乡级1人为镇退休人大主席
3	亳州	解集	是	否		3	0	0	3	乡级3人分别为县政协委员、镇人大代表、村退休书记
4	宣城	河北	否	否		4	0	2	0	县级1人为记者，另1人为区退休干部
5	芜湖	庆丰	否	是	女性	5	0	0	1	乡级为镇司法所所长
6	淮南	罗集	是	否		4	0	0	0	
7	宿州	吕寺	是	是	女性	4	0	0	2	乡级1人为镇土地所所长，另1人为镇城建所工作人员（兼任镇法庭书记员）
8	铜陵	和悦	否	是	35岁以下，大专以上	3	0	0	3	乡级3人分别为镇社会事务办主任，其他村党总支书记和悦村大学生村干部
9	六安	青峰	否	否		5	0	0	0	
10	合肥	龙安	否	是	会抓产业结构调整	4	0	1	0	县级为县政协委员（同时为县民政局长）

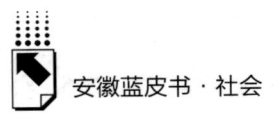

二 安徽省第九届村民委员会换届选举的经验与成效

（一）安徽省第九届村民委员会换届选举的经验

1. 各级领导非常重视，组织机构比较健全

村民委员会换届选举一直不是哪一个村庄独立的行为，而是上至安徽省委省政府、省委组织部和省民政厅等省级机构，中有各县、市、区组织部和民政局等主要部门，下到乡镇、行政村和社区全员参与的一次集体行动。各级主管部门的主要领导和分管领导都非常重视村民委员会换届选举工作。安徽省委书记张宝顺亲自审定了换届选举工作方案，明确要求加强对换届选举工作的领导和指导。6月3日，省委副书记李锦斌在全省村"两委"换届选举工作电视电话会议上发表了重要讲话；6月4日，省委组织部副部长何军和省民政厅副厅长孙邦平在全省村"两委"换届选举工作培训会议上做了重点发言。根据省委和省政府以及省民政厅的统一部署和要求，各级党委、政府分别建立和健全村级换届选举工作领导机构，市、县、乡三级分别成立了以民政部门为主体各部门共同参与的换届选举工作领导小组，全省16个地级市民政局成立了改革领导小组，县（县级市、市设区）民政局成立了改革指导小组，乡镇党委、政府成立了改革推进小组，实行市级领导包县（县级市、市设区）、县级领导包乡镇、乡镇领导包村和保质量、保进度、包效果的"三包三保"责任制。村级换届选举的领导和指导工作中乡镇是最直接的主体，因此乡镇领导机构的建立健全非常重要，全省各个乡镇普遍成立了党委、人大、政府主要领导组成的领导小组和纪检、宣传、民政、信访、农经、公安、司法行政、妇联、共青团等部门负责同志组成的工作小组，并且建立了组织考察组、业务指导组、信访维稳组、纪检监察组、宣传报道组、后勤资料组等具体工作小组。各级主要领导重视，各级组织机构健全，主要业务部门主抓，其他相关部门通力协作，分工明确、层层包干、责任到人，这是安徽省此次村民委员会换届选举工作顺利进行的一条非常重要的经验。

2. 选举预案比较完善，细则相对具体可行

在组织机构健全和人员配备齐全后，选举工作的预案和实施细则的指导作

用就显得尤为突出。为了做好第九届村民委员会换届选举工作，2014年6月省民政厅专门编印了《安徽省第九届村民委员会换届选举指导手册》，其中收录了"一法、两办法、一规程"等涉及村民委员会换届选举的主要法律规定，省委省政府、省委组织部和省民政厅主要领导的讲话和相关通知，以及换届选举热点问题解答，并下发到全省各级相关机构及其领导和选举工作人员手中，让换届选举工作的法律文件和政策依据一目了然。全省各个市、县、区和乡镇按照省委办公厅、省政府办公厅专门转发的《省委组织部、省民政厅关于全省村党组织委员会和第九届村民委员会换届选举工作的实施意见》，结合本地实际情况，制定本地区的换届选举工作实施方案和实施细则，其中肥西、无为等县还单独专门印发了在本地区推进"三项制度"改革的具体实施意见，对换届选举的指导思想、基本原则、工作目标、时间安排、职位选配要求、工作人员培训、方法步骤、组织领导等做出了详细具体的规定，非常方便下级机构参照执行。各村在上级选举方案和细则的基础上，制定了符合本村情况的实施办法。省级有选举统筹安排、县级有选举实施方案、乡级有选举实施细则、村级有选举具体办法。逐级贯彻，层层落实，督促实施，具体可行，这是安徽省此次村民委员会换届选举工作总体比较成功的又一条非常重要的经验。

3. 选民参与比较积极，村级骨干热心参与

村民委员会换届选举不仅是各级党委、政府以及组织民政部门的重要工作，也是村"两委"干部的事情，更离不开广大选民的积极参与。村民委员会换届选举是广大选民行使当家做主权利的重要机会，也是广大村民委员会产生合法性的必经程序。从表1和表4可以看出，安徽省10个村总人口数为35264人，登记参加选举的选民总数达25990人，选民占总人口数的73.7%。从正式投票选举来看（不包括宿州吕寺村的另行选举），实际发出选票总数达22490张、收回票总数达22213张、有效票总数达21756张，分别占选民总数的86.5%、85.5%、83.7%，由此可以看出选民参与投票（包括委托投票在内）数较高，收回票数较高，有效票数较高，弃权票数少，废票数少，远远超过了"双过半"的最低要求。安徽省第九届村民委员会换届选举能够比较成功地举行，离不开广大选民的积极参与。村民委员会换届选举大量的组织工作，不可能仅靠现任村"两委"10名左右的成员就能够完成，它也离不开广大村级骨干分子的热心参与。从表3可以看出，作为村级换届选举的重要领导机构，安徽十村村民选举委员会人员主要由党员、村民代表、村民小组长组成，实际上各个村活跃在宣传、发动、组织、管理、服务第一线的也是这些村级骨干分子，他们通常比一般选民具有更高的政治觉悟、更高的文化水平和更强的工作能力。各村广大党员、村民代表、村民小组长的走村入户到人的耐心细致工作，同样也是安徽省此次村民委员会换届选举工作顺利进行的非常重要的经验。

4. 选举严格依法进行，工作纪律要求严明

全省各个行政村在上级的统一部署和安排下，按照"一法、两办法、一规程"，在推选村民选举委员会、选民登记、提名候选人、投票选举等重点环节上基本做到了依法进行，有条不紊地完成了第九届村民委员会换届选举工作。各村在换届结束后都及时建立了选举工作档案，很多村专门制作了选举工作"台账资料"，建立了换届选举工作的"可追溯体系"，基本做到了各个阶段纸质资料有据可查、主要环节有照片为证、部分场景有视频为据，以供上级检查验收和村民翻看查阅。为了确保换届选举健康有序进行，努力形成风清气正和谐的换届环境，2011年5月25日中共安徽省委组织部、安徽省民政厅专门转发了中央组织部、民政部《关于进一步严肃村"两委"换届工作纪律的通知》。为了严明换届工作纪律，安徽省不少县市区纪委、组织部、民政局还专门联合下发了《关于进一步严肃村"两委"换届工作纪律的通知》，很多乡镇还专门印发了严肃村"两委"换届工作纪律"十个严禁"提醒卡，发放到党员和选民手中，并且公布了举报电话和举报邮箱，主动接受群众监督。宿州等地乡镇基层选举指导组在每个村的主投票站和分站都专门配备了警力进行现场监督，随时处理各种破坏选举的违法犯罪行为，确保选举依法有序进行。选举严格依法进行，工作纪律要求严明，是确保村民委员会换届选举取得成功的非常重要的经验。

（二）安徽省村民委员会换届选举推行"三项制度"改革的成效

1. 观察员制度有利于选举更加公开、公平、公正

观察员是第三方参评机构精心遴选，经过了专门业务培训，他们的专业理论知识较渊博，对选举操作技术规程较熟悉，对基层选举工作较了解，而且态度中立客观，地位独立超然，更能够代表公共利益，更能够得到选民的信任。

观察员队伍进村观察选举普遍受到村民的欢迎和支持,不少村民给予观察员很高的企盼。① 村民不仅非常乐意向观察员反映本村当前选举面临的问题,而且还会反映村干部腐败、采煤塌陷、征地拆迁、道路修护、低保发放、环境保护等与自身和村庄切实利益相关的问题。观察员制度扩大了选民利益诉求的反映渠道,使一些违法违规问题在村级得到了纠正和解决,大大减少了群众上访数量和越级上访现象。观察员通过向有关部门提交相关观察报告,起到了"转达上情、上达下情"的中介和桥梁作用,为各级党委、政府以及组织民政部门提供了重要的对策建议和工作参考。因此,观察员的作用不仅在基层选举方面,而且在乡村基层治理、村民权益维护和社会维稳方面都发挥了积极作用。

2. 定岗选举有利于优化村民委员会人员结构

当前,村"两委"面临着人才选拔渠道不畅通、人员结构老化、专业技术人员缺乏的问题,这已经严重影响了村"两委"的基层治理和公共服务水平。按照传统的提名方式确定候选人和投票选举模式无法确保选到农村所需要的人才,定岗选举较好地解决了这些问题。从表5可以看出,滁州百子村、铜陵和悦村、合肥龙安社区等通过定岗选举选到了所需要的定岗委员,促进了班子的年轻化,提高了成员的文化素质,补充了农村急需的专业人才。特别是善于抓经济的青年定岗委员,具有崭新的发展理念,视野比较开阔,积极开拓进取,能够根据市场变化适时进行农村产业结构调整,带领村民发展集体经济和建设社会主义新农村。这有可能会极大地改变农村贫穷落后的面貌。

3. "一票制"选举有利于发扬基层民主和提高效率

"一票制"选举的好处首先是提高了效率,简化了程序。当前,安徽省外出务工人员较多,主动放弃参选和委托投票的选民增多,部分选民参选的积极性不高,选举组织的成本较高。常规选举在提名确定候选人阶段和正式投票阶段需要动员选民两次参与投票选举,选举组织的难度更大。"一票制"选举将提名候选人和正式选举合并,一次投票就基本完成了选举投票工作,产生了新一届村民委员会,这样明显节约了选举时间,降低了选举成本,提高了选举效率。不仅如此,"一票制"选举最大的好处还在于完全尊重了民意和充分发扬了民主。选民可以凭借自身意志自主投票,参选

---

① 王先胜:《引入"观察员"制度》,《中国社会报》2005年7月11日第7版。

人可以规避烦琐的候选人资格审查，这样既可以调动选民参与投票的积极性，也可以调动选民参与竞选的积极性，充分保证选民的选举权和被选举权，也有利于吸引和选拔更多的能人参与村民委员会的工作。另外，"一票制"还可以降低指选、贿选等违法违规选举行为发生的可能性，乡级指导组和村民选举委员会等选举工作机构及其领导很难通过候选人资格审查有意指定候选人或排挤其他候选人，也可以规避常规选举候选人的贿选拉票等非法行为以及由此产生的恶性派系斗争。由"一票制"选举产生的村民委员会群众基础更好，群众威信更高，因此也可以减少因换届选举纠纷而产生的村民上访问题。

三 安徽省第九届村民委员会换届选举存在的问题

（一）安徽省第九届村民委员会换届选举一般存在的问题

1. 选举宣传力度不够，选民参与积极性不高

当前，选举宣传力度不够主要表现在以下几个方面：有的村民选举委员会对涉及选举的法律法规、方针政策和换届选举方案宣传不到位，张贴公告不及时、不显眼，导致一些村民不知情、不了解。村级骨干分子没有充分地发动选民，没有走村入户面对每个选民，没有对选民进行入情入理入法的宣传、说服和教育。村"两委"和村民选举委员会重视程度不够，选举宣传力度不够，选举工作不细致，有可能导致整个村庄选举气氛冷清并影响选民投票的积极性。大量青壮年劳动力外出务工，留下来的多是老人、妇女、儿童，委托投票的选民比较多，再加上选民自身农活和其他工作比较繁忙，客观上也造成亲自参与投票的选民不多。部分选民主观上权利意识淡薄，甚至麻木无意识，对选举既不关心，也不参与，更不愿意花费精力反对选举的违规操作，即使知道了也不介意，认为"选谁都一样""参与不参与无所谓""选举跟自己没关系"。有的选民甚至对选举产生了厌倦抵触心理，态度极其冷漠，把选举看成是村干部"麻烦"老百姓的事情，就像是完成国家任务一样。由于农村工作压力大，待遇偏低，容易得罪人，对村民吸引力不大，村民作为候选人主动参与竞选或参选的积极性也不高。另外，由于基层干部缺乏，可选干部有限，现任村干部

作为候选人连任的可能性很大,部分选民认为"选来选去,不还是原来那几个人,还有什么意思"。还有部分上级领导和现任村干部违背选民的意愿人为干预操纵选举,这都在一定程度上挫伤了选民参与投票的积极性。部分乡村干部和选民反映,现在村民委员会换届选举三年进行一次,选举周期过短,选举过于频繁,不利于村干部稳定思想和开展工作,很多选民也没有较为频繁地参与选举投票的积极性。

2. 组织领导仍需加强,指导干预方式需改进

乡镇党委和政府以及农村的党组织对村民委员会换届选举的指导不可或缺,但是也有可能产生不合时宜的干预。乡镇人民政府都会成立换届选举工作领导小组和各村工作指导组,乡镇领导经过分工后都有各自联系的包片村,因此乡镇党委、政府对村"两委"换届选举具有重大影响。各村一般先经过党支部换届,再进行村民委员会换届。村党支部换届实行"两推一选",党支部候选人还必须经过乡镇党委审核才能有效,乡镇党委可以否决不合适的人选,乡镇领导可以利用这个机会充分贯彻组织意图,而且现在乡镇党委、政府都积极提倡村"两委"交叉任职,乡镇党委主要领导和包片干部通过控制村党组织的人选,也就基本控制了村民委员会的人选,因此得不到上级党委、政府认可的候选人和参选人很难当选。乡镇人民政府在平时工作中需要村民委员会的配合和协助,乡镇主要领导和包片干部与村"两委"干部在日常工作中结成了非常熟悉的工作关系、人情关系甚至是非法的利益勾兑关系。现任村"两委"干部也是乡镇党委、政府主要领导和包片干部一手培养起来的,所以乡镇党委主要领导和包片干部更倾向于现任村"两委"继续留任,而不希望不熟悉和不配合自身工作的候选人或参选人当选。从表3和表4可以看出,10个观察点的村民选举委员会基本都是由现任村党总支书记兼任,有的村党总支书记同时兼任村民委员会主任并且有意参选下一届村民委员会主任。由此看出,农村的党组织特别是村党总支书记对村民委员会换届选举的影响也是很大的。乡镇党委政府主要领导、包片干部以及驻村指导组工作人员、村党总支书记可能通过设定任职条件、进行资格审查、提名候选人、诱导欺骗选民投票等方式干涉选举,排斥不合心意的候选人和参选人,从而影响了村民委员会换届选举的公平公正。

3. 依法选举落实不到位，操作细节仍待完善

10个定点观察村虽然基本依法较为顺利地完成了此次换届选举，产生了新一届村民委员会，但是在部分环节和操作细节上仍然有违反"一法、两办法、一规程"的地方，没有完全做到依法选举，这主要表现以下几方面。第一，在推选村民选举委员会问题上，推选方式有"形式主义"之嫌，经过村党总支提名后，没有经过村民代表充分的酝酿和讨论，就匆忙通过举手公开表决方式推选产生，民意吸纳可能存在不足之处。从表3和表4可以看出，村民选举委员会基本都由现任村党总支书记担任，特别是少数村由现任村党支部书记和村主任"一肩挑"并且还参与本次村民委员会竞选，同时也有村民选举委员会其他成员参与竞选或者被提名为本次村民委员会成员候选人，有的人虽然也宣布后期退出村民选举委员会，但是容易产生"自己组织选举，自己选自己"的嫌疑，可能导致选举不公正、不公平。第二，部分村在改选村民代表过程中也存在没有遵守《规程》的规定，没有严格按照每5~15户推选1名村民代表的要求，部分户数较多的村推选的村民代表数量明显低于该标准，少数2000人以上的村的村民代表总人数低于50人，推选村民代表人数偏少，很有可能导致村民代表"民意不足"。另外，仍然有3个村的女村民代表人数少于总数的1/3，这也不符合《规程》的规定，导致农村女性代表参政的权利没有得到充分的保障。第三，在登记参加选举的村民问题方面，由于采取自动登记方式，部分外出村民已被登记为选民，而他们无法联系上或者即使联系上也不愿意回村参与选举，导致实际参选人数偏少，有可能使选举无法达到"双过半"的最低要求，从而导致选举整体失败或者当选人不足应选名额。按照《规程》规定，选民名单应该在选举日的二十日前公布，但是六安青峰村和合肥龙安社区两地的选民名单公布时间少于二十日。另外，由错登、漏登等导致选民名单出现变动的，部分村民选举委员会也没有及时另行张榜公布。在选民证发放方面，也存在发放不规范不到位的情况，没有做到由村民本人签收，有少数村民反映没有领到选民证，也有他人代领选民证没有及时转交到本人手中的情况发生。第四，在提名确定候选人问题方面，主要存在着如下不足：其一，"一法、两办法、一规程"规定"提名村民委员会候选人，不得委托他人投票"，而在实际操作中由于外出选民较多，委托投票现象比较普遍；其二，按照《村民委员会组织法》，村民选举委员会应当组织候选人与村民见面，由

候选人介绍履行职责的设想，回答村民提出的问题，有的村最多只做到了向村民代表介绍候选人情况，而没有向广大选民介绍候选人情况；其三，很多村没有安排候选人公开发表竞选演说，导致众多村民对候选人不甚了解。第五，投票选举阶段出现的问题主要表现在以下几方面：首先，委托投票不规范，"户代表"投票现象十分常见。由于外出务工和忙于工作等其他事务的选民太多，留在家中的选民基本都是老人和妇女，很多家庭只有一个代表来领取选票和投票，亲自参与投票的选民人数有限。"户代表"没有严格办理委托投票手续，即使办理了也没有严格遵守。不少"户代表"委托投票的数量远远超过法律规定的3人的上限，甚至多达十几张，极个别的甚至达到三四十张。不仅如此，受委托人也没有局限于父母子女、兄弟姐妹等近亲属范围内，有的是一个大家庭十几口人甚至是三四十口人委托一人投票。极个别地区甚至还有年龄不满18周岁的少年和儿童代领选票和填写选票。其次，秘密投票不秘密，虽然各个投票站都设立了秘密书写处，但是仍然有不少选民凑在一起，公开商量如何填写选票。再次，代书不规范，部分选民由于是文盲不识字、不会书写，请他人代填选票时不严肃，甚至抱着无所谓的态度让代书员自行决定如何填写。最后，唱票、计票、监票环节也存在一些不规范的地方。部分非工作人员参与了该项工作，特别是少数候选人没有回避也直接参与统票计票，违反了选举相关的法定程序。另外，流动投票箱不合理、超范围的使用也增加了选举舞弊的可能性。

（二）安徽省村民委员会换届选举推行"三项制度"改革的不足之处

1. 观察员制度不够完善，操作规程较为缺乏

观察员制度的推行虽然在安徽省第九届村民委员会换届选举中已经发挥了积极作用，但仍存在以下不足之处。第一，当前观察员制度在安徽省推行的依据主要是省民政厅"红头文件"的政策规定，法律位阶层次较低，而且全省各县、市、区还停留在试点阶段，还没有实现全省各个村民委员会全覆盖。第二，目前关于观察员的职责规定属于原则性规定，在省级层次上还缺乏配套的《安徽省村民委员会选举观察规程》和统一制式的《安徽省村民委员会选举观察日志》，致使各地在实际贯彻实施观察员制度时缺乏细致的可操行性程序规定，很大程度上影响了观察员制度实施的实际效果。第三，当前关于观察员的遴选、培训、管理、履职、考核等诸多环节还缺乏统一细致的规定。从表5可以看出，10个观察点15名县级和乡级观察员的职业不同，部分观察员仍然为当地在职官员（有的观察员同时具有人大代表和政协委员身份）和乡镇普通工作人员。当地退休的老干部虽然工作经验丰富，但是与现任官员存在千丝万缕的联系，当地的大学生村干部虽然熟悉村情，但是与当地候选人和竞选人有一定的利害关系，观察员筛选并没有完全做到"第三方"遴选，观察员地位没有完全中立。这都有可能造成选民对观察员信任度的下降。有些地方官员和村"两委"成员担心观察员的观察报告和反馈意见对本地换届选举工作做一定负面的报道（尽管也是客观的反映），从而影响当地的形象和干部的政绩，因此，对观察员的观察工作支持和配合不够，极少数甚至对观察员的观察工作暗中设置各种障碍，以阻挠观察员对选举违法违规和村干部腐败等真实情况的掌握。另外，由于时间、人员和经费的限制，观察员进村观察的时间较短、次数过少，也在一定程度上影响了观察的效果。第四，部分观察员没有真正履行自身职责，主要表现为：某些观察员没有持证上岗进村，让选民无法正确识别观察员的身份，导致无法有效地解答选民的疑问和倾听选民反映的问题；部分观察员工作能力不足，选举专业知识缺乏，对选举流程不太熟悉，无法有效地解答选民关于选举的相关问题；还有部分观察员工作态度不认真，责任心不强，对推选选举委员会、登记参加选举的村民、候选人提名、投票选举等几个重点环节没有进行全程跟踪观察；有的观察员仅仅留在村部办公室，没有深入选民中进行走访，无法全面掌握该村选情；有的观察员只是随便听听看看，不做专门的书面记录，最终也不提交纸质的观察报告或者不认真撰写观察报告，只是应付差事，这样就无法向各级党委、政府以及组织民政部门有效地反馈选举相关信息，极大地削弱了观察员制度实施的实际效果。

2. 定岗选举流于形式，可选人才缺乏

定岗选举的本意是为了选拔农村急需的专业技术人才，培养优秀的年轻干部，但是当前部分村定岗选举条件过宽，使定岗制度流于形式。从表5可以看出，虽然10个观察点中有5个村实行了定岗选举，但是其中2个村定岗选举的条件仅仅定位于"女性"。根据《村民委员会组织法》第六条规定，

"村民委员会成员中,应有妇女成员",如果把定位条件仅规定为"女性",虽然与国家的法律规定相符,但很难发挥定岗选举的真正优势,必将使"定岗选举"制度改革失去实际意义。当然了,如果把定岗选举条件定得过于严格,定向萝卜式的选举则有可能产生"指选"的嫌疑,从而使定岗选举失去公平公正性。定岗选举最大的问题在于即使规定的定岗条件不高,由于农村干部待遇偏低,对人才吸引力不够,农村专业人才缺乏,实际可供选择的候选人或参选人也非常有限,以至于仍然面临着无人可选或者无合适人可选的窘境。

3. "一票制"设计不完善,选票容易分散

"一票制"选举可能会出现以下不利影响:第一,"一票制"采取无记名方式直接一次选举产生候选人,虽然可以充分发扬民主和提高效率,有效避免人为干预参选人的人选。但是在省去候选人"资格审查"程序后,也可能使一些缠访闹访人、工作能力弱者、和事佬等不适宜人员以及贿选人、劣迹前科等人员有机会当选,反而不利于党的农村方针政策的执行和农村基层的社会稳定,最终损害广大村民的长远利益。第二,"一票制"没有提名候选人,参选人基本没有机会公开发表竞选演说,选民对参选人既不熟悉又不了解,选举投票的时候需要选民在选票的空格处直接填写当选人的姓名,这对选民本身的文化程度和参政素质提出了更高要求。很多农村留守下来的老人、妇女是文盲或半文盲,其中很多选民"不知如何填写,不知填写谁更好",部分选民胡乱填写选举,致使投票带有一定的盲目性,这又导致最优秀的人才不一定能被选拔出来。"一票制"选举下填写选票的难度加大,秘密投票原则也受到了冲击,即使设立了秘密投票处,还是有很多选民凑在一起,公开商量如何填写选票,容易受到别人诱导,有可能导致选举被操纵。第三,唱票、计票、监票工作难度加大。常规选举投票相对容易,一般只需要在直接候选人下面打"○"或者打"×",唱票、计票、监票也容易。然而,"一票制"需要直接辨明选民撰写的文字,有的选民字迹潦草不易辨认,有的选民书写了参选人的小名、别名、同音字、谐音字,甚至一个村有两个以上同名同姓的参选人,这给唱票、计票、监票工作带来了难度,耽误了时间。第四,与常规选举相比,更有可能导致选票比较分散。"一票制"选举导致的选票分散具体分为两种情况,一是不同参选人选票分散;二是同一参选人不同职位选票分散,如果不采用下

加法计票的话，很有可能导致部分参选人无法达到"双过半"的最低要求。宿州市埇桥区桃源镇（包括观察点吕寺村在内）实行"一票制"选举的8个村，其中3个村选举没有一次性成功，被迫举行另行选举才成功选出新一届村民委员会成员。"一票制"选票分散致使选举无法一次性取得成功的可能性较大，被迫举行另行选举，这样就未必能够省去繁杂的程序，也未必能够节省时间和成本。

四 完善安徽省村民委员会换届选举工作的建议

（一）完善安徽省村民委员会后续换届选举工作的一般建议

1. 加大选举宣传力度，确保选民参选率

各级党委和政府、村"两委"，特别是村民选举委员会，应该充分利用广播、电视、报纸、网络、手机短信、宣传栏、宣传车、电子显示屏、宣传单、宣传条幅、宣传标语、选举宣传会议、选举咨询站等方式和平台加大村民委员会换届选举宣传的力度，营造浓厚的选举气氛。按照法律规定，在村部和村庄主要路口等人流量较大的地方及时张贴有关选举的各项公告，尽量做到家家户户知晓选举相关重要事项，选民人人明白自身的权利和义务以及选举的流程。村民选举委员会加强对小组长、党员、村民代表等骨干分子和选举工作人员的培训，重点培训宪法、"一法、两办法、一规程"、中央和地方有关选举的政策规定以及上级党委、政府和本村的换届选举工作方案，然后让包组干部、小组长、村民代表走村入户，进入每个家庭宣传选举相关事项，发放选举宣传卡和温馨提示，动员每个选民积极参与选举。为了提高选民的参选率，还可以考虑从以下细节予以完善：第一，可以考虑调整村民委员会换届选举时间，由农忙的七八月份调整到农民返乡高峰的春节前夕。第二，提名候选人和投票选举的时间尽量考虑安排在周末非工作时间，动员本地企事业单位在当地选举当日放假，利于选民抽出时间参与选举投票。第三，部分集体经济较好的村庄，经过村民代表会议商议决定，可以考虑给参与投票的选民和参与组织的村级骨干分子一定的务工补贴，以便运用物质激励手段，调动选民参选的积极性和选举工作人员的工作热情。第四，对于部分行动不便的老人、残疾人

和卧床在家的病人等特殊选民，可以提供上门服务，在三名及以上选举工作人员的见证下，利用流动投票箱登门接收选票。关于村民委员会的任期和选举的周期问题，是否可以考虑把当前的"三年一次"改为"五年一次"（与上级政府的五年一届任期相同，也便于工作对接），这也是一个值得认真对待和探讨的问题。

2. 加强组织领导工作，指导干预需适宜

根据《村民委员会组织法》，村民委员会是村民自我管理、自我教育、自我服务的基层群众性自治组织，实行民主选举、民主决策、民主管理、民主监督。乡镇人民可以对村民委员会的工作给予指导、支持和帮助，但是不得干预依法属于村民委员会自治范围内的事项。中国共产党在农村的基层组织，按照中国共产党章程进行工作，发挥领导核心作用，领导和支持村民委员会行使职权；依照宪法和法律，支持和保障村民开展自治活动、直接行使民主权利。因此，乡镇党委、政府和村党总支的领导主要是政治领导、思想领导，而不是对村民委员会的直接行政领导。乡镇党委和政府主要领导、包片干部以及村党总支书记对村民委员会应该不断改进领导方式和工作方式，应该多指导少领导、多支持少干预、多帮助少添乱、多服务少管理、多给予少索取，特别是换届选举过程中应该充分尊重广大选民的意愿，不得强行排斥符合条件的候选人和参选人依法参与选举，不得把个人意图凌驾于组织意图和选民意愿之上，不得以操纵、诱导、欺骗、威胁、恐吓等方式妨碍选举，不得隐瞒、包庇、袒护换届选举中的非法行为。村"两委"过多交叉任职，有可能导致个别人权力过分集中和贪污腐化，难以形成有效的监督，最终损害村民的合法权益。另外，村"两委"过多交叉任职，还有可能导致村"两委"人手有限，村干部精力有限，难以应付日益繁重的农村基层工作，影响为村民提供的公共服务质量。因此，上级党委、政府以及组织、民政部门应该合理设置村"两委"职数，提倡村"两委"交叉任职应适宜有度，不宜提倡过分精简。

3. 严格依法进行选举，程序民主不可或缺

村民委员会换届选举在实体上和程序上必须严格依法进行，才能确保选举公开、公平、公正，才能使村民的民主权利得到保障，才能选出村民信得过、能力强的当家人，才能促进农村的发展和维护农村的社会稳定。在推选村民选

举委员会、选民登记、提名候选人、投票选举等重点环节，必须严格遵守"一法、两办法、一规程"的规定。第一，为了确保整个选举组织工作的公平公正，对于有意参与竞选或者有可能被提名为本次村民委员会成员候选人的，建议实行回避原则，从一开始就直接不要参与村民选举委员会的推选，而不是等到当选村民选举委员会成员后再宣布后期退出。另外，建议明确增加规定，在推选村民选举委员会成员时，也必须有女性委员当选，以确保女性参政的权利。第二，在改选村民代表方面，按照《规程》规定，每5～15户推选1人村民代表，2000人以上的村一般不少于50人，其中妇女代表不少于代表总数的1/3，因此，在人口数和户数较多的村，应该按规定推选村民代表，确保村民代表总数不少于50人和女代表比例不低于1/3的规定真正得到贯彻实施，以保证村民代表更好地代表民意和女性代表的应有权利。第三，在登记参加选举的村民方面，在充分动员选民参选和保证村民选举权利的基础上，登记方式可以考虑由自动登记向自愿登记逐步过渡，以保证实际的参选率和选举的成功率。应该遵守《规程》的规定，所有的村都应该在选举日的二十日前公布选民名单。另外，选民证应由选民或户代表亲自签收，做到不遗漏无错领，确保选民证发放到位。第四，完善提名确定候选人程序。无论是提名候选人还是正式选举投票，考虑到外出务工选民和当天因工作等不能亲自投票的选民确实较多，建议修改现行的相关规定，允许在提名村民委员会候选人阶段，也可以委托他人投票，但是要严格遵守委托投票程序。必须安排候选人公开竞选演说，向广大选民和村民代表介绍候选人，让选民增加对候选人情况的了解，以方便选民投票时选择合适的候选人。第五，严格规范投票、计票程序。首先，要认真办理委托手续并且严格遵守，坚持遵守由本村有选举权的近亲属接受委托投票不得超过三人的法律规定，坚决杜绝超标准委托投票和不具备选举权的少年儿童投票。其次，坚持秘密投票原则，由个人在秘密投票处单独填写选票，在投票现场不得公开商量如何投票。再次，规范代书程序，选民应该增强主人翁意识，慎重行使投票权，代书员不得诱导选民或者违背选民意志自行决定如何填写选票。最后，杜绝候选人参与唱票、计票、监票工作，尽量减少或不用流动投票箱，防止发生选举舞弊行为。乡级指导组和选举工作人员在现场应该及时纠正违规投票计票行为，以确保整个投票选举工作依法进行。

（二）安徽省村民委员会换届选举推行"三项制度"改革完善的建议

1. 制定统一观察操作规程，完善观察员履职行为

为了促使观察员制度更好地发挥作用，建议从以下几个方面完善观察员制度和规范观察员的观察行为。第一，借鉴湖北省地方立法经验，省民政厅在《指导意见》的基础上，建议将安徽省实施选举观察员制度上升为法律规范，以增加实施观察员制度的刚性规定。2005年，湖北省人大常委会在修订该省村民委员会选举办法时，增加了实施观察员制度的相关条款。[①] 建议省民政厅提请省人大常委会在将来修订《安徽省村民委员会选举办法》时，把安徽省实践中已有成功经验的选举观察员制度明确写进法规条文，修订增加相关条款规定："乡级以上人民政府建立村民委员会选举观察员制度，观察、了解选举工作情况，加强对村民选举委员会选举的监督。各级人民政府应当做好观察员的遴选和培训工作，并为观察员履职提供必要的支持和保障。"第二，借鉴省民政厅制定的《安徽省村民委员会选举规程》，建议省民政厅制定配套的《安徽省村民委员会选举观察规程》，对观察员选举观察的事项、环节、流程做详细的具有可操作性的规定，并且在借鉴和总结安徽省合肥市和肥西县制定的《观察日志》基础上，制作供全省统一使用的制式《安徽省村民委员会换届选举观察日志》，设置条理清晰的观察登记表、细化具体的观察项目，并在制定的《安徽省村民委员会选举观察规程》附件中明确印上该观察日志的样式，以避免当前观察员自身对观察流程认识不清，观察项目和记录事项无章可循。第三，建议省民政厅在《指导意见》的基础上，制定配套的统一的《安徽省村民委员会选举观察员管理办法》，对观察员的遴选、任免、培训、考核、奖惩，各级观察员的分工和联系，观察员的权利和义务，观察员的交流与回避，观察报告的撰写，观察意见的反馈机制，观察员的管理机构，观察经费的保障，干扰阻挠观察员工作应该承担的责任等做出详细的规定，以解决当前各地观察员遴选相对混乱、管理相对松散、反馈软弱无力、保障措施乏力等问题。

[①] 李保林、周丽：《村委会选举办法草稿提请人大二审，选举观察员制度将上升为法律规范》，《湖北日报》2011年5月24日第2版。

为了保证选举观察更加公平公正，建议从态度完全中立的"第三方"遴选观察员，建立各级观察员专家库制度，可以考虑更多地从专家、学者、记者、律师、教师、大学生和研究生志愿者中遴选，在职官员一律不准以观察员身份参与选举观察工作，同时担任公务员特别是领导职务的人大代表和政协委员不建议作为观察员的人选，退休乡镇老干部和本村大学生村干部可以在全县范围内其他乡镇异地观察，有利害关系的有可能影响观察公正性的观察员应该主动申请回避或者由派出部门撤回。每个村不要只派驻一名观察员，建议组成两人以上的观察员小组展开全面观察。另外，观察员属于临时兼职，进村观察需要花费一定的时间，可能会影响其本职工作，因此为了保证观察的时间和效果，建议每组观察员队伍观察的行政村不宜太多，以5个以内为宜。乡（镇、街道）派驻村换届指导组、村民选举委员会应该派专人负责与观察员对接，应该向广大选民公开介绍观察员的身份和职责，从而为观察员的观察工作提供便利条件。第四，建议各级观察员一律持证上岗进村观察，从而方便选民识别身份和反映问题。观察员应该通过"看（观看）、听（倾听）、问（询问）、调（调查）、访（访问）、核（核实）、拍（拍照）、记（记录）、思（思考）、报（报告）""十字口诀"进行"事前摸情、现场观察、事中监督、事后报告"，认真履行观察员职责，严守中立立场，不得妨碍选举进程，做好全程仔细观察工作，进行探索式研究式观察，避免走马观花式漫不经心的观察，从而为党委、政府及其组织、民政部门全面准确掌握选情、及时做出应对处理、深化推进选举改革更好地出谋划策。需要强调的是，在换届选举结束后观察员撰写的《观察报告》是各级党委、政府及其组织、民政部门掌握观察信息、考核观察效果、反馈观察意见的重要依据。因此，建议各级观察员必须客观公正、全面准确、认真地撰写和提交书面专业的《观察报告》，这也将作为考核观察员履职情况的重要参考因素，以避免观察员只观察不反馈和走过场。如果条件成熟的话，民政部门还可以考虑制定统一的《安徽省村民委员会选举观察报告》样式供参考，并且明确观察报告的写作要求。

2. 科学设置定岗选举条件，拓宽优秀人才选拔的渠道

为了避免把定岗条件仅设为"女性"，使定岗流于形式，又保证女性委员的当选，建议增加定岗的名额，以两个名额为宜，其中一个名额的定岗条件规定为女性。另外一个名额的定岗条件，应该在尽量征询广大村民的意见后，由村民选举委员会召集村民代表会议最终确定。为了保障定岗选举的竞争性和公正性，不宜把定岗条件规定得非常详细具体，定岗条件应该具有一定的弹性，尽量动员本地经济能人、经商返乡人员以及其他专业技术人员参选，尽量确保符合条件的人具有2人及以上，让选民通过差额选举选到更合适的人选。另外，考虑到本地优秀人才有限、选举程序复杂、耗费时间较长，就算有合适的人选也不一定能够通过选举当选，因此定岗选举只能作为当前选拔农村急需人才的渠道之一，还必须通过其他途径拓宽选人的渠道。如果本村没有合适人选，可以通过公开选拔招聘（如果条件许可的话，可以实行收入较高的年薪制，以增加吸引力）、跨村任职、优秀书记兼任、大学生村干部、从政府机关和事业单位党员干部中选派、动员政府机关和企事业单位提前离岗或退休干部职工回村任职等办法，产生村第一书记、村党总支书记或者书记助理，这样既可以避免现行选举相关政策法规对人才选拔的烦琐限制，又可以不拘泥于本地有限的范围选拔有限的人才，从而拓宽农村优秀人才选拔的渠道。

3. 规范"一票制"选举竞选行为，提高选举一次成功率

对于"一票制"选举来说，没有候选人提名和推荐环节，如果再加上选举宣传不到位或者家族宗族实力的干扰以及派系斗争，很有可能导致选票分散从而使选举流产。不是每个村都适合这样。所以，首先，摸清村情和选择合适的村推行"一票制"就显得非常重要，尽量选择村情简单、民风淳朴、矛盾较少、村庄稳定、村"两委"班子团结、村干部威信较高、群众基础较好的村庄推行"一票制"选举。其次，规范参选竞选行为，不给不适宜当选人、贿选人和劣迹前科人员可乘之机。村民选举委员会应当明确参选人的条件，列出不宜参选的情形，鼓励参选人自愿报名、主动登记，主动提交个人信息和参选演说。村民选举委员会对参选人的选举竞争材料进行审核把关，虽然不一定非要硬性排斥某些人参选，但是可以加强选举宣传，规范参选人竞选行为，促使选民对参选人更加了解，提醒选民珍惜手中的投票，审慎行使投票权。如果当选的村民委员会成员不能有效履行职责，违反国家法律政策规定，损害村民的合法权益，可以及时组织选民予以罢免。最后，加强选举宣传对提高"一票制"选举一次成功率至关重要。很多实行"一票制"选举的村庄（或农村社区），不再在主会场召开选举大会，不再组织参选人公开竞选演说，甚至不再在村部所在地设置主投票站，而是设置分投票站和流动投票箱直接组织选举

投票，这样选民了解参选人的机会就比较少。有的村采取某些变通的措施，在村部主投票站和各投票分站等主要场所张贴参选人的参选材料（个人的信息、工作简历、参选岗位、参选承诺等）并附上参选人的照片，这就为选民投票提供了重要参考，从而降低选票过分分散的可能性，有助于选举一次性成功。

五　开展安徽省村民委员会换届选举专题调查研究的建议

在总结本届和历届村民委员会换届选举工作的基础上，针对安徽省农村基层选举和基层治理面临的新形势、新情况、新问题，建议省民政厅在以下问题上开展专题调研，以便做好顶层设计、未雨绸缪、提前准备、统筹规划、稳步推进。其中部分已经试点的在总结经验后可适当扩展试点范围，部分已经扩大试点的并且条件成熟后应当全面实施和推进，还有部分暂未试点但是证明是未来改革正确发展方向的也要大胆探索试行的可行性。

（一）针对不同类型村庄格局，开展完善农村基层选举对策的专项研究

全省由于政治、经济、文化、社会、生态环境不同，会形成不同类型的村庄，例如空心村、合并村、村居转型村、采煤塌陷村以及征地拆迁村、经济富裕村、发展滞后村、派系竞争村、宗族家族影响村等，它们在换届选举中面临的困难和问题也不一样。

空心村：安徽省经济不是很发达，农村外出务工人员多，很多村庄甚至已经变成了空心村，外出青壮年选民无法或不愿意回村参与选举，"户代表"投票和违规超数委托投票是当前普遍的实际情况，导致选举工作组织开展面临很大困难，村干部选举民意代表不足，甚至无法达到"双过半"的最低要求，直接面临选举合法性的危机。亳州市的解集社区登记选民为2611人，由于大量村民外出务工，实际只发出选票1432张，参加选举的选民人数（这还包括委托投票的在内，在家实际直接投票的选民人数更少）只是刚刚超过登记选民人数的一半，其中有两位委员的得票为781张和722张，也恰好超过参加选举选民人数的一半，稍有不慎就有可能导致选举流产。因此，可以借鉴居民委

员会换届选举的做法，参照《居民委员会组织法》第八条规定："居民委员会主任、副主任和委员，由本居住地区全体有选举权的居民或者由每户派代表选举产生；根据居民意见，也可以由每个居民小组选举代表二至三人选举产生"，对于空心村的村民委员会成员可以不要"一刀切"地由全体选民选举产生，而是采取"全体选民选举或者户代表选举或者村民代表选举"三选一的方式，具体采取哪一种方式由村民会议决定或者授权（甚至可以考虑授权较长时期连续采用其中一种方式，以降低选举组织的难度和成本），在保障大多数选民利益和选举权的基础上解决当前空心村选举实际参与不足的尴尬现实问题。另外，可以考虑对选举时间做些调整，将选举时间放在农历新年之前的半个月到一个月内，这时大部分外出务工人员将会返乡过春节，可以动员更多的村民参与选举。

合并村：近年来，安徽省不少地方政府不断撤并村庄，调整村庄结构，行政村的数量呈现逐年减少态势，村庄的规模呈现不断扩大态势。宣城市的河北村就是经过合并村组以后，人口才达到6000多人的规模，当地还有经过村组合并以后人口达到七八千人的村庄。村庄合并的优势在于一定程度上可以精简村干部，节省管理成本，实现资源优化整合和配置，集中力量办大事。但是村庄合并也会对村民委员会换届选举产生一些消极影响。合并后的村民委员会换届选举可能有利于来自原大村的候选人，而不利于原小村的参选者，因此，选举可能会加重村庄内部的矛盾，使派系竞争更为激烈。① 随着村庄规模的扩大，农村由过去的"熟人社会"变成了"半熟人社会"，原来的村庄选民对合并前的其他村庄候选人和竞选人不熟悉，这有可能导致正式选举时选票比较分散，使候选人无法达到"过半"的最低要求，从而导致选举失败。当然，村庄合并对选举也会产生一定的积极意义，那就是村庄规模的扩大在提高了竞选难度的同时，也提高了贿选者贿选的成本，降低了发生贿选的可能性。候选人和参选者只有凭借出色的工作能力、认真的工作态度和良好的口碑才能打动选民，而不像过去小村状态下靠贿选、拉拢就能够争取选民，从而促使选举向更加公平、公开、公正的方向发展。刚刚合并不久的村庄，将有一段时间的磨合

---

① 孙琼欢：《村委会选举中的派系竞争策略——以浙江省T村村委选举为例》，《学习与探索》2009年第2期，第73~75页。

期,为了避免选票分散,不宜立即采取"一票制"选举,采用常规选举更能确保选举成功。毫无疑问,村庄规模太大,也会增加选举的经济成本和时间成本,加大选举组织的难度,即使村民委员会能够顺利产生,后期也会加重村"两委"的工作负担,降低为村民提供公共服务的质量,增加农村基层治理的成本。因此,村庄合并步伐不宜太快,规模要适度,要因地制宜,对于人口居住相对集中的皖北平原地区和经济比较发达、交通比较便利的地区,村庄规模可以适当扩大一点,保持在四五千人左右为宜。对于人口居住比较分散的皖南和皖西南山区以及经济发展比较滞后、交通条件又比较落后的地区,村庄规模不宜太大,保持在两三千人左右为宜。

村居转型村:我国正处在转型期,随着经济的发展和城镇化的加快,越来越多的农村村民委员会逐渐改制为农村社区居民委员会,特别是临近市郊、集镇的村民委员会土地被征迁以后更有可能被率先"村改居",其中10个观察点中亳州市的解集社区和合肥的龙安社区就是从村民委员会改制为社区居民委员会的。目前,仍然按《村民委员会组织法》组织换届选举,但是村居改制后到底按《村民委员会组织法》还是《居民委员会组织法》实施换届选举更为适宜,是值得进一步探讨的问题。村居改制后虽然可以提高村干部的工资待遇和补贴,但是居民无法享受过去在计划生育、一事一议、土地收益(土地性质将由集体所有变成国有)等方面的涉农惠农政策,有可能导致村居改制后居民实际利益受损从而引发新的社会矛盾,而且居民的利益诉求必将在选举环节有所体现,甚至在一定程度上也会影响社区换届选举工作的顺利进行。当前我国户籍制度改革加快,2014年7月底,国务院正式印发实施《关于进一步推进户籍制度改革的意见》,提出要进一步调整户口迁移政策,统一城乡户口登记制度,取消农业与非农业户口的性质区分,全面实施居住证制度,在不远的将来分别按农村和城市实行换届选举是否还有意义、有无必要以及如何合并改革,也是一个值得探讨的迫切问题。

采煤塌陷村:安徽省淮北、淮南、宿州等皖北地区一直是重要的产煤区,煤炭行业是当地经济支柱产业之一,为促进国家能源产业和当地经济社会的发展做出了重要贡献,但是大量采煤也导致大面积的塌陷区的出现,严重破坏了当地居民的大量耕地、宅基地、房屋,严重影响了当地居民的生产生活环境和生态环境,侵害了居民的切身利益从而容易诱发矛盾和干扰村民委员会换届选举。采煤塌陷区的村民被迫撤离世代居住的地区，面临着整体搬迁的问题。宿州市的吕寺村有一个村民小组，村民的房屋都是平房，已经出现较大面积的开裂甚至坍塌，但是由于处于采煤塌陷区，得不到地方政府部门的建设新房许可，而异地搬迁又一直遥遥无期。因此，村民改善住房和建设婚房的需求较长时间内无法得到满足，在此次换届选举前该地村民甚至一度拿整体不参与投票威胁政府部门，后来在乡村干部的劝说和安抚下才勉强参与投票，但是已经对选举产生了消极影响。宿州市吕寺村的正式选举一次没有成功（只有一人选票过半），经过另行选举成功以后才产生了新一届的村民委员会。另外，为了或明或暗地争夺煤矿资源和利益，采煤塌陷村的换届选举更容易滋生贿选、拉票、伪造选票、虚报票数行为以及黑恶势力、家族势力干扰选举问题。淮南市潘集区采煤塌陷区部分乡村干部和选民反映个别候选人和参选人花费几十万甚至上百万元贿选拉票，而当选村干部以后又通过强行收取当地煤矿企业排污费、淘洗变卖尾矿、承揽矿山工程等方式获得回报。

（二）针对村民委员会换届选举成本，开展选举成本预算专项调研

基层民政部门应该树立选举成本意识，明确选举是需要花费成本的，选民民主意识的培养和民主习惯的养成需要有经费保障并且经过较长的时间才能历练出来。选举成本不仅是经济成本，还包括时间成本、精力成本、情感成本，其中有些成本是无法通过金钱来衡量的。单从经济成本而言，选举成本不仅在各个阶段都需要花费笔墨、纸张等工作经费成本，还包括选举工作人员培训的成本、村级骨干分子的工作补贴、选民的误工补贴。此外，观察员的工作虽然属于义务公益性质，不领取任何误工补贴等报酬，但是在当地履职特别是异地观察时，都需要花费一定的食宿费、交通费和通信费，这让观察员自身倒贴确实不合情理，如果让当地乡镇政府和村民委员会承担又会加重它们的负担。根据《安徽省村民委员会选举办法》第六条规定："各级人民政府组织指导村民委员会选举工作所需要的经费，由本级财政列支，村民委员会选举所需要的费用一般由本村解决；村解决有困难的，由乡、民族乡、镇予以补助。"鉴于安徽省农村地区欠发达的实际，很多村没有集体经济收入，不少乡镇财政状况也不容乐观，仅凭借乡镇、村两级的财政支持无法保障选举经费。选举经费的不

足和保障不力已经在很大程度上影响了村民委员会换届选举的进行，因此，将村民委员会换届选举的成本列入县级以上人民政府的财政预算很有必要。为了更好地保障村民委员会换届选举工作顺利进行，建议县级民政部门会同财务部门开展选举成本预算专项调研，以便弄清选举成本构成、经费数量、开支明细等具体事宜。

（三）针对农村后备干部和年轻干部的培养培训，开展基层人才工作专项调研

外出务工人员较多、村干部工资收入低、农村工作压力大、工作任务繁重等，导致农村干部后继乏人，特别是有能力的年轻干部更是缺乏。虽然，各级党委、政府和乡村也在努力拓宽村"两委"选人渠道，呼吁大学生村干部、农村致富能手、复员退伍军人、外出务工经商返乡农民、回乡大中专毕业生积极参与村民委员会选举，但是农村对这些能人吸引力并不大，农村用人选人的范围仍然十分有限。从安徽十村第九届村民委员会换届选举结果来看，新当选成员很少，绝大部分成员属于上届留任人员，年龄基本上在40岁以上，30岁以下的年轻村干部屈指可数。不少空心村的村干部和村民反映，村里青壮年劳动力外出太多，现在留下来的都是老人、妇女、儿童，除了几个村干部是成年男性，在村里就几乎见不到几个成年男性，因此，村民委员会换届选举选来选去就那几个人，也没有什么可挑选的余地。从对10个观察点的村干部的访谈情况来看，村委会党总支书记和主任的月工资补贴在600~800元，极少数集体经济收入较好的村书记和主任在2000元左右，村民委员会的其他委员补贴更少，甚至月工资补贴只有200元左右。邓小平指出："为国家创造财富多，个人的收入就应该多一些，集体福利就应该是好一些。不讲多劳多得，不重视物质利益，对少数先进分子可以，对广大群众不行，一段时间可以，长期不行。革命精神是非常宝贵的，没有革命精神就没有革命行动。但是，革命是在物质利益的基础上产生的，如果只讲牺牲精神，不讲物质利益，那就是唯心论。"[①]"又要马儿跑，又要马儿不吃草"，肯定是不能长期为继的。虽然村干部要廉洁奉公和甘于奉献，但是当前村干部的工资补贴太少，而村集体经济收

[①] 邓小平：《邓小平文选》（第二卷），人民出版社，1994，第146页。

入来源又有限,这既是挫伤了现有村干部工作积极性的重要原因,也是农村人才流失和村干部遴选范围有限的重要原因。新一届村民委员会成员产生以后,无论是连任和还是新当选的成员,都面临着不断提高基层社会管理与服务的能力,及更好地为居民群众提供服务的问题,因此村民委员会的继续教育问题又提上了议事日程。为了让村"两委"能够扩大选人范围和吐故纳新以及不断提升基层管理与服务的能力,建议组织部门和民政部门针对农村后备干部和年轻干部培养以及在职人员的培训,开展基层人才工作专项调研。

(四)针对未来推行的"电子投票计票"系统,开展可行性专项调研

当前,全国各地村"两委"换届选举都是采取发放纸质选票的方式,选民手工书写选票、人工计票的方法,这种方法的弊端也显而易见,主要表现在:第一,外出务工的选民无法亲自参与投票,即使办理了委托投票手续也不是很规范,极大地影响了实际投票率。第二,唱票、监票、计票上花费时间太长。当前,安徽省在计票时一般采取人工在黑板上划"正"字的方式,逐票进行统计。由于有的村民书写选票字迹潦草,不容易辨认,既延长了计票的时间,又容易出错,还难以完全避免有意虚报伪造选票现象的发生。从对10个观察点的计票情况来看,每个村收回选票后即使分几个计票点同时人工统计选票,然后再汇总,花费的时间少则一个小时,多则两三个小时,耗时耗力。选举工作人员一般从早上九点开始召开选举工作会议,布置投票相关事宜,九点半至十点左右发放选票供选民填写选票,中午十一至十二点收回选票,到计票结束一直要延续到下午两三点,中间耗时很长,又不便中断,影响中午就餐和休息,导致工作人员非常疲惫。如果在以后的换届选举中引入"电子投票计票"系统,实行电子投票,这些问题就可以迎刃而解了。然而,对于推行"电子投票计票"系统,人们的担心在于选民是否能够具备较高的素质学会使用电子投票、电子投票系统如何开发和应用、采购电子投票系统使用需要多少经费、如何有效地防止电子投票中的舞弊行为等。当前,全国人大以及部分地方人大投票已经实现了电子投票,安徽芜湖等部分地区通过网络办公已经实现了社区信息化管理,还有一些电视娱乐节目的现场电子投票计票系统已经得到广泛采用,这给村民委员会换届选举推行电子投票系统提供了重要参考。农村

经济发展水平、人民收入水平和文化教育水平的提高,农村电脑和网络的普及特别是智能手机的普及,使得选民通过电脑上网或者手机上网,凭借个人指纹登录"电子投票系统"远程参与投票将成为可能,可以通过选民"指纹识别"(目前,驾照考试和单位考勤已经采用指纹识别甚至辅以图像识别,以后可以采用更先进的个人基因识别系统)来杜绝冒用他人投票等不端行为的发生。至于具体开发和应用适合村民委员会选举使用的"电子投票系统"等技术方面的问题,建议民政部门通过公开招标的形式向有资质的科技开发型企业购买。虽然当前我国《村民委员会组织法》还没有对电子投票系统做出规定和修订,但是未来电子投票系统的推行将改变我国传统的村民委员会投票计票模式,也将改变我国的选举立法相关条文。为了使安徽省村民委员会换届选举做好顶层设计,把握未来改革的正确方向,建议民政部门针对未来推行"电子投票计票"系统,开展前瞻性和可行性专项调研。

(五)针对基层选举资料信息的收集整理,开展电子数据库建设专项调研

村民委员会选举工作结束后,每个村一般都建立了纸质以及电子选举工作档案,如何开发利用好这些档案材料也是值得进行深入思考的问题。建议省民政厅针对基层选举(包括村民委员会选举和居民委员会选举)资料信息加强收集整理,建立专门的基层选举电子数据库,重点收集各级党委、政府关于换届选举的相关政策文件,及推选村民选举委员会、选民登记、提名候选人、投票选举等所有环节的公告资料、选举会议记录、村民委员会当选成员信息等,最终实现对全省16个地级市105个市、县、区1509个乡镇所辖的18210个村级单位(2013年统计数据显示,全省约有14873个行政村,2040个社居委,1297个居委会)所有选举资料的网络信息管理,为民政部门随时开展检查和验收、对村"两委"成员的管理和培训以及不断总结选举工作经验、深化基层选举制度改革、改进基层选举工作和提升基层治理水平提供重要参考。建议民政厅针对基层选举资料信息的收集整理,开展电子数据库建设专项调研,并且可以委托专业研究机构,开发建设基层选举电子数据库。

以上专题调研,民政部门既可以组织自身力量开展研究,建议必要时可设置专门课题,采取询价采购方式向全社会公开招标,也可以设置委托课

题，委托专业研究机构开展研究，从而吸纳更多的社会力量和民间资源参与调研，集中全社会的智慧更好地服务于安徽省民政工作、基层选举和治理改革工作。

参考文献

王先胜：《引入"观察员"制度》，《中国社会报》2005年7月11日。

李保林、周丽：《村委会选举办法草稿提请人大二审选举观察员制度将上升为法律规范》，《湖北日报》2011年5月24日。

孙琼欢：《村委会选举中的派系竞争策略——以浙江省T村村委会选举为例》，《学习与探索》2009年第2期。

安徽省民政厅：《安徽省第九届村民委员会换届选举指导手册》（内部资料），2014。

肖立辉：《村民委员会选举研究》，中国社会出版社，2009。

张丽琴：《村委会职能研究立法分析与实践考察》，西北大学出版社，2009。

史卫民等：《中国村民委员选举历史发展与比较研究》，中国社会科学出版社，2009。

彭飞武：《观察式选举监督：我国村委会选举观察员制度研究》，南昌大学硕士学位论文，2010。

三农发展篇

Development on "Agriculture, Rural Area & Farmer"

B.5
安徽省城镇化进程中农村集体经济发展路径研究*

范和生　唐惠敏**

摘　要： 新型城镇化与农村集体经济的发展之间能够相互促进，协调推进。新型城镇化的核心在于通过农业现代化，着眼农民的现实需要，实现城乡基础设施一体化和公共服务均等化。基于新型城镇化的现实条件，农村集体经济能为创新农村经济发展提供原动力，能够深化"政经分离"的改革成果，并建立农村集体产权流转的新平台，探索出农村股权制企业发展的新模式。作为中国农村改革的"试验田"，从"大包干"到农村税费改革，再到农村综合改革，安徽始终站在农村改

---

* 本文系安徽大学农村改革与经济社会发展研究院招标项目研究成果。
** 范和生，安徽大学社会与政治学院副院长、教授、博士生导师，安徽省社会心理学会会长，研究方向：社会学理论、政治社会学、社会心理学。唐惠敏，安徽大学社会与政治学院社会学专业硕士研究生，研究方向：法社会学、农村社会学、社会心理学。

革的潮头,树立起中国农村改革的标杆。因而,选取安徽省农村集体经济为研究的切入点,具有重大的理论与实践意义。当前,安徽省农村集体经济总量较小、基础薄弱,存在诸多发展困境,如观念淡薄、产权混乱、管理欠缺、集体资产流失、融资不畅、发展不均衡等。这些不利因素制约了农村集体经济的健康发展,也限制了城乡一体化进程。因此,在新型城镇化进程中,农村集体经济的发展需要借助城镇化发展的推力,通过城乡一体化、农村产权制度改革、农业现代化发展、农业管理机制创新破除农村集体经济发展进步的阻力,实现农村经济社会的可持续发展。

关键词: 安徽省　新型城镇化　农村集体经济

一　引言

(一) 概念界定

农村集体经济亦称"农村集体所有制经济"。在历史不同时期,农村集体经济的表现形式也各不相同。总的来说,我国农村集体经济的发展经历了"否定之否定"的两大阶段。第一阶段为20世纪50年代初至1978年的以"一大二公"为特征的人民公社时期。新中国成立之初,党中央决定进行社会主义公有制改造,开始对农村所有制经济进行大刀阔斧的改革。在广大农村,倡导人民公社经济,农民按照"自愿进入,互利互惠"的原则组织起来,共同使用农业生产所需资料,并在生产与交换过程中保持分工与合作,实行按劳分配的原则。由于在生产经营管理过程中,实行政社合一,强调"一大二公",它违背客观的经济规律,给农业发展带来非常消极的后果,比如权力过分集中,基层生产单位自主权缺失,生产责任制得不到根本落实,平均主义分配法挫伤了农民的生产积极性,导致农村经济濒临崩溃的边缘。第二阶段为改革开放后的家庭联产承包责任制时期（1978年至今）。党的十一届三中全会以来，我国绝大部分农村（除了华西村等极少数村庄外）实行了家庭联产承包责任制。① 家庭联产承包责任是对"一大二公"人民公社经济的否定，它取代了低效率的人民公社体制下的传统农村集体经济组织。其既解决了农产品长期供给短缺问题，又为农村公共服务和基础设施建设奠定了丰厚的物质基础，整个中国农村焕然一新。进入21世纪后，随着改革开放不断深化，农村经济取得了长足发展，农村集体经济在内涵和外延上增添了新的内容。特别是市场经济的逐步建立，促使农村集体经济呈现多样化发展趋势，其实现形式日益灵活化。与此同时，以家庭为基本生产单位的联产承包责任制，由于过分强调"分"的功能，造成单户农民很难在市场化浪潮中立足。因而，壮大农村新型集体经济成为历史的必然。农村新型集体经济在坚持家庭联产承包责任制的基础上，将农业生产资料归为集体共有或折股所有，实施一定程度的合作经营制度，秉承"按劳分配"与"按生产要素分配"相结合的利益分配原则。其中，农民在发展新型集体经济中处于主体性地位，是发展社会主义新农村和壮大农村新型集体经济的根本性力量。综合我国农村当前发展的实践，笔者认为，作为公有制经济的一种实现形式，农村新型集体经济至少包括以下3种类型：一是统分结合的农村社区集体经济。该类型以家庭承包经营为基础，土地归集体所有，农民只享有集体土地的使用权，实行统分结合的双层经营体制。二是农村股份合作制经济。该类型不同于传统农村集体经济，它以"财产共有，产权明晰"为基本特征，由至少3户以上的农民，以资金、技术、土地、劳力等为入股要素，参与生产经营活动，实行以按劳分配为主和按持股比例分红的分配原则。三是农村专业合作经济。它是由从事同类农产品生产、加工与经营的农民（至少5名）或经济组织按照自愿原则联合起来，在购销、技术、资金、生产、加工、储运与销售等环节，实行互利合作，以共同应对市场的竞争风险，达到增加合作社社员收入的目的。

（二）研究背景和框架

1990年，邓小平同志就指出："中国社会主义农业的改革和发展，从长远

---

① 董亚珍：《我国农村集体经济发展的历程回顾与展望》，《经济纵横》2008年第8期。

的观点看，要有两个飞跃。第一个飞跃是废除人民公社，实行家庭联产承包为主的责任制。这是一个很大的前进，要长期坚持不变。第二个飞跃是适应科学种田和生产社会化的需要，发展适当规模经营，发展集体经济。这又是一个很大的进步，当然是很长的过程。"① 自党的十三届八中全会以来，以家庭联产承包为主的责任制、统分结合的双层经营体制，作为我国乡村集体经济组织的基本制度基本稳定下来，并不断得到充实完善。"以家庭联产承包为主的责任制、统分结合的双层经营体制"是适应社会主义市场经济体制、符合农业生产特点的农村基本经营制度，是党的农村政策的基石，必须毫不动摇地坚持。然而，从当前总体情况看，我国村级集体经济普遍比较薄弱，"统"的功能不强，已成为影响和制约农村经济发展和农民增收致富的重要因素。

"截至2013年底，全国依法登记的专业合作、股份合作等农民合作社达到95.07万个，实有成员达7221万户，占农户总数的27.8%；联合社有5600多个，联合会有2554个，全国各级示范社已突破10万个，开展内部信用合作的合作社近2万个。2013年财政部安排农民合作社发展资金18.5亿元，比上年增加10亿元，支持各地农民合作社引进新品种、推广新技术、对成员开展服务等，安排9.96亿元农业综合开发资金，扶持2425个农民合作社项目。"② 作为农村改革重要的策源地，作为中国农村改革的"试验田"，从"大包干"到农村税费改革，再到农村综合改革，安徽始终站在农村改革的潮头，树立起中国农村改革的标杆。2013年，安徽省农民专业合作社共有41801个，比2012年增长43.2%；农民专业协会（主要是专业技术协会）2224个，同比减少7.6%；专业联合社65个，同比增加112.9%；专业联合会20个，同比增加25%。③ 从数据而言，安徽省农村集体经济组织发展较其他农业发达省份存在着一定的差距。特别是党的十八大明确提出实施新型城镇化战略以来，以"城市带动农村，以工业反哺农业"的城乡一体化发展格局正逐步形成。在新型城镇化战略背景下发展农村新型集体经济具有重要的实践意义。新型城镇化

---

① 陈宁：《邓小平的"两个飞跃"理论与中国农业的改革和发展》，《农村经济》2001年第6期。
② 李存才：《全国农民合作社达到95.07万家占农户总数27.8%》，http://www.ccfc.zju.edu.cn/a/shujucaiji/20140207/17697.html，2014-02-07/2014-12-11。
③ 数据来源于安徽省农业委员会经管站。

的核心在于以人为本,其中7亿农民和近3亿农民工及其子女将是新型城镇化重点关注的群体。因此,新型城镇化意味着城市和农村的双轮驱动发展,更意味着通过新型城镇化的历史机遇解决制约我国经济可持续发展的"三农问题"。而要实现农村的城镇化,实现传统农村的现代化转型,关键在于增强农村发展的内生动力。就当前我国广大农村的发展实践而言,绝大部分农村自我增能的动力不足,其中最重要的原因就是农村村级集体经济的薄弱。不走发展农村集体经济之路,就难以将分散的农业生产要素整合起来,难以实现农业生产的规模化、集约化和现代化,也就无法增强农民在市场经济浪潮中的竞争力。而没有集体经济积累的集体资产,农村的公共服务就无法保证,农民生活质量的提升就难以实现。马克思和恩格斯反复强调,未来社会(共产主义社会)的本质就是自由人的"联合体",是"以每个人的全面而自由的发展为基本原则的社会形式"。[①] 这种自由人的联合体,在经济形式方面的表现,是所有的个人联合占有物的生产条件。它既不同于人民公社,又有别于生产资料的私人占有。在马克思看来,"自由人的联合体"经济制度必将是股份制合作经济或合作社经济。因而,新时期发展农村集体经济具有重要的现实价值。基于新型城镇化的现实条件,农村集体经济能为创新农村经济发展提供原动力,能够深化"政经分离"的改革成果,并建立农村集体产权流转的新平台,探索出农村股权制企业发展的新模式。

(三)研究方法及路径

课题组为了深入了解安徽省农村集体经济发展现状、存在的问题,从经济社会学的视角,重点采用了调查法、统计法和案例分析法。课题组以安徽省为研究蓝本,根据安徽省地区间农业生产的差异性和各自的发展特色,选取黄山市、芜湖市作为皖南调查取样点,选取合肥市为皖中调查取样点,选取宿州市、蚌埠市、淮北市为皖北调查取样点。调查问卷主要以2013年、2014年安徽省城镇近郊农村集体经济发展的现状为重点,并结合个案访谈,与村干部和农户进行深入的座谈,实地走访农业生产基地、农产品生产和销售公司。

研究路径如图1所示。

---

① 马克思、恩格斯:《马克思恩格斯全集》(第23卷),人民出版社,1972。

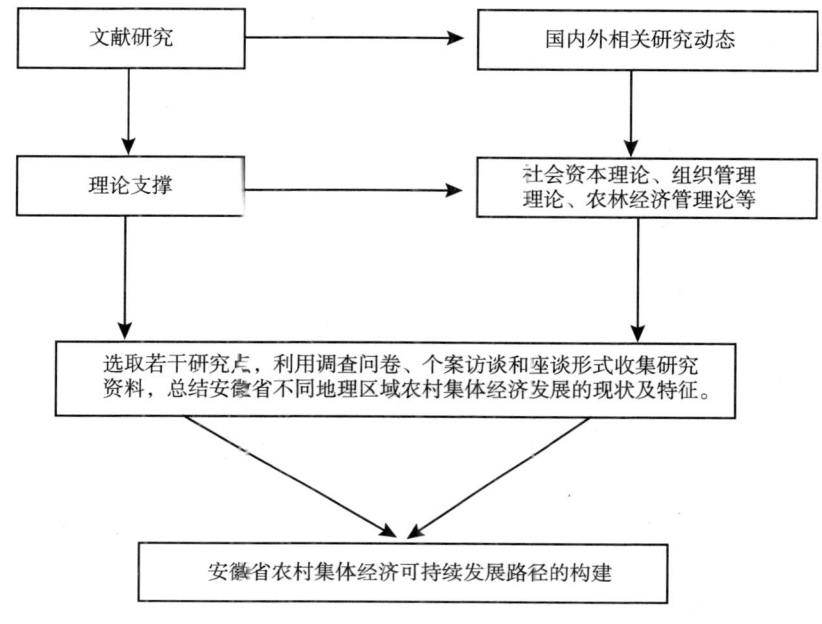

图 1　本报告的研究路径

二　相关研究的文献综述

历史和实践证明，农村集体经济组织的建立和发展，完全符合我国农村的经济社会发展需求和我国农村人口多、农业基础差、生产条件比较落后的实际情况。发展农村集体经济关系到党的路线、方针、政策在广大农村的贯彻落实，关系到党领导的农村社会主义阵地的巩固和发展。近年来，国家在政策、资金、技术等方面给予农村集体经济发展大力扶持。学术界开展的相关研究也不断丰富了发展农村集体经济的理论依据和实践意义，并在若干问题上达成基本共识。

国内学者对我国农村集体经济的研究主要集中在三个方面：其一，关于农村集体经济的实现形式的研究。周湘智、陈文胜（2008）认为，发展农村集体经济"要根据集体经济实现形式的内涵需求，结合目前我国发展农村集体经济的实践，因地制宜地采取传统集体自营式、承包式、租赁式、社区股份合作式、发包式、业主负责式、外租式、参股式、BOT式、拍卖式等实现形式发展壮大农村集体经济"。① 王德祥、李建军（2010）指出，"形式多样有效的新型集体经济的发展是改造传统农业、实现农业现代化和建设经济社会全面发展的新农村的重要基础，认为应积极运用公司+农户、农民专业合作社、农民专业技术协会、社区股份制、合作社+公司等多种形式的新型集体经济的发展，并采取有效措施推进农村集体经济形式的创新发展"。② 薛继亮、李录堂（2011）等通过对陕西地区农村集体经济发展的实地研究，提出"在陕西农村集体经济有效实现形式可以有以下5种形式，包括：土地流转下的农民自主模式、县域下的政府组织+农户运行模式、循环产业园区模式、各类农民专业合作经济组织和杨凌高新示范园区模式，并认为农村集体经济实现形式的多元化和多样化是农村经济发展的常态"。③ 其二，关于农村集体经济发展制约因素的研究。黄伟强（2007）认为，"当前我国农村由于观念、技术、资金和制度等因素的制约，在中国农村地区尤其是中西部地区，农村集体经济发展仍面临着人才缺乏、资金不足、项目贫乏、管理落后、产权模糊、法律缺位等诸多问题，制约了农村经济的进一步发展"。④ 陈景飞（2008）认为，村干部和群众思想认识偏差、自然资源基础条件差、村干部素质能力低、村集体资产管理制度不健全、村级基层组织力量薄弱以及上级政策扶持力度不够六方面都一定程度制约村级经济发展"，而"村级负债严重已成为制约农村经济快速发展、影响农村改革和稳定的重要障碍"。⑤ 赵卿（2014）基于中山市农村集体经济的调查研究，提出金融危机后珠三角地区正处于加快转变经济发展方式的重要战略期，农村集体经济收入萎缩、产业转型升级缓慢、发展不平衡和负担沉重，使得中山市农村集体经济面临着生存发展的命运抉择。其三，关于农村集体经济创新路径的研究。⑥ 李明刚（2007）认为"大力发展新型农村集体经济，要

---

① 周湘智、陈文胜：《农村集体经济有效实现形式：基于现代产权视角》，《求索》2008年第1期。
② 王德祥、李建军：《农村集体经济实现形式问题探讨》，《农村经济》2010年第1期。
③ 薛继亮、李录堂：《我国农村集体经济有效实现的新形式：来自陕西的经验》，《上海大学学报》（社会科学版）2011年第1期。
④ 黄伟强：《新时期农村集体经济发展困境及对策研究》，湖南农业大学硕士学位论文，2007。
⑤ 陈景飞：《壮大村级集体经济是新农村建设的一个重大课题》，《政策瞭望》2008年第6期。
⑥ 赵卿：《中山市发展农村集体经济的困境与出路》，《经营与管理》2014年第1期。

着力构建完善明晰的产权制度、规范的现代企业制度、完备的利益分配制度以及健全的资产管理及财务公开制度"。① 冯道杰（2010）认为，长期以来，家庭经营制度下，我们过分强调、更多关注了"分"，而忽略了"统"，忽略了集体经济的发展，在市场经济、农业现代化、公共事业的发展中陷入困境。他提出"通过完善家庭联产承包责任制中集体层的统一经营、发展以合作经营为基础的土地股份合作社、深化农村集体企业的公司制股份制改革、发展合作经济和农民合作组织等合力推进农村集体经济发展"。② 韩松（2011）认为"发展集体经济是城乡经济一体化的应有之义。城乡统筹是集体经济发展的社会基础，也是集体经济发展的机遇。在这样的社会基础上，就必须建立促进集体经济发展和有效实现的法律制度，进而消除歧视、实现平等、破除限制、促进公平，减轻负担、提高效率，优惠扶持、强化保障"。③ 何兵（2011）从城市化视角进行分析，认为城市化不是孤立地影响苏州农村集体经济，其必然和工业化结合在一起发挥作用，同时还与市场经济的培育紧密联系在一起。他提出，当前优化股份合作经济组织的治理结构、挖掘租赁经济的潜力、探索非租赁经济的经营模式是苏州农村集体经济发展的重要方面。④ 彭海红（2011）认为"积极发展农村第二和第三产业、培养农民共同富裕的带头人、加强农村基层党组织建设和农民的集体主义教育、盘活各种集体资产和资源、为集体经济的发展创造良好的舆论环境，是新形势下发展农村集体经济的新要求"。⑤ 杨勇、赵宇霞（2013）认为在新农村建设视角下农村集体经济促进农民发展的思路应为："重新审视农村集体经济发展的内涵，筑牢农民发展的意识力；凸显农村经济集体发展的制度平台，构建农民发展的制度力；调整农村集体经济发展的政策导向，落实农民发展的政策力；创新农村集体经济发展的形式意蕴，提高农民发展的物质力量。"⑥

---

① 李明刚：《和谐社会与新型农村集体经济构建》，《毛泽东思想研究》2007年第2期。
② 冯道杰：《当前我国农村集体经济发展路径分析》，《山东经济》2010年第5期。
③ 韩松：《农民集体所有权主体的明确性探析》，《政法论丛》2011年第1期。
④ 何兵：《城市化进程中农村集体经济发展的困境研究》，《小城镇建设》2011年第9期。
⑤ 彭海红：《当前中国农村集体经济的特点及其发展条件、途径》，《理论导刊》2011年第11期。
⑥ 杨勇、赵宇霞：《新农村建设视域下农村集体经济助推农民发展理路研究》，《贵州社会科学》2013年第12期。

国外关于农村集体经济发展的相关研究主要有：学者黄宗智等（1992）"通过分析长江中下游地区的8个代表村庄从1950～1988年30多年间的经济社会变迁，并于1983～1985年对上海市松江区华阳桥乡的薛家棣等6个自然村进行了实地调查和访谈，发现促成该地区发展的关键性因素并不是'个体'农业经济和小商业，而是乡村集体工业和新型副业等的发展"。[①] 新古典经济学家萨克斯等（1994）"在研究中国乡镇经济之后提出，中国乡镇企业产权结构的特殊性正是中国特色政治经济体制影响的结果。同时，中国的户籍制度又严重限制了劳动力的自由流动。如果能有效摆脱这些条件的限制，清晰的私有产权将会更加有效率"。[②] 需要指出的是，国外并不存在严格意义上的农村集体经济，但是国外的农村社区合作经济已有一百多年的发展历史，比如加拿大、日本、德国等国家在发展农业合作社方面积累了丰富的经验。研究国外的最新经验和做法，将使本课题的研究立足于国际视野的比较研究，从而更好地指导我国农村集体经济的发展。

综上所述，对于新型城镇化背景下我国村级集体经济发展路径的专项研究，许多学者、专家都有较广泛而深入的研究，但是将城镇化与村级集体经济发展两者有机联结的经济社会学研究则并不多，现有相关课题的研究，往往是角度不够广或缺乏相应的深度，比如他们的研究较多侧重或局限于某一个方面或某一个地区，有的研究则停留在纯经济理论的层面，定量分析不够，实践意义不强。而本研究则较好地融合了城镇化建设和农村集体经济发展两者的关系，将农村集体经济发展置于新型城镇化建设的时代背景中去考察，掌握并运用了大量的第一手资料，通过对安徽省集体经济发展现状的实地调查与分析，力求探讨新型城镇化背景下我国农村集体经济发展的共性问题，有针对性地提出农村集体经济发展的实现路径，在此基础上为不同地区农村集体经济的发展提供一些有价值的借鉴。

---

① 黄宗智、李怀印：《中国社会经济史研究的范式及其危式》，《世界经济与政治论坛》1992年第5期。
② 萨克斯、梅俊杰：《休克疗法与中国经济改革——与萨克斯对话》，《战略与管理》1994年第6期。

三 新型城镇化背景下安徽省集体经济发展的现状、困境及出路

（一）城镇化进程中安徽省集体经济发展的现状及特征

1. 集体经济创收渠道拓宽，集体资产总额稳中有增

根据安徽省统计局资料显示，2012年，全省行政村集体收入为44.4亿元，其中，村集体全省年集体经营收益在5万元以上的有4058个村，占总村数的25.3%。全省平均每村29.8万元，比2008年增加14.4万元。全省行政村集体资产共173.5亿元，平均每村116.4万元，村级负债50.9亿元，平均每村34.2万元。"截至2013年底，安徽省全年经营收益为零的行政村共7795个，占全省总村数的48.7%。为实现安徽农村经济的可持续性发展，2012年，安徽省委、省政府先后确定黄山市、安庆市、宣城市和马鞍山市4市为农村集体产权制度改革试点市。本次改革以壮大集体经济、增加农民财产性收入为目标，按照'归属清晰、权责明确、运行规范、管理高效'的原则扎实推进新一轮农村经济制度改革。首批4个地级市72个村已完成改革试点，量化集体资产5.5亿元，近7万名社员成为股东，当年股金分红总额达375万元。"① 中央实行农村税费改革以后，由于提留费取消，安徽大部分农村地区村级集体资产逐步减少，甚至影响基层自治组织的功能发挥。2008年之后，各地市纷纷加大对农村财政的支持力度，鼓励村集体通过各种合法形式增强村集体经济实力。据安徽省农委经管站的统计调查，2012年，年收益在10万元以上的行政村中，约有42%的村通过土地、水面、林地的租赁发包取得租金收益，有19%的村通过发展物业服务增进村集体的财产收入，有50%的村通过发展特色农业产业经济获取生产、服务与经营收入，有30%的村通过盘活农村闲置资产取得租赁与经营性收入，安徽省村级集体经济发展逐步形成了"以资源换资金、以租赁换收益、以服务换创收、以存量换增量"的多元化格局。到

---

① 史力：《安徽省农村集体产权制度改革全省铺开》，http：//ah.anhuinews.com/qmt/system/2014/12/02/006613471.shtml，2014-12-02/2014-12-30。

2013年，安徽省村集体经济组织总收入达67.93亿元，比2001年增长了29.36%。[1]

2. 新型农业经营主体不断涌现，村级集体经济"造血"功能日趋增强

随着安徽省"皖江城市带"、合芜蚌自主创新示范区和"振兴皖北"三大区域发展战略的不断推进，安徽工业化、城镇化水平逐步提升，大量农村富余劳动力向城镇和非农产业转移，农业专业大户、家庭农场、股份制农业企业等各类新型农业经营主体已成为推动农村集体经济发展的新引擎。截至2013年底，全省农民合作社达4.18万个，同比增长42.7%。经工商部门登记注册的家庭农场7305个。规模以上农产品加工企业4942个，新增648个。全省586个重点示范村农民合作社、家庭农场及农业企业等三类新型农业经营主体3223个，村均5.5个。全省农村土地流转面积2855.9万亩，新增803万亩；其中耕地流转2012.4万亩，占全省耕地总面积的32.2%。土地流转规模的壮大为新型农业经营主体的健康发展提供了得天独厚的条件。蚌埠市怀远县积极探索农地流转新模式——整村流转，目前该县已有6个村实现了整村农地流转，由公司实行集约化、专业化、规模化生产，已吸纳当地3000多人就业。宿州市在建设美好乡村过程中突出"兴业富民"理念，启动"酵母工程"，财政专门安排360万元资金，助推村级集体经济增长，促进农民持续增收。该市灵璧县虞姬乡为增强农民的种植收入，积极推动农村土地流转规模化，开展专业化基地建设，"该乡现有10000余亩蔬菜生产基地，10000亩花生生产基地，10000亩良种粮生产基地，形成了具有虞姬特色的种植业结构。该乡现有温室大棚86个，各种拱棚1200余个"[2]。并积极扩大蔬菜销售渠道，依托康君调味品有限公司，以"公司+基地+农户"的形式形成了农产品系列加工模式，经济效益十分可观，有效地带领当地农民走上"脱贫致富"道路。近年来，"宿州市组建了63个农业产业联合体，认定了1006个家庭农场，培育了4800多个农民专业合作社，发展了3154个农业企业，土地流转面积已达141.7万亩，辐射带动农民90多万户，户均增收10%

---

[1] 李柏霖、陈晓辉、桑强兵、甄秀军：《安徽省村级集体经济发展调研》，《农村经营管理》2013年第9期。

[2] 《灵璧县虞姬乡概况》，http://www.ahnw.gov.cn/xxg/bxlb/xzfc/yuji/yjgk.htm，2012-03-11/2014-12-31。

以上。"① 这些活跃在乡村的新型经营主体成为增强集体经济实力、推动美好乡村建设的"主力军"。合肥市肥东县建华农业专业合作社在原有单一合作的基础上，转变为以现金入股和土地入股等多种方式的股份制合作社，遵循"入股自愿、退股自由"的原则，依托"龙头企业+合作社+农户"的生产模式，逐步发展成"土地合作、供销合作、信用合作"三位一体的综合性合作社。与此同时，合肥市鼓励具有一定规模的农业种植大户通过工商注册登记，成立家庭农场，实现由"自然人农业"向"法人农业"过渡。②

3. 村级集体经济发展模式多样化，有效保障了村级集体财产的保值增值

新时期新形势下，国家鼓励各省、直辖市、自治区根据自身的实际条件创新农村集体经济的实现形式。随着安徽省农村土地确权工作的扎实推进和农村集体组织产权制度改革的有效实施，安徽省农村集体经济发展模式呈现五种主要模式：一是土地运营型模式。该模式视土地为村集体经济收入最重要的来源。通过土地整治和土地流转，盘活土地资源，充分发挥土地的价值。在实践过程中，鉴于农村人口大量向城市转移，许多良田被抛荒的情况，安徽省允许各地农村通过不同方式扩展土地的增值空间。宿州市白土镇费村借农村连片整治契机，大力推进农村土地流转，与华原集团联合成立现代农业示范园，目前费村已建成培育干杂果采摘园 100 亩、有机蔬菜大棚观光园 200 亩。同时，对村内耐火黏土矿以土地入股企业的形式进行开发，每年直接为村集体经济增收 126 万元。二是资源开发型模式。针对安徽省各地水面、山林、矿产和"四荒"等资源的差异与特色，通过整合资源、合理开发的方式，采取租赁、发包等形式，将资源优势转化为经济优势，增加村集体经济收入。黄山市呈坎村利用自身自然资源的独特优势，大力发展江南特色乡村旅游项目，并充分利用当地的气候和土壤条件，大力发展茶园合作经济和苗木种植业，2012 年该村接待游客 70 万人次以上，旅游综合收入达 1.2 亿元，农民人均纯收入达 10101元，人民生活水平逐步提高。三是资产盘活型模式。鉴于村级闲置资产与前述

---

① 《宿州产业先行建新村》，http://ah.anhuinews.com/system/2013/11/15/006207509.shtml，2013-11-15/2014-12-31。
② 安徽省农业委员会办公室：《皖农要情1429期-安徽省美好乡村建设产业发展情况调查报告》，http://ahzw.6636.net/detail.asp?id=FC3EF8B3-B524-41C6-8A08-6CA9DE39E5D1&typeid=27，2014-05-26/2014-12-31。

自然资源表现形态、处置办法的差异，因而未将闲置资产的处置划归为资源开发型模式。资产盘活模式将集体所有的办公用房、仓库、厂房、机器设备等闲置资产，坚持市场化运作的原则，以公开招标、股份合作、使用权有偿转让、租赁等形式，将闲置资产"变废为宝，变存量为活量"，从而实现集体资产的保值增值。肥东县华建社区将"村改居"前的村集体所有造纸厂租赁给私人企业，并入股该企业，将破旧窑厂出租给运输公司。该社区租赁费、出租费和年终利润分红均归集体所有，村集体年收益10万元以上。四是特色产业型模式。该模式注重充分发挥本地的自然、人力、市场和交通优势，通过农业招商引进农业龙头企业参与合作经营，并以企业实体化运作，培育农产品生产、运输、销售产业链，构建"村企合作、产业带动"的良好发展格局。合肥市包河区大圩乡新民村境内水资源丰富，土地肥沃，比较适合林果业发展。当地"村两委"根据实地条件，在市政府的支持下已形成集中连片面积达2000多亩的葡萄示范种植基地，年产优质葡萄600多万公斤。2011年，新民村全村人均纯收入达12000元，成为名副其实的富裕村。五是城镇带动型模式。该模式依托城市空间扩展、新区和工业园区的建设，利用城镇所在地和靠近城镇的区位优势，积极整合现有的村级集体资源，采取物业开发、租赁经营、劳务创收等形式，破解村级集体经济发展难题。肥东县大费村位于撮镇西北角，历史上该村集体经济基础差，与瑶海区大兴镇、龙岗开发区接壤，属于典型的城乡接合部地区。2005年前后，随着合肥周边家具行业的不断发展，先后有4家外来个体家具企业在大费村落户，直接带动百名村民实现就业，村集体通过入股家具厂，年收益近2万元，并根据企业生产经营情况逐年增加。

4. 逐步形成了多主体推动、多方联动的发展模式，助推农村集体经济产业化经营

安徽省农村集体经济发展过程中"三股力量"有力保障了农村集体经济组织的实现。一是政府，二是乡村经济能人，三是农业龙头企业，由此形成了农村集体经济发展的四大类型："政府主导"型社区股份合作制、"半政府半市场"型的"政府+企业+农户"模式、市场主导型的"企业+农户"模式和农村经济能人带动型的内生模式。第一，"政府主导"型社区股份合作制主要是在坚持土地集体所有和集体资产不可分割的前提下，将集体资产折股量化到个人，由此明确农民对集体资产的占有权、收益权、民主管理和决策权等。

在这种股份合作制中政府发挥着政治导向、组织协调和整合资源的作用。第二，"半政府半市场"型的"政府+企业+农户"模式重视发挥政府的引导功能，强调企业作为市场与农户联系的"二传手"作用。因而，农民既可享受政府的财政支持，又能与企业合作共同抵御市场的不利因素。第三，市场主导型的"企业+农户"模式，又称龙头企业带动型模式，主要是指由在农产品加工、批发、销售等领域起龙头作用的企业，利用自身的技术、运输和市场优势，带头组建农民专业合作社，实行"公司+合作社（+基地）+农户""公司+合作社+农户"的产业化经营的发展模式。第四，农村经济能人带动型模式充分发挥农村致富带头人、种养大户、农村经纪人等多元主体的资金、技术、管理和销售经验等优势，牵头兴办农民专业合作社。黄山市徽州区潜口镇以"一村一品"为扩宽农村集体经济增长的重要渠道。该镇潜口村将"一村一品"定位为"能人创业特色村"，全村共有126名能人创办的各类生态农业基地18个、建筑企业9个、文化产业14个，极大地提升了当地集体经济实力。

（二）安徽省农村集体经济可持续发展的现实困境

1. 发展农村集体经济的舆论氛围不强，思想认识普遍不足

在我国农村经济发展的各个时期，村级集体经济都发挥了不可磨灭的作用。特别是新中国成立初期，在我国积贫积弱的广大农村地区，农村集体经济组织在农田基本建设、兴修水利等方面做出了不可磨灭的贡献。党的十七届三中全会明确指出，以家庭承包经营为基础、统分结合的双层经营体制作为党的农村政策的基石，必须毫不动摇地坚持。特别是自安徽小岗村率先实施"大包干"以来，我国广大农村地区虽然名义上实行的是以家庭承包经营为基础、统分结合的双层经营体制，但在实际生产中，单个的农户家庭经营不断挤压农村集体经济组织的发展空间，在生产活动中农村集体经济普遍被个体家庭经济替代了，在市场化浪潮中村办集体企业也逐步实现了向民营私有经济的转制。随着市场化改革的不断推进，集体经济不适应市场经济的弊端被放大，农村集体经济组织逐步弱化和淡化，人们逐渐形成以下四种言论：第一种是"过时论"，认为农村集体经济是集体时代的产物，而处在市场经济发展的时代浪潮中的中国农村如具片面发展村级集体经济，势必会导致农村经济的不断衰退直

至消亡。第二种是"无需论",认为农村集体经济所获得的集体收入无法支撑新农村建设所需的资金,农村公共服务所需资金根本没必要通过发展村级集体经济得到解决,政府完全可以通过财政转移支付为农村的可持续发展提供源源不断的资金支持。第三种是"无用论",认为农村工作的重点在于维护社会稳定,确保国家粮食安全。并且村级集体经济收入在农村经济总收入中所占比例甚微,发展村级集体经济不影响农村发展大局。第四种是"无路论",认为当前我国绝大部分农村不具备发展集体经济所需的土地、劳力、生产技术等要素,缺乏发展村级集体经济的门路,难以为村级集体经济的发展提供持续动力支持。这些言论对集体经济的理解比较狭隘、守旧,严重制约了农村集体经济组织的快速健康发展。30多年农村改革的实践证明,村级集体经济并非不能适应市场经济的发展,关键在于能不能为集体经济创造适合社会主义市场经济发展的条件。

2. 农村集体资产流失严重,制约村集体自身"造血"能力的增强

农村集体资产是归乡(镇)、村集体所有成员共同拥有的资源型和非资源型资产的总称。2000年以来,虽然安徽省农村集体资产存量有所增长,但增长幅度不大。2003~2012年在中部六省中,安徽省农村集体资产总收入名列第五,仅高于山西省。在集体经济增长举步维艰的同时,由于缺乏有效的法规监管,不少地方农村集体资产流失严重。特别是对于那些集体经济基础薄弱、村级集体负债呈上升趋势的农村来说,集体资产的大量流失是对农村经济社会可持续性发展的极大阻碍。安徽省农村集体资产流失的主要原因有以下几个方面:其一,行政性流失。由于农村集体资产实际上长期被少数街道、办事处、居委会以及合作社的管理人员控制和支配,有的街道工作人员将集体资产用于家庭投资、支付个人消费项目、发放奖金或购置交通工具;有的集体资产被国有企业和行政事业单位无偿占有、使用;有的合作社负责人私扣属于村集体收益分配的资金。这些严重损害了农村集体经济组织和广大农民的权益。其二,改制性流失。为适应我国城镇化迅速推进的新形势,城市郊区、工业园区周边大多数乡镇(村)都开始撤村改居。部分农村干部缺乏对集体资产长期收益价值的估计,普遍采用分、卖、包、租赁和拍卖等形式处置农村集体资产,集体资产被严重低估、漏估。其三,经营性流失。农村集体资产所有权虽然归村民集体拥有,但使用权被村干部(含其指定人)、集体资产承包者享有,由此，村民集体与集体资产使用者实际上形成"委托－代理"关系。由于缺乏约束机制，代理人可能与委托人（村民集体）产生集体资产处置的预期差异，极易诱发代理人为了提高自身的社会地位或获取经济收益，不顾市场风险，盲目投资，导致集体资产的流失。其四，账面性流失。农村缺乏专职的专业性会计人员以及村级集体组织资产管理不善等，往往导致农村集体资产贬值损失、坏账损失以及滞留沉淀情况突出。某些村干部为规避自身职责，伪造假账，更改账面价值，致使农村集体资产流失严重。为此，加强农村集体资产管理的立法工作就成为实现农村集体资产保值增值的迫切要求。

3. 农村集体经济发展不平衡，不利于农村整体性可持续发展

由于地区气候条件和经济发展水平的差异，安徽省农村集体经济发展存在区域性不平衡现象。这种不平衡主要表现为：其一，自实行家庭联产承包责任制以来，在农村社区集体经济内部，家庭分散经营层与集体统一经营层发展不平衡，突出表现为家庭分散经营层的绝对强势和集体统一经营层的弱化。与村组集体经营收入相比，家庭经营收入在农村经济总收入和农户全年纯收入中一直占绝对优势。其二，皖北、皖中、皖南三大地理分区的农村集体经济发展规模差异较大。2013年，地处皖中的合肥市总村数1463个，集体经济总收入119128.12万元。其中，经营性收入7099.21万元，财政转移收入45247.49万元，可分配收益38612.55万元，农民人均纯收入10352元。2014年，合肥市总村数1442个，总收入135489.99万元。其中，经营性收入5345.19万元，财政转移收入65558.33万元，可分配收益48599.06万元，农村常住居民人均可支配收入（原农民人均纯收入指标）12700元。[①] 地处皖北的宿州市2013年总村数1212个，集体经济总收入24900万元。其中，经营性收入7921万元，财政转移收入8355万元，可分配收益8090万元，农民人均纯收入7571元。2014年，宿州市总村数1163个，总收入28600万元。其中，经营性收入7331万元，财政转移收入8451万元，可分配收益10700万元，农民人均纯收入8174元。[②] 而地处皖南的黄山市因环境保护和境内多林区山地的现实，大型农

---

① 本数据由合肥市政府办公厅提供。说明：2014年比2013年汇总村数少了21个，主要是巢湖市3个街道村改居减少16个村，蜀山区井岗镇征地改社区减少4个村，肥西县整村推进减少1个。

② 本数据由宿州市政府研究室提供。

业企业投资力度不强，使得全市2013年村级集体组织总收入为39804万元。其中，经营性收入15917万元，财政转移收入4010万元，可分配收益25956万元，农民人均纯收入10389元。2014年黄山市村级集体组织总收入降至37621万元。其中，经营性收入14653万元，财政转移收入3973万元，可分配收益27098万元，农民常住居民人均可支配收入10900元。① 从数据而言，合肥市集体经济实力远远强于皖北的宿州市和皖南的黄山市。这不仅得益于合肥市政府转移支付力度大，还与合肥市鼓励农村发展农业产业化经营有着直接关系。黄山市由于农村集体农林资产的特殊性，使之有条件着力打造"一村一品"工程，农村集体经济总收入高于皖北农业大市——宿州市集体经济总量。其三，同处一个市的各个行政村之间集体经济发展水平也存在不同程度的差距。以淮北市为例，全市各地农村集体经济发展不均衡的现象比较明显：淮北市烈山区洪庄村作为农村集体经济发展的试点地区，村里的煤矿资源丰富，通过资源的合理开发，村集体经济收入逐年增加；而淮北市濉溪县张庄村却由于村集体组织负债多，缺乏资源优势，村集体年收入微乎其微，经济发展速度相当缓慢，陷入恶性循环，与洪庄村形成鲜明的对比。总之，农村集体经济的强弱是村级公共服务得以有效供给的根本性因素。农村集体经济发展不均很可能会造成地区贫富差距拉大，不利于农村整体性发展和共同富裕的实现。

4. 农村集体资产产权不明确，多种经营方式发展受阻

自20世纪70年代末以来，我国农村集体资产总量呈逐年递增趋势，为新时期社会主义新农村建设提供了重要物质保障，为实现农民共同富裕和全面建设小康社会奠定了坚实的经济基础。伴随工业化程度不断提升、新型城镇化稳步推进和农村市场化的迅猛发展，农村集体资产产权归属不明晰、权责不统一、保护不严格等问题已严重侵蚀了农村集体所有制的基础，影响了农村经济社会的进一步发展。巴泽尔在《产权的经济分析》中认为，完备的产权是一束权利的集合，其至少包含使用权、收益权、决策权和处置权。② 传统农村社区集体经济的典型特征就是集体所有财产的合并，否认私人对集体资产的占

---

① 本数据由黄山市财政局、统计局与市农业委员会审核后提供。说明：2014年黄山全市农村常住居民人均可支配收入根据市2014年政府工作报告所得，与市统计局公布的数据保持一致。
② 巴泽尔：《产权的经济分析》，费方域、段毅才译，上海三联书店/上海人民出版社，1997。

有、处置、收益与转让，由此造成农民和集体经济组织之间缺乏利益共同体关系。对土地的依附关系和对区域行政管理上的从属关系架构起农民与村级集体经济组织之间的桥梁。基于此，本属于行政区内农民共同所有的农村集体资产被少数乡镇领导、村干部占有和支配。长期如此，村级集体经济就异化为干部的"政绩经济"，农民作为村级集体资产产权主体的权利被排斥、被剥夺。政经不分的体制弊端，导致农民失去了对集体资产处置的决策权、收益权和监督权，并滋生权钱交易、集体资产流失的腐败土壤，集体产权制度形同虚设。党的十八届三中全会提出了"保障农民集体经济组织成员的权利，积极发展农民股份合作，赋予农民对集体资产股份占有、收益、有偿退出及抵押、担保、继承的权利，改革农村集体产权制度势在必行"①。农村集体资产产权归属明确、权责清晰是实现农村集体所有制多元发展的前提，能够在坚持家庭承包责任制的基础上，有效壮大农村集体经济实力和增加农民的财产性收入，切实维护农民集体利益不受侵害。

（三）新型城镇化背景下安徽省农村集体经济健康发展的路径选择

随着社会主义市场经济改革的不断深入以及安徽省美好乡村建设的稳步推进，安徽农村经济实力大大增强。习近平同志2010年12月17日在全国组织部长会议上的讲话中指出，"要坚持党在农村的基本经济制度和基本政策，把发展壮大村级集体经济作为基层党组织一项重大而又紧迫的任务来抓，着力破解村级集体经济发展难题，增强基层党组织的凝聚力，提高村级组织服务群众的能力"。当前，壮大农村集体经济面临着难得的历史机遇和有利条件：其一，"十二五"期间，国家对"三农"的投入持续增加，强农惠农政策得以完善和巩固。其二，市场化的经济手段促进农村集体资产有效增值保值，农业现代化建设取得新的飞跃，推动村级集体经济规模化、专业化发展。与此同时，逐渐成熟的农村集体经济合作组织，带领农民走市场化道路，规避了单个农户家庭的市场风险。其三，随着农村集体产权改革步伐的加快以及农村土地流转

---

① 陈晓华：《明晰农村集体资产产权维护农民合法权益》，http://news.xinhuanet.com/fortune/2014-10/18/c_1112878133.htm，2014-10-18/2014-12-31。

制度的完善，多元化的农村集体经济实现形式有效地支持了村级集体经济的发展壮大。在所有制上，村级集体经济由以集体经济为主逐步转变为集体经济和股份制经济等多种经济形式并存的结构。特别是在新型城镇化的时代背景下，农村集体经济迎来了更为优越的发展环境。新型城镇化与农村产权制度改革、农业现代化、农业科学管理协同推进，有力地助推安徽省农村集体经济健康发展。

1. 以新型城镇化为契机，推动城市反哺农村集体经济发展的进程

改革开放后，为实现城乡均衡发展，国家对城乡二元结构的政策进行了一定程度上的改革和调整，但并未触动城乡二元分割体制的实质，城乡二元分割的基本格局仍很明显。城镇化的迅速推进和农村"空心化"程度的加剧，造成城乡差距逐步扩大。农村经济发展落后直接制约着城市的进一步发展，并直接危及社会的协调与稳定。经过改革开放30多年的发展，当前我国已处于工业化发展的中期阶段，具备了工业反哺农业的客观条件和经济实力，因此，党的十八大明确提出了"坚持走中国特色的新型城镇化道路"的发展战略，并完善了城乡一体化发展的基本政策。新型城镇化的实质就是要形成工业化、城镇化和农业现代化协调推进的格局，实现城乡居民社会保障均衡化、基础设施建设一体化、公共服务一体化、劳动就业一体化和户籍管理一体化。《中共中央 国务院关于加大统筹城乡发展力度进一步夯实农业农村发展基础的若干意见》就提出要"壮大农村集体经济组织实力，为农民提供多种有效服务。大力发展农民专业合作社，深入推进示范社建设行动，对服务能力强、民主管理好的合作社给予补助。各级政府扶持的贷款担保公司要把农民专业合作社纳入服务范围，支持有条件的合作社兴办农村资金互助社。扶持农民专业合作社自办农产品加工企业"[①]。因此，发展集体经济是城乡经济一体化的应有之义。新型城镇化是农村集体经济发展的根基，倘若能借助城镇化的有利要素，必将能够为农村集体经济的发展提供重要的发展机遇。

（1）破除城乡二元结构的人为限制，实现城乡资源的公平交易。在城乡统筹一体化发展的新时期要坚决抵制对工农产品价格实行的"剪刀差"政策，

---

① 《中共中央国务院关于加大统筹城乡发展力度进一步夯实农业农村发展基础的若干意见》，http://politics.people.com.cn/GB/1026/10893985.html，2010-02-10/2014-12-31。

严禁政府对农民集体所有的土地进行低价补偿征收后实施的倒卖行为。首先，在国家层面，政府要树立法治观念，以立法的形式破除各种人为限制集体经济发展的壁垒，推动城乡市场机制一体化进程，确保城乡资源在市场上的自由与公平交易。同时，对关乎国计民生的农产品给予必要的补贴和保护价收购政策。其次，要完善国家对农村集体所有土地的征用政策，严格控制对农村基本良田的征用范围，引入市场价格机制，合理建立农村征地拆迁补偿标准。同时，要扩大农村集体土地所有权的权能，允许集体所有资产在规定的限度内进行市场经济的自由配置，最大限度地实现集体经济的效益。

（2）加大对农村集体经济的优惠扶持，减轻集体经济发展负担。农村集体经济是农村一定社区集体成员共同利益的体现，肩负着为集体成员提供基本生活需要和公共服务的任务。农村集体经济不仅保障着农民的基本生活质量，而且关乎城市居民的生存需要。因此，农村集体经济就是国家民生经济。国家应实施工业反哺农业的政策，通过国家财政转移支付、税收优惠等多种措施加大对农村集体经济的扶持力度。以农民专业合作社为例，"中央和地方财政可以按照适当比例安排专项资金支持农民开展专业合作社服务。对边远贫困地区的农民专业合作社和生产关系国民生计的大宗农产品的农民专业合作社应给予优先扶持政策"①。国家政策性金融机构应根据国务院的相关规定，采取多种形式，为欠发达地区和急需资金注入的农民专业合作社提供多渠道的资金支持。同时，鼓励商业性金融机构在法律规定的范围内为农民专业合作社提供金融服务。基层政府要协调相关部门，依据自身职责，加大对集体经济贫困村的扶持力度，有针对性地开展多层次、多样式的结对帮扶活动。在特色产业发展、农业产业化经营等方面给予适当的资金、政策和税费倾斜。进一步加强对农村集体资产的监督审计，落实减负政策，优化集体经济发展环境。

2. 以产权制度改革为突破点，加强农村集体资产的科学化管理

产权问题是土地制度的核心议题。当前，农村土地产权制度的诟病就在于，虽然农民以集体的形式享有土地的所有权，但实际上农民没有充分享受到土地处置权、收益权和转让权。因而，原有的土地产权制度难以适应市场经济和加快推进新型城镇化的战略要求，必然威胁整个社会生产资料配置的动态平

---

① 韩松：《论城乡统筹发展与农村集体经济有效实现》，《河南社会科学》2011年第6期。

衡。在我国经济增速换挡的关键时期，农村土地产权制度改革是历史的必然趋势，其核心内容就是，赋予农民真正的土地权益，确立农民的土地产权主体地位。其总体方针就是：以"产权明晰、用途管制、节约集约、严格管理"为指导，在保护农民合法权益不受侵害的前提下，尊重农民的发展意愿，适时开展农村产权制度改革，努力探索出具有中国特色社会主义的新型农村集体经济发展之路。

（1）保障农民作为集体经济组织主体的合法权益。《农村土地承包法》第18条第1款规定，"土地承包应当遵循以下原则：按照规定统一组织承包时，本集体经济组织成员依法平等地行使承包土地的权利……"① 因而，依法界定农村集体经济组织成员的身份属性就成为保证农民合法民事权利的重要前提。可以说，农村新型集体经济就是农民主体性经济。具体办法是：根据国家相关法律规定，明确农民作为农村集体经济发展的主体性地位，不断优化村级集体经济组织成员资格审定原则，并逐步建立和完善农村集体经济组织成员登记备案与资格审查机制；在实际工作过程中要建立对集体经济组织活动的管理与监督机制，预防对组织成员土地承包经营权、宅基地使用权、集体收益分配权的变相剥夺。

（2）积极发展农民股份合作。股份合作是指农民以土地、资金、劳动力、集体资产等要素入股联合经营，按一定比例持有股份，实行利益共享、风险共担、民主管理的农村经济发展模式。股份合作的关键在于，明晰产权归属，完善各项权能，激活农村各类生产要素潜能。② 对于资源性资产，要在不损害集体权益和尊重承包农民意愿的基础上，夯实土地承包经营权确权登记与颁证工作；对于经营性资产，要在明晰集体资产产权归属的基础上，将集体资产以"折股量化"的方式惠及集体经济组织的全体成员；对于非经营性资产，要建立有效运营和管理集体资产的科学机制。鼓励在探索农村社区股份合作制的实践中根据因地制宜的原则，总结各具特色又合理有效的发展形式和实现途径。

---

① 《农村常用法律法规知识之土地承包》，http：//www.tcyj.gov.cn/news.aspx?id=909，2012－02－03/2015－01－04。
② 习近平：《积极发展农民股份合作》，http：//news.sohu.com/20140930/n404774267.shtml，2014－09－30/2015－01－04。

（3）"赋予农民对集体资产股份占有、收益、有偿退出及抵押、担保、继承权。"① 这是党的十八届三中全会关于农村产权制度改革的核心任务。为此，应根据农村集体资产的类别分类实施农村产权制度改革，积极开展农村集体资产股份占有权、收益权试点工作，赋予农民更多的集体产权权益，加强对农村集体资产的股权管理，建立合理科学的收益分配制度。"有条件地、慎重地开展赋予农民对集体资产股份有偿退出权、继承权的试点，并不断总结经验，形成较为完善的股权管理模式。"②

3. 以农业现代化为着力点，增强农村集体经济"造血"功能

党的十七大提出要"坚持把发展农业现代化、繁荣农村经济作为首要任务"，"走中国特色农业现代化道路"。③ 农业现代化是我国建设具有中国特色农业现代化的根本之道。农业现代化不仅包括农业生产过程的现代化，还包括农业生产外部环境的社会化、市场化以及农业生产主体现代化等丰富内涵。中国特色农业现代化道路除了表现为由传统农业向现代农业转变过程中技术手段的提高和改进，还突出体现在农村经济组织形式的创新上。而发展农村集体经济组织形式正符合我国特色农业现代化的基本要求。首先，农村集体经济可以通过土地制度的改革，明确土地产权，允许土地合法流转，为现代农业的规模化经营和集约化生产奠定基础。④ 其次，集体经济组织能带动农民走组织化道路，以集体的形式分担市场风险和共享市场收益，减少农业生产的不稳定性，增加农民收入。再次，农业现代化生产过程中需要集体经济组织在信息的获取、资金支持、技术服务等方面给予大力帮助。最后，现代农业生产的良好环境迫切需要村级集体经济的发展。村级集体经济在农田基础建设、生态环境保护、基层党组织建设方面具有保驾护航的作用。因而，农村集体经济和农业现代化二者密不可分、互相促进。村级集体经济是农业现代化的助推器，而农业

---

① 《2014年7月8日研究〈赋予农民对集体资产股份占有、收益、有偿退出及抵押、担保、继承权试点方案〉》，http://www.forestry.gov.cn/portal/lgs/s/838/content - 688941.html，2014 - 07 - 11/2015 - 01 - 04。

② 李春艳：《明晰农村集体资产产权维护农民合法权益——访农业部副部长陈晓华》，《农村经营管理》2014年第11期。

③ 胡锦涛：《在中国共产党第十七次全国代表大会上的报告》，人民出版社，2007。

④ 范和生、李三辉：《论农村土地流转的"革命性"》，《青海民族大学学报》（社会科学版）2014年第4期。

现代化能够增强农村集体经济"造血"功能。

（1）加快农业产业化建设步伐。第一，切实增加对农村基层设施建设的投入，提高农业防灾抗灾能力，确保农业生产保持稳定的产量。第二，增强农业科技成果转化与推广，培训职业农民队伍，使科技进步和劳动者素质的提高成为农业生产新的增长点。第三，建立完善的现代农业生产产业链。通过大力发展农业的社会化服务和农产品的市场化运作，进一步提升农业标准化水平。第四，加快发展农业的社会化服务体系，支持各方社会力量参与农村集体经济组织，兴办多元化、多层次的农业服务机构。

（2）发展多种形式农业的适度规模经营。农村集体经济必然要求改变过去小规模的家庭式分散经营方式，同时适度规模经营也是实现现代化农业发展的必由之路。按照中央农村工作会议精神，在壮大农村集体经济中应因地制宜地发展适度规模经营，在农民自愿的基础上开展自助合作，充分发挥基层劳动者的首创精神，不断探索农村集体经济规模化发展形式。

（3）大力发展社区股份合作制。新时期随着城镇化质量的不断提升，为加快农村经济的发展，应以合理科学的城镇体系为依据，以节约土地利用规模为导向，通过村庄撤并和村庄整理，加快中心村和农民集中居住区建设。通过强化农民集体合作的意识，重点推动已撤村并居的中心村、失地农民安置村（近郊村）和农业资源特色村之间加强社区股份合作。社区股份合作以巩固发展集体经济为基本原则，因地制宜，扎实稳步推进社区股份制的改革。科学做好社区股份合作社的资产核算、股权设置与量化、组织规范管理等工作。依据《公司法》《中华人民共和国村民委员会组织法》引导有条件的社区或股份经济合作社组建公司企业，并建立健全内部企业管理制度，确保农民利益不受损害。[①]

4. 以农业管理机制创新为平台，促进农业生产可持续发展

鉴于当前安徽省新型农业经营体系建设仍处于初期发展阶段，封闭、狭隘的农业管理理念，制约了农业生产的可持续性发展。封闭、狭隘的农业管理理

---

① 胶州市政府法制办：《胶州市人民政府关于加快发展农村合作经济组织的意见（试行）》，http：//www.jiaozhouchina.gov.cn/jzzwgk/news/201282014514139375.shtml，2012 – 08 – 1/2015 – 01 – 08。

念主要由两方面因素造成。一是缺乏农村社区集体经济服务组织。农村社区集体经济服务组织具有独立的法人地位，因而具有村民委员会、村党支部以及其他农村经济组织不可替代的服务功能。它能够直接向农户提供生产经营方面的指导，或配合政府提供农村集体经济生产与经营服务，还能够利用自身的社会资源为集体经济贫困村争取更多的政策支持、资金保障。尤其在搭建村企合作、村村联合等方面，农村社区集体经济组织具有得天独厚的优势。二是由于现实因素，在我国广大的农村地区，特别是边远山区和经济欠发达地区，绝大多数农村集体经济管理人员素质不高，且缺乏专业的农林经济管理队伍和农村集体经济科技人才，导致各种农村集体资产管理不善的现象频频发生，村干部挪用集体经济资产、贪污腐败屡见不鲜。为此，在新时期要创新农业管理机制，需做到以下几点。

（1）增强农村集体经济组织的服务功能，更好地发挥村级组织在促进农村集体经济发展中的作用。首先，建议将农村社区集体经济组织与村民委员会、村党支部分立而设，以弱化行政对社区集体经济组织独立运作的干预，强化社区集体经济组织自身绩效的考核与评价机制，引入竞争机制，强化服务质量。其次，推动《农村社区集体经济组织法》的制定与实施。只有保障农村社区集体经济组织具有独立的法人地位，才能使其生产经营行为不受政策和市场限制，并获得与其他市场主体平等的发展权利。

（2）建立多部门、多机构的联动机制。一是依托相关农业与经济管理部门，建立健全全省壮大农村集体经济组织的领导机构，并将这项工作列入政府相关的年底专项考核，为农村集体经济的发展提供有效、科学的组织保障。二是依托农村金融与经济管理机构，建立农村集体资产使用、管理与增值制度，规范农村集体经济的合同备案与鉴证制度、档案与票据管理制度。三是依托监督与考核队伍，充分利用第三方考核机构，严格农村集体经济资产的验收标准，逐村考核集体经济工作落实情况。

（3）充分发挥基层自治组织民主管理与监督的功能。农村集体经济组织是带动村民就地致富的核心力量，基层党委和政府必须坚持科学的政绩观，在支持和帮助农村集体经济发展的前提下，严禁干预、包办和强制指导农民发展集体经济。一是基层村委会（居委会）应主持展开全村村民代表会议，就拟定的集体资产使用、处置与增值方案征求广大村民的意见。二是基层组织应主动与承包人充分协商,使集体资产的使用、承包与流转方案合情合理。三是坚持公开透明原则。将村集体资产的使用、年度收支预算方案、村级集体财富积累的实际情况及时在本村显要公布栏公布,提高集体经济财务收支的透明度,以接受群众的监督与复核。①

(4)推动农村集体经济管理人才的选拔用人机制改革。随着农村九年义务教育的普及和高等教育的大众化,应引入市场观念,拓宽农村基层组织人才选拔渠道,有计划地为振兴农村集体经济培养技术过硬、素质较高的后备人才。教育部门、基层政府和农业类高校可以建立农村经济与管理人才培养基地,通过接受正规的高等教育,保证毕业后回村参加经济与管理建设的专业人才在村庄治理过程中植入新的理念、新的方法,调动一切可以调动的力量发展农村集体经济。同时,也可以适当放开村干部的身份限制,鼓励具有农村基层工作经验或者具有中级以上专业技术职称的优秀农村工作者参与村干部竞选,为农村基层组织提供更多致力于发展农村集体经济的骨干力量。②

四 结论与展望

本文以实证资料为依托,以新型城镇化为背景,从安徽省农村集体经济发展现状着手,分析安徽省农村集体经济发展实现形式的差异化、多样化的特征并提出原因假设,然后分析现阶段安徽省农村集体经济实现过程中存在的现实性困境,最后提出新型城镇化进程中实现安徽省农村集体经济有效形式的制度设计。本文的具体研究结论如下。

(1)新型城镇化在发展农村集体经济中扮演着"双刃剑"的角色。一方面,新型城镇化促进了农村社会化和市场化的程度,由此引发的农业分工、市场以及区域经济发展的不平衡是导致安徽省农村集体经济发展实现形式多样化的重要原因。多样化的农村集体经济形式符合我国农村地区的差异性特征,是创新我国农村集体经济实现形式的基本前提。另一方面,城镇化在农村地区,

---

① 孙中华、贺军伟、孙邦群、王胜:《规范三资管理增强经济实力》,《农民日报》2010年3月3日。
② 程慧君:《农村集体经济发展存在的问题与对策》,http://www.caein.com/index.asp?xAction=xReadNews&NewsID=64765,2011-05-29/2015-01-11。

特别是在近郊农村的延伸，往往会因为土地征迁、"村改居"使得农村集体资产流失或者低价变卖、转让，导致新建社区集体资产严重不足。如果得不到政府的配套资金支持，社区公共服务和自我"造血"功能就会大大弱化，这就制约了社区居民生活质量的提升。

（2）安徽省农村集体经济发展过程中"三股力量"和"四种模式"有力促进了农村集体经济组织的实现。一是政府，二是乡村经济能人，三是农业龙头企业，由此形成了农村集体经济发展的"政府主导"模式、"半政府半市场"模式、市场主导模式和"乡村精英"内生模式。政府对村级集体经济的发展干预存在两方面的影响：一是政府能够通过转移支付等手段为村级集体经济的发展增强"造血"功能，特别是"项目进村"有力地推动了农村公共服务设施建设和农民生活水平的提高；二是政府掌握着组织、经费、制度等资源，如果政府的干预延伸至基层农村，会形成权力与资源不对称的情况，进而诱发集体资产管理不善现象。乡村经济能人可以有效利用市场激励机制，弥补政府政策失灵，进而逐步培养村集体资产管理人才，通过科学决策和有效管理规避农村集体经济发展的风险。

（3）进一步创新农村土地流转形式，助力农村集体经济多元化发展路径。实践证明，只有使农村土地承包经营权的流转具有合法性，才能调动起农民的生产积极性。在不改变农村土地所有制的基础上，帮助农民摆脱现有土地制度的束缚，实现农民按股分享有产权制度的重大历史转变，这为推动农业现代化、规模化和专业化提供了广阔前景，必将充分发挥农民的市场主体地位，促进农民增收。

（4）未来农村集体经济有效实现形式创新的关键在于，在坚持家庭联产承包责任制不变的前提下，科学化解国家对集体土地权利的限制，明确国家对农村土地产权的法理规定、集体产权的收益分配格局以及农民"以地入社"的实现方式，确保农村集体资产的收益和使用归于农民。

B.6 安徽省"农业女性化"现状及其影响*

黄鹂**

摘 要： 作为农业大省和人口输出大省，安徽省"农业女性化"趋势明显。城乡二元结构下农村女性非农转移滞后是"农业女性化"的直接原因。女性自然生理特征、传统的性别角色定位、农村女性人力资本存量不足以及家庭发展的理性选择等造成了安徽省农村劳动力非农转移的性别差异。"农业女性化"趋势无论是对农村女性自身发展，还是对农业生产以及农业现代化来说，都是挑战和机遇并存、积极影响和消极影响同在。安徽省"农业女性化"趋势在短期内难以改变，因此，政府在制定农业和农村发展政策时，应将性别意识纳入决策主流；提高农村女性人力资本存量，充分发挥女性在农业生产中的作用；发展农村公共事业，改善农村女性生存和发展环境；大力发展第三产业，加快城镇化进程，推动农村女性非农职业转移。

关键词： 安徽省 农业女性化 劳动力资源配置

改革开放以来，伴随着农村劳动力向城市流动，我国农村出现了新的社会分化。在农业生产劳动力方面，男性劳动力比重不断降低、女性劳动力比重逐渐上升，呈现农村农业生产越来越多地由女性承担和完成的现象，即"农业

---

* 本文系国家社科基金项目"城镇化进程中农业女性化区域比较研究"（14BRK015）阶段性成果。
** 黄鹂，安徽大学社会与政治学院教授，博士生导师，研究方向：人口与可持续发展。

女性化"现象。目前，国内学术界较为普遍地认为，中国农业的女性化现象已是一个不争的事实，甚至有人认为"农业女性化"现象是被全球化过程所裹挟的亚非拉许多发展中国家普遍面临的一个共同现象。在现代化进程中，农村劳动力配置在性别结构上的这一变化既是一种静态现象，也是一种动态趋势；既是一种农村经济现象，也是一种农村社会现象。这一现象是多种因素共同作用的结果，反过来又会对农村社会、政治、经济以及文化等多个领域产生复杂且深远的影响。

作为农业大省和人口输出大省，安徽农村是否也呈现"农业女性化"现象？由于不同地区的历史背景、社会文化、经济发展水平等差异，其"农业女性化"程度、成因及其影响也不同。本文主要以全国第六次人口普查安徽省数据和安徽省统计年鉴数据为基础，并结合相关调查，对安徽省农村农业劳动力性别结构现状及其变动、农村劳动力配置在性别比方面变化的原因，以及"农业女性化"对安徽农业现代化进程、农村经济社会发展以及农村妇女自身发展等的影响进行分析探讨，并结合安徽省实际，提出安徽省应对"农业女性化"的策略和思考，为政府及公共部门制定促进农业发展、新农村建设和农村妇女自身发展的政策措施提供依据。

一　安徽省农村劳动力性别结构及其变动

（一）安徽省"农业女性化"趋势明显

从就业总人口性别结构而言，1982年第三次全国人口普查时，安徽省就业总人口性别比为124.51，即如果有100个女性劳动力就业就意味着有124.51个男性劳动力就业，男性就业人口明显多于女性就业人口。其后，安徽省就业总人口性别比呈下降趋势，1990年"四普"时就业总人口性别比为117.63，2000年"五普"时为115.93，2010年"六普"时为119.82（见表1）。尽管"六普"数据显示，全省就业总人口性别比略有上升，但从总体趋势来看，安徽省就业总人口性别结构逐步趋于合理，女性就业人口比重逐步提高。

表1 安徽省就业总人口性别比和农林牧渔业就业人口性别比及其变动

类别	1982年	1990年	2000年	2010年
就业总人口性别比	124.51	117.63	115.93	119.82
农林牧渔业就业人口性别比	109.29	104.17	100.76	92.97

资料来源：2010年数据根据全国"六普"长表数据计算得到；2000年数据来源于《世纪之交的中国人口》（安徽卷）；1990年数据来源于《跨世纪的中国人口》（安徽卷）；1982年数据来源于《跨世纪的中国人口》（安徽卷）。

将1982年以来的四次全国人口普查中安徽省农林牧渔业就业人口性别比与就业总人口性别比进行比较，笔者发现，无论在什么时期，安徽省从事农林牧渔业的劳动人口中，女性劳动力的比例都相对较高。其中，2010年农林牧渔业就业人口性别比与就业总人口性别比相差26.85个百分点。农业仍是安徽省妇女就业的主要渠道之一，或者说相对于男性劳动力，女性劳动力更有可能从事农业劳动。当大部分青壮年男性不断从农村迁移到城市去谋生时，大量农田和家务劳动都留给妇女，特别是由已婚妇女独自承担。

从农林牧渔业就业人口性别比变动趋势来看，从1982年到2010年，安徽省农林牧渔业就业人口性别比持续走低，也就是说，安徽省农业生产中，女性劳动力的比重在不断上升，男性劳动力比重在不断下降。1982年农林牧渔业就业人口性别比为109.29，意味着每100个女性劳动力对应着就有109.29个男性劳动力从事农业生产，即在农林牧渔业生产活动中男性劳动力多于女性劳动力；1990年农林牧渔业就业人口性别比下降为104.17，尽管农业生产中男性劳动力数量仍多于女性，但相对来说，从事农业生产的男性劳动力在减少；到2000年，在农林牧渔业生产中男性劳动力和女性劳动力数量已基本持平，性别比为100.76；2010年第六次人口普查数据显示，安徽省农林牧渔业就业人口性别比为92.97，也就是说100个女性劳动力对应着不足93个男性劳动力从事农业生产，女性劳动力数量已明显多于男性，农村妇女已成为安徽省农业生产的主力军。可见，安徽省"农业女性化"趋势明显。

（二）安徽省农村女性劳动力比重位居全国各省市前列

从全国范围来看，安徽农村农林牧渔业生产活动中，女性劳动力比重不仅高于全国平均水平，且在全国31个省市自治区中仅次于江苏省位居全国第二。2010年全国第六次人口普查数据显示，从全国平均水平来看，我国农林牧渔业就业人口中女性比重为49.17%，较男性劳动力低1.66个百分点。但是与全国就业总人口中女性劳动力相比，比重高出了4.51个百分点，即从事农业生产的女性比重多于从事其他产业的女性比重（见表2）。从全国31个省市自治区来看，农林牧渔业生产中女性劳动力比重超过男性劳动力的有8个，分别是江苏省、安徽省、河南省、山东省、重庆市、四川省、宁夏回族自治区和湖北省。其中，江苏省农林牧渔业生产中女性劳动力比重最高，达55.64%，安徽省仅次于江苏省，比重为51.82%。

表2 2010年全国各地区农林牧渔业就业性别结构与总就业人口性别结构比较

单位：%

地区	就业总人口中女性比重	农林牧渔业就业人口中女性比重	地区	就业总人口中女性比重	农林牧渔业就业人口中女性比重
全国	44.66	49.17	河南	46.79	51.40
北京	41.99	45.34	湖北	45.56	50.17
天津	38.62	46.05	湖南	44.18	47.32
河北	43.64	48.82	广东	43.97	48.24
山西	38.95	45.13	广西	46.68	48.60
内蒙古	41.04	45.91	海南	44.61	46.81
辽宁	42.85	46.99	重庆	45.84	50.97
吉林	43.57	45.60	四川	46.65	50.70
黑龙江	41.98	44.39	贵州	45.71	49.38
上海	41.37	49.85	云南	46.27	49.35
江苏	46.34	55.64	西藏	46.20	48.04
浙江	42.88	41.10	陕西	44.14	48.57
安徽	45.49	51.82	甘肃	46.38	49.60
福建	42.57	45.66	青海	44.20	49.00
江西	44.57	49.08	宁夏	43.92	50.41
山东	46.26	51.02	新疆	43.91	45.98

资料来源：根据全国第六次人口普查长表数据统计。

（三）安徽省各地市"农业女性化"程度存在差异

从安徽省各地市来看，2010年农林牧渔业就业人口中女性劳动力数量大部分超过了男性。全省17个地市中只有4个地市女性劳动力比重尚未超过男性，分别为宣城市、淮南市、蚌埠市和滁州市，其中，宣城市比重最低，为44.12%，其他3个地市女性劳动力数量已接近男性。同时，各地市农林牧渔业就业人口中女性劳动力比重差异明显，比重最高的是马鞍山市，为54.99%，比宣城市高出10.87个百分点，位列第二、第三的是阜阳市和安庆市，比重分别为54.54%和53.95%（见表3）。

表3　2010年安徽省各地市农林牧渔业女性就业人口及比重

单位：万人，%

地区	农林牧渔业就业人口	女性就业人口	农林牧渔业就业人口中女性劳动力比重
总　计	1758.20	911.13	51.82
合　肥	80.94	42.40	52.39
芜　湖	33.59	17.39	51.78
蚌　埠	107.99	53.71	49.74
淮　南	48.68	24.12	49.55
马鞍山	16.61	9.14	54.99
淮　北	51.62	27.27	52.82
铜　陵	8.07	4.23	52.43
安　庆	118.96	64.18	53.95
黄　山	39.95	21.17	53.00
滁　州	134.35	67.12	49.96
阜　阳	286.83	156.45	54.54
宿　州	242.95	126.02	51.87
巢　湖	106.89	55.48	51.90
六　安	182.25	92.39	50.69
亳　州	200.07	103.54	51.75
池　州	36.73	19.31	52.56
宣　城	61.73	27.24	44.12

资料来源：安徽省第六次人口普查资料。

安徽省农村劳动力性别结构变动及其特征表明，无论是静态的比重，还是动态的趋势，安徽省"农业女性化"特征已充分显现，农村女性已经改变了农业生产中男性占据主导地位的传统农业生产格局，开始成为农业生产的主力军和农业资源与社区管理的主体，这也意味着安徽省农村传统家庭性别劳动分工正在发生变化。

二 农村女性非农转移滞后是"农业女性化"的直接原因

农业生产女性化与农村女性非农转移程度密切相关。安徽省农村劳动力向非农产业转移始于20世纪70年代末80年代初。作为农业大省，安徽农村农业劳动力数量多、比重大。1982年第三次全国人口普查时，安徽省农林牧渔业就业人口占从业总人口的比重高达80.53%，比全国平均水平高出8.51个百分点，比工业较发达的邻省江苏省高出16.91个百分点，农业劳动力总数达2095万人，农民年人均纯收入仅为246.5元。可见，安徽农村存在着总数巨大的剩余劳动力。但是受严格的城乡分割的户籍管理制度和相应的社会经济政策（如劳动用工制度、统购统销制度、社会福利保障制度等）影响，改革开放以前，广大农民被束缚在土地上，堵在城市大门之外，农村劳动力的自由流动受到了严格的限制。改革开放以后，家庭联产承包责任制在广大农村得到普遍推行，农民获得了自主生产经营权，农民生产积极性和农村劳动生产率得到极大的提高，这样改革前被"隐性化"的农村富余劳动力大规模地显现。与此同时，随着农业现代化的推进，农业技术水平不断提高，农药、化肥和塑料薄膜的广泛使用以及大量农业科技成果的推广应用，极大地促进了农村农业劳动生产率的提高，农业技术的进步在一定程度上也减少了对农业劳动力的需求。随着安徽省经济建设步伐加快、非农建设占地不断增加以及农村人口的大量增长，人均耕地迅速减少，1951年安徽省人均耕地为2.93亩，到目前已减少到不足1亩，这使原本就突出的人地矛盾更加显著，进一步加剧了安徽省农村剩余劳动力的形成。直到2005年，安徽省6400万人口中仍有近70%大约4500万人在农村，其中农村劳动力有3100多万人，富余劳动力达1000万人，而且每年还以60万~70万人的速度在增加,这一数量巨大的农村富余劳动力急需寻求就业门路,向城市、向非农产业转移。

农业比较效益低下是农村劳动力向非农转移的内在驱动力。我国城乡二元经济结构以及长期以来一直存在的工农业产品价格"剪刀差"现象,使得农副产品价格相对较低,农业比较利益低下。尽管近年来多次调整,但由于农药、化肥、种子等农业生产资料的价格不断上涨,国家的惠农政策(农村税费改革、种粮补贴政策以及废止农业税等)给农民带来的收入增长几乎被涨价因素冲抵,单纯依靠粮食所得的纯收入并不高,农民收入甚微,这在一定程度上影响了农民种田的积极性。近年来,安徽省农民收入处于滞涨状态,城市和农村居民收入差距较大。2013年,安徽省农民人均纯收入为8098元,比全国8896元的平均水平尚低798元,城乡居民收入比为2.72:1,城乡收入绝对差距达13863元。农业比较效益低下和地区收入差距的存在直接刺激了农民非农就业的理性选择。显然,为了实现家庭利益最大化的目标,相对于在农村耕种来说,农民更愿意选择外出务工。而且,近年来以户籍制度为核心的城乡隔离制度的松动,也为农村劳动力的非农转移提供了可能。城乡差距和地区差距的存在与扩大促使安徽省农村大量富余劳动力逐步向非农产业转移。

农村劳动力向非农产业转移作为一个结构性变革,是资源重新配置的过程,在更大范围内实现了劳动力资源的合理有效配置,这无疑对促进安徽省经济社会的健康、持续、快速发展有着非常重要的意义。对于个人来说,非农转移的过程也是个体寻找和获取新的发展机会的过程,截止到2010年,安徽省已有1300万农业劳动力从农村转移出去。在这个过程中,相当多的农村女性也完成了自己经济身份的转变,从农业中分离出去,开始了真正意义上的主动转移。但是就整体而言,安徽省农村转移出去的大多是男性劳动力,女性相对较少,更多女性滞留在农村,主要在家从事农业生产,这必然导致女性在农业生产中的比例逐年升高,使安徽省农村出现日趋明显的"农业女性化"现象。2000年以来安徽省外出半年以上人员性别结构统计结果显示,外出人员性别比明显偏高,男性数量远多于女性(见表4)。其中,2003年外出人员性别比最高,达139.97,也就是有100个女性外出务工就会有近140个男性外出,相对于男性,农村女性的非农转移明显滞后。

表4　2000～2013年安徽省各年外出半年以上人员性别比

年份	性别比	年份	性别比
2000	134.60	2007	131.15
2001	—	2008	131.03
2002	134.13	2009	132.39
2003	139.97	2010	121.99
2004	137.17	2011	126.28
2005	130.32	2012	—
2006	130.41	2013	—

资料来源：《安徽统计年鉴》（2002～2013）；2000年数据来源于《世纪之交的中国人口》（安徽卷）。

农村劳动力非农转移作为现代化进程中的一个发展趋势，在促使安徽省农村经济结构和社会结构发生剧烈变化的同时，也带来了农村劳动力性别结构的明显变化。

三　农村劳动力转移性别差异的原因分析

"农业女性化"现象是农村女性非农转移滞后的直接后果。在安徽省非农化进程中，农村劳动力转移表现出明显的性别差异，而这种差异的形成并非单一因素作用的结果，而是具有其复杂的内在驱动力，也具有较强的现实合理性。在农村劳动力非农转移中，农村女性的职业流动与职业分化受到了制度、文化、经济以及妇女自身素质与意识等多种因素的影响。

（一）女性自然特征限制了农村妇女的非农转移

表5显示了安徽省农林牧渔业就业人口中各年龄段女性劳动力数量和比重。可以发现，20～49岁生育期年龄的女性从事农林牧渔业生产的比例明显高于男性，比重均超过55%。农村劳动力的转移要求劳动力自身能够自由流动，但是生育期年龄段的妇女由于其自身的生理特征以及建立在这一特征基础上的社会分工，她们的自由流动受到极大限制。生育期的妇女承担了家庭人口再生产的主要职责，生育和哺育孩子以及繁重的家务劳动使她们失去了大量的闲暇时间，更极大地限制了她们的自由流动。

表5　2010年安徽省分年龄女性农林牧渔业就业人口数及比重

单位：万人，%

年龄类别	就业人口	女性就业人口	女性占就业人口的比重
总　　计	1755.43	910.66	51.88
16~19岁	47.72	23.45	49.14
20~24岁	130.91	74.37	56.81
25~29岁	105.30	59.50	56.51
30~34岁	122.70	67.62	55.11
35~39岁	191.49	107.51	56.14
40~44岁	262.16	147.89	56.41
45~49岁	227.18	126.40	55.64
50~54岁	126.00	65.02	51.60
55~59岁	212.27	104.14	49.06
60~64岁	160.09	70.53	44.05
65~69岁	97.21	37.47	38.54
70~74岁	45.79	16.36	35.74
75岁及以上	26.61	10.41	39.12

资料来源：全国第六次人口普查数据。

由于城乡分割的二元结构和体制尚未完全被打破，在我国的城市化进程中，相当数量的农村富余劳动力转移到城市从事第二、第三产业，但是他们的工资收入却难以维持其人口再生产，城市没有提供给农民工举家安迁的条件，他们只能在城市就业，难以在城市安家，加上农民工自身条件的限制，也无法突破体制的壁垒来实现整个家庭的转移，他们仍然要依靠农村来完成生养子女、赡养老人的任务。同时，由于安徽农村社会经济发展水平相对较低且地域分散，在农村的大部分地区，托儿所、养老院等社会化服务机构和服务设施严重匮乏，社区社会化服务程度低，使农村妇女无法从沉重烦琐的家务劳动中解放出来，大多数已婚妇女因生养子女和家务的拖累向外转移困难重重。由于女性自身的这些特点，她们的转移成本要远远大于男性，于是在安徽省农村大多数家庭中便做出了"丈夫进城务工，妻子留守农村"的选择，也造成了"农业女性化"现象的产生。

（二）人力资本存量不足阻碍了农村女性的非农转移

人力资本是指通过教育、培训、卫生保健、劳动力迁移等方面的投资而形成于劳动者身上的"非物质资本",包括能力、技术和知识等。人力资本在现代经济发展中起着决定性作用,现代化大生产对劳动力的选择首先是文化技术素质的选择。在现代社会经济条件下,产业结构不断升级优化,生产的技术含量不断提高,生产力对劳动者的要求也由数量转向质量。然而,在安徽农村,长期以来由于发展资源的性别不平等,农村女性人力资本存量远低于男性。

发展资源是指主体为了参与社会发展,实现自我价值,而使自身的才智和能力得以挖掘、培养和发挥的要素。它包括的主要要素有流动机会、教育和培训的机会、组织化程度以及闲暇时间。长期以来,受男尊女卑、重男轻女传统观念的影响,在安徽农村女性的受教育机会要少于男性,受教育程度明显低于男性。2010年全国和安徽省就业人口文化程度构成显示,在就业人口中,无论是男性还是女性,安徽省就业人口受教育水平低于全国平均水平;而通过男女两性受教育程度的比较发现,无论是安徽省还是全国都表现出女性受教育程度比男性要低,具体数据如表6所示。这一现象在农林牧渔业就业人口中表现得尤为明显。2010年安徽省农林牧渔业女性就业人口受教育程度在初中及以下者高达97.98%,其中,未上过学或扫盲班的占18.16%,比农村男性就业人口高9.55个百分点;小学受教育程度者占40.88%,比男性高7.33个百分点;而初中文化程度者占38.94%,比男性就业人口低13.46个百分点(见表7)。由此可见,男女两性之间受教育程度存在明显差距。有研究表明,农村劳动力转移与其受教育程度呈明显的正相关。较低的受教育程度使女性缺少了外出就业的知识和技能,也缺少了外出就业的自信,限制了她们在农业以外的非农产业部门发展,成为非农转移滞后于男性的重要原因。

表6 2010年全国及安徽省就业人口文化程度构成

单位:%

受教育程度	男性就业人口		女性就业人口	
	全国	安徽	全国	安徽
合 计	100	100	100	100
大专及以上	10.30	8.50	9.74	6.37
高中(含中专)	15.65	11.61	11.68	7.08
初中	51.22	52.60	45.80	42.66
小学	20.88	22.49	27.55	31.71
未上过学或扫盲班	1.95	4.80	5.23	12.18

资料来源:根据全国第六次人口普查数据整理。

表7　2010年安徽省农林牧渔业就业人口文化程度构成

单位：%

受教育程度	男性就业人口	女性就业人口
合　计	100	100
大专及以上	0.50	0.23
高中（含中专）	4.94	1.79
初中	52.40	38.94
小学	33.55	40.88
未上过学或扫盲班	8.61	18.16

资料来源：根据全国第六次人口普查数据整理。

不仅如此，受传统男女不平等的性别观念影响，农村女性在技能培训和技能教育等方面的参与率与男性相比也存在较大差距。对农村妇女进行有效的教育培训，或通过开展妇女发展项目对农村妇女进行专门的技能培训，可以有效提高农村妇女的人力资本存量。2011年在李嘉诚基金会的支持下，安徽省妇联对部分女村干部进行了培训，取得较好的效果。但整体而言，安徽省农村支撑妇女发展的组织和机构不足，组织化程度较低，绝大多数农村女性很难获得有效的培训机会。尽管有些地方的农村妇女可以和男性同样平等参与培训活动与技能教育，但这类教育与培训没有在事前进行社会性别分析，所以针对性不强，实际效果也不明显。加上女性由于生养子女和家务的拖累，流动的机会和闲暇时间极其有限，发展资源远远少于男性，这些均影响了农村妇女人力资本的积累。人力资本存量不足极大地限制了安徽省农村女性劳动力向城市、向非农产业部门的转移。这不仅是安徽省农村女性相对于男性非农转移滞后的原因，也是安徽省"农业女性化"程度高于其他省份的主要原因。

（三）家庭利益权衡的理性选择牵制了女性外出

农村家庭中，丈夫外出、妻子留守很大程度上也是家庭集体的决策行为，是家庭利益最大化的理性选择结果。在我国，80年代以来农村富余劳动力向非农产业的转移具有明显的不彻底性。尽管以户籍制度为核心的城乡隔离制度已有所松动，但是目前我国城乡二元分割的社会经济体制依然存在，农民进入城市难以真正享受到城市居民的各种社会福利待遇，他们进入城市只能就业，却无法安家，无法融入城市社会，实现真正的由农业向非农就业的职业转换，他们在城市的工作是极不稳定的。由此，土地依然是农民生存的最后保障，农业仍然承担着农民家庭就业和生活的"保障"任务。只要这种户籍制度以及相关的社会经济制度没有根本改变，农民就会有后顾之忧，他们也就不可能放弃作为其最后生存保障的土地资源。而且，农民放弃家乡的耕种土地，还会有土地经营权被收回的风险。"合理利用土地和切实保护耕地"是我国的基本国策，在农民还没有真正改变农业户口并且享受城市居民的各种权利之前，他们是不会轻易冒这种风险的。

因此，在这种情况下，农村富余劳动力是在家庭成员分工分业、自身占有土地并兼顾农业生产的情况下转移出去的。于是，为了尽可能地规避风险，实现家庭利益的最大化，农民便会做出"男工女耕"的理性选择。由于女性要承担人类自身再生产的任务及家务劳动，在劳动力市场上处于劣势地位，而男性在素质、体力等方面较女性有一定的优势，在如今的经济社会环境下，其比女性更容易进入就业市场获得社会资源，他们在劳动力市场的工资收入也高于女性。显然，农村家庭会选择男的进城务工、女的留守务农，这是一种成本小、收益大的理性策略。这种在农村家庭内部合理分工基础上建立的转移，必然是拖累较少的男性外移，虽然转移出去的男性劳动力仍然兼顾农田的耕种，但留下来长年照顾承包责任田的仍是妇女。家庭劳动力配置决策的结果便是"男工"与"女耕"的分工。外出务工相对于留守农村种田做家务，可以认为是一种更具发展性的选择，农村多数家庭在"发展"与"保障"的选择中，将"发展"的机会让给了男性，"保障"性工作留给了女性。而且这种选择并非个人行为的结果，而是家庭集体行为和家庭集体的决策，这一决策的背后则是现实的无奈和制度的约束。

（四）传统"女主内"的性别角色定位并未动摇

留守农村很大程度上也是农村妇女自己选择的结果，这种选择背后则是传统的性别文化及传统的男女性别分工模式。我国传统性别文化和性别观念塑造了"男主外、女主内"的性别角色定位，它强调了男性养家的责任和女性照顾家庭的职责。在我国非农化的过程中,这一传统性别观念仍以社区舆论或农村伦理道德等方式,塑造着农村女性的传统性别角色,影响着男性对女性的态度以及女性对自身的期望,并使女性形成了特有的心理素质,使她们在实际生活中甘愿默默奉献,心甘情愿地扮演着"相夫教子"的角色,把支持男性获取成功当作自己最大的成就,把男性的成就归为自己的价值实现。对于受教育程度较低的女性其影响更加明显,一些农村妇女把邻舍、家族对她们"恪守妇道""相夫教子"等传统美德的赞赏当作实现自己人生价值的重要标尺。在传统性别文化影响下,她们形成了自卑依赖、胆小柔弱等特有的心理素质,在遇到和男性同样的选择和机会时,常常主动退缩,怀疑自己的能力,在发展机遇面前积极主动性不高,甘愿"主内"。传统性别观念像无形的锁链,使农村妇女在非农转移中主动顺应以男性利益为主的安排,使她们面对新的发展机遇缺乏积极性和主动性,以至于错失机遇。

传统的性别观念还会直接影响家庭中父母对女孩投资的动力。在我国农村一些家庭,男孩一出生就享有绝对的资源优先权,特别是受教育权,在家庭条件有限的情况下,往往会牺牲女孩的受教育权利来保障对男孩的投资。这样的资源倾斜使女孩成家之后自身积累的知识和获得的技能远小于自己的丈夫,从而在面对机会和选择时甘愿"主内"。可见,农村女性的"主内"是传统文化选择下的无奈之举。

四 "农业女性化"对农村妇女自身发展的影响

"农业女性化"是农村现代化转型过程中的必然产物,它在某种程度上为传统女性角色的转变创造了条件,为安徽省女性地位的提高与妇女发展带来了新的机遇,同时也使农村妇女发展面临挑战,让女性承受扮演多重角色的压力。

(一)"农业女性化"为农村妇女地位提高带来了新的契机

"农业女性化"为农村女性提供了施展能力的空间和实现自身价值的舞台。丈夫外出后,原本由夫妻共同承担农活转变为留守妇女独自承担,使得农村妇女从事农业活动的经济贡献被显性化，她们承担的现代农业生产角色对稳定家庭经济发挥了重要作用。这不仅有利于女性获得独立的经济身份，改变她们在传统文化结构中的位置，而且充分显示了女性的巨大潜力，使社会看到了女性的强大力量，为农村女性赢得了全社会的尊重与相应的社会地位。

不仅如此，留守妇女在家庭中的价值也会因丈夫的外出而得到凸显。丈夫进城务工后，妻子承担起责任人角色，家庭老人和孩子对留守妇女的依赖使她们的作用不可或缺，这使农村妇女传统的家庭角色被进一步强化，也使她们的家庭地位相应提高。农村家庭这种"男工女耕"分工格局也动摇了农村妇女依赖男性的根基，促进了她们独立人格的发展，使妇女的独立性增强，她们的自主、自立、自强，不仅极大地提高了她们的社会声望和自我评价，而且对促进妇女地位的提高和发展具有积极的意义，为女性更新观念、实现男女平等、求得自身解放打下良好基础。虽然农村妇女承担的家庭和现代农业生产的双重角色，会受到来自现代和传统的双重挑战，经常给农村妇女带来角色扮演与角色转换的冲突。然而，在承担与扮演双重角色的过程中，农村女性亦获得了真正走向独立、实现男女平等的条件和契机。

同时，女性意识在农村妇女从事农业生产劳动的过程中也逐步觉醒。伴随农村基础建设的日益完善，社会信息传播系统的高速发展，女性主义思想通过书籍报刊、电影电视、广播、网络等现代媒体向农村渗透，先进的思想和文化在农村女性之间潜移默化地酝酿萌芽，加之农村女性在农业劳动中发挥更加重要的作用，她们会对自己的角色定位进行重新思考，而思想意识的觉醒是农村女性向提高自身社会地位迈出的重要一步，也是农村女性获得现代性的关键。

（二）多因素作用下农村女性仍处于一种与男性不对称的发展环境

"农业女性化"为农村妇女社会地位的提高带来了机遇，但农村家庭这种"男工女耕"的分工模式对妇女地位的提高也产生了不利影响。社会地位的提高首先表现为经济地位的提高，而我国在现代化过程中，农业的弱势性已相当明显。在当前城乡非均衡发展格局下，农业是弱质产业，与其他行业相比，农业具有生产周期长、劳动强度大、回报率低等特点。长期以来，我国工农业产品"剪刀差"特性决定了从事农业生产获得的纯农业经营性收入不高，农业和非农部门比较收益差距明显，这样男性进城务工的收入就成为农村家庭主要收入来源，尽管留守妇女从事农业生产劳动为家庭创造了一定收入，但她们对家庭货币收入的贡献份额却相对较低。同时，伴随着农业在国民经济中比重的下降，农业劳动者地位的下降也在所难免。1978年农村改革以来，安徽省农业生产获得高速发展，农业增加值从1980年的64.7亿元上升到了2013年的2348.1亿元，但农业增加值占社会总产值的比重却由1980年的45.9%下降为2013年的12.33%。因此，农村妇女从事的农业生产劳动无论是在家庭收入还是在社会总产值中的比重都相对下降，这一趋势显然不利于农村女性经济地位的提高。

而中国传统文化又把家务劳动看成是妇女分内的事，往往不用而且也难以用货币衡量，因此，妇女从事家务劳动对家庭收入的贡献被"隐性化"，使包括妇女自身在内的很多人都低估了她们的贡献。有些农村家庭在外出务工男性能够赚取足够收入的情况下，将家庭土地转租给他人代种，让家庭女性脱离农业生产全部投入家庭生活，这虽然在一定程度上会减轻女性的负担，但也有可能使女性较以前在经济上更加依赖男性，弱化了女性在家庭中的地位。从某种程度上说，妇女留在农村从事农业生产实际上就是将女性排斥在较好的就业机会之外，使她们在新的社会分层中地位下降。因此，"农业女性化"难以从根本上改变男女两性在家庭与社会结构中的地位格局。

目前，安徽省农业对人力的依赖依旧比较大，农业机械化和农村社会化程度仍然偏低，农村妇女在肩负着生育负担以及尚未社会化的大量家务负担的同时，还必须承担起农业生产的重任，这势必给农村妇女增添了沉重的心理负担和更大的劳动强度。负担的加重使大多农村女性被束缚在家庭和土地上，更加无暇顾及自身的学习和文化水平的提高，无法触及现代女性的文化和观念，无法享受现代女性的生活，这些都极大地阻碍了农村女性向现代女性的转变，致使原本就属于弱势群体的农村女性仍处于一种与男性不对称的发展环境，使她们与男性的发展差距进一步拉大。

五 "农业女性化"对安徽省农村社会经济发展的影响

事实上,我国农村妇女从未脱离过农业生产劳动。在过去,男女共同经营农业生产时,由于繁重的家务和生养子女占去女性大部分时间,妇女在经济生活中的作用"被隐性化"。而现在,"农业女性化"趋势将农村妇女责无旁贷地推向了农业生产的"前线",开始以独立个体的形式参加农业生产劳动和农村建设,传统的"男耕女织"演变为"男工女耕",妇女成为农业生产的主力军。

(一)农村妇女用她们的勤劳和艰辛换取了农村社会的稳定与繁荣

农村妇女挑起农业生产的大梁,为安徽省农村和农业的发展做出了巨大的贡献。在非农化进程中,大量女性留守乡村从事农田耕作,使农村土地没有因为男性外出务工而荒废,保证了农业生产必需的劳动力数量,保障了农民主要农产品的基本供给,保留了农村的基本生活和生产条件;正是农村妇女在农村承担起农业生产的重任,才使农村男性有机会放下农业重担,进城务工或进入乡镇其他非农产业,促进了安徽省农村富余劳动力稳定有序地转移;也正是农村女性的留守为家庭发展提供了基本保障,兜住了家庭的生活底线,即使男性外出没有赚到钱也能使家庭维持最低生活,为家庭发展解决了后顾之忧,降低由非农转移带来的经济和社会风险,为农村劳动力走出农村、走向城市奠定了基础。同时,她们的留守使农村家庭老年人和孩子得到必要的照料和帮助,保障了农村正常生活和社会稳定。可以认为,"农业女性化"过程中农村妇女用她们的勤劳和艰辛,换取了农村社会的稳定与繁荣。

(二)"农业女性化"迟滞了农业现代化进程

"农业女性化"对安徽省农业生产发展及农业现代化进程的不利影响也是显而易见的。社会学理论认为,社会角色的成功扮演必须满足角色内容、角色能力和社会期望的一致。任何新角色的承担必须经过一个角色认知、角色学习以及对动态社会角色的适应过程。在此过程中任何新角色的扮演都可能出现角色中断甚至角色失败。鉴于男性与女性存在客观上的性别差异,有些女性在角色扮演过程中难免会出现一定程度的角色不适应、不合格或者角色紧张,而这些角色扮演的偏差势必影响农业生产,与传统男性主导的农业模式相比,女性主导的农业生产效率将有所下降。世界银行报告(2001)就曾指出,从世界范围来看,妇女主导的农业家庭和土地,其产出和收入均比男性低,女性在农业生产方面相对于男性来说客观上处于劣势。

从安徽省的实际情况来考量,"农业女性化"趋势下女性主导农业生产的格局在未来一段时间内还将继续,这也意味着低效率与低效益的农业生产仍将继续,这无疑会对安徽省粮食安全构成一定的威胁。随着工业化和城镇化步伐的加快,农业耕地呈进一步减少趋势,截至2013年底,安徽省仅有耕地6226.15万亩,比耕地最多的1954年整整减少了2592.06万亩,相当于减少了1.51个合肥市(含四区四县一市)面积大小的耕地,耕地的减少和农村人口的增长对资源环境的压力迫切需要提高土地产出率以保障安徽省的粮食安全。非农化进程中农村家庭分工的结果使得具有较高人力资本的男性劳动力流向城市、流向非农产业,将农业这一弱质行业留给了人力资本存量较低的女性。在安徽广大农村地区,传统上决定农业生产大事的主体都是男性,他们掌管着农业生产的关键知识、技术、信息和社会关系,丈夫外出后,妇女独自决策时往往会不知所措或出现决策失误。就目前安徽省农村妇女的整体受教育水平来看,难以成功扮演和胜任新型农民的角色,她们无论是在农业知识管理水平、劳动技能还是在劳动体能等方面均相对不足。在农业资本投入一定的情况下,农业劳动生产率的提高主要取决于劳动者的质量,如劳动者质量无法达到这一角色要求,必将给农业的稳定和持续发展带来风险。安徽省农村女性较低的人力资本存量,将严重影响农业技术的有效推广运用和农业管理水平的提高,加之农业基础设施长期得不到改善和更新以及农业生产条件的客观限制,这直接威胁到粮食生产的安全,对农村经济的可持续发展造成潜在威胁。2012年,安徽省人均农业劳动生产率为13921元,仅相当于全国的69.6%。尽管这些年来安徽省农林牧渔业总产值持续增长,从1980年的84.63亿元增长到2012年的3728.30亿元(见表8),但是,农林牧渔业总产值对全省GDP的贡献呈现逐年下降趋势,从1980年占经济总量的60.06%下滑到2012年的21.66%。可见,"农业女性化"影响了农业劳动生产率的提高,影响了农业现代化进程,使现代农业的发展和社会主义新农村的建设都面临很大困难。

表8　1980~2012年安徽农林牧渔业总产值及其比重

单位：亿元，%

年份	农林牧渔业总产值	当年安徽省生产总值	占省内生产总值的比重
1980	84.63	140.90	60.06
1985	198.24	331.20	59.86
1990	370.94	658.00	56.37
1995	980.26	1810.70	54.14
2000	1219.96	2902.09	42.04
2001	1258.06	3246.71	38.75
2002	1305.56	3519.72	37.09
2003	1305.36	3923.11	33.27
2004	1644.42	4759.30	34.55
2005	1666.19	5350.17	31.14
2006	1742.72	6112.50	28.51
2007	2070.09	7360.92	28.12
2008	2446.51	8851.66	27.64
2009	2569.46	10062.82	25.53
2010	2955.45	12359.33	23.91
2011	3459.66	15300.65	22.61
2012	3728.30	17212.10	21.66

资料来源：历年《安徽统计年鉴》；《安徽省国民经济和社会发展统计公报》。

在某种意义上，"农业女性化"也是农业弱质产业的表象。农业比较收益的低下，农业对农户的意义仅仅是"糊口"，由于没有从农业生产中获得更高收入的预期，农民缺乏主动学习新知识、采用新技术促进农业生产发展的积极性，这也决定了农户对农业尽可能少地投入资本和技术、使用较弱的劳动力和采用较粗放的经营方式。加之男性外出造成的劳动力不足，农村家庭农业生产常常处于一种维持状态，正常的劳动耕作和管理都很难保证，甚至土地抛荒，农业的持续发展将面临挑战。

六　应对"农业女性化"的策略与思考

安徽省是农业大省，农业生产在社会生产中仍占有一定的地位，2012年全省农林牧渔业总产值占省内生产总值的比重尚高于全国平均水平4.42个百分点。可以认为，只要农业还未完全走上规模经营的现代农业道路，即农业产业仍然处于比较收益的低端，只要转移出去的劳动力在就业稳定性和就业收入上还没有达到放弃土地的程度，即农业仍然肩负着农村家庭生活保险和家庭就业的任务，那么"农业女性化"现象在短期内就很难改变。鉴于上述分析，"农业女性化"趋势无论是对农村女性自身发展，还是对农业生产发展以及农业现代化实现来说，都是挑战和机遇并存、积极影响和消极影响同在。因此，在农村现代化进程中，充分发挥其积极影响和抓住其带来的发展机遇，尽可能削减其消极影响、应对其面临的挑战，是我们在未来一段时期内面临的重要任务。

（一）将性别意识纳入决策主流，采取有利于农村妇女发展的政策与策略

政府在制定公共政策时应突出或强化社会性别意识，从农业劳动力女多男少的现状出发，明晰男女社会性别的角色期待与角色区别，在制定农业和农村发展政策和计划时向妇女倾斜，将性别意识纳入决策主流；还必须运用社会性别分析方法，分析农村妇女发展中存在的问题，尊重、支持和关心妇女，倾听妇女的意见和需求，支持妇女的选择。在制定决策时，考虑将社会性别分析数据纳入全省农业统计，积极引进、开发、实施更多符合女性特点的致富项目，使农村妇女直接从中受益；制定出台鼓励农村女性创业的优惠政策，如放宽贷款限制、减少贷款手续、增加对农业的贴息贷款，为农村女性提供更多资金，促进其自我主导的非农转移；鼓励、支持、扩大农村女性干部的任用、选拔，以提高妇女对家庭经营和农村社区管理的参与度，使其切实投入新农村建设；在文化宣传过程中把握多元价值，肯定农村女性在全省农业发展和家庭照顾中的积极意义，将农村留守女性的真实生活呈现给社会各界，引起社会各界对农村留守女性的热切关注。

实际上，农村妇女非农转移的滞后不只是妇女发展问题，它将直接影响我国未来农村社区的建设和发展以及我国城镇化进程中人口性别比例的均衡。因此，加强对农村劳动力转移的性别研究，提出有利于女性劳动力非农转移的政策，改变妇女在整体转移中的劣势具有重大理论和实践价值。

（二）提高农村女性人力资本存量，充分发挥女性在农业生产中的作用

"农业女性化"趋势的出现，表明农村妇女逐渐成为安徽省农村和农业发展的主力，成为农业资源和农村社区管理的主体，也意味着农村家庭传统性别劳动分工已经或者正在发生变化。这一趋势是劳动力生产要素资源配置、劳动力市场激烈竞争的必然结果，在短期内很难彻底改变。因此，必须以科学的态度正确面对这一发展趋势。当前，最迫切的任务就是要加强各种形式的教育和培训，努力提高农村妇女的文化素质和科技水平，使她们能够胜任现代农业生产发展的要求，更好地发挥她们在农业生产中的作用。地方政府在制定农民培训计划时，在培训经费和培训指标上应向妇女倾斜，保证农村妇女占有一定的比例；以购买第三方服务的形式，开展针对农村留守女性劳动力的赋权增能培训，如通过社会组织、高等院校等开展就业技能、农业科技方面的培训，尤其是妇联组织应充分发挥其职能作用，整合教育资源，对农村妇女进行必要的职业技能培训，使之掌握必要的职业技能和必备的农业技术知识，这不仅能充分发挥女性在农业生产中的作用，也有利于促进农村女性劳动力的非农转移。同时，还应加强农村的九年制义务教育，在有条件的农村试点发展十二年制义务教育，努力消除农村女童失学率高的现象，从女童教育抓起，从根本上提高农村妇女的文化素质，增加农村女性人力资本存量。与此同时，加快发展现代化农业，推进劳动过程机械化、农业技术集成化、生产经营信息化，让农村女性摆脱繁重的体力劳动，把女性从传统农业生产中解放出来。

（三）加快城镇化进程，发展第三产业，推动农村女性非农职业转移

《2013年安徽省国民经济和社会发展统计公报》显示，2013年底安徽省常住人口为6029.8万人，其中城镇人口为2885.9万人，占常住人口比重为47.9%，即城镇化率为47.9%；而国家统计局公布的数据显示，2013年末我国大陆共有人口136072万人，其中城镇常住人口为73111万人，全国城镇化率为53.73%，比安徽省高出5.83个百分点。因此，要加快安徽省城镇化步伐，推动农村女性非农转移。根据《安徽省城镇体系规划（2012~2030年）》，

加大区域重点城市的辐射力度，完善各个地级市与县级市的城市基础建设，大力为小城镇发展注资，将更多的劳动密集型产业布局到小城镇，积极发挥小城镇对农村居民，尤其是农村女性的吸纳作用。

从长远来看，发展小城镇，实现对农村女性的"生产吸纳"是符合发展规律的。随着农业生产率的提高，加上土地资源的有限性，农村富余劳动力必然会越来越多。在富余劳动力向非农产业转移的过程中，男性已占据了领先优势，因此，要实现妇女向非农产业的大规模转移，政府必须合理制定规划，在组织引导劳动力转移时充分考虑性别比例，从各环节寻求吸纳农村妇女的就业渠道。"进厂不进城，离土不离乡"，就地在乡镇企业就业的方式就比较适合农村妇女。政府应努力创造条件刺激地方乡镇企业的快速、健康发展，重点抓好适合女性的农产品深加工产业，如饲料加工、食品加工及传统手工艺品生产等，增强乡镇企业对女性劳动力的吸纳能力。

在加快发展小城镇和乡镇企业的同时，还要重视发展第三产业。从长远看，第三产业是最能容纳劳动力的产业，也比较适合妇女。而且只有第三产业发展起来，农村妇女才能从繁重的家务中解放出来，也才有可能实现从农业向非农产业部门的转移。政府应顺应当前区域城市合作的潮流，借助泛长三角城市群的聚集优势，积极承接产业转移，尤其注重适合女性从事的、技术含量较低且从业人数较多的各类服务业及劳动密集型第三产业的发展，如社区服务、饮食服务、家政服务等，使小城镇成为农村女性劳动力转移的最现实、最广阔的载体。

（四）发展农村公共事业，改善农村女性生存和发展环境

"十一五"期间，我国开始大力发展农村公共事业，扩大公共财政覆盖农村的范围。当前，农村文化、教育、医疗卫生、社会保障、基础设施等社会事业已进入加速发展时期，这为农村妇女发展提供了难得的机遇。政府应在消除贫困、完成"两基"攻坚计划、完善妇女儿童权益保障体系等工作上下功夫，进一步帮助农村妇女及其子女解决生产生活、就业就学、疾病救治等实际困难，加快建立农村社区服务机构，如幼儿园、托老所、养老院等，为农村妇女提供更多的社会保障和公共服务，有效解决女性发展的后顾之忧，让农村妇女从繁杂的家务劳动中解放出来。同时，应关注农村妇女在家庭劳动中的社会价

值，赡养老人、生养孩子是人类的重要工作，对于整个社会发展有着重要的意义，农村留守妇女的家庭劳动理应得到社会的承认。因此，应把妇女承担的包括家庭事务、生养孩子在内的各种劳动都看成是社会劳动，并以合适的方式赋予她们相应的劳动报酬，改善农村妇女生存和发展环境。

参考文献

姚德超、汪超：《农业女性化研究文献回顾与展望》，《农业经济展望》2012 年第 2 期。

国家统计局安徽调查总队：《安徽调查》第 91 期，http：//www. ahdc. gov. cn/dt2111111141. asp？DocID = 2111119694。

安徽省发改委：《安徽省推进实施农村富余劳动力培训就业社保一体化工程》，http：//www. sdpc. gov. cn/gzdt/t20050919_ 43028. htm，2005 年 9 月 19 日。

安徽省统计局：《安徽省 2013 年国民经济和社会发展统计公报》，http：//www. ahtjj. gov. cn/tjj/web/info_ view. jsp？strId = 1392799909282214，2014 年 2 月 19 日。

国家统计局：《2013 年国民经济和社会发展统计公报》，http：//www. stats. gov. cn/tjsj/zxfb/201402/t20140224_ 514970. html，2014 年 2 月 14 日。

《1300 万农业劳动力转移就业》，中安在线，http：//ah. anhuinews. com/system/2011/03/27/003880121. shtml。

金一虹：《农业女性化：影响及前景》，《中国社会科学报》2010 年第 11 期。

吴海盛、张姝弛：《关于农业女性化的文献综述》，《农业开发研究》2008 年第 2 期。

高小贤：《当代中国农村劳动力转移及农业女性化趋势》，《社会学研究》1994 年第 2 期。

郑真真、解振民：《人口流动与农村妇女发展》，社会科学文献出版社，2004。

吴惠芳、饶静：《农业女性化对农业发展的影响》，《农业技术经济》2009 年第 2 期。

周庆行、宋常青：《农业女性化与老龄化趋势：新农村视域下的反思与解困》，《青岛农业大学学报》（社会科学版）2008 年第 1 期。

戴贤超、梁巍：《就业难！安徽省每年 30 万人动态失业》，《安徽商报》2013 年第 14 期。

B.7
小井庄社会发展报告

周典恩　周　静　王怡田*

摘　要： 本文采用问卷调查和深度访谈的方式对小井庄的基层管理组织、村民的村务参与意识、经济发展现状、娱乐休闲生活、"敢为人先"的拼搏精神、教育与医疗卫生、基础设施建设、社会保障体系、环境整治等方面做了广泛而深入的调研，较为全面而细致地展现了小井庄的社会发展状况，并在此基础上指出存在的问题及其应对策略，借此为小井庄乃至中国乡村既快又好的发展提供智力支持。

关键词： 小井庄　社会发展　社会建设

　　小井庄隶属于安徽省肥西县的山南镇，向东距合肥市约50公里，处于连接六安市、舒城县和合肥市的中间地带，省道315穿境而过，交通便利。北靠大潜山，南有丰乐河，土质肥沃，水源充足，气候湿润。因庄前保留有清光绪二年间的一口古井，故得名"小井庄"。小井庄现有27个村民组，农户1065户，总人口3652人，全村面积12.5平方公里，耕地面积6000多亩。经济发展以水稻种植为主，兼有园艺业、加工业、旅游业和劳务输出。

　　小井庄是中国农村"包产到户"的发源地。1978年的肥西大地，从开春到立秋几乎没下过一场透雨，旱情导致了严重的灾情，连片土地龟裂，草木枯死。除了少数水源较好的地方能收些早稻，其余中、晚秋农作物几乎绝收，形

---

* 周典恩，安徽大学社会与政治学院副教授，硕士生导师，研究方向：文化人类学；周静，安徽大学社会与政治学院民俗学硕士生，研究方向：民俗文化学；王怡田，安徽大学社会与政治学院人类学硕士生，研究方向：文化人类学。

式异常严峻。① 9月23日，肥西县山南公社小井庄生产队为了组织生产，合理利用仅存的珍贵水源，率先将土地和水塘分到组，次年分田到户，引爆了中国农村乃至各个领域的变革。这一创举受到时任省委书记万里同志的支持，并最终得到邓小平同志的首肯，"农村政策放宽以后，一些适宜搞包产到户的地方搞了包产到户，效果很好，变化很快。安徽肥西县绝大多数生产队搞了包产到户，增产幅度很大。'凤阳花鼓'中唱的那个凤阳县，绝大多数搞了大包干，也是一年翻身，改变面貌"②。小井庄这一创举实际上比一般认为最早实行"大包干"的凤阳县小岗村还要提前两个月，是名副其实的中国农村"包产到户"的发源地。这段历史在小井庄"农业生产责任制纪念碑"的碑文中也有记载。

"一九七八年，安徽遭受百年不遇的大旱。山南人民与旱魔进行了不懈的抗争。十月，小井庄队实行包产到户，秋种进度快，质量好，于次年获得大丰收。一九七九年五月二十一日，中共安徽省委第一书记万里来山南视察，深入小井庄查看庄稼，访问农户，赞扬'小井队干得好！'同年十二月十三日，万里再次来山南考察。在党的十一届三中全会精神指引下，农业生产责任制迅速发展。肥西县人民的创举，得到了邓小平同志的充分肯定。一九八〇年五月三十一日，他在'关于农村政策问题'中指出：'安徽肥西县绝大多数生产队搞了包产到户，增产幅度很大。'山南这块热土，被作为农业生产责任制的发祥地载入史册。如今小井庄人勤年丰，安居乐业，正按小康标准，建设新村，再创辉煌。饮水思源，不胜感荷！一九九四年，中共安徽省委副书记，合肥市委书记王太华两次来此视察，甚感欣慰，提议立碑纪念。今幸碑成，是为记。

2005年5月1日，小井庄包产到户纪念馆竣工建成，纪念肥西农民冲破禁区、锐意改革的艰辛历程以及由此引发的社会变革，并希望激发"敢为天

---

① 范先荣：《黄土地上的一场伟大变革——记家庭承包制在肥西的兴起与推广》，《党史纵览》1998年第3期。该文收藏于小井庄中国包产到户纪念馆展厅。
② 《邓小平文选（一九七五到一九八二）》，人民出版社，1983，第275页。

下先"精神中所蕴藏的巨大力量,焕发出新形势下奋勇拼搏、敢闯敢为的冲天热情,为建设小康、富民强县再铸辉煌。事实上,近年来随着新农村建设的深入发展,以农村包产到户发源地而享誉全国的小井庄,确实有了新的角色——省市县美好乡村建设示范点。从新农村建设到美好乡村建设,小井庄在政治、经济、文化、公共基础设施建设以及社会生态环境等诸多领域都发生了较大的变化,又一次成为社会改革发展的表率,成为新时期皖中一带农村社会发展的缩影和典范。2012年11月至2015年元月,《安徽社会发展报告》课题组先后数次前往山南镇小井庄,对当地政治、经济、文化、教育、社会建设等方面的情况进行调查问卷和无结构访谈,希冀对其社会发展状况做一个较为全面而细致的呈现。

一 政治状况

(一)基层民主管理组织构成

小井庄"包产到户"开启了中国农村经济生产的变革,打破了旧有的人民公社行政管理体制,率先实行家庭联产承包责任制和基层村民民主管理制度。近些年,基于"美好乡村"的建设目标,实现具有地方特点的"新社区治理模式",基层民主管理取到了较为明显的成果。社区通过民主选举村委干部、民主管理社区事务,设立村民组,建立了良好的党群关系和干群关系,同时建立志愿者服务制度,提升村民政治参与度和主人翁意识。

1. 村两委

小井庄"村两委"(即村党委和村民委员会)班子成员8人,选聘生1名。2006年,小井庄开始成立党支部,随着村民党员队伍不断扩大,现有4个党支部,党员人数达108人。村党委是小井庄一切组织和全部工作的领导核心,负责制定本村经济和社会发展规划,对本村重大问题进行决策以及对村委会提交的重要事项进行审议。时任党委书记郭宏祥,统领村级事务,主抓组织建设、纪检、民兵、计划生育、村综合改革等工作。村民委员会则是村民选举出来的基层群众性自治组织。目前,由村委会主任戴和兰主持村委会工作,主管村财经审批,负责村集体经济发展、村庄规划、土地置换、新农村建设、综治维稳、民政、妇女工作等。村党委在政治上领导村委会，小井庄第一书记陈磊统筹村两委全盘工作。①

2. 村民组

小井庄将全体村民分成 27 个村民组。每一村民组设专门负责人，称为村民组组长或小组生产队队长，主要负责本村民组的对外联络与宣传。包括每年的农业农村农民相关通知、公示、政策的传达，农业种植补贴的发放，村民选举工作的宣传，新型合作医疗的动员等工作。村两委通过设立村民小组生产队长，加强与村民的沟通和联系，便于村委事务的办理和了解村里、村民的基本状况。除此之外，村民小组组长对于动员村民积极进行民主政治参与也起到了不容忽视的作用。据大兴村民组一村民介绍，小组生产队长积极宣传动员，组织村民参加每一届的基层组织换届选举。

3. 村民代表大会

通过对调查组回收的 228 份有效问卷的统计分析，可以发现村民们认为在日常的民主自治中，小井庄采取的主要形式是"村民代表大会"。当问及"村务大会的主要形式"时，有 155 人，即 68% 的人选择"村民代表大会"，13 人选择"村民大会"，仅占 5.7%。此外，关于"村民代表大会每年举行几次"一题的均值统计结果为 1.69。可以认为，在村民的印象中，小井庄平均每年召开代表大会的次数为 1.69 次。也有村民反映，"事实上村委会大约每月召开一次例会，这样的例会有时也会有村民参加"②。

至于村民代表大会的主要内容，一位担任生产队队长的何先生告诉课题组，"一般就是学习党的政策文件、在会上汇报村里的情况、村书记指导工作"③。事实上，调查统计的结果也显示，有 81.6% 的村民表明村民代表"经常"或者"有过一两次"到自己家中了解情况、收集问题和意见。有村民表示，"有时遇上开会选举村干部，绝大多数村民都参与选举投票"④，可见村民代表大会是村民进行民主选举、民主自治、表达诉求的重要平台，也是村两委传达、解释政策，为民服务的前沿阵地。

---

① 肥西·山南镇小井庄村先锋网，http://wcwy.ahxf.gov.cn/。
② 访谈人：张丽丽；访谈对象：小井庄村民，女，24 岁。
③ 访谈人：罗冬冬；访谈对象：小井庄一村民组长何某，男，63 岁。
④ 访谈人：周锟；访谈对象：小井庄村民，杂货店经营业主，女，70 岁。

（二）村务管理运行与监督

1. 四议两公开制度

调查组在小井庄村委会了解到，小井庄所有村级重大事项在村党组织的领导下，按照"四议两公开"的程序决策实施。"四议两公开"工作法具体表现为以下几方面的工作：第一步，党支部通过广泛征求意见，科学论证，提出需要决议的事项，由书记主持支委会并介绍情况，经过委员会充分讨论和修改完善方案形成决议意见。第二步，由主任召开、主持"两委"会，会上书记通报提议意见，"两委"充分讨论，修改补充完善方案，此时可邀专家出席。第三步，召开党员大会，由书记主持，村主任通报意见、方案，党员结合自己对民意的把握对之进行思考和审议，审议通过便深入农民宣传、动员、解释。第四步，进行村民代表会议决议或村民会议决议：村委会主任主持会议通报决策事项和实施方案；接受代表咨询，做好详细记录，进行表决；对通过的事项做好宣传和对不同意见的解释工作；未通过事项视情况或中止或暂缓或重新完善进入"四议两公开"工作法决策程序。第五步，将决议结果在村务公开栏公示，时间不少于7天，并设征求意见箱，补充完善决议事项，若发现重大问题，宣布决议无效，修改完善后重新进入"四议两公开"工作法决策；若公示无异议，则组织实施决议。在村党支部领导下，村委会严格按照最终决议结果有计划、有组织地实施。接受监督，定期向党员、村民代表通报决策的执行进度、账目、预算。若实施中遇到突发问题需要变更方案的，及时向村民代表会议和党员大会道报。第六步，村务公开民主管理监督小组审核审查实施结果，随之村委会及时详实准确全面公示，并设意见箱。对收集到的意见，村委会三日内给予解答。

2. 廉政建设与群众路线开展

从2013年下半年开始，全党上下分批开展落实党的群众路线实践教育活动，小井庄将群众路线教育实践活动和廉政建设深入宣传，积极利用小井庄文化广场，开辟了"廉政文化宣传长廊"，形成了"以廉为荣，以贪为耻"的廉政文化氛围，并切实推进党的群众路线活动和廉政建设，取得了明显效果。2014年3月9日，习近平总书记在十二届全国人大二次会议上参加安徽代表团审议，提到"既严以修身、严以用权、严于律己，又谋事要实、创业要实、做人要实"的重要论述,简称为"三严三实"。小井庄党组织奉"三严三实"为作风建设的标杆。党组织领导村两委出实策、办实事,为小井庄人民带来很多切实的福音。

除此之外,小井庄党支部还设立"三会一课"① 制度、党员公开承诺制度、民主评议党员制度、党员联系和服务群众制度、党支部党务公开制度、党支部民主生活会制度,并对党支部主要职责、党支部书记的主要职责进行了公示,方便党员及时深入地了解群众意见,也有利于加强群众对党员组织的监督。

3. 村规民约

小井庄制定了村规民约,对村民相关的权利和义务做了详细的规定和价值倡导。如规定村民应积极学习、宣传、执行国家各项法律法规和政策,认真完成上级下达的各项任务;抵制各种反动邪教,抵制黄、赌、毒,对参加上述活动且造成严重后果的村民,减少或取消其基本村民待遇(即村级分配待遇),直至悔改;积极协助党支部推荐入党积极分子,在推荐的入党积极分子中,女性比例争取达到50%,支持、鼓励妇女参政议政,在换届选举中,女性当选村民代表不少于50%;入选村两委、村民组长以及其他村民议事机构的比例不低于1/3;宅基地、土地承包、征地拆迁补偿方面,独女户增加一个半人份,二女户增加一人份,为农村女儿户主持操办红白喜事,农村女儿户困难家庭列入"五保"对象,可入住敬老院供养,独女户、二女户医保个人筹资部分由镇财政负担;严格执行各项财务管理制度,做到日清月结,公开上栏,成立民主理财小组,严格执行财务审批制度,组账村管,村账镇审,杜绝挪用公款、白条顶库;村委会成立民事调解组,积极调解民事纠纷,努力做到大事不出村,小事不出组;执行国家《土地法》有关规定,禁止个人擅自占用土地,凡使用土地者必须服从本村统一规划,村民讨论,村组签字,并上报镇政府办理土地使用手续后方可动土,私自动工者村委要出面制止,并追究当事人及其所在村民组组长责任;爱护公共财产与公共设施,损坏者照价赔偿,维护村庄道路,不得破坏公路和私自占用路面。

二 经济状况

肥西县借助省会城市合肥"后花园"的区位优势,近年来经济发展迅速,

---

① 即党小组会每月一次,党支部委员会每月一次,支部党员大会每季度一次,党课半年一次。

成为中国百强县之一。山南镇小井庄作为肥西县的重要宣传窗口和新农村建设的典范，不仅有交通区位优势，还拥有深厚的农业基础、丰富的历史文化资源、敢为人先的改革精神以及政府对改革发源地的关注和政策倾斜，目前正朝着"改革发祥地、生态农业区、旅游观光点、小康文明村"的发展规划稳步推进。

小井庄处于秦岭－淮河一线以南，属亚热带季风性湿润气候，水分充足，地形多丘陵，土壤肥沃，因此农业种植一直是当地的主要经济来源，种植粮食作物水稻和小麦，经济作物棉花和茶叶等。然而，近些年随着外出务工人员的明显增多，曾经给小井庄人解决温饱问题的"包产到户"政策越来越不适应农村社会的发展变迁，不适应现代化大农业的发展。从2000年起，山南镇开始实行土地整合，将分散的农庄集中居住，实行大面积的土地整合以增加耕地面积，并逐渐实行土地流转优惠政策。截至2013年5月，已流转土地近3000亩，整村流转率近40%。这一措施，一方面，有利于将闲置抛荒的农田充分利用起来，借助种粮大户的土地承包经营推行机械化生产，提高生产效率；另一方面，可以借此调整农业产业结构，大力发展养殖业、农副业和农业观光旅游业。目前，小井庄已经建成占地1100余亩的无公害绿色基地，发展蔬菜大棚、瓜果种植和苗圃花卉栽植，吸引周边数百户农户剩余劳动力就地就业。此外，山南镇副镇长廖自胜先生告诉课题组，"村里30多个自然村庄，每个村庄都有一到两口面积在3亩以上的池塘，承担农业灌溉功能的同时，也可供部分村民从事渔业养殖；也有部分村民承包土地或水池，从事家禽家畜的规模化饲养。目前，村里养殖大户有10余户，以养鸡鸭、猪、鱼为主"[①]。"土地整合"、"土地流转"、农业产业结构调整等措施再一次体现了小井庄人敢闯敢干的改革精神。

目前，小井庄经济结构的特征是以农业经营为主、兼有以劳动力输出为主的从事第二产业和第三产业的打工经济。和中国很多其他农村地区一样，由于城市与乡村之间的发展差距较大，小井庄留在村里务农的人数较少，大部分青壮年劳动力都去往城市务工。近年来，外出务工人数不断增加，2010年有1300余人，2011年有1400余人，2012年达到1500余人，约占当年全庄人口总数的1/3，2013~2014年这些数字有增无减。小井庄外出务工人员的主要流入地为上海、江苏、浙江等沿海经济较发达的省份和地区。他们年龄大都不超过50岁，以从事

---

① 访谈人：周典恩；访谈对象：山南镇副镇长廖自胜，男，50岁左右。

工地、工厂的第二产业以及服务业相关行业为主,年均人收入在4万元上下。除此之外,小井庄的郭书记还提到,"小井庄还有去外国(以色列)的劳务输出,去了恐怕有50多人,主要是做瓦工,从事建筑行业,一年有20万元左右的收入"①。村民的收入来源除了在家务农外,主要是依靠外出务工,对于不少家庭来说,打工经济在家庭收入结构中所占的比例高达60%以上。

同时,山南镇为招商引资,建立了"小井庄工业园区",为整个山南镇经济发展注入了新的血液。小井庄工业园是合肥桃花工业园的一个分园,水、电、路等基本配套设施完善,目前已有数家企业入驻,有的能达到上亿元的年产值。这些企业主要从事叉车和汽车配件的制造与加工,为数千人提供了就业机会。

近年来,小井庄在国家政策扶持、地方政府和当地村民的共同努力下,经济取得了较快发展。2007年实现村级集体经济收入10多万元,农民人均收入达5500元。2009~2011年,村民年均收入分别约为6900元、7756元和8848元,呈现增长趋势。到2014年,村人均年收入已达13000元。

具体到每一个家庭的经济水平情况,根据在小井庄收集到的问卷分析,平均每个家庭有2人左右在外地打工或经商,平均每个家庭的住宅面积是150.56平方米,拥有的大件家电数(包括电视机、冰箱、洗衣机、电脑等)是2.66件,机动车为0.79辆。每天在柴火、煤球、煤气、电器等家庭日常生活能源上的花费多在15元以下,而除去能源花费的日常支出则多在15元以上(见图1、图2)。

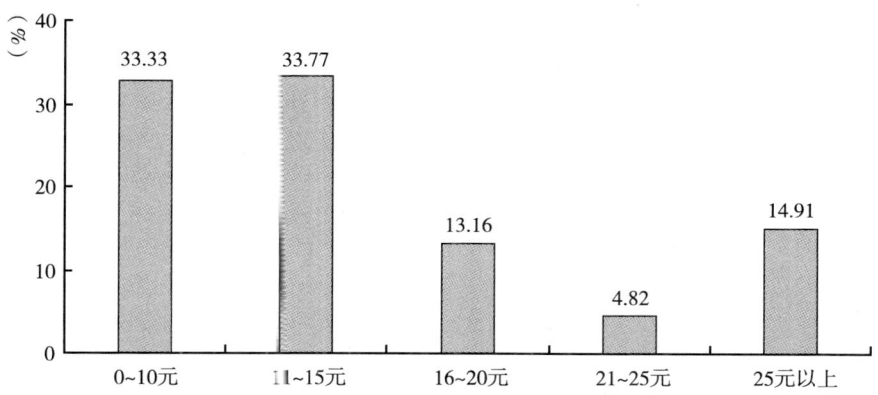

图1 2012年小井庄每日家庭能源花费

---

① 访谈人:周典恩、周静、王怡田;访谈对象:小井庄村党委书记,男,45岁左右。

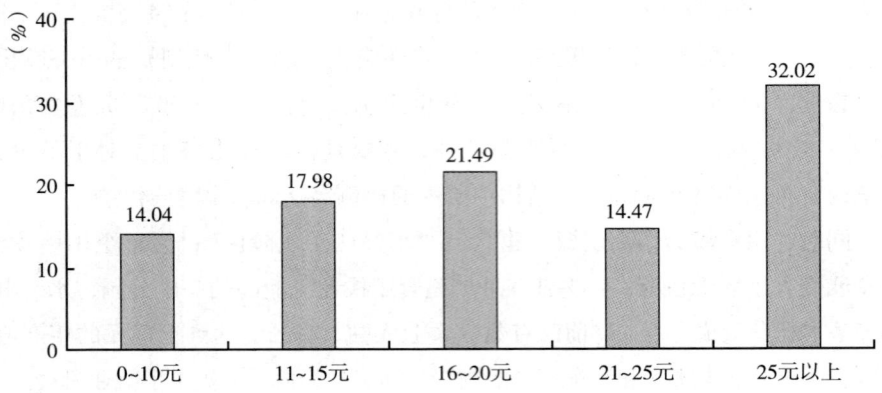

图 2　2012 年小井庄每日家庭日常支出

三　文化生活情况

（一）小井庄的娱乐休闲生活

目前，留在小井庄的村民还是以务农为主，少数人从事制造加工、绿化、保洁等工作。在农闲时节或者周末休息时，小井庄村民的主要娱乐活动方式相对来说较为单一。据村民们反映，主要有打麻将、打牌、赶集、串门聊天、走亲戚、看电视等活动。近些年，村委会设立了小井庄综合文化站，包括有农家书屋，电子阅览室，老年大学，老年活动室，留守老人、妇女、儿童活动室，文化广场等活动场所，组织举办戏曲演出、文艺调演、青年歌手大赛、广场舞比赛、趣味运动会、乒乓球比赛等文娱活动，极大地丰富了村民的文化娱乐生活。例如，2014年小井庄组织举办了由强力集团赞助的青年歌手大奖赛、农民文化乐园慰问演出、"二·一九农根文化节"等活动。

在小井庄，课题组就村民的娱乐休闲情况采访了若干人。一位姓刘的老人告诉课题组，"平时也没有什么娱乐活动，就看看电视，偶尔跟其他人打打麻将，都是30块钱左右输赢的"[1]。当调查员问他们对丰富村里的文化生活有什

---

[1] 访谈人：罗冬冬；访谈对象：小井庄村民刘某，男，66 岁。

么建议以及是否需要建立老年大学、老年人活动室时,他坦言道:"我们年纪都大了,没啥建议,就平时打打麻将、看看电视就行了,大多数时间都在田里,要么就跟邻居聊天,哪有时间去参加什么活动,太麻烦,我又不识字,不想参加那些东西(指访谈者提出的老年学校或者活动室)。村里偶尔来人表演唱歌跳舞的就去看看,没时间就不去看。"① 还有一位老人也提到,"闲暇的时候,会去看村里的文艺演出,比如村里有戏班子来唱戏、逢年过节逛逛庙会。平常在家空闲时就看看电视,到熟人家串门、聊天"②。

相对于老人,村里中青年村民的文化生活显得丰富得多。他们对自己目前的休闲生活很满意。45 岁的李先生告诉课题组,"以前闲暇的时候,主要和熟人打牌、打麻将,有时看看电视。现在村里有文化室、有读书看报的场所,挺好的。文化生活比以前更丰富了,因为村民可以选择的活动多了。逢年过节搭戏台唱戏,大家还可以聚在一起热闹热闹"③。一位 24 岁的年轻妈妈告诉课题组,她平时的休闲娱乐活动主要是"带孩子在村里的小广场逛逛,晒晒太阳,在家有时也会上网、看电视"。并且特别提到"2011 年村中修建了两个小广场,有篮球架、乒乓球台和一些健身器材,小广场经常有人唱戏、演二人转、跳广场舞等。比过去天天晚上在家看电视好多了"④。

(二)小井庄的村落风俗

小井庄的风俗习惯甚多,笔者无法在如此有限的篇幅里面面俱到。故而,课题组仅对结婚彩礼这一习俗做了调查。据村民们反映,现在小井庄里的新人结婚,一般男方在订婚时给女方一万元结婚定金,购置"三金"(诸如金项链、手镯、戒指等),在女方要求的镇上或城市里买一套合适的房子,装修好,添置好家具,家里还要有一定的存款。女方则负责陪嫁冰箱、洗衣机、彩色电视机、空调、电脑、摩托车等,条件好的还有小汽车。小井庄村民何大姐的话简练地说明了小井庄目前结婚习俗中的主要经济花费,"男方娶媳妇要 40 万~50 万元用于买房子和装修,一般都在上派和合肥买房子。女方嫁女儿要

---

① 访谈人:罗冬冬;访谈对象:小井庄村民刘某,男,66 岁。
② 访谈人:曹珊珊;访谈对象:小井庄村民,女,63 岁。
③ 访谈人:周锟;访谈对象:小井庄村民,男,45 岁。
④ 访谈人:张丽丽;访谈对象:小井庄村民,女,24 岁。

买汽车、电视、空调等家用电器等需要十几万元"[1]。

结婚时的酒席现在多在饭店里办，村民们说这样省事方便。至于客人给的礼钱数额，大多数受访者表示普通邻居一般在200元左右，有亲戚关系的就不止这些。小井庄村民处理不同亲疏远近的人际关系原则，正如堰拐村民组的一位村民说得那样，"村里的红白喜事随礼要看关系的远近，一般最少要给100元，多的话两三百、五六百，上千元的都有"[2]。这些花费一方面能体现小井庄的普遍经济水平；另一方面似乎也可以看出，近些年村里的婚庆风俗文化较多地浸染了城市里流行的金钱观念，择偶、结婚有过多关注和要求对方经济条件的倾向。

2013年，小井庄开始申报安徽省"美好乡村"示范点，大力倡导文明的乡风民俗，制定小井庄村规民约，内容从"村庄秩序"到"男女平等"，从"和睦邻里""扶贫济弱"到"计划生育""建设美满家庭"，彰显了新时期农村社会的新风貌。课题组看到，在小井庄村委会附近的宣传栏板上，"小庄村规民约二十条"很引人注目，简单通俗却毫不含糊地表达了小井庄人自觉遵守的共同约定。

"第一条，人人要学法，不打架不吵嘴辟谣不挑拨

第二条，做人讲原则，不骗人不赌博毒品要拒绝

第三条，旧俗要消灭，不迷信不信邪神鬼装不得

第四条，人人讲风格，破旧俗树新风文明守公德

第五条，村容要整洁，杂草粪土不乱堆污水不乱泼。牲畜不乱跑，垃圾定点倒，鸡有笼猪有圈池塘养鹅鸭

第六条，规划建民宅，决不允许个别户乱建和乱搭

第七条，讲究民住宅，改水改厕多绿化里外要整洁

第八条，婚姻事非小，男女结婚要合法晚婚晚育好。男女把婚结，双方订条约，男嫁女或女嫁男平等又合法

第九条，婚居俩商量，男到女方去落户我们要倡导

第十条，男女要做到，婚前免费去体检优育生宝宝

---

[1] 访谈人：张旭；访谈对象：陈堰村民组居民，女，38岁。
[2] 访谈人：周锟；访谈对象：小井庄堰拐村民组村民，女，61岁。

第十一条，干群要记牢，女党员女干部重点培养好

第十二条，帮扶互协作，支援贫困女学生优先上大学

第十三条，人人讲道德，关爱留守女儿童是村民的职责

第十四条，村三要做到，互尊互爱互相帮助和谐乐滔滔

第十五条，妇幼更重要，妇女儿童合法权益坚决维护好

第十六条，家庭创五好，好儿媳好妻子妈妈更要好

第十七条，新三小宝宝，姓氏自由要提倡随母姓更好

第十八条，国策要记牢，计划生育新政策要家喻户晓。争当带头人，节育更重要，少生优生多快乐人人要做到

第十九条，人人要知晓，独女户二女户照顾有政策

第二十条，女孩子也是宝，生男生女都一样是一代好苗苗。防老我来帮，医保政府交，到了六十花甲子退休包养老"

（三）小井庄"敢为人先"的拼搏精神

30多年前，肥西县小井庄首创农业"包产到户"，揭开了中国农村改革的序幕，带来了中国农村30多年的大变革、大发展。"包产到户"不仅创造了巨大的物质财富，而且留下了宝贵的"敢为人先"精神。

20世纪70年代后期，全国农村经济发展处于艰难时期，肥西经济发展也不例外。由于我国农村长期实行人民公社体制，其"一大二公"的所有制形式严重挫伤社员的生产积极性和创造性，制约农村经济的发展。1978年9月，小井庄将土地分到21户农户，让其自主经营，即实行"包产到户"，极大地调动了农民生产的积极性。1979年，肥西小井庄包产到户的做法，受到国家和地方政府的肯定。1980年，邓小平同志在《关于农村政策问题》中，充分肯定肥西包产到户的这一做法，提出"农村政策放宽以后，一些适宜搞包产到户的地方搞了包产到户，效果很好，变化很快。安徽肥西县绝大多数生产队搞了包产到户，增产幅度很大"。不管是肥西县的包产到户还是凤阳县的大包干，都体现一种独特的"敢为人先"的创新精神，也体现了解放思想、实事求是精神。

小井庄"包产到户"的精神内涵，概括起来就是"敢闯敢试、勇于创新，解放思想、求真务实，自力更生、艰苦创业，尊重民意、以人为本，风险共

担、诚实守信"。其精髓是解放思想、敢为人先的创新精神，关键是尊重民意、求真务实的民主精神，核心是风险共担、艰苦创业的拼搏精神。这些宝贵的精神文化遗产在今天的小井庄依旧熠熠生辉，2005年，小井庄中国包产到户纪念馆已成为国家3A级景区，小井庄也是中央文明委"百县千乡"宣传文化工程点，安徽省历史文化名村，省市县新农村建设示范点，市县爱国主义教育基地，全县组织系统干部思想教育基地，多所大学、部队、中小学实践教育基地。小井庄的故事和小井庄中国包产到户纪念馆极大地弘扬了"敢为人先"的创新精神，不断激励着小井庄人民乃至全省全国人民勇往直前，改革奋进，这就是小井庄最为核心的精神与文化内涵。

四 教育与医疗卫生情况

（一）小井庄教育现状

小井庄里的孩子一般在山南镇的小学和中学读书。村里非常重视对大学生人才的培养，教育氛围浓厚。近年来，小井庄加大了对教育方面的投入，主要体现在两个方面：一是奖励品学兼优的读书子弟；二是建设村图书阅览室、农村文化站等，以提升村民的科技文化素质。

1. 小井庄奖学金制度

小井庄对村内贫困家庭进行大力扶持，保障贫困家庭子女完成九年义务教育。村里适龄儿童的辍学率为0。小井庄对于村里高端人才的培养也倍加关心，村委会针对优秀子弟设置了不同层次的奖励。对于独生子女家庭或二女户家庭的小井庄子弟，高考考上三类本科的，每位给予2000元奖励；考上二类以上本科的，每位5000元奖励。这样的制度促进了小井庄的学生更加努力地学习。目前，已有多人成功考上了本科和硕士，并且获得了村委会的奖励。

2. 村委会宣传教育的方式

对于村民的教育，除了通过设立农家书屋、图书阅览室、文化站来提升村民文化素质的方法外，小井庄村委会也采取多样而直观的宣传教育手段，效果良好。比如，通过建成生育文化广场，运用雕塑手法，生动地展现了从过去人口众多、生活窘迫到今天优生优育、幸福生活的历史变迁。再比如，设立小井庄教育警示墙，利用通俗的文字和形象的漫画教育广大村民"崇尚科学，远离邪教"。此外，小井庄村委会的广播室通过覆盖全村的广播声音信号，宣传"秸秆禁烧""打黑拆违""计划生育"等方面的政策，也起到十分重要的宣传教育作用。

（二）小井庄医疗卫生现状

课题组调查发现，近年来村里整体设施建得很不错，医疗卫生条件也比以前要完善很多。"村中有一处卫生站，环境挺好的，村民有感冒发烧等小疾病时，会去那里治疗。"① 一般头疼脑热的会去村里的卫生站治疗，大病需要去附近的大城市就诊。

前几年，村里动员大家参加了新型农村合作医疗保险。新型农村合作医疗是由政府组织、引导、支持，农民自愿参加，个人、集体和政府多方筹资，按照"政府出大头，农民出小头"的筹资形式，以大病统筹为主的农民医疗互助共济制度。村民的每笔医疗花费国家可按一定的比例给予报销，一位姓何的村民告诉课题组"现在全民医保，我们村都参加医保了，感觉医保很重要，很实用，挺好的"②。小井庄积极推进新型农村合作医疗制度，减轻了村民看病就医的经济压力，使"因病致贫，因病返贫"的现象明显好转。

五 社会建设情况

社会建设包含的范围广泛，凡关系到人民群众基本生活质量和共同利益的公共事业，都属于社会建设。这里所指的社会建设，主要是小井庄物质性的基础设施建设以及社会管理方面的制度设施。

（一）基础设施建设

基础设施是指为社会生产和居民生活提供公共服务的物质工程设施，是用于保证国家或地区社会经济活动正常进行的公共服务系统。它是社会赖以生存发展的一般物质条件。基础设施包括公路、铁路、通信、水电煤等公共设施，

---

① 访谈人：张丽丽；访谈对象：小井庄村民，女，24 岁。
② 访谈人：罗冬冬；访谈对象：小井庄村民组长何某，男，62 岁。

俗称基础建设（Physical Infrastructure）。广义的基础设施除上面提到的还包括教育、科技、医疗卫生、体育、文化等社会事业即"社会性基础设施"（Social Infrastructure）。本文所呈现的主要是狭义上的基础设施建设。

小井庄村民住房。小井庄的新农村建设中住房建设是一项重要的内容。新农村住房建设分三期完成，第一期建设55套，第二期建设150套，2014年进入第三期建设，新增70多套，截至目前已有310多户拥有美观整洁的新住房。

村交通基础设施。小井庄村公路管养机制基本建立，贯穿小井庄的省道有"山双路"和"杨桃路"两条，宽7米。经过"村村通""户户通"工程，小井庄以及周边村庄主干道也都修建了水泥公路，方便村民出行。2009年初到2012年底，小井庄修建了路面宽4米的水泥路有8公里，宽7米的水泥路有4公里，共12公里，加上近两年新增修筑的，总计可达14公里水泥路面。

农业灌溉设施。小井庄建成农业灌溉水渠6公里，提高了农业抗旱排涝能力，为农业生产提供了基本保障。山南镇廖镇长告诉课题组，"小井庄拥有2个电灌渠道，从磨墩水库打通过来，分东西两个支渠，全长应该有20公里，在特殊干旱时期才启用"①。

水电设施。小井庄电网覆盖面广，已经形成一个布局合理、安全可靠的农村电网体系。在电信设施方面，电信网络在行政村已经基本覆盖。广播电视"村村通"工程基本完成。

（二）社会保障建设

小井庄社会保障建设主要有社会最低生活保障（以下简称低保）和养老保险两个方面。

农村居民最低生活保障制度，是指对持有农业户口的家庭人均收入低于当地农村低保标准的贫困居民给予差额补助的社会救助制度。它是农村社会保障制度建设的关键，是社会保障制度的最后一道"安全网"，是实现整个社会和谐安定不可或缺的基本手段。近年来，安徽省出台了一系列关于农村最低生活保障制度建设的文件，确定了农村低保的对象、标准和范围，使农村最低生活保障人数不断增加、保障覆盖率逐步提高、保障资金显著增加。据调查，小井

---

① 访谈人：周典恩；访谈对象：山南镇副镇长廖自胜，男，50岁左右。

庄的农村低保户生活条件明显改善，在村委会的帮助下，低保户家庭逐步自力更生，进入正常生活的轨道。低保户除了每月的基本生活费用保障外，还会在节假日得到村委物质层面的帮助和精神层面的关怀。村民对小井庄的低保工作普遍认同和支持。

农村社会养老保险制度是我国新农村建设的重要环节，关系到占总人口近一半的农村居民目前或将来的生活质量。随着农村人口出生率的下降、人口老龄化速度的加快以及家庭结构的日益小型化，农村社会养老问题愈益突出。据调查，小井庄60岁及60岁以上的老年人口日益增加，2010年550人，2011年575人，到2012年就已经达到630人，这几年更是居高不下。村里老年人基本上都参加了社会养老保险，比例在98%以上，村民对社会养老的重要性和满意度也非常高，满意度在90%以上。到目前为止，小井庄没有敬老院，以家庭养老为主，山南镇里设立的有三个敬老院。根据课题组对小井庄负责人的访谈得知，小井庄没有敬老院是可以理解的。"我们农村60岁以上的老人，大多数身体都好，干活麻利着呢，一般都不愿意去敬老院。除非是生活不能自理的老人，才去住镇里的敬老院，像这种情况的，小井庄大概有10个人吧。"[1]

（三）村志愿者队伍活动

小井庄组建"志愿者服务队"，通过志愿者活动加强村民间的接触与关怀，减轻彼此的疏离感，使大家感受到社会的温暖，增强村的亲和力，是其在社会管理体制方面的一大创新。2013年5月，小井庄村委会向广大村民、辖区单位发出"倡议书"一封，写到"如果您热爱美丽的小井庄村、热心社会事业，如果您愿意献出爱心，愿意关心那些需要帮助的人，那么，请您伸出您温暖的双手，加入小井庄村志愿者队伍中来吧！陪陪孤寡老人，帮帮贫困儿童，做做卫生监督员，捐出一点零花钱、利用特长做做义工……如果我们都伸出友爱互助之手，献出我们的爱心，不计报酬、不图索取、服务为民、奉献社会、文明和谐的暖流将永远荡漾在我们身边……就让我们积极行动起来，主动申请加入村志愿者服务队。奉献无限的爱意，用真情谱写出小井庄村更加平安

---

[1] 访谈人：王怡田、同静；访谈对象：山南镇副镇长廖自胜，男，50岁左右，小井庄村书记郭宏祥，男，45岁左右。

和谐的新篇章!"倡议发出后,大家踊跃参加志愿者队伍,并按照志愿服务的不同项目分为8个组,每组各有1个志愿者队负责人,在志愿者服务广场等地有计划地开展各种服务活动。

(1) 宣传教育篇。小井庄建立了志愿者服务广场后,志愿者队伍积极开展各种便民服务活动,为农民群众的生产生活提供便利信息和服务。及时向群众宣传各项惠农政策、科普知识、法律制度、计生政策等,为群众答疑解惑,传达信息,深受村民欢迎。

(2) 暖阳行动篇。"百善孝为先",尊老、敬老、爱老是中华民族的传统美德,近年来随着年轻人的外出,空巢老人逐年增多。志愿者们的热情温暖了老人,举办老年大学、进行文艺会演、慰问孤寡老人,种种行动让老人的脸上舒展着欢乐的笑,实现老有所终、老有所养。

(3) 留守儿童篇。做好留守儿童这一特殊群体的服务教育管理工作,让留守儿童在家安心学习生活、留守儿童父母在外放心务工创业,是一项重要的民生工作。小井庄村志愿者队伍给予了留守儿童父母般的关爱,辅导孩子们学习,举办各种文娱活动调动孩子积极性,给留守儿童创造一个良好的学习和生活环境,让他们在轻松愉快的氛围中快乐地学习,健康地成长。

(4) 助跑成长篇。孩子的成长关系整个国家的发展,为了让孩子们茁壮、阳光地成长,小井庄村组织了丰富多彩的课外活动助跑成长。如读书节活动、征文、演讲比赛、乒乓球比赛等。孩子们在欢笑中获得知识和友谊,在健康和融洽的气氛中奔向美好未来。

(5) 扶贫助残篇。心系弱势群体,情牵扶贫助残。近年来,小井庄村始终坚持扶助贫困村民,改善残疾人生活状况,维护残疾人合法权益。志愿者以全国助残日为契机,以保障贫困村民基本生活为重点,为贫困家庭助残人员早日脱贫致富出谋划策,铺路搭桥,促进了经济社会的和谐发展。

(6) 环境保护篇。重视农村生态环境治理和保护,对于促进农业和经济社会环境的协调发展、推进新农村建设具有非常重要的意义,也成为我国新时期生态环境保护工作的重中之重。小井庄村对新农村建设进行合理规划,大力提高绿化率,科学回收处理各种垃圾,使整个村呈现一幅徽派田园风貌。

(7) 就业指导篇。随着肥西经济总量大幅攀升,综合实力不断提高,百强肥西美誉度不断提升,促进了本地就业形势的趋好。为了促进农民工的就业,小井庄村多次组织各类就业指导培训班,传授就业知识和技能,举办各类就业指导培训班,传授就业知识和技能,并且举办"春风行动"等招聘会,为农民朋友创造就业机会。

(8)文体活动篇。小井庄志愿广场先后组织开展广场文艺演出、庆建党90周年文艺演出等多场大型文艺活动;成功举办了三届"二·一九"农根文化节广场文艺演出和两届"田源杯"青年歌手大奖赛及各类书法、摄影、绘画展等,极大地丰富了全镇广大农民群众的精神生活。

在村规民约中,小井庄也强调了这一志愿服务精神,倡导大家积极参与敬老、爱幼、助残志愿服务活动以及义务宣传环保知识、保护山川河流、参加植树造林。

(四)社会环境整治

社会环境主要分为社会生活环境和社会生态环境。在社会生活环境方面,小井庄社会生活环境良好,村民邻里关系融洽,村民闹矛盾情况少。近几年,小井庄没有发生过群体性事件。这些得益于村民文化素质的提高和社区治安工作的落实。村民对村里的社会治安环境的满意程度在85%以上,多数村民认为社会治安环境越来越好。

2013年,继"新农村建设"之后,小井庄大力推进"美好乡村"建设,严格按照"特色保护型"村庄建设要求,朝着"村美、民富、社会和谐"的目标推进新村建设。其中,在生态宜居方面重点做"四篇文章":一是做活"水"文章,即实施村庄水系整治,对中心村内池塘中的杂草和主干道两侧近400米沟渠内的淤泥、垃圾等集中清理,并铺设渠道盖板,改变渠塘脏、乱、差状况。此外,实行"雨污分离",生活污水通过3个污水提升泵站加压输送到山南镇污水处理厂集中处理。二是做大"绿"文章,对中心村主干道及区间道路沿线绿化进行补植,重点在健身广场周边开展环境整治,到2014年初共新增绿化面积近7000平方米,使之成为村民休闲娱乐的重要场所①。三是做优"路"文章,围绕中心村整体布局规划,完成中心村循环道路及区间道

---

① 《生态靓园建美村——记合肥市肥西县山南镇小井庄村》,安徽美好乡村建设网,http://www.ahmhxc.gov.cn/html/hjzz/2013-11/131116775.html。

路规划设计工作。四是做靓"园"文章，创新引入"徽田园"设计理念，按照"竖成条、方成块"的整治思路，对群众门前屋后的小块菜地统一整理，并安装小栅栏予以规整，使之保持良好的生态田园氛围。对于生活垃圾，小井庄加大治理，统一规划建设，每15户发放垃圾桶一个，对生活垃圾进行统一的分类回收和处理，每天都会有垃圾车集中运送至山南镇进行处理。

目前，小井庄村容整洁、乡风文明、树木多，空气质量好，适宜居住和养生休闲，被纳入"环巢湖生态保护二期项目"。

六 小井庄社会发展的困境及应对措施

肥西小井庄拥有令人激动和骄傲的农业改革历史，发扬锐意创新、踏实拼搏的精神，在新时期中国新农村发展的道路上亦是阔步向前，走得豪迈而稳健。近几十年，肥西的经济社会呈健康积极的发展态势，取得了显著的成绩，不负历史荣光。然而，不容否认的是，小井庄在发展过程中也存在一些问题，并且随着经济结构的调整和社会转型的逐步深化，一些新的挑战也逐渐浮现出来，考验着社会管理者的智慧卓识和决策眼光。

（一）村民的政治参与意识不强，参与能力不足

小井庄基层政治组织架构合理，运行良好，监督有力，党群关系密切，村民的自治权利和意见要求能够通过合理有效的途径得到尊重和实现。然而，村民的总体政治参与意识并不强，参与能力也不足。课题组从村民对村务公开栏的关注度、村庄政务的了解以及每年参加村民会议的次数三个方面对村民的政治参与情况进行了调查。

关于对村务公开栏的关注。根据问卷调查，在"您的村里是否有村务公开宣传栏"这道题目里，有78.9%的被调查者明确回答"有"，21.1%的人选择"不清楚"或者"没有"，可见村民对村务公开栏设置的准确了解的占4/5。而当问及村务公开栏里的内容大概多久更换一次时，选择"不清楚"的被调查者便达47.4%的比例，由此可知大多数村民虽然知道有村务公开栏，但并没有太注意其内容。

关于村民对村庄政务的了解。通过观察村民对村里财政支出、集体资产的

使用和管理、村干部选举、村"五保"与村低保政策的宣传的了解情况，可以大致得知村民对政治事务的了解情况。如图3所示，小井庄村民对村庄政务的了解程度总体不算乐观。对村财政支出、集体资产管理情况"不了解"的村民均超过调查总数的70%，"比较了解"及"很了解"的人占比明显降低，对后者"很了解"的比例甚至为0。相比于集体财政、村干部选举这些公共事务，"村五保""村低保"这些直接关系到个体利益的事务才更多地引起他们的兴趣，"了解一点"的比例明显反超"不了解"的比例。

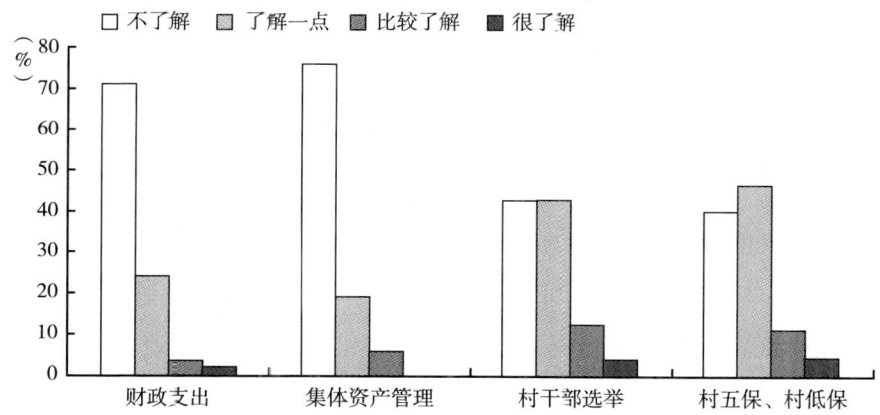

图3　村民对小井庄社区政务了解情况（N=228）

关于每年参加村民会议的次数。当问到"您在最近一年内参加过几次村里召开的会议"时，有69.3%的人回答"0次"，仅4.8%的人选择"3次及以上"，若将此选项放大以"10次"记，计算得到每人平均次数仍不足1次，为0.84次。可以看出，村民们平时参加村里会议的次数是比较少的，并且在参加会议的那部分人群中，人口年龄和性别结构分布不够平衡，如图4显示的人口金字塔一样，多数集中在中老年年龄段，并且男性比例高于女性。

值得一提的是，小井庄与中国其他乡村一样，中青年人口尤其中青年男性外流较多。他们在基层民主自治中的缺席是一个不容忽视的问题。近年来，随着网络技术的普及，小井主增添了一个新颖的宣传窗口——肥西·山南镇小井庄村先锋网。村委会在网站上及时公示本村动态、政策信息等，它在加强村民对村务的了解、参与和监督方面发挥着越来越大的作用。

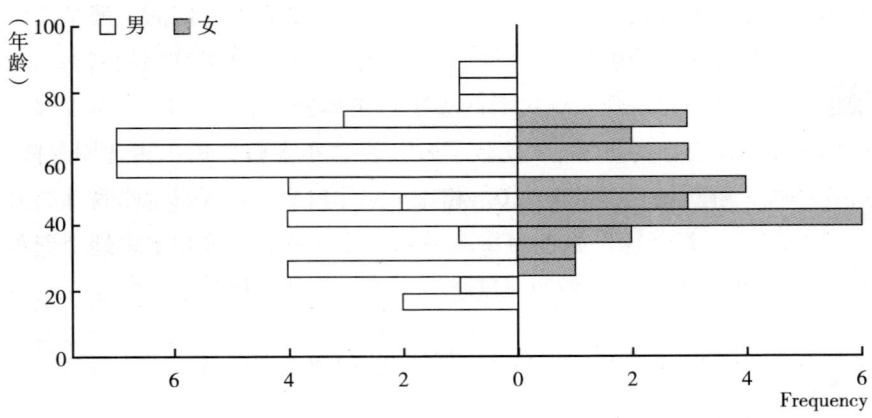

图4 2012年村民参加会议的人口结构分布（N=228）

（二）经济发展模式需要转变，自主创业能力亟待提高

尽管近年来小井庄经济持续发展，村民年收入不断提高，但在招商引资、产业结构调整等方面却出现了一些问题。课题组在调查中了解到，小井庄虽然下了很大功夫，对土地进行了整合和流转，并以招商引资的形式引进了一些养殖大户、农业大户，大力发展各种养殖业、农副业和观光旅游业。但是，这些投资者很少有能够坚持到4年以上的，基本上都是在享受了国家的扶持和奖励资金后就走人，或者留下烂摊子。所以，迄今为止小井庄并未形成大规模、现代化的农副业区和工业园区。如何招引到具有可持续发展能力的企业，如何增强自主创业能力，摆脱依靠外来投资的经济发展模式是摆在小井庄人面前的一个亟待解决的问题。

目前，小井庄的经济支柱与中国其他地方的农村基本相同，依然是农业种植和打工经济。虽然村委会为了发展经济，调整经济结构，提出了"生态农业区、旅游观光点"的经济发展规划，但课题组认为这个目标的实现相当困难。因为生态农业的发展是个系统性工程，需要基金、科技和政策等方面的保障。目前，国家虽然有政策上的支持，但农业大户很难有充足的发展资金、科技知识和耐心去发展生态农业。其实，有些养殖大户和农业大户只是为了套取国家的政策基金才去投资的。所以，他们在小井庄不能持久。同时，小井庄的旅游观光只是以"包产到户"的发源地作为品牌，附近缺乏连带的旅游景区作为支撑，很难吸引到大量游客。实际上，每年来小井庄的游客多是政府官员、研究人员和大学生实践者的事实已暗示其旅游观光的发展难以形成规模。另外，生态农业和旅游观光是很多地方都提出和倡导的经济发展模式，小井庄也以此作为自己的经济发展模式，有盲目跟进的倾向，生态农业和旅游观光不一定适合小井庄。

（三）农民整体文化素质不高，主动学习的意识不强

近年来，小井庄人的精神文化生活在村两委、村志愿者服务组织的努力下得到了极大的丰富。文化站、图书室、活动室、体育器材等文化休闲设施一应俱全，文艺表演、歌手大赛、趣味运动会等文化娱乐活动异彩纷呈。但是，囿于农民整体文化素质不高、主动学习的意识不强，图书室、电子阅览室、体育设施等使用率并不高。

课题组就体育设施、健身器材、农家书屋的使用情况做了调查，如表1、表2所示，虽然不少村民组都设置了健身广场、篮球架、乒乓球台等健身器材，但依然有15.8%的受访者表示自己所在的村民组是"没有"体育设施的，22.8%的受访者对是否有体育设施"不清楚"。而对于这些健身设施，愿意去使用的频率也是屈指可数的，只有6.1%的受访者"经常"使用，"从不"使用的达55.7%。农家书屋的使用率更少，"经常"去看书的村民只占3.9%。而"从不"去阅览的人高达64.5%。事实上，小井庄在综合文化站和村委会都设有图书阅览室，即农家书屋，藏书约500册。这些图书以社会捐赠为主要来源，内容涉及儿童文学、历史、教育、医学、法律常识以及农业科技知识等方面，数目和种类都不算少。

表1 小井庄不同社区是否配备健身设施及农家书屋

单位：%

类别	有	没有	不清楚
健身器材	61.4	15.8	22.8
农家书屋	67.5	7.9	24.6

表2 小井庄村民使用健身设施及农家书屋的频率

单位：百分比

类别	经常	一般	很少	从不
使用健身器材	6.1	19.7	18.4	55.7
使用农家书屋	3.9	7.9	23.7	64.5

（四）乡村社会建设缺乏主动性和创造性

客观而言，近年来小井庄在"村村通"公路、农业灌溉、污水处理、电网体系等基础设施建设以及社会低保、养老保险等社会保障建设方面都取得了显著成效。但当前的这些社会建设与中国其他地方的农村一样，都是在国家的统一规划下，主要依靠政府拨款来支撑，缺乏主动性和创造性，没有形成自己的特色。不仅如此，在新农村建设和集体并村的过程中还可能存在没有充分考虑当地社会经济发展规律和传统民俗习惯的风险，有"一刀切、齐步走"的倾向，给农民的日常生活带来诸多不便。例如，集体并村后，农民原先的交际网络和生活模式都被打破了，他们可能一时难以适应，难免会产生迷茫、抱怨和抵触情绪。如何继续发挥敢为天下先的开拓精神，积极主动、因地制宜地将农民传统的经济生活习惯与乡村社会建设有机地结合起来，创造出独具一格的社会建设模式，而不是"跟风上，随大流"，是小井庄人需认真考虑的一个问题。

这四方面的困局，有些是属于相对具体的问题，只要针对每一个不足或者偏误逐一破解即可，而有些则牵涉中国农村社会的传统文化背景和当下深层经济社会结构，是日后农村社会发展需要解决的根本问题和巨大挑战，需要整体对待，统筹规划。课题组认为，为了应对这些问题和挑战，把握未来农村社会发展的方向，可着力做好以下四点。

1. 改革农村生产关系，推进土地的"二次革命"

改革开放30多年尤其是近十年来，随着农村社会转型的推进以及农村外流人口的增加，村庄空心化，农业老龄化、女性化趋势明显，中国的农业生产和粮食安全面临着空前严重的危机。与此同时，农村土地、资金等生产要素的流动长期被禁锢，这种条件下的农业现代化以及农业经营方式多样化的尝试并不可能实现。2013年11月，习近平总书记在《中共中央关于深化改革若干重大问题的决定的说明》中明确做出了具有重大改革意义的部署，要"加快构建新型农业经营体系"。"鼓励土地承包经营权在公开市场上向专业大户、家庭农场、农民合作社、农业企业流转，鼓励农村发展合作经济，鼓励和引导工商资本到农村发展适合企业化经营的现代种养业，允许农民以土地承包经营权入股发展农业产业化经营等。"① 目前，小井庄实行的土地流转就是在这样的政策背景下轰轰烈烈开展的。然而，农村土地流转的意义自然不是仅限于发展农业产业化、现代化经营，而是牵涉农村生产关系的又一轮巨变，正如国务院发展研究中心农村所所长叶兴庆所说，30多年前的家庭联产承包责任制改革释放了长期被禁锢的生产力，而当前我国农村面临的问题仍然需要改革来破题。中央文件的部署"意在通过市场化手段，激活被长期压抑的土地、资金等生产要素和农村产权，实现其有序流动和合理配置，让农村'沉睡的资本'得以'活'起来，近一步激发农村经济社会发展活力"。② 唯有激发这些沉睡的生产要素资本，才能让新形势下中国农村生产力再次得到巨大的释放，才可以真正地讨论农业现代化、农村城镇化以及增加农民收入的发展蓝图。所以，坚定、合理、有序地引导推进土地流转是不能放松的宏伟工程。

2. 利用乡村民俗习惯，创新农村社会治理体制

在2013年的中共十八届三中全会上，中共中央首次提出"推进国家治理体系和治理能力现代化"，即"社会治理体制创新"的改革目标，这也是未来中国农村发展至关重要的一项内容。"社会治理"不同于传统"社会管理"，区别在于社会多方力量的共同参与，除行政性命令管理之外，还有依靠法律、文化、习俗的群众自我管理。当代中国农村的"社会治理体制创新"，又因为其传统历史文化和民间习俗的深厚底蕴，与城市社区的治理有着很大的区别。因此，创新农村社会治理体制应重视和借助乡村民俗习惯，独辟蹊径，才能有所作为。

---

① 习近平：《中共中央关于深化改革若干重大问题的决定的说明》，《人民日报》2013年11月16日。
② 《中央一号文件：剑指"三农"新挑战破解"三农新困局"》，2015年2月2日，共产党员微信公众号。

课题组认为，小井庄的社会治理创新可从两方面做起：一是以村民共同利益为农村社会管理的基础，重视微基层组织建设。目前来看，小井庄的志愿者服务组织是一个亮点，一方面，弘扬了尊老爱幼、乐于助人的传统优秀道德；另一方面，作为社会自组织、微基层组织的典型代表，对于辅助基层组织运行、提高管理效率、降低管理成本有着十分重大的意义。类似这样的民间自组织，小井庄不妨多筹建一些。二是重视民俗习惯的社会治理意义。民俗，是人们为满足一时一地的生理、心理和社会需求而发明的生活文化。它以稳定而普遍的模式代代相承，也借助其习惯性和情感性特点而深入人心，有着独到的社会建构意义。它能在社区成员的社会化过程中起到教育模塑、统一群体思想与行为以保持其向心力和凝聚力的作用，具有通过娱乐、补偿等方式调节社会生活和心理的功能。如果在社会管理和建设方面忽视了乡村民俗习惯的作用就有可能会事倍功半。例如，在新农村建设中如果完全不顾农民的生活习俗，按照城市的标准来构建大型新农村就会给农民的日常生活带来诸多不便，必然招致他们强烈抵制。再如，农民文化素质较低，学习兴趣不浓。如果将农家书屋建设成类似于图书馆之类的场所，农民肯定很少光顾，使其使用率甚低。假如将农家书屋与棋牌室或其他娱乐活动场所有机地融为一体，则能有效地改变图书闲置的局面，农民在娱乐之余可能会顺便看看近在咫尺的图书。

3. 重视农村外出务工人口的去留问题

中国封建社会自古利用各种严苛的制度和安土重迁的社会观念来限制社会流动，而在1978年以后的中国尤其是中国农村，社会流动已经成为最大的社会事实。短时间内，这个事实能够增加城市活力，带动农村经济收入的提高。然而放眼未来，近20年流出去的这一部分人口是在流入地扎根定居，还是随着家乡公共服务的完善和政府的引导向农村回流，是必须思考和规划的重大问题。

外出务工收入占农村经济来源的相当部分，这在当前国际国内经济增长速度放缓的形势下，是一个并不十分乐观的事实。随着经济形势的波动和城市就业机会的减少，打工经济越来越不稳定。如果此时美好乡村建设能将基础性公共服务提升到一定水平，并在土地流转政策中调动资金、土地等生产要素，开发出更多的发展机会，必定会有相当部分的人口回流。在访谈中，山南镇廖镇长对此曾无意沉落出一种隐忧，他认为，小井庄的村民如果大量回流，对于当地的社会管理来说，将带来很大的压力和挑战。考虑到这一种可能，课题组认为，农村的社会治理体制创新必须势在必行。此外，向基层农村输送大量的大学生村干部、技术人员，或者推崇地方德才兼备的新乡贤楷模，都有助于这一问题的解决。然而，随着个人社会资本、文化资本的积累，也会有一部分人选择留在城市。至于外流人口的安置问题，需要努力的方向便是，习近平总书记所一直倡导的取消城乡户籍限制以及附着在户口上的巨大经济社会地位差别。

4. 加强农民教育

中国近代社会致力于乡村农民教育的梁漱溟先生曾在《乡村建设理论》一书中提出，应当在自治组织中安上一个类似乡农学校的推动设计的机关（在这个机关中，能够利用各地乃至全世界的知识技术）[1]，这个机关也可认为是一个文化运动团体。全国的乡村运动团体，成为一个大的联合组织，这是解决中国问题的主力，是一个创造发动的力量，而现政权的行政系统只是副力，是维持现状，开出机会来让社会进步的设置。[2]

在行政系统之外设立一个独立的知识技术的教育组织，主要依靠这一组织产生的知识内生力来推动农村社会发展。这一想法多少有些欠推敲证实，然而梁漱溟先生联合全国之农村，建立统一的乡农学校，推广知识技术、文化观念的建议未必不可取。无论在什么时代什么条件下，对农民基本文化和科学素质的教育都是有意义的，不应该放松。而就目前中国的农民教育来看，似乎找不到有志专门从事农民教育的统一组织或者个人。如此中国农村社会如一盘散沙、发展边陲的状态便难以改变，中国农民之消极参与、封闭保守的特点也难以改变。

除去上述四个方面的问题，加强农业政策倾斜，并将基层自治组织的廉政建设与之结合，提高惠农资金利用率以及送法下乡，利用法律保护农民合法权益，避免侵占农民土地、破坏自然资源和生态等不法现象十分必要。

---

[1] 梁漱溟：《乡村建设运动》，上海人民出版社，2006，193页。
[2] 梁漱溟：《乡村建设运动》，上海人民出版社，2006，216页。

参考文献

范先荣:《黄土地上的一场伟大变革——记家庭承包制在肥西的兴起与推广》,《党史纵览》1998年第3期。

肥西·山南镇小井庄村先锋网,http://wcwy.ahxf.gov.cn/。

《生态靓园建美村——记合肥市肥西县山南镇小井庄村》,安徽美好乡村建设网,http://www.ahmhxe.gov.cn。

习近平:《中共中央关于深化改革若干重大问题的决定的说明》,《人民日报》2013年11月16日。

《中央一号文件:剑指"三农"新挑战破解"三农新困局"》,2015年2月2日,共产党员微信公众号。

梁漱溟:《乡村建设运动》,上海人民出版社,2006。

就业保障篇

Employment and Social Security

B.8
安徽省就业和社会保障报告（2014）

杨 军*

|摘　要：|就业和社会保障对于经济社会可持续发展的重要意义毋庸置疑。作为中部欠发达地区的农业和人口大省，安徽就业和社会保障面临的形势比任何时候都更复杂，任务也更艰巨。本文简要回顾了安徽省2013~2014年就业和社会保障的主要措施及成效，并通过对安徽就业和社会保障问题的理性思考，提出了后续推进相关改革的基本思路和若干建议。|
|关键词：|安徽省　就业　社会保障|

就业关系到家庭生计、收入分配和社会稳定，是民生之本、安国之策；社

---

* 杨军，安徽大学经济学院政治经济学博士研究生、安徽省发展和改革委员会团委书记，研究方向：宏观经济政策。

会保障通过保险、救济、福利、安置、互助等渠道，进行社会财富再分配，对于经济社会可持续发展的稳定器作用毋庸置疑。

作为中部欠发达地区人口大省，安徽在经济社会发展步入新常态以及全面融入长三角、长江经济带上升为国家战略等新形势下，就业和社会保障面临的形势比任何时候都更复杂，任务也更艰巨。因此，选取就业和社会保障改革问题、原因及对策作为研究着力点，重点解决影响安徽当前和长远发展的深层次矛盾和问题，打破阻碍生产力发展的体制机制障碍，对于在新一轮跨越式发展中，缩小安徽与先进发达地区的比较差距，实现经济社会又好又快发展和2020年全面建成小康社会的伟大目标，具有重大的现实意义和理论价值。

一 2014年安徽省就业和社会保障主要措施及成效

（一）全力以赴稳定和扩大就业，就业局势持续保持稳定

一是各项就业目标任务超额完成。2013年，安徽省城镇新增就业达67.54万人，失业人员再就业达25.87万人，就业困难人员再就业达10.46万人，城镇登记失业率控制在3.41%以内。[①] 二是更加积极的就业政策全面落实。继续推行就业失业动态监测，加强就业形势研判，加大就业政策落实力度，实施援企稳岗措施，千方百计稳定和扩大就业。至2013年12月底，全省缓减缴社会保险费37.89亿元，发放稳定就业岗位等补贴11.15亿元。三是促进高校毕业生等重点群体就业工作全力推进。制定完善高校毕业生就业创业政策，正式启动促进离校未就业高校毕业生就业计划，积极实施高校毕业生就业服务各种专项活动，组织开展高校毕业生就业见习计划和基层公益性岗位计划，基本实现了应届高校毕业生就业水平不降低、有提高的目标。通过各种形式发放2013届困难家庭高校毕业生求职补贴，通过手机短信为离校未就业高校毕业生免费发送各类招聘信息和就业政策超过20万条。至12月底，2013届高校毕业生就业率达95.5%。举办皖北和皖江示范区劳务对接活动，

---

① 刘莉：《在2013年全省人力资源和社会保障工作会议上的讲话》。

加大农村转移劳动力和就业困难群体就业工作力度，重点群体就业保持基本稳定。四是创业带动就业效果明显。全面推行"整贷直发"模式，安徽省全年新发放小额担保贷款61亿元，完成年度目标的203%。深入实施"皖籍在京高校毕业生回乡创业计划"。推进省级创业孵化基地建设，抓好高校创业培训机构和师资队伍建设，加大创业培训力度。五是公共就业服务进一步加强。组织开展了春风行动、就业援助月、退役士兵就业招聘周等7项专项活动，举办各类招聘会1371场，帮助企业招工40.1万人。推进就业服务信息化，建立农村劳动力资源数据库。

（二）积极完善社会保障制度，社会保障体系不断健全

一是社会保障制度进一步完善。安徽省《工伤保险条例》办法已于2013年9月1日起施行。开展医疗保险异地就医结算系统联网调试工作，16个市全部实现了定点医疗机构即时结算单项联网。确定六安、蚌埠、合肥等5个市为城镇居民医保大病保险试点。二是不断提高企业退休人员社会保障待遇水平。2013年全省企业退休人员月人均基本养老金增加153元，发放和代缴6万余名失业保险金超过1亿元。三是社会保障待遇水平不断提高。组织实施了2013年安徽省企业退休人员基本养老金调整工作。四是社会保障覆盖范围进一步扩大。截至2014年底，安徽省城镇职工基本医疗、养老、工伤、失业和生育五项保险的参保人数分别为1665.89万人、811.3万人、473.22万人、409万人和458.88万人，全部超额完成既定任务。五是基金监管和经办服务能力建设得到加强。基金收支稳步增长。至2013年12月底，社保基金总收入947.97亿元，总支出702.89亿元，当期结余245.08亿元，总结余1184.56亿元。完善社保基金内部控制、监督检查制度，加强医疗服务监管，深化社会保险"基础管理提升年"活动，不断提高经办管理服务能力。

（三）持续壮大"两高"人才队伍，才智支撑作用彰显

一是"人才特区"建设积极推进。立足职能，认真落实合芜蚌"人才特区"建设政策措施。深入实施战略性新兴产业"111"人才聚集工程，培养引进一大批战略性新兴产业急需的创新创业团队、技术领军人才和高技能人才。

二是不断壮大各种人才队伍。启动实施高端人才选拔培养工程,深入推进专业技术人才知识更新等工程,推荐选拔"国家特支计划"领军人才10人、"百千万人才工程"国家级人选15人。新增18个国家级博士后科研工作站申报工作。举办50期国家级和省级高级人才研修班,培训6000多人次。组织17批次150多名高级专家开展基层服务。三是技能人才队伍建设不断加强。实施高技能人才培养工程,推进就业技能培训民生工程,完善技能培训补贴办法,优化职业培训信息管理系统。合肥、淮南、马鞍山三市被确定为全国百城技能振兴专项活动重点城市。推进技能大师工作室建设,扎实开展职业技能鉴定工作。至2013年12月底,全省共培训城乡劳动者36.6万人,培养新技师6591人,培训高级技工7.5万人,组织开展职业技能鉴定64万人,全部超额完成年度任务。四是重大才智交流活动积极开展。组织实施2013年皖港经贸活动才智交流,启动"千人赴港培训计划",促成清华大学与合肥联合共建公共安全研究院,认真做好人才援疆援藏工作。五是引智工作力度进一步加大。组织实施"外国专家江淮行"专题活动,推荐申报中国政府"友谊奖"评选人选,开展省"黄山友谊奖"评选和"外专百人计划"评审工作,16名专家入选"外专百人计划"。至2013年12月底,全年共实施引智项目304个,引进各类外国专家2000余人次,派出711人次出国(境)培训。组织开展专家服务基层活动,解决基层一线技术难题271项。

(四)深入推进人事制度改革,人事管理体制机制不断创新

一是公务员管理工作不断创新。组织实施2013年公务员招录工作,首次开展多省联考,笔试科目实行"2+X"模式,招录公务员6389名,16.5万名考生参加笔试。推进公务员能力提升计划,研究制定美好乡村建设、生态文明镇建设等12个专题培训计划。二是事业单位人事制度改革不断深化。加强事业单位公开招聘工作,组织实施省直事业单位公开招聘,招聘2189人;首次搭建事业单位公开招聘考试服务平台,全省4市21县(市、区)参加平台招聘,组织专业技术人员资格考试21项,参考人数11万人。认真做好岗位设置和人员聘用等工作,签订了92万余名事业单位工作人员的岗位聘用合同,事业单位岗位设置方案核准率达98.8%。三是工资收入分配制度改革稳步推进。参与研究省直机关公务员一次性工作奖励

等政策意见,全面落实其他事业单位职工实施绩效工资工作。加强企业工资收入分配宏观指导,从2013年7月1日起上调了全省最低工资标准。四是军转安置任务顺利完成。出台鼓励和支持自主择业军转干部自主创业的政策意见。圆满完成925名军转干部安置任务,随调随迁家属得到妥善安排。认真落实"双六平"政策,组织开展关爱活动,切实解决部分企业军转干部生活困难问题。

(五)构建和谐稳定的劳动关系,依法维护劳动者和用人单位权益

一是劳动关系协调机制逐步完善。认真贯彻落实新修订的劳动合同法,组织开展劳务派遣专项行动。以工资集体协商为重点,推进企业与职工通过平等协商签订集体合同。深入开展和谐劳动关系创建年活动,促进劳动关系和谐稳定。二是劳动人事争议调解仲裁不断加强。启动非公企业劳动争议预防调解示范工作,研究制定非公企业劳动争议预防调解示范工作方案。全省各级仲裁机构共立案受理各类劳动人事争议案件近1.4万件,审结率为95.3%。三是进一步加大劳动监察执法力度。深入推进人力资源市场秩序清理整顿、拖欠农民工工资专项执法活动以及社会保险和劳动用工等工作。截至12月底,共查处各类违法案件2.16万件,清偿拖欠18万名劳动者的工资15.8亿元。四是信访维稳工作平稳有序。健全完善信访制度,积极畅通诉求渠道,全省共处理来信来访案件10436件(次)。

二 安徽就业和社会保障主要问题及表现

(一)充分就业的压力不断加大

一是结构性矛盾更加突出。2014年,安徽省人口年龄结构开始发生深刻变化,劳动年龄人口比重下降、老龄化呈现加速迹象,劳动力供求年龄结构矛盾越来越突出。转方式、调结构使得结构性失业风险加剧的同时,技术工人特别是高技能人才短缺问题更加严重。二是青年就业问题成为焦点。安徽省高校毕业生总量逐年增加,2014年达近30万人,同时,新生代农民工逐渐成为主

力，占农民工总数的60%以上。① 以高校毕业生和新生代农民工为主体的青年群体，对就业环境、收入待遇、职业发展等有着更高的要求和期望，提高青年群体就业质量任重道远。

（二）人才环境有待进一步优化

一是人才队伍总量、结构和素质不能完全适应经济社会发展需要。主要体现在总量不足，行业、产业、单位和地区分布不合理，人才培养与社会需求之间的矛盾突出。二是人才资金投入不足。省级人才资金总体盘子较小，主要体现在人才培养、引进以及重点支持项目方面。三是人才管理机制不够完善。人才的保障机制不完善，人才评价机制不够创新，缺乏适应市场的人才薪酬标准和奖励机制，重文凭轻能力、论资排辈的用人观念等仍然存在，"一流人才、一流报酬"的社会氛围和运行机制有待进一步加强。

（三）社保政策有待进一步健全

城乡居民养老保险参保激励机制不足，中青年农民和城镇居民参续保积极性不高。农村居民居住分散，领取待遇人员的生存状况较难掌握，虚报、冒领养老金现象时有发生。外出务工人员较多，流动性大，但城乡养老保险缺乏制度衔接和信息沟通渠道，重复参保现象难以规避。失业保险稳定就业和减少失业的功能尚未充分发挥。社会保险基金保值增值的渠道不多。城乡医疗保障制度分设、体制分割、机构分设、资源分散、管理成本增加、网络建设重复、信息难以共享等问题日益突出。

（四）劳动关系领域矛盾进一步显现

一是仲裁队伍建设不足。受编制限制，县级仲裁机构实体化建设缓慢，目前，安徽省县级劳动人事争议仲裁院建院率仅为43.8%。二是劳动人事争议案件持续上升。2014年，全省各级仲裁机构和劳动争议调解组织共受理争议案件18128件，同比增长43.1%，这是继金融危机、劳动合同法颁布以来，安徽省出现的第二轮争议案件高发期。三是劳动保障监察制度机制有待进一步完

---

① 引自《安徽省人力资源社会保障工作情况汇报》。

善。部分用人单位违反劳动保障法律法规和规章、侵害劳动者合法权益的问题依然突出，执法压力和难度明显增大；执法手段不足，基层执法力量还比较薄弱。

（五）就业和社会保障服务体系亟待完善

劳动者对公共就业和社会保障服务均等化、信息化、多样化的需求越来越高，而目前公共就业和社会保障服务机构普遍存在基础设施落后、信息化水平较低、经费保障不力、服务质量不高等突出问题。随着就业和社会保险经办功能相继延伸到乡镇（街道）、社区（村），特别是城乡居民社会养老保险全覆盖工作的实施，乡镇（街道）、社区（村）就业和社会保障服务平台人少事多，待遇水平与工作任务极不相称，服务能力和服务质量无法满足劳动者需求。①

三 安徽就业和社会保障进程及效果剖析

（一）劳动力市场结构与就业特征剖析

安徽省是典型的城乡二元结构省份，当前正经历着快速发展的机遇期。随着经济、社会、体制和政治转型的日益深入，安徽省经济结构调整和产业结构升级步伐的日益加快，皖江示范区建设的推进以及对东部产业转移的承接，安徽经济增长迅速，企业增多，用工量加大。与此同时，安徽农村剩余劳动力向外省大量转移，劳动力总量供大于求的矛盾基本上得到缓解。但是，城乡之间以及不同的产业、行业等在劳动力市场上都面临着不同程度的供求失衡，现阶段安徽省就业的结构性矛盾相对比较突出。

1. 劳动力就业结构总量特征

《安徽省2013年国民经济和社会发展统计公报》显示②，安徽省年末户籍人口为6928.5万人，常住人口为6029.8万人，净流出到省外半年以上务工人

---

① 安徽省人大常委会：《关于促进就业创业工作情况的调研报告》。
② 因2014年统计公报和年鉴相关数据尚未公布，分析部分暂用2013年数据。

数高达1288万人，农村劳动力返乡就业人数有所增多。2013年末全省从业人员4275.9万人，其中城镇从业人员为2806.2万人，所占比重为65.63%，比起2010年的43.04%有显著增加。乡村从业人员逐年递减，从2010年的1939.2万人递减到2013年的1469.7万人，在总从业人员中所占比重一直降低，2010年为45.09%，到2013年则下降到34.37%。

城镇新增就业人数逐年递增，2010年为54.8万人，2013年为130.6万人，累计新增就业人数达252.6万人，年均增长4.1%，新增转移农业富余劳动力达320万人，全年城镇实名制新增就业67.5万人，下岗失业人员再就业25.9万人，城镇登记失业率控制在3.41%（比上年下降0.27个百分点）以内并逐年降低，城镇就业人口比重的上升反映了城镇化进程取得成效，也是城镇化的结果。

随着国家扩大有效内需政策的推进以及政府对就业工作的重视，安徽就业市场逐步活跃起来。2013年全省城镇新增就业130.6万人，劳动力市场需求旺盛。从年龄结构来看，15~64岁人口为4274.5万人，占71.84%，其中16~34岁年龄段的劳动力需求增多，2013年这一年龄段的供给和需求比重分别达61.23%和63.87%。而年龄45岁以上的劳动力需求有所降低，而且此类人员工作集中在建筑类企业，主要为体力劳动者，供求存在较为明显的季节性特点，对于他们来说一旦失业多倾向于返乡，部分选择回归到传统农业上，其余的则面临着难度较大的就业或再就业问题。从性别结构来看，男性就业需求所占比重为43.7%，女性为36.44%，还有一部分岗位对性别无要求，求职人数上男女比例分别为53.5%和46.5%，数量上男性供给略微不足，而女性求职人数则超过需求人数29456人，这个缺口的存在主要由于职业上的结构性问题。伴随着就业岗位的开发，劳动力市场供给相对不足，部分地区产业行业趋同的企业和劳动密集型企业，一线生产操作工需求数量大量增加，社会供给一时难以满足。2013年，累计约有130443家企业，在全省各级人力资源市场发布岗位需求人数约211.2万人，进场求职人数约171.9万人，空岗率[①]为1.23。

---

① 空岗率，是指需求人数与求职人数的比值，即每10个求职者有12.3个岗位可供选择。

表1　2013年安徽省劳动力市场供求总体状况

单位：人

时间	需求人数	求职人数	空岗率
2013年第一季度	707188	588043	1.20
2013年第二季度	504542	414194	1.22
2013年第三季度	491755	391204	1.26
2013年第四季度	408877	325234	1.26

资料来源：《安徽省2013年公共就业服务机构市场供求状况分析报告》。

从表1中可以看出，安徽省2013年劳动力市场供求总体趋于平衡，第一季度呈现供求两旺的状态，这是春节后劳动力市场的常态，但这种相对平衡仅是从总量上来看，不同产业、行业、职业等的岗位需求存在着较大差异，"就业难"与"招工难"并存，这可以归结为结构性失衡。

2. 劳动力就业特征

产业结构和劳动力的就业结构是密切联系的。现代农业的发展使得劳动生产率提高，农业中产生大量的富余劳动力并从农村流入城市，随着新兴工业的迅速发展和技术进步，第二产业的富余劳动力又逐渐进入第三产业，使得第三产业从业人员大幅上升，特别是现代服务业的崛起，第三产业已成为经济增长的新亮点和吸纳就业人口的主导力量。① 反之，劳动力结构的优化对产业结构的调整也有着促进作用，二者互相作用，但是当前安徽省产业结构还不合理，第三产业发展水平还不高，这是造成就业困难的重要原因。

表2　2013年全省生产总值及其增长速度

单位：亿元，%

指标	绝对值	增长速度
生产总值	19038.9	10.4
第一产业	2348.1	3.5
第二产业	10404.0	12.4
其中：工业	8928.0	13.3
建筑业	1476.0	6.7
第三产业	6286.8	9.5

资料来源：《安徽省2013年国民经济和社会发展统计公报》。

---

① 郑明高、李鹏：《"十二五"时期我国转变经济发展方式与人口发展战略问题探讨》，《中国社会科学院研究生院学报》2011年第6期。

2013年，安徽省GDP增速为10.4%，三次产业中第二产业产值增长最为迅速，增速为12.4%（见表2），但是吸纳的劳动力却低于第一产业和第三产业。从实践来看，第二产业增加值和固定资产投资的就业弹性较小，这是由于资本替代劳动，制约了其吸纳劳动力的能力。第一产业产值的增速最缓慢，为3.5%，产值所占比重最低，吸纳就业能力也在逐年降低；第三产业加速了金融、保险、研发、咨询等行业的发展，产值所占比重为33.02%，与其劳动力所占份额相符，和就业人数增长趋势相同，对于劳动力资源的吸纳潜力最大。

从对劳动力的需求来看，2013年，第三产业的劳动力需求人数最大，为1637万人，比重为38.28%；第一产业需求人数为1469.7万人，比重为34.37%；第二产业的需求人数为1169.2万人，需求比重达27.34%。安徽省第一产业比重较大，原因很容易理解：第一产业的需求存在很强的季节性，在农忙时节需求量很大，许多外地务工人员会返乡务农，随着农业机械化的不断推进已逐步得到解决。总体看来，安徽省应该继续强化对第三产业发展的重视，促进第三产业的发展，从而实现产业结构优化升级，促进就业。

3. 不同行业对劳动力的吸纳效应

2013年，安徽省各行业中，农、林、牧、渔业就业人口最多，为1469.7万人，比重占34.4%。其次是制造业，就业人数为666.7万人，占15.6%。居第三位的是批发和零售业，就业人数为481.5万人，占11.68%。建筑业居第四位，就业人数为501.5万人，占11.7%。接下来是交通运输、仓储和邮政业，就业人数为313.7万人，占7.3%。这五大行业就业贡献较大，2010年五大行业吸纳的就业人数在所有行业中的比重高达79.98%，2013年这一比例仍高达80.68%。其中批发和零售业、制造业、建筑业就业增长迅速，此外，住宿和餐饮业也取得了较快发展，农、林、牧、渔业就业人口所占比重则出现了大幅度下降，从2010年的48.6%下降至2013年的34.4%，这主要是产业结构的调整升级造成的。批发和零售业、制造业的增长最为迅速，分别由2010年的8.29%、10.73%上升至2013年的11.68%、15.6%（见表3）。

从产业内部来看，第二产业吸纳劳动力最多的是制造业和建筑业这类劳动密集型产业，而技术密集型产业发展较缓慢。一方面是因为劳动密集型产业本身就利于吸纳劳动力，另一方面是由于安徽经济结构还不完善，处于工业化初期阶段，科技水平和技术进步率都有待提高。第三产业吸纳劳动力还主要集中于传统的批发和零售业，交通运输、仓储和邮政业以及住宿和餐饮业，而新兴的金融业、房地产业的发展相对落后，就业吸纳能力还很弱，没有发挥出潜力。农、林、牧、渔业的就业人口比重依然最高，但是劳动力市场的就业需求集中于制造业、建筑业、批发和零售业、住宿和餐饮业四个行业中，因为这几个行业都属于劳动密集型产业，工作的开展需要大量的人力，2013年这四个行业的用工需求比重高达74.25%，用工需求分别为81.74万人、22.04万人、24.15万人、28.93万人，需求比重各占38.69%、10.43%、11.43%和13.7%。

表3 2010年与2013年安徽省就业人口行业结构状况

单位：%

行业	2010年	2013年	增加/减少（+/-）
农、林、牧、渔业	48.60	34.40	-14.2
采矿业	1.63	1.69	0.06
制造业	10.73	15.6	4.87
电力、燃气及水的生产和供应业	0.29	0.26	-0.03
建筑业	8.71	11.7	2.99
交通运输、仓储和邮政业	3.65	7.3	3.65
信息传输、计算机服务和软件业	0.44	0.69	0.25
批发和零售业	8.29	11.68	3.39
住宿和餐饮业	2.97	4.28	1.31
金融业	0.32	0.53	0.21
房地产业	0.46	0.64	0.18
租赁和商务服务业	0.44	0.91	0.47
科学研究、技术服务和地质勘查业	0.17	0.21	0.04
水利、环境和公共设施管理业	0.37	0.75	0.39
居民服务和其他服务业	8.71	7.58	-1.13
教育	1.74	1.67	-0.07
卫生、社会保障和社会福利业	0.60	0.79	0.19
文化、体育和娱乐业	0.51	0.73	0.22
公共管理和社会组织	1.39	1.39	0.00

资料来源：《安徽统计年鉴（2014）》。

虽然农、林、牧、渔业的就业人口比重有所下降,但是依然占据了较大的部分,说明安徽仍然是一个以农业为主的地区,第二产业变化不大,第三产业内部的发展也多依靠传统的服务业,总体上传统行业所占比重仍然很大。而且在行业之间,不同职业类别的劳动力需求也存在着差异,商业和服务人员、生产设备操作工这两个职业的劳动力供给和需求所占的比重都较大,二者供求所占比重分别为55.15%和61.12%。尤其是农村劳动力转移到城市后从事的工作也集中于这两个职业,其特点就是职业技能和文化水平要求不高,只从事简单的操作,便于培训上岗,可替代性强,同时易受外界经济环境的影响,劳动者面临的失业风险大。专业技术人员则供不应求,在2013年需求超过供给约86343人。作为吸纳劳动力的主要渠道,当前建筑业、制造业等传统行业的就业需求依然很旺盛,但是随着产业结构的优化升级和技术的进步,这些行业的发展将趋于缓慢,对劳动力的吸纳能力势必会减弱,就业矛盾也会加剧。

(二)社会保障结构与特征剖析

1. 总体水平

2013年,安徽省已经初步建立了由劳动社保部门和卫生部门管理、以"城镇职工医疗保险、城镇居民医疗保险和新型农村合作医疗"为主要内容的全民医疗保障体系①,为确保群众"病有所医"发挥了积极作用,有力地促进了社会的和谐稳定。

表4 2013年部分地区各类社会保险参保人数的比重

单位:%

险别\地区	江苏	浙江	江西	安徽	湖北	四川
基本养老保险	7.83	6.76	2.57	2.30	3.92	5.26
城镇基本医疗保险	7.39	4.74	3.41	2.81	4.08	4.75
失业保险	8.65	6.85	2.78	1.84	3.48	3.75
工伤保险	7.45	9.10	2.38	2.19	2.72	3.68
生育保险	8.63	7.05	2.88	1.44	3.03	4.33

① 安徽省人民政府:《关于印发安徽省美好乡村建设规划(2012~2020年)的通知》。

表4直观地反映了2013年各地区各类保险的参保人数占全国相应保险的比重，可以看出，江苏省和浙江省各类保险参保人数最多，社会保险水平较先进，而安徽省相对处于较低水平。

此外，通过各类保险比重和就业人口比重的比较可以看出，安徽省社会保险占就业人口的比重是逐年增加的，但是都处于较低水平，覆盖面尚有很大的缺口，相当多的职工群众仍处于社保制度的覆盖范围之外。经济发展水平相对滞后的安徽省城镇基本医疗保险参保人数占安徽省总就业人口比重较高，而且远远超过全国水平，也从侧面反映了安徽省就业水平尚存在较大提升空间。

2. 社保基金收支状况分析

2013年末，全国五项社会保险（不含新型农村社会养老保险和城镇居民社会养老保险）基金收入合计24043亿元，比上年增长5220亿元，增长率为27.7%；基金支出合计18055亿元，比上年增长3236亿元，增长率为21.8%，年末滚动结余为29001.9亿元。相比之下，安徽省基金收入增长率为35.5%，支出增长率为22.6%，年末滚动结余为574.5亿元。从2010～2013年全国和安徽省社会保险基金的收支情况来看，全国社会保险基金收支保持良好发展势头，结余稳步增加，抗风险能力进一步增强（见图1、图2）。图3显示的是全国和安徽省社会保险基金的结余状况，安徽省社会保险基金结余较少，社会保险基金的收支基本持平。安徽省虽然基金收支规模也持续壮大，但是结余增长势头不明显。所以，安徽省在扩大覆盖范围、增加投

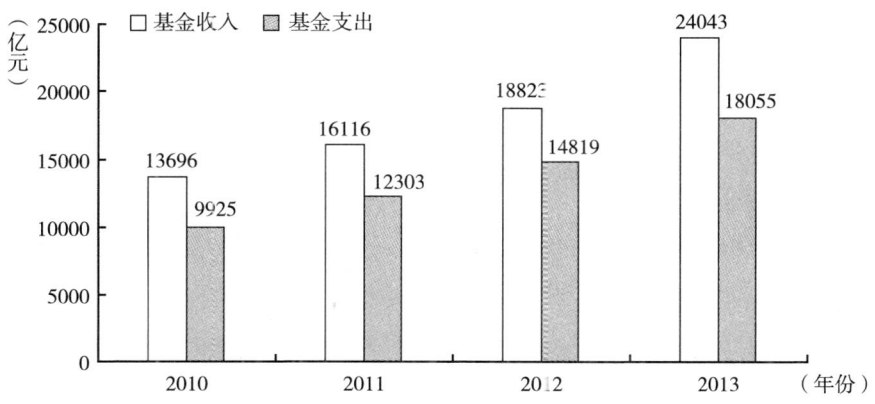

图1 2010～2013年全国社会保险基金收支情况

入、规范支付的同时,要高度关注基金的保值增值问题,进一步增加安徽省保险基金的抗风险能力。

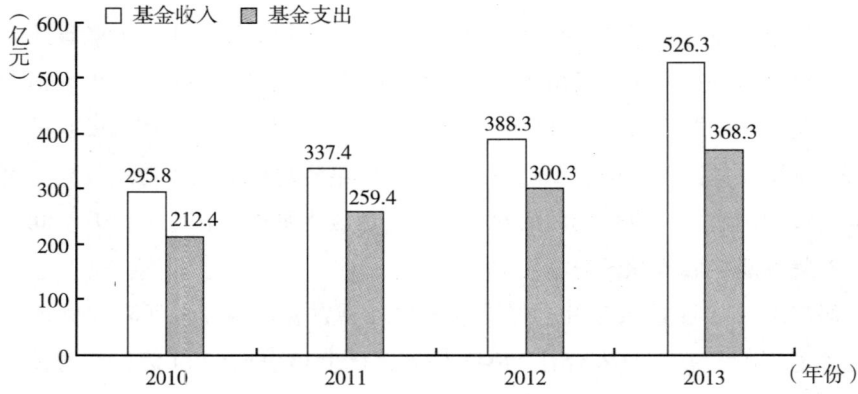

图2 2010~2013年安徽省社会保险基金收支情况

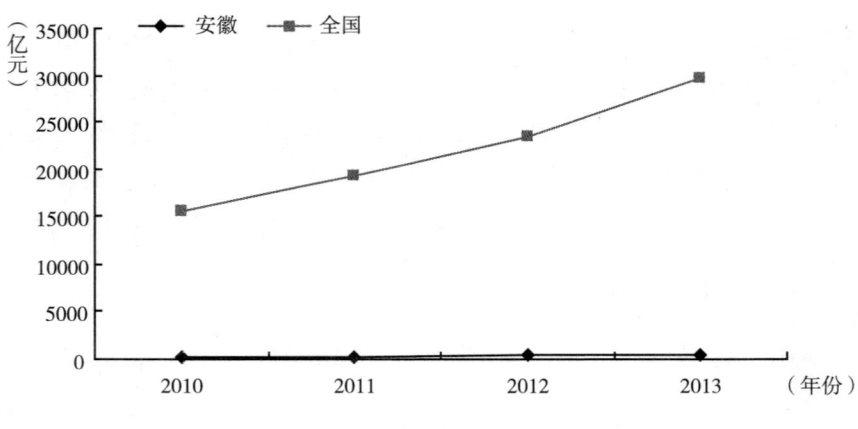

图3 安徽省社会保险基金结余

注:以上数据均根据《中国统计年鉴(2013)》和各年《安徽统计年鉴》整理得到。

3. 养老保险制度分析

企业职工基本养老保险制度包括两个层面:第一个层面是现收现付制的社会统筹,企业按工资总额的20%缴费;第二个层面是完全积累制的个人账户,职工按工资的8%缴费。2013年,安徽省加快健全覆盖城乡居民的社会保障体系，全省参加城乡居民养老保险人员达2441.97万人，其中60周岁以上符合领取待遇人员达612.25万人，累计发放基础养老金57.84亿元。

农村社会养老保险层面，安徽省开展了多种形式的新型农保制度（以下简称"新农保"）探索试点工作，与此同时，此前的"老农保"停止接收新业务。政府补贴构成了"新农保"资金来源的重要组成部分，安徽省对这一补贴有着三种政策：一是补缴费，即对于16~59岁人群，凡参保缴费的，地方政府予以补贴，又称为"进口补"；二是补给付，即对60岁及以上人群，中央予以基础养老金的补贴，以带动"新农保"的实施，又称为"出口补"；三是缴费和给付都补，即"进出口都补"。

四 新常态下加快推进安徽就业和社会保障的对策建议

（一）全力做好促进就业工作

完善落实促进就业的各项政策，大力培育新的就业增长点，着力实现稳增长、调结构、促就业的目标。[1] 推进创业型城市创建，健全完善创业扶持政策，通过税费减免、小额贷款、创业培训、创业孵化和创业服务，引导产能过剩企业通过消化过剩产能，利用闲置厂房设立创业孵化基地，积极培育更多创业主体，推进创业带动就业。[2] 始终把高校毕业生、农村劳动力、就业困难人员等重点群体作为就业工作重心，制定完善就业政策措施，加强资金保障，强化实名制就业服务，不断提升重点群体就业能力。拓展就业渠道，提升就业质量。完善公共就业服务体系和人力资源市场体系，加快就业信息一体化建设。通过绩效评价和服务购买方式，提高就业服务质量和效率。[3]

（二）加快完善社会保障体系

全面落实国家城乡养老保险制度衔接、遗属待遇和病残津贴等政策，完善

---

[1] 宁光杰：《经济危机背景下各国失业治理政策的比较》，《当代经济研究》2011年第11期。
[2] 安徽省人民政府：《安徽省就业与社会保障"十二五"规划纲要》。
[3] 黄婧、纪志耿、张红扬：《双重二元分割视角下中国失业问题探析》，《中央财经大学学报》2011年第4期。

企业职工基本养老保险政策，研究制定"老农保"、村干部养老保险与城乡居民社会养老保险制度的衔接办法。研究制定安徽省失业保险促进就业资金和财政安排促进就业资金统筹使用政策。积极推动建立城乡一体的社会保险经办管理体制。推动整合城乡居民基本医疗保险制度，稳妥开展大病保险试点。进一步规范养老保险省级统筹和基本医疗保险、失业保险市级统筹，积极推进工伤保险省级统筹，巩固城乡居民社会养老保险制度全覆盖成果，鼓励引导适龄居民积极参保。以非公有制经济组织从业人员、灵活就业人员、农民工和被征地农民为重点，扩大各项社会保险覆盖面。[1]继续提高企业退休人员基本养老金。稳步提高医保政策范围内住院费用支付比例，完善城镇居民医保门诊统筹，扩大门诊大病病种和城镇居民大病保险试点范围。及时足额支付各项社会保险待遇。开展城乡居民社会养老保险基金管理使用情况检查和审计调查，继续跟踪督促整改。完善社保基金内部控制、监督检查制度，大力推进非现场监督，继续实施社保基金统一财务和监管软件联网应用工作。推进医疗保险总额预算管理，深化付费方式改革，完善谈判机制，加强医疗服务监管，控制医疗费用不合理增长。

（三）统筹做好人才培养与引进工作

落实专业技术人才队伍建设中长期规划，重点实施专业技术人才知识更新工程和高端领军人才培养工程，加大对紧缺专业技术人才和创新型人才的培养力度。加大对省学术和技术带头人、留学回国人员和博士后研究人员科研活动的支持力度。着力推进留学人员创业园、博士后科研工作站、专家服务基地以及继续教育基地建设。完善专业技术资格评审标准条件，加快构建以能力和业绩为导向、社会和业内认可的专业技术人才评价机制。落实高技能人才队伍建设中长期规划，深入推进高技能人才培养工程，做好高技能人才培训基地、技能大师工作室、技师培训等重点项目实施。推动技工院校内涵发展，探索开展一体化课程教学改革。规范开展各类职业技能竞赛活动。健全高技能人才工作机制，完善技能人才多元评价体系，进一步推进职业资格证书制度。深入实施

---

[1] 邵宜航、刘雅南、张琦：《存在收入差异的社会保障制度选择——基于一个内生增长世代交替模型》，《经济学》（季刊）2010年第4期。

国家外专局与安徽省引智合作框架协议，认真实施省"外专百人计划"及重大引智工程。推进战略性新兴产业"111"人才聚集工程和民营经济引智项目工作。① 加大发展区域经济、改善民生和创新社会管理等领域人才出国（境）培训力度。② 积极培育和利用好海外引智基地，加大引智成果示范推广力度。继续开展专家服务基层行动，推进基层专业技术人才和农村实用人才队伍建设。加强基层公务员队伍建设，落实倾斜政策，稳定艰苦边远地区的骨干力量。完善竞争性选拔方式，加大竞争性选任公务员力度，继续开展公开遴选工作。落实行政机关公务员培训规划，实施系列专项培训工程，加大四类培训力度。③

（四）深化收入分配制度改革

认真落实收入分配制度改革措施，进一步做好规范公务员津贴补贴的工作，为实施地区附加津贴制度做好准备。继续开展公务员与企业相当人员工资水平调查比较工作。按照国家部署，建立健全公务员工资水平正常调整决定机制，推进建立公务员职务与职级并行制度。④ 进一步完善事业单位绩效工资制度，研究制定绩效工资总量正常调整办法。完善工资指导线、人力资源市场工资指导价位等制度，加快建立企业薪酬调查和信息发布制度。根据社会经济发展，适时调整最低工资标准。继续推进企业工资集体协商，推动建立工资正常增长机制。健全工资支付保障制度，确保农民工工资按时足额发放。

（五）着力构建和谐劳动关系

深入推进劳动关系和谐企业与工业园区创建活动向乡镇、街道及社区延伸。规范劳务派遣用工和企业裁员行为。⑤ 继续推行劳动用工备案制度，进一步提高劳动合同签订率。加强对企业实行特殊工时制度的管理。加强协调劳动

---

① 安徽省人民政府：《关于印发安徽省"十二五"人力资源和社会保障事业发展规划的通知》。
② 国务院：《关于大力实施促进中部地区崛起战略的若干意见》。
③ 安徽省人民政府：《关于加强职业培训促进就业创业的通知》。
④ 林毅夫、蔡昉、李周：《中国的奇迹：发展战略与经济改革》，上海三联书店/上海人民出版社，1994。
⑤ 袁志刚、陆铭：《对我国城镇失业率变动趋势的理论推断》，《天津社会科学》1998年第5期，第55~60页。

关系三方机制建设。加强乡镇街道和企事业单位调解组织建设,推进争议案件源头治理。加强仲裁院基础建设和调解仲裁队伍专业化建设。完善仲裁办案制度,提升仲裁办案的质量和效率。以易发生或曾发生劳动保障违法行为的企业为重点,加大日常巡查力度,畅通投诉举报渠道,加大对用人单位拖欠工资、不签订劳动合同、违法超时加班等突出违法行为的打击力度①,及时查处重大违法案件。完善劳动保障守法诚信建设,推行劳动保障重大违法行为社会公布制度。加快建立全省劳动保障监察管理信息系统,实现省、市、县劳动保障监察信息联网,促进劳动保障监察"两网化"管理工作协调发展,加强劳动保障监察机构标准化、人员专业化、执法规范化建设,提高监察执法效能。实施家庭服务业培训工程,积极构建和完善家庭服务体系,推动家庭服务业规范化、职业化发展。

(六)努力提升公共服务能力

积极做好基层就业和社会保障服务设施建设试点工作,改善公共服务基础设施条件,着力将就业、社保、人才、调解仲裁、劳动监察等服务向基层延伸,逐步提高基层就业和社会保障平台工作人员待遇②,稳定队伍,提升乡镇、街道、社区就业和社会保障事务站(所)管理服务水平。启动金保工程二期建设,推进加载金融功能的社会保障卡建设。加快建成就业一体化信息系统,建设覆盖全省的公共就业招聘信息服务网和就业失业信息管理网,建立农村劳动力资源动态信息库,推进公共就业服务信息网络向农村延伸。进一步整合经办管理资源,规范和优化社会保障管理服务流程,推进标准化管理。加强业务培训,进一步提高经办管理能力。

---

① 袁志刚:《失业经济学》,上海三联书店/上海人民出版社,1997。
② 郭庆旺、贾俊雪、赵志耘:《中国传统文化信念、人力资本积累与家庭养老保障机制》,《经济研究》2007年第8期,第58~72页。

B.9
合肥市就业形势与展望

方金友*

摘　要： 合肥处于安徽省中部，而安徽省一直是我国的农业大省和农民工输出大省。对于合肥市的就业形势与趋势分析，可以反映出我国中部地区经济崛起阶段的就业特征。从一系列的统计数据和监测数据看，合肥市第二产业特别是制造业用工需求旺盛，这与21世纪以来合肥的"工业立市"战略息息相关；人口结构老龄化及高等教育大众化，导致合肥市普工供应减少，已出现企业招工难的突出问题；合肥地处中部地区，工资水平与就业待遇相对不高，再加上有些企业的职业教育培训不能常态化以及高校毕业生的求职愿景较高等因素，造成高校毕业生就业难与企业专业技术人员招工难等并存现象。如何解决这些就业问题，合肥市的一些举措将给人们以启迪。

关键词： 中部省会　就业形势　合肥市

合肥市作为安徽省会，现辖肥东、肥西、长丰、庐江4个县，1个巢湖市以及瑶海、庐阳、蜀山、包河4个区；现有3个国家级开发区和14个省级开发区，全市总面积约1.14万平方千米。2013年，全市常住人口761.1万人，城镇化率为67.8%；全市国内生产总值4650亿元，财政收入768.3亿元，社会消费品零售总额1483亿元；城镇居民人均可支配收入27980元，农民人均

---

* 方金友，安徽省社会科学院新闻与传播研究所副所长、副研究员。

纯收入10350元。截至2013年，从业人员404.4万人，比2012年增加19.5万人。其中，第一产业102.4万人，减少4.1万人；第二产业75.3万人，增加10.8万人；第三产业226.7万人，增加12.8万人。截至2013年，城乡私营企业从业人员和个体劳动者128万人，增加25万人；城镇实名制新增就业18.2万人，下岗失业人员再就业4.5万人，转移农村劳动力8.8万人。截至2013年，全市各类高等院校60所，在校学生56.30万人，其中普通高校50所，在校学生44.34万人。中等职业教育学校（不含技工学校）84所，在校生13.71万人；特殊教育学校6所，在校生1002人。截至2013年，全市有省部级以上重点实验室和工程实验室129家，其中国家重点实验室7家；省级以上工程技术研究中心108家，其中国家级（含分中心）7家；省级以上企业技术中心165家，其中国家级23家。国家高新技术企业总数达708家，其中新认定142家。可见，合肥市人力资源丰富，人才储备实力雄厚。近年来，合肥一直保持经济社会平稳较快发展，整体就业形势较为平稳。2013年末，城镇登记失业率为3.3%，比上年下降0.6个百分点。①

一　合肥市就业形势分析

为动态掌握合肥市就业形势，合肥市人力资源与社会保障局对全市13家人力资源市场供求情况进行了监测。2014年第三季度，在市场供求中，企业用工需求仍占主导地位，市场供需总量基本平衡，运行总体保持低位平稳态势。

（一）进场单位与求职登记供需双方总量与结构分析

2014年第三季度，进场招聘的单位有2223家，提供岗位数为25139个，与上季度的30216个相比，减少了5077个，下降16.80%；与2013年同期相比，减少了7277个，下降22.45%。求职登记数为24255人次，与上季度的32039人次相比，减少了7784人次，下降24.30%；与2013年同期相比，减

---

① 合肥市统计局：《合肥市2013年国民经济和社会发展统计公报》，http：//tjj.hefei.gov.cn/n7216006/n9376603/n9377619/n9377684/34868866.html。

少了5981人次，下降19.78%。这是由于受2014年国内外经济下行压力和国家各方面政策调整的影响，本季度企业在用工方面仍持谨慎态度，而求职渠道的增加和信息技术的发展，求职者到各级人力资源市场实地求职的数量呈逐年减少的态势。第三季度求人倍率为1.04，供略大于求，市场保持相对平衡。

从按产业分组的市场需求监测数据看，2014年第三季度第二产业的用工需求，环比有所增加，同比有所下降；而第三产业人力资源需求在本季度仍占主体，与上季度相比，基本持平，但同比有所增加；第三季度第一产业人力资源需求仍然不强，同比稍有增加，环比却在减少。

从按行业分组的市场需求监测数据看，2014年第三季度需求排在前几位的仍是制造业、批发零售业、住宿餐饮业，需求比例分别为38%、27.77%和11.81%。与上季度相比，第三季度各行业需求变化均不明显，仍呈制造业需求比重最大、批发零售业需求旺盛的结构。与2013年同期相比，需求增加最多的行业是批发零售业，增幅为8.49个百分点，居民服务和其他服务业也有所增加，增加了3.91个百分点。2014年住宿餐饮业需求仍不旺盛，但三季度中的"两节"前后，住宿餐饮业同比、环比均有微增加，分别增加了1.58个和0.49个百分点。与2013年同期相比，下降的行业是制造业及交通运输仓储和邮政业，分别下降了9.95个和2.19个百分点。其他行业略有变化，供需基本平稳。

从按用人单位性质分组的市场需求监测数据看，2014年第三季度企业用工需求依然最大，内资企业仍然是用工需求的主体，其中有限责任公司需求最大，占总需求的40.55%；私营企业需求次之，占总需求的29.52%。与第二季度相比，增加最多的是私营企业，增幅为10.27个百分点；与2013年同期相比，增加最多的是其他性质企业，增幅为7.71个百分点。同比、环比下降最多的是有限责任公司。机关事业单位需求依旧较弱。

（二）各类职业供求分化日趋明显

从各类职业的需求状况看，2014年第三季度需求排在前列的职业分别是商业服务业人员、操作工、办事人员和有关人员，需求比例分别为33.39%、28.55%和15.43%。与上季度相比，变化不明显，生产运输设备操作工和商业服务业人员略微增加；专业技术人员和相关人员数量有所下降。与2013年同期相比,办事人员和有关人员数量增加最多,增加了9.59个百分点;生产运输设备操作工减少幅度最大,下降了13.01个百分点。受全国经济下行压力的影响,2014年三季度合肥市生产制造业新增开的生产线数量较2013年明显减少,人员需求明显减少。从各类职业劳动者求职情况来看,进场比例排在前列的仍是商业服务业人员和办事人员,进场比例分别为25.04%和24.78%。上季度环比增幅最大的职业是商业服务业人员,增加了5.48个百分点,下降幅度最大的是专业技术人员,下降了7.29个百分点;与2013年同期相比,增幅最大的职业是办事人员,增加了9.03个百分点,下降幅度最大的职业是生产运输设备操作工,下降了8.13个百分点。从本季度需求人数与求职人数的比率来看,较好找工作的是专业技术人员、生产运输设备操作工和商业服务业人员,较不好找工作的是单位负责人、办事人员和其他有关人员。

从按需求大于求职缺口最大的前十个职业分组人数来看,2014年第三季度需求缺口最大的岗位是餐饮服务人员,缺口数为542人;热加工类、普通操作工、商超一线员工是本季度人力资源市场缺口较大的岗位,分别有490人、480人、340人;水电工、促销推销人员、厨师、装配人员、营业员、维修工分别有281人、142人、112人、77人、76人、74人的缺口。本季度餐饮服务人员缺口最大,主要是因为本季度"二节"前后餐饮服务业的服务人员需求增加,而服务人员的技术含量较低,各方面待遇均不高,餐饮服务人员在本季度的缺口就比较大。

从按需求小于求职缺口的前十个职业分组人数来看,2014年第三季度缺口最大的是小车驾驶员,缺口数为643人。驾驶员岗位技术含量不大,求职门槛较低,待遇平均不低,而企业招聘需求不大,造成驾驶员一定的求职压力。本季度排在前十的岗位还有文员、会计、人力资源相关人员、暑期兼职、物业管理人员、仓储配送人员、行政人员、计算机与技术人员、客服,缺口数分别为278人、262人、197人、180人、170人、163人、105人、92人、77人。文员、会计、行政人员、计算机与技术、客服等岗位,企业需求量不大,而此类岗位比较受高校毕业生青睐,造成一定就业压力。

(三)求职人员构成与就业条件分析

从按求职人员类别分组的求职人数来看,2014年第三季度比重排在前列的有新成长失业青年、本市农村人员、在学人员，比例分别为28.30%、20.89%、16.78%。与上季度环比，其他失业人员、本市农村人员、在业人员均略有增加，而新成长失业青年较上季度有所减少，减少了7.56个百分点，其中应届毕业生也减少了4.30个百分点。这主要是因为随着暑假的结束，在校学生进场求职减少。与2013年同期同比增加的是在业人员、外埠人员、其他失业人员，分别增加了10.73个、7.07个和3.67个百分点，下降幅度最大的是新成长失业青年，下降了18.70个百分点。

从就业条件看，按性别分组的供求人数中，2014年第三季度企业需求中男性比例为47.22%，比上季度环比上升了1.84个百分点，比2013年同比下降了3.82个百分点；女性需求比例为34.70%，与上季度环比基本相当，比2013年同比上升了6.42%；无性别要求的比例为18.08%，比2013年同比、与上季度环比均略有下降，分别下降了2.60个和1.51个百分点。从劳动者进场的比例来看，男性比例为56.33%，与上季度相比下降了6.27个百分点，与2013年同期同比基本持平。从需求人数与求职人数的比率来看，男性的求职压力要大于女性。

从按年龄分组的供求人数来看，2014年第三季度企业需求比例最大的是25～34岁的人群，需求比例为32.96%，主要是这个年龄段技术和经验都比较丰富，企业更愿意用此年龄段的求职者。同比、环比方面，企业需求都有所增加的是35～44岁的人群，增幅分别为7.82个和6.94个百分点；其他年龄段均略有下降。而企业对年龄无要求的量较2013年同期有所增加，增幅达7.33个百分点，体现出2014年企业对年龄的要求有一定的放低。从进场求职者比例来看，比例最大的也是25～34岁的人群，比例为33.49%。同比、环比方面，增加较多的均是25～34岁的人群，增加了15.30个百分点和12.24个百分点，下降较多的均是16～24岁的人群，下降了13.65个百分点和10.62个百分点。从企业需求人数与劳动者的比率来看，最大的是25～34岁的人群，比率为1.19，此年龄段最好找工作；最小的是45岁以上人群，比率为0.26，此年龄段人群找工作最难。

从按文化程度分组的供求人数来看，2014年第三季度企业要求有一定文化程度的比重为86.09%，其中比重最大的仍是要求高中学历的，比重为34.45%，比重最小的是硕士以上，基本没有。与上季度环比，有所增加的是无要求的和要求大专学历的，增幅分别为4.08个和3.91个百分点。要求初中及以下、高中学历的均略有下降，降幅分别为4.16个和3.19个百分点。与

2013年同期相比，增加幅度最大的是无要求的，增加幅度达12.61个百分点，下降幅度最大的是要求大学学历的，下降7.03个百分点。进场的劳动者具有的文化程度中比重最大的仍是高中，比重为40.21%，比重最小的是硕士以上，基本上没有登记的。与上季度环比，增加幅度最大的是要求大专学历的，幅度为6.66个百分点。下降幅度最大的是要求初中及以下的，下降了4.38个百分点。与2013年同期相比，变化不明显；要求初中及以下学历的略增，增幅为2.99个百分点，而要求高中学历的略有下降，下降了3.18个百分点，其他基本持平。从需求人数与求职人数的比率来看，比率较大的是大专和高中，求职空间较大，比率最小的是硕士，在人力资源市场的求职空间较小。

从按技术等级分组的供求关系来看，2014年第三季度企业需求中对劳动者技术等级有要求的比例为49.58%，其中技能要求比例最大的仍是初级技能，比例为17.92%，比例最小的是高级技能，基本没有。与上季度相比，增加幅度最大的是无要求，增加了11.11个百分点；降幅最大的是高级技师。与2013年同期相比，增加最大的也是无要求，增幅为4.38个百分点，下降最大的是初级专业技术职务，下降了2.94个百分点。从劳动者具有的技能情况来看，比例最大是初级技能，比例为20.95%。与上季度相比，有较大增幅的是无技术等级或职称的和初级专业技术职务，增幅分别为11.58个和3.39个百分点。与2013年同期相比，变化不明显，初级技能和无技术等级或职称的略有增加，高级技能和中级专业技术职务略有下降。从需求人数与求职人数的比率来看，具有技能越高求职空间越大，不具有技术等级的劳动者就业空间狭小，可选择性较少。

（四）企业员工整体变化较为平稳

为动态掌握合肥市就业形势，合肥市人力资源与社会保障局对全市80家重点企业招工及人员流动情况进行了监测。2014年第三季度末，全市监测企业80家，实有员工113897人，计划招工人数8826人，实际招聘7193人，占计划招工人数的81.5%，缺工总数为1633人，流失员工14702人，其他数据差距不大。可见，企业招工情况整体平稳，企业用工和员工流失变化不明显。

2014年第三季度监测企业用工需求中，普工为需求主体，普工需求5196人，占需求人数的58.9%，需求与第二季度相比增加1939人，仍然占据第一的位置，缺普工现象依然存在。从对80家监测企业的统计数据可以看出，普工需求仍占主体，从7月、8月、9月三个月看，需求始终保持在高位，总数与第二季度相比，有明显增加，占比高达58.9%；技工需求总量达2469人，占比达28%，其中7月、8月比较平稳，9月变化较大，技工缺少数量逐步增大；专业技术管理人员需求总数为1161人，需求量与第二季度相比增加了787人，所占比例为13.1%，比第二季度提高5个百分点，说明当前专业技术人员较为短缺。本季度监测企业所缺员工1633人，与上季度1856人有所减少，其中所缺技工997人，占缺工总数的61.1%，与上季度相比基本持平，依然排在首位，技工难招的现象依然严重。反之，普工缺少数量呈现逐步下降趋势，缺普工503人，只占缺工总数的30.8%，与上季度相比，人数和比例均有所减少。

80家重点监测企业中，2014年第三季度实际招工人数最多的行业是制造业，总人数为4811人，比第二季度增加了2610人；其次为农林牧渔，信息传输、计算机服务和软件，批发零售等行业，实际招工人数分别为1087人、400人、373人，与第二季度相比有一定的不同。第三季度，企业缺工人数最多的行业依次为交通运输仓储和邮政业、制造业、农林牧渔业，缺工人数分别是843人、410人、193人，与第二季度相比，缺工人数行业基本一致。从统计数据看，实际招工人数与上季度相比有所增加，实际增加就业人数为7193人，与上季度295人相比，差距很大。本季度流失人数为14702人，与上季度相比增加较大。制造业、农林牧渔业、住宿餐饮业占据流失人员前三位，尤其是制造业，人员流失比较严重，高达12806人。80家企业的用工监测数据与上季度相比有所变化，特别是流失人数、实际招工数与上季度相比变化较大，实际呈现负增长。

二 合肥市就业展望

近年来，合肥市就业形势总体保持平稳。从未来发展趋势看，在全球经济增速持续放缓和产业结构逐步调整的背景下，面对合肥市经济快速增长回调和社会建设任务加重的环境，用人单位提供的就业岗位增长比例也在回落。虽然人力资源供给增量也在下降，但合肥市就业依然存在压力。

（一）劳动力总量压力与群体性就业问题依然存在

合肥市区划调整后，全市人口已突破750万人。从人口结构看，未来几年，全市城镇年均需要就业的人数大致为21万人，其中，高校毕业生约6万人，就业转失业人员约5万人，其他新成长劳动力约5万人，农村进城务工人员约5万人。而综合考虑合肥市企业产业升级、结构调整等因素，尽管合肥市2014年城镇新增就业岗位可达19万个，但岗位供给与就业需求之间仍有一定缺口。并且人力资源供需双方结构不对称，失业与缺工现象并存。主要表现为：高校毕业生就业相对较难而普工招工相对较难；城镇中大龄、残疾、无技能人员就业较难，而技师、高级技师等技能人才招工较难；市中心优质岗位就业较难，而工业园区一线工人和具有管理经验的人员招工较难。这些问题的根源在于产业结构和人力资源结构不匹配。当前，以大学生为主体的青年就业问题十分突出，合肥市拥有全省一半以上的高校，在校大学生总量规模超过40万人，年均毕业生规模在10万人左右，加上历届未就业的大学生以及农村劳动力转移人口、城镇登记失业人员、历史遗留的下岗失业人员等，就业压力还是较大的。

（二）劳动力供需总量同比减少

2013年底，合肥市城镇非私营单位（以下统计口径相同）就业人员144.50万人，其中，在岗职工125.87万人。按注册登记类型分，内资单位就业人员131.75万人，港澳台商投资就业人员5.2万人，外商投资就业人员7.55万人。合肥内资单位中，国有单位就业人员37.49万人，城镇集体单位就业人员1.67万人，股份合作单位就业人员0.59万人，联营单位就业人员0.15万人，有限责任公司就业人员70.52万人，股份有限公司就业人18.45万人，其他内资单位就业人员2.87万人。2013年，实现新增城镇就业总数达18.24万人，下岗失业再就业人数有4.54万人，就业困难人员再就业人数达1.91万人。近年来，合肥市大力开展全民创业活动，推进就业实名制登记。2013年，发放小额担保贷款5.3亿元，举办各类招聘会263场，提供就业岗位8.8万个，累计帮扶4201个零就业家庭5644人就业。推进高校毕业生就业创业，实现进肥高校毕业生8.5万人，就业率达93.4%。[1]

但从合肥市人力资源市场统计数据看，2012年、2013年，进场招聘的企

---

[1] 《合肥市2013年度人力资源和社会保障事业发展统计公报》，http://www.hefei.gov.cn/n1070/n304559/n310921/n315572/34610222.html。

业的用工需求人数分别为 200702 人、150525 人；而进场求职人数分别为 204503 人、153760 人。从 2012 年、2013 年进场招聘的企业需求总数和求职人员总数对比情况来看，受经济形势变化影响供求总体呈下降趋势。2013 年需求总数与 2012 年相比减少 50177 人，降幅达 25 个百分点；进场求职的劳动者总数与 2012 年相比减少 50743 人，降幅达 24.81 个百分点。2014 年前三季度，供需总量与 2013 年同期相比也呈下降趋势。在一年中，劳动力供需变化主要集中在春节前后，2014 年春节后合肥市人力资源市场供需迅速火爆，供需总量达一年中的最高值；进入 3 月后，市场逐步平稳，到 4 月初市场基本恢复平稳；与前两年相比，供需高峰持续的时间减短，但供需总体保持平衡，市场基本平稳。

（三）各行业就业状况呈现分化

从合肥市人力资源市场统计数据看，2012 年、2013 年，从按行业分组的需求情况对比来看，受经济形势变化影响较大的行业是住宿餐饮业和批发零售业。需求总数同比减少最多的行业是住宿餐饮业，岗位需求减少 21335 个，所占比例下降 7.49 个百分点；批发零售业需求同比减少 14060 个，所占比例下降 1.47 个百分点；居民服务和其他服务业岗位减少 510 个，比例下降近 0.58 个百分点。2013 年需求比例同比增加最多的行业是制造业，同比增加 10.06 个百分点，制造业吸纳就业能力最强，并呈逐年上升的趋势。近年来，从合肥市人力资源市场企业用工需求总体来看，制造业需求所占比例均居首位，其中 2010 年制造业年需求比例为 44.15%、2011 年为 41.57%、2012 年为 35.11%、2013 年为 44.67%，制造业已成为吸纳劳动者就业总量和需求比例最多的行业。

近年来，随着合肥市各项促进经济发展的政策的颁布和实施，各类企业发展迅速，民营经济更是异军突起，岗位需求总量逐年增加，民营企业对就业具有较高吸纳能力，已成为创造就业的重要渠道。2012 年、2013 年，从按用人单位性质分组的需求对比来看，私营企业需求比例最大，吸纳就业能力最强，受经济形势变化影响也最大，2013 年岗位需求减少最多，同比减少了 32165 个，比例下降近 9.58 个百分点；个体经营企业岗位需求减少 12474 个，比例下降幅度不明显。同比岗位需求增加最多的是其他企业，需求增加了 7205 个，需求比例增加近 5.40 个百分点。在 2014 年的各类招聘会中，民营企业用工已占招聘单位总数的绝大部分，各类求职群体对到民营企业就业的认可度逐步增加，民营企业已成为吸纳新增就业的主要渠道。

（四）就业岗位稳定性与就业渠道多样性有所强化

近年来，从合肥市人力资源市场统计数据看，进场求职的就业转失业人员和在业人员同比均有所减少。通过对合肥市部分企业用工状况的调查了解到，合肥市企业员工流失率大多处于近年来的最低水平。2014年春节后，合肥市部分家电制造、快速消费品加工类企业的员工返岗率较高，均高于往年同期的返岗率；从被监测的两个国家级工业园区的企业员工流失率来看，2014年流失的员工数量均达到近年来的最低，员工就业的稳定性明显好于往年。

近年来，随着新媒体招聘渠道的快速发展以及公共就业服务机构就业服务关口的前移，就业服务送到乡镇、送到社区、送到广场、送到求职者手中，企业招工和劳动者求职渠道的选择发生了巨大变化，选择到有形人力资源市场招工的企业和求职的劳动者数量逐年减少，有形人力资源市场调节就业的功能弱化趋势显现。从2014年前三季度统计数据看，合肥市人力资源市场进场招聘和进场求职的劳动者总量与上年同期相比均有所减少，正是这一变化的主要体现。

（五）部分行业、部分工种招工难、留人难问题依然存在

2014年，安徽省统计局对省内469家民营企业进行了问卷调查，统计显示，185家企业近年来一直缺工，205家企业有些岗位招不到工人。可见，中小民营企业用工难问题已经凸显。但不少企业员工日均工作11~12小时，月均收入在2500~3000元，而一半左右收入靠超时加班获得。可见，企业招工难、用工难主要原因还在于劳动时间长、工资福利待遇低等。从合肥市人力资源市场统计数据看，2014年7月以来，合肥市人力资源市场需求人数连续5个月保持稳定，求人倍率环比、同比缓慢上升。到2014年11月，合肥企业需求人数大于求职人数，求人倍率上升为1.24，缺工仍以普工为主。从三次产业看，2014年11月第三产业岗位需求人数增加2646人，比重环比上升0.71个百分点，第一、二产业比重小幅下降。从行业看，市场供求行业间冷热不均，不少行业需求人数明显大于求职人数，

如机械设备装配工、维修工岗位空缺与求职人数比率分别为2.08和2.38。虽然就业人员总体流动性与往年相比呈下降趋势，但以制造业、商贸和餐饮等为代表的行业普通员工的流动性仍然较大，几类行业普通员工的招聘依然处于常年的"结构性缺工"问题中。再加上几类行业普通员工社会地位得不到认可、工作环境偏差、工资待遇偏低等因素，导致普通员工"留人难"问题要比其他的工种严重。招工难和留人难同时困扰着部分企业，并成为常年阻碍部分企业发展的难题。

三 合肥市促进就业的主要措施

随着经济发展和社会进步，就业问题越来越为社会关注。受当前宏观经济环境的影响，合肥市经济总体运行势头较好，一些主要经济指标增幅同比虽有所回落，但仍然处于较快增长区间，且随着合肥市经济体量不断增大，就业保持了总体稳定的良好态势。党的十八届三中全会上通过的《中共中央关于全面深化改革若干重大问题的决定》指出："健全促进就业创业体制机制，建立经济发展和扩大就业的联动机制，健全政府促进就业责任制度。"为此，2014年合肥市出台了一系列促进就业的举措。

（一）加强组织领导

一是调整合肥市就业工作领导小组成员。参照安徽省就业工作领导小组成员组成情况，合肥市人力资源与社会保障局对市就业工作领导小组成员进行了调整，进一步强压了就业工作组级领导，为就业工作深入推进提供了组织保证。调整后的市就业工作领导小组，组长继续由市长担任，副组长由常务副市长和分管副市长担任，成员涉及市委宣传部、市人社局、市财政局等37个单位的负责人。二是组织召开两个会议。2014年6月，合肥市人力资源与社会保障局组织召开了就业工作领导小组会议和高校毕业生就业指导工作领导小组会议，会议总结了2013年以来就业工作尤其是高校毕业生就业工作开展情况，部署了2014年工作任务。三是做好市人大问询就业创业工作。按照市人大工作部署要求，合肥市人力资源与社会保障局2014年初开始就积极筹备做好市人大问询就业创业相关工作编印《合肥市就业创业政策汇编》，谋划问询题目，始终保持与市人大财经工委的联系，确保了问询工作的顺利开展。2014年10月31日，按照工作计划安排，合肥市人力资源与社会保障局顺利完成了市人大问询就业创业工作，10个市直部门主要负责人和10位市人大委员参与问询，取得了良好效果。四是加强就业工作目标责任体系建设。研究制定并进一步完善了《合肥市就业工作目标评价办法》，坚持每年对各县（市）、区（开发区）及市直有关部门的就业创业工作目标完成情况开展一次综合考评，确保合肥市就业工作目标任务能够顺利完成。

（二）完善政策体系

一是研究制定企业帮扶政策。合肥市人力资源与社会保障局会同市财政局、市地税局、市经信委出台了《关于继续做好合肥市促进经济持续健康较快发展工作有关问题的通知》，继续落实缓缴社会保险费、降低社会保险费率、保障企业招工需求、加大技能培训力度、鼓励全民创业等政策措施，确保各项政策得到及时有效落实。2014年1~10月，合肥市通过降低失业保险费率和下调企业参保缴费基数，减收参保企业社保费用2.3亿元；审核362家企业岗位补贴5828.93万元，落实岗位培训补贴1539.27万元，培训人数达2.99万人。二是研究制定民生工程实施办法。合肥市人力资源与社会保障局会同市财政局研究制定了《合肥市2014年度就业促进工程实施方案》，围绕落实就业促进民生工程，合肥市人力资源与社会保障局还出台了《合肥市公益性岗位开发管理暂行办法》《合肥市高校毕业生就业见习管理办法》《关于印发2014年高校毕业生基层特定岗位实施方案的通知》《民生工程评价办法》《合肥市就业专项资金管理使用检查方案》等文件，确保就业促进民生工程顺利实施。三是研究制定"工学一体"就业就学工作方案。合肥市人力资源与社会保障局会同市财政局召集部分县区人社部门、企业、高职院校、职业学院和技工院校，召开了"工学一体"就业就学工作座谈会，讨论工作方案，研究落实工作措施。2014年9月，印发了《合肥市"工学一体"就业就学工作方案》。当前，按照工作计划安排，正在推动落实"工学一体"就业就学工作。四是研究制定青年创业计划实施方案。合肥市人力资源与社会保障局会同市发改委、市教育局等单位研究制定了《关于印发合肥市青年创业计划实施方案（2014~2017年）的通知》，着重从完善创业扶持政策和提升创业服务水平两个方面，进一步加大工作力度，重点扶持合肥市有创业意愿和创业条件的城乡各类青年群体，努力推动落实"736计划"。

（三）促进高校毕业生就业

2014年1~11月，全市共接收8.4万名高校毕业生进肥就业，总就业率达97.2%；跟踪帮扶7665名离校未就业毕业生，完成目标任务的96.77%。一是推进就业服务工作。合肥市人力资源与社会保障局印发了《关于开展2014年高校毕业生就业服务月活动的通知》，以"实施就业促进计划、实名登记服务到人"为主题，自2014年9月1日至9月30日，在全市广泛开展高校毕业生就业服务月活动。活动期间，全市各级人社部门通过上门走访，进一步摸清合肥市2014届有就业意愿的离校未就业高校毕业生人数、个人基本信息和就业服务需求，并使每一个有就业服务需求的高校毕业生都能享受到有针对性的就业创业服务和各项优惠扶持政策。二是强化就业见习。2014年，新增18家市级就业见习单位，涉及电子信息、通信、建筑、服务、新能源等多个行业。同时，根据评估考核，将部分上年度未接收见习生或见习工作管理不规范的单位调出见习基地队伍。截至目前，全市共有256家高校毕业生就业见习基地（单位），其中市级高校毕业生就业见习基地（单位）60家，安排2411名高校毕业生参加就业见习，完成年度目标任务的156%。三是做好离校未就业毕业生帮扶工作。依托《就业失业和劳动用工备案管理信息系统》，采取市、县（区）、乡镇街道、社区四级联动的方式，通过协调公安户籍科、电话回访、上门跟踪服务、档案查询等方法不断完善未就业毕业生信息。截至目前，电话回访2万余次，发送手机短信及电子邮件4000余个。同时，对于5月1日前未就业的合肥市高校应届毕业生，发放800元/人的求职补贴，2014年共发放补贴328.16万元，惠及39所高校的4102名毕业生。四是组织开展基层特定岗位安置高校毕业生工作。全市开发384个劳动就业和社会保障管理、民政、计生、司法、工会等基层公益性岗位，安置高校毕业生就业。目前，已顺利完成报名考试、资格复核、体检等工作，除部分岗位无高校毕业生报考外，全市累计招聘高校毕业生380人。按照省厅部署要求，2012年、2013年聘用上岗人员的转岗工作，正在稳步推进。

（四）提升服务水平

一是举办基层平台就业工作人员培训班。2014年11月27~28日，合肥市人力资源与社会保障局组织全市县（市）、区（开发区）人社部门，街道（乡镇）、社区等基层就业工作人员，举办了就业政策培训班，对2014年新出台的就业创业各项政策进行了重点培训，培训分两批进行，培训人数达1500人。二是开展企业用工服务。上半年，在充分掌握企业用工需求的基础上，合肥市人力资源与社会保障局开展了"转作风、进园区、强服务"主题活动，深入工业园区调研了解企业用工情况，帮助企业解决用工短缺以及结构性缺工问题，组织50余家合肥市重点企业到颍上、淮南，连续举办了4场招聘会，共有1659名求职者与合肥市企业达成就业意向。同时，合肥市积极挖掘农村人力资源潜力，"招工大篷车"已在全市各县（市）、区（开发区）举办11场招聘会，3085名农村劳动者与企业达成就业意向。三是开展创业培训，全面实施创业意识培训、创办企业培训、创业模拟实训、创业基地实训、改善企业培训"五位一体"的创业培训模式。2014年1~10月，全市创业培训2.78万人，其中创业意识培训1000人，创办企业培训1.78万人，创业模拟实训9000人，改善企业培训工作已全面启动。四是开展创业专家"四进五送"活动。2014年10月，合肥市人力资源与社会保障局研究制定了《关于开展创业专家"四进五送"活动的通知》，决定在2014年10~12月组织创业专家进校园、进社区、进园区、进企业，开展送政策、送项目、送贷款、送服务、送经验活动。五是举办第五届创业项目征集大赛。合肥市人力资源与社会保障局会同市财政局、市总工会、团市委、市妇联印发了《关于举办合肥市第四届"挑战杯"创业项目征集大赛的通知》，2014年10~12月，在全市范围内广泛开展创业项目征集大赛。目前，报名工作已经结束，各县（市）、区（开发区）创业服务中心、各高校就业创业服务机构正在对征集的创业项目进行初评。六是举办"就业创业合肥"风采摄影大赛。印发了《关于举办"就业创业合肥"风采摄影大赛的通知》，2014年10~12月，在全市范围内开展"就业创业合肥"风采摄影大赛，集中宣传合肥市创业就业工作成绩，展现创业者勇于进取、激情创业的风采，弘扬"我创业，我光荣"的创业理念。

（五）强化就业援助

一是组织开展春风行动。合肥市人力资源与社会保障局会同市总工会、妇联下发了《关于开展2014年春风行动的通知》，自2014年1月中旬至3月中旬，在全市范围内广泛开展以"搭建供需平台，促进转移就业"为主题的春风行动。活动目标为"五个到位"，即宣传到位、服务到位、政策到位、维权到位、对接到位。"春风行动"期间，举办超过144场招聘会，帮助近5万名农村劳动者与企业达成就业意向。二是组织开展就业援助月活动。合肥市人力资源与社会保障局会同市残联下发了《关于开展2014年就业援助月专项活动的通知》，动员全市各级人力资源和社会保障部门、残联组织，认真组织开展2014年就业援助月专项活动。活动期间，累计帮助2636名各类就业困难人员实现就业。三是做好退役士兵就业工作。按照省政府、省军区《关于促进退役士兵就业创业工作的意见》要求，合肥市人力资源与社会保障局会同市民政局、合肥警备区下发了《关于开展2014年退役士兵就业招聘周活动的通知》，并研究制定了《合肥市2014年退役士兵就业招聘周活动方案》，认真组织开展退役士兵招聘活动，帮助退役士兵解决就业问题。招聘周活动期间，累计举行11场退役士兵专场招聘会，参与企业达726个，提供岗位近2万个，3209名退役士兵与用人单位达成就业意向。

参考文献

《合肥市2013年度人力资源和社会保障事业发展统计公报》，http://www.hefei.gov.cn/n1070/n304559/n310921/n315572/34610222.html。

方金友：《统筹城乡，推动安徽实现更高质量的就业》，《安徽社会发展报告（2014）》，社会科学文献出版社，2014。

家庭建设篇
Family Construction

B.10
秩序变化中的关怀：安徽省"幸福家庭建设"实践

夏当英　熊　峰*

摘　要： 当前，安徽省家庭组织面临抗风险能力降低、公共产品短缺、养老问题严峻、子女教育问题凸显、非常态婚姻突出等问题，出现了对"幸福家庭"建设的现实需求。安徽省根据省情省力，聚焦家庭现实问题，从创业致富、身心健康、和谐文明、奉献互助、平安保障五个方面着手完善家庭系统，努力推进家庭幸福。安徽省"幸福家庭建设"的基本经验主要为：以项目为载体，聚焦家庭现实需要；整合各方资源，合力建设幸福家庭；以制度为保障，制定和完善相关政策法规；结合地方文化特色，创新本土化路径。

关键词： 安徽省　家庭问题　幸福家庭　家庭建设

---

* 夏当英，安徽大学社会与政治学院副教授；熊峰，安徽大学社会与政治学院硕士研究生。

幸福家庭是由夫妇子女等亲属关系联结的家庭系统及其与包含物质条件、社会环境、生物基础、道德文化等因素的社会生态系统之间良性互动关系健康和谐运行的理想状态。幸福家庭建设是指在政府主导下，社会及各类机构协助开展的社会活动，改善家庭生活所涉及的物质、社会、生态环境，加强家庭及其成员幸福能力发展，以促进社会整体幸福和谐为目标的过程。幸福家庭建设重点以弱势家庭为服务对象，以促进就业、精神关怀、提供保障等方式来维护家庭结构完整和谐、提升家庭经济水平、加强家庭道德文明能力、促进家庭社会和谐发展，最终实现普惠性、整体性的社会化幸福。

本文利用涉及安徽省家庭幸福的社会性数据来描述和解释"幸福家庭建设"行动的意义和基本状况，来反映安徽幸福家庭发展进步的需求困境，并结合安徽"幸福家庭建设"实践进行分析，以期了解安徽省情、发掘自身资源、综合外部信息，寻求更具安徽本土特色的幸福家庭建设路径，实现幸福家庭建设实践效率的提高。

一 幸福家庭建设的现实需求

幸福家庭的内容主要涉及家庭结构稳定、家庭关系和谐和家庭功能完善等方面，往往构成社会变迁的重要载体，并且是社会秩序运行良好的关键指标。回首中国过去百年的变革历程，每一次发展飞跃几乎都是从家庭开始。家庭在结构、制度、价值等方面经受剧烈冲击的同时，也成为预防和解决经济和社会问题的基石。[①] 如今，国际上已经形成支持家庭建设以提高社会质量的共识，而解决家庭问题、发挥家庭功能在我国有着更加特别的意义。我国是伦理本位的国家，这一特殊的国情促生了人们爱家恋家的传统，家庭是和谐人际关系、整合社会资源的节点。但是，在社会转型加速期，我国存在着家庭结构不稳定、家庭关系变异、家庭功能弱化等严重问题，有必要在政策制定上构建一个制度化的家庭支持体系，以使家庭幸福、民生幸福。近年来，安徽省家庭幸福水平与全国保持着一定程度的平衡。

---

① 中国家庭的三次冲击：中国从奴隶制向封建制转变，是从奴隶制大家族分解为封建个体家庭开始的；中国从封建制向资本主义转变，是从打破封建家族制度呼唤个体解放开始的；中国从计划经济向市场经济转变，是从农村实行家庭联产承包责任制开始的。

1. 家庭结构小型化，风险承受能力降低

近十年来，安徽省家庭户数增加了约 384 万户，增长了近 21.88%。2012 年，全省家庭户人口数为 68239817 人，比 2003 年的 62993478 人，增长了 8.32%，户数增长速度是人口增长速度的 2.6 倍。家庭户平均规模总体上持续下降，平均每户减少了 0.11 人，家庭规模日趋小型化；在全部家庭中，1~2 人的小规模家庭户在家庭户总数中的占比稳中有升，其中 1 人户占比由 2003 年的 5.38% 速增至 13.72%，增加了 8.34 个百分点；2 人户占比由 2003 年的 13.01% 猛增至 27.53%，增加了 14.52 个百分点，以核心家庭为主体的 2 人、3 人户占全部家庭的 56.18%；而 4~6 人的中等规模家庭户和 6 人以上的大家庭户在家庭总户数中的占比呈下降趋势，由 54.02% 降至 30.1%，这表明多代家庭、复合家庭在家庭总户数中的占比下降，丁克家庭、单亲家庭、核心家庭的占比不断上升。1990~2010 年，安徽省家庭代数变化的特点是，三代户、四代户比例基本保持不变，尽管 2000 年左右出现过波动，但真正的变化主要是一代户和二代户占比的变化。一代户的比例增加，从 1990 年的 6.48% 猛增至 2010 年的 35.58%，比例上涨了 4.49 倍；二代户的比例下降，从 1990 的 66.52% 下降至 2010 年的 47.02%，下降了 19.5 个百分点，但仍占最大比重；五代户的比例趋近于零，这表明安徽省家庭模式中的代数日趋减少化，小家庭样式日益多样化，一些非核心化家庭也愈发增多，如空巢家庭、丁克家庭、单亲家庭等。安徽省家庭结构分化，家庭经济互助能力弱化，增加了家庭所需要承担的风险，特别是独生子女家庭的子女成长风险、成才风险和养老风险。在现实生活中，越来越多的计划生育家庭是独生子女家庭。据估计，目前独生子女人口在 1.4 亿~1.5 亿人，而且进入了生命历程的中后期，出现了越来越多的"计划生育老人"，甚至有一些大龄独生子女伤病残亡的家庭，加上两代人分开居住，出现了一些空巢家庭和空巢老人以及困难家庭。① 据不完全统计，2013 年全国有近 100 万失独者，安徽省失独人数有 1.7 万②，这些失独者不仅承受着失去独子的痛苦，而且其家庭保障特别是养老保障受到巨大影响，势必

---

① 穆光宗：《论家庭幸福发展》，《中国延安干部学院学报》2012 年第 1 期。
② 安徽省民政厅：《省社工协会失独特殊家庭养老服务项目获中央财政资助》，http://www.ahmz.gov.cn/thread-15729-1.html。

制约着家庭的幸福发展。

2. 家庭经济状况好转，公共产品仍然短缺

表1 安徽省2000年、2010年、2012年家庭物质生活情况

项目	2000年	2010年	2012年
农村居民家庭人均纯收入(元)	1934.6	5285.2	7160.5
城镇居民家庭人均可支配收入(元)	5294	15788	21024
农村居民家庭恩格尔系数(%)	52.45	40.70	39.25
城镇居民家庭恩格尔系数(%)	45.70	38.00	38.70
城乡居民年底储蓄存款余额(亿元)	1447.2	7788.5	11178.6
平均每人储蓄存款余额(元)	2319	11435	16227
农村平均每人居住面积(平方米)	22.16	32.05	35.88
城市平均每人居住面积(平方米)	14.76	31.55	32.38

资料来源：《安徽统计年鉴（2013）》，中国统计出版社，2014。

表1数据显示，十几年来，安徽省农村居民家庭人均纯收入增加了2.70倍，城镇居民家庭人均可支配收入增加了2.97倍，城乡居民年底储蓄存款余额2012年较2000年增加了9731.4亿元，增加了6.72倍，城乡平均居住面积持续增加，这说明居民收入持续增加，恩格尔系数持续降低，家庭收入的可支配性更加灵活，居民生活水平、居住水平也持续上升。尽管关于家庭收入与幸福之间关系的研究，不同的学者之间存在极大的争议，但是家庭收入的增加有利于改善家庭系统的物质环境，为家庭能力发展创造物质基础，促进家庭系统和谐发展。安徽省经济的持续发展，使安徽家庭的生活水平得到很大提升，但是其中一部分低收入家庭的生活状况仍然值得关注，截至2010年底，据安徽省发改委统计，安徽有贫困人口209万人，在全省16个市及其所辖县均有分布，其中30个国家及省级扶贫开发工作重点县133万人。在209万贫困人口中，因病、残致贫的占51.7%，因素质低下、土地少、经营不善致贫的占20.6%，因教育等致贫的占21.6%，因灾致贫的占1.6%。① 这一部分困难家庭需要政府采取社会救助和教育扶持的方式来提高其综合素质和发展能力，解决就业和生计问题，维持家庭系统的良性运行。

---

① 《安徽：扶贫面临的五大问题》，《中国经济时报》2011年9月30日。

3. 人口老龄化突出，养老问题形势严峻

1998年，安徽省65岁及以上老年人口占总人口的7.02%，已超过联合国定义的65岁及以上老人超过总人口的7%的老龄社会标准，标志着安徽省进入人口老龄化社会。根据全国人口第五、第六次普查数据显示，安徽省2000年65岁及以上老人有445.7万人，占总人口比例为7.45%；2010年65岁及以上老人为605.7万人，所占比例为10.18%，① 较2000年增加了160.0万人，增长了35.9%。安徽省人口老龄化具有以下特点：第一，速度快。十年间年平均增速为3.12%，超过同期全国年平均增速约0.09个百分点。② 第二，高龄化。2010年"六普"65岁及以上人口年龄中位数为72.6岁，而"五普"时为71.9岁，增长了0.7岁。③ 第三，空巢化。根据调查统计，安徽省2013年，净流出省外半年以上人口898.7万人④，这就使留守家中年迈的父母无人照顾，农村的空巢家庭势必日益增多。

中国人素来就有不同于其他国家特色和传统的家庭本位观念，和谐幸福的家庭生活是中国人完美人生的夙愿。家庭本位传统自古即形成了以家庭为载体的养老模式，但随着社会现代化和经济发展水平的提高，家庭结构分化和价值观念转型使传统双向义务性的"哺育"与"反哺"的平衡赡养责任受到冲击。家庭规模趋向小型化，传统大家庭解体，核心家庭占主体，老年空巢家庭、丁克家庭比例上升，老年人的家庭幸福和临终关怀也成为幸福家庭建设的一大课题。老年人因不再是家庭的经济支柱而失去在家庭中的权威地位，同时现代社会快速变迁使老年人跟不上现代知识更新的步伐，从而失去了教化年轻人的知识话语权，相反还出现了年轻人教育老人的"文化反哺"现象，致使年轻人不愿意听取长辈的意见、不尊重长辈甚至于指责长辈的事时有发生，甚至因此成为他们不赡养老人的理由。家庭养老功能弱化，但是养老需求的客观事实仍旧严峻，促使"家庭经济赡养功能向社会保障功能转移，养老方式从单纯地

---

① http：//www.ahtjj.gov.cn/tjj/web/info_view.jsp？strId=1380607386112085&_indextow=1，http：//www.ahtjj.gov.cn/tjj/web/info_view.jsp？strId=1380607375518034&_indextow=1。
② 程桦主编《安徽社会发展报告（2014）》，社会科学文献出版社，2014。
③ 程桦主编《安徽社会发展报告（2014）》，社会科学文献出版社，2014。
④ 安徽省统计局：《安徽省常住人口"四个变化"值得关注》，http：//www.ahtjj.gov.cn/tjj/web/info_view.jsp？strId=1393296625492069。

依赖血缘网转向依赖社会网"。①

4. 非常态婚姻现象增多，家庭责任意识淡化

婚姻是组建家庭的基础，婚姻关系的稳定性直接影响着家庭的和谐幸福。婚姻是风俗伦理和法律规范"制度化"的人类两性结合的社会性关系，它是一种社会行为，受到社会环境和文化背景的制约，社会转型使婚姻关系发生嬗变。安徽省家庭婚姻关系的变化主要体现在以下几方面：第一，离婚人数不断增加。民政部全国社会服务统计数据显示，2013 年安徽省离婚登记记录为310833 对，较 2007 年的 114777 对，增加了 1.71 倍。② 第二，婚姻对性行为的约束减弱。社会转型促进了男女两性的权力平等和个性自由，婚姻关系的自主性和自由度增强，婚姻家庭观念对两性关系的约束力下降，越来越多的性行为超出婚姻形式和家庭范围，婚姻关系中缺少了对家庭、社会责任的担当。婚前同居、婚外恋、非婚同居、一夜情业已成为婚姻文化的关键词；甚至出现了所谓"性爱派对""换妻"等极端化的婚外性行为，"提倡杂婚制""自由化性交""改组家庭"等让人目瞪口呆的口号也不止一次地出现。③ 这些非婚性关系的出现使家庭满足亲密关系的情感功能日益弱化，影响着家庭系统和谐有序地运行。

5. 青少年犯罪率上升，子女教育问题凸显

家庭治疗临床实践表明，家庭功能发挥不完整会导致子女出现更多的外显和内隐问题。④ 大部分实证研究也得到了与此一致的结论：家庭功能和青少年的问题行为（违法犯罪）存在显著负相关。⑤ 而影响家庭功能的因素主要涉

---

① 董之鹰：《孝文化与代际网络关系研究》，《中国社会科学院院报》2004 年第 10 期。
② 《中国民政部全国社会服务统计公报》，http://cws.mca.gov.cn/article/tjjb/b/。
③ 吴宗友：《当代中国婚姻文化嬗变之探析》，《安徽大学学报》（哲学社会科学版）2008 年第 3 期。
④ Fauber R. L., "Long N. Children in Context: The Role of Family in Child Psychotherapy", *Journal of Consulting and Clinical Psychology*, 1991, 59 (6): 813 – 820.
⑤ Cumsiell P. E., "Epstein N B. Family Cohesion, Family Adaptability, Social Support, and Adolescent Depressive Symptoms in Outpatient Clinic Families", *Journal of Family Psychology*, 1994, 8: 202 – 214；方晓义、郑宇、林丹华：《家庭诸因素与初中生吸烟行为的关系》，《心理学报》2001 年第 3 期；邓世英、刘视湘、郑日昌：《西方有关父母教养方式与青少年问题行为关系的理论及其研究综述》，《心理发展与教育》2001 年第 2 期；辛自强、陈诗芳、俞国良：《小学学习不良儿童家庭功能研究》，《心理发展与教育》1999 年第 1 期。

及家庭结构、家庭关系和家庭收入三个方面。从家庭结构方面看，与完整家庭相比，单亲家庭表现出更多的家庭问题[1]；从家庭关系来看，良好的家庭关系与良好的家庭功能相关[2]；从家庭收入看，家庭收入越高，家庭亲密度也就越高。来自收入较高家庭的青少年，经济具有更高的社会适应能力。[3]。近年来，安徽省青少年犯罪事件屡见不鲜，以肥西法院为例，2010年该法院共办理刑事案件286件，涉及460人，其中25周岁以下青少年犯罪案件108件，涉及178人，各占37.8%和38.7%。在青少年犯罪中，18周岁以下未成年犯罪案件，22件涉及35人，均占青少年犯罪的20%。[4] 犯罪事件背后反映的是家庭教育缺失、家庭关系破裂等因素的制约，特别是溺爱型、打骂型、失和型、放任型、留守型等形式的家庭会导致青少年产生一种厌恶或反感家庭的情绪，沾染不良社会习气，做出违法犯罪行为，这将对整个家庭乃至整个社会的幸福和谐产生极大的负面影响。

二 安徽省"幸福家庭建设"的社会实践

2011年4月26日，胡锦涛总书记在中央政治局第28次集体学习时指出"家庭幸福是人口发展、社会和谐的重要基础"，强调"要建立健全家庭发展政策，切实促进家庭和谐幸福"。同年5月，在吉林省长春市召开"创建幸福家庭"活动的试点工作会议，安徽省铜陵市成为全国首批32个试点市之一。

---

[1] Bernstein G A, "School Refusal: Family Constellation and Family Functioning", *Journal of Anxiety Disorders*, 1996, 10（1）：1-19.

[2] Shek D T L, "Individual and Dyadic Predictors Family Functioning in a Chinese Context", *The American Journal of Family Therapy*, 1999, 27（1）：49-61; Shek D T L, "A Longitudinal Study of the Relations of Family Functioning to Adolescent Psychological Well-being," *Journal of the Youth Study*, 1998, 1（2）：195-209.

[3] 易法建：《家庭功能与大学生社会化的研究》，《青年研究》1998年第6期；池丽萍、辛自强：《家庭功能及其相关因素研究》，《心理学探新》2001年第3期；Shek, D T., "Family Functioning and Psychological Well-Being, School Adjustment, and Problem Behavior in Chinese Adolescents with and without Economic Disadvantage", *Journal of Genetic Psychology*, 2002, 163（4）：497-500.

[4] 万家资讯：《溺爱是青少年犯罪的温床 调查显示青少年多以团伙犯罪》，http://365jia.cn/news/2011-01-09/49E49AEA7B98316F.html。

2011年11月23日，国务院发布的《国家"十二五"人口发展规划》中将"提高家庭发展能力，促进家庭和谐幸福"作为"十二五"期间的一项重要任务，提出要"建立健全家庭发展政策，着力提高家庭服务能力，大力推进新型家庭人口文化建设"。2011年，安徽省13个部门响应中央精神，研究决定"十二五"期间在全省广泛开展"生育关怀·幸福家庭"活动，帮助解决家庭在生产、生育、养老等方面存在的问题，重点关注独双女困难家庭、计划生育特困家庭、空巢家庭、留守家庭和流动人口困难家庭等脆弱家庭，促进完善家庭发展政策体系，提高家庭生活质量及其发展能力，增强家庭凝聚力和幸福感，推动社会均衡发展、和谐进步。

"幸福家庭建设"是一个综合性、系统性的社会工程，它不仅包括家庭内部系统及自身能力的完善和提升，同时还包括大社会生态系统的协调和整合，为家庭自主能力提升和幸福和谐发展提供更加有利的生存空间。近年来，安徽省充分发挥部门、企业和社会组织的团体优势，依托人口基金会筹资平台，围绕家庭发展能力建设，整合社会各方资源，大胆探索将生育关怀行动和创建幸福家庭活动有机结合，全力打造"生育关怀·幸福家庭"品牌体系，通过具体行动关心家庭幸福、满足家庭需求、营造良好的家庭生存环境，提升家庭自主发展能力和生活幸福水平。安徽省计划生育协会（以下简称计生协）依托"生育关怀·幸福家庭"体系所包含的特殊家庭关怀、扶贫济困、助学成才、平安保障、创业扶持、活动中心、母亲健康等项目，重点实施创业致富、身心健康、和谐文明、奉献互助、平安保障五大任务，全力推动"幸福家庭建设"并取得显著成效。

1. 提升发家致富能力，缓解家庭生存压力

物质财富是家庭生存的基础，提升家庭致富能力是"幸福家庭建设"应有之义。安徽省计生协为了切实增强贫困计生家庭的发展能力，依托人口基金工作平台，按照项目运作管理要求，引导一批示范企业、示范基地、金融部门，以贴息贷款、创业基金等方式，开展困难计生家庭求助活动，帮助人均年收入在2300元以下的计生贫困家庭及遇到特殊或意外情况需要紧急救助的家庭，提升发家致富能力，缓解家庭生存压力。截至2012年，安徽省依托人口基金会开展"生育关怀·幸福家庭"活动，累计募集资金达2.34亿元，救助计划生育困难家庭15万多户，全省受益群众约30万人，有力地辅助了政府民生工程建设，① 为构建和谐家庭、和谐社会发挥了积极的作用。同时，2012年安徽80家示范企业参与"生育关怀·幸福家庭"活动，帮助计生困难家庭解决就业问题。以舒城县为例，该县示范企业每吸纳一个独双女户职工就业，给予申请10000元贷款指标，并给予每年300元的资金贴息，同时引导示范企业在招聘员工、技能培训、评先评优和发放福利待遇时，向独双女户职工倾斜。

此外，安徽省各地在各级党委、政府领导下，人口计生系统、计生协负责人带队深入基层，进村入户，走访慰问，开展"生育关怀行动"，救助扶持计生困难家庭，给予广大计生家庭更多奖励、优惠和扶助，提升计划生育家庭的发展能力。2012年，共确认家庭奖扶（特扶）对象171470人，发放资金18043.26万元；确认长效节育奖励对象13789人，发放资金5515.6万元。将节育奖励制度扩大到35个县（市、区），覆盖农业人口3152万人，占全省农业人口的60%。② 节育奖励制度覆盖面的扩大，使受益对象的范围更加广泛，奖励金额进一步提升，这对于缓解计生困难家庭的经济压力具有实质性作用。

2. 关爱家庭教育健康，提升子女身心素质

子女健康、教育、才智等身心素质不仅是子女自身实现人生价值的资本，也是整个家庭向上流动的机会性资源。子女教育资源的投入关乎整个家庭社会命运走向，这一因素势必对家庭幸福产生巨大影响。安徽省开展实施计生困难家庭子女成才助学行动，资助城乡独生子女、双女户计划生育困难家庭子女，完成非义务教育阶段的学业，争取实现子女身心健康、教育成才，给予家庭以希望来提升生活幸福质量。2012年来，安徽省人口基金会共出资6500多万元，资助3.3万名贫困计生家庭子女顺利完成大学学业，为这些孩子和他们的家庭提供向上流动的渠道。以舒城县为例，该县2008年就建立了"关爱独女户和两女户家庭基金"，满足条件的独、双女家庭子女都能享受该政策优惠。2008年来，该县共资助助学成才对象1288人，资助学费374万元，实现了"计划生育政策范围内的普惠助学"。

---

① 安徽省卫生和计划生育委员会：《关怀送进门，幸福因计生》，http://www.ahpfpc.gov.cn/page.php?fp=newsdetail&id=44628。

② 安徽省卫生和计划生育委员会：《为推进美好安徽建设创造良好的人口环境——2012年全省人口计生工作简述》，http://www.ahpfpc.gov.cn/page.php?fp=newsdetail&id=49240。

秩序变化中的关怀：安徽省"幸福家庭建设"实践

安徽省经济相对落后，人口外出流动频繁，形成了数量庞大的留守儿童群体，而这一群体大部分集中在农村地区。"六普"数据显示，安徽省农村留守儿童规模达443.05万人，占全国农村留守儿童的比例达7.26%，占全省农村儿童的53.49%。① 留守儿童长期与父母分离，缺少家庭的关爱和监管，这一特殊群体的学习、生活和健康缺乏周全照顾，这对于家庭中的亲子关系、祖辈关系来说是一种巨大挑战和考验，关爱和正确引导留守儿童成长对于构建和谐家庭关系意义重大。安徽省计生委将关爱留守儿童纳入"生育关怀·幸福家庭"活动，切实加强"生育关怀"建设，在城区和农村分别以"1+3"帮扶工作模式和"5对1"帮扶联络机制，对计生困难户、留守儿童家庭开展经常性结对帮扶，从事实上提高他们的生活质量，从经济和精神层面给予这些家庭以帮扶，为"幸福家庭建设"营造良好氛围。在太和县，基层计生协会积极开展对留守儿童的帮扶慰问活动，全县348个基层协会分期对5392名困难计划生育家庭留守儿童进行入户慰问，对其中的2298名特困家庭的留守儿童进行救助，发放救助补贴资金53.53万元。除此之外，还通过为留守儿童配备"代理家长"等形式，组织22100名计生协会员和4813名教师参与结对帮扶，为留守儿童提供健康保健、心理辅导、经济扶助等方面的帮助。②

3. 搭建文化宣传平台，营造和谐文明环境

为更好地满足城乡家庭社会转型中的多元化需求，按照"群众空间最大化、干部空间最小化、便民服务最优化、娱乐活动经常化"的要求，通过与城市社区和农村社区原有活动阵地、服务内容的整合与融合，打造"城市生活e站"和"农村幸福生活e站"两个家庭服务载体品牌。按照"1+3+N"模式，即设置"一站式服务大厅""e智空间"（电子阅览室）、"健康生活指导室""家庭发展指导室"四个主要功能区及其他公共服务功能，为城乡家庭提供生活服务、信息服务、娱乐服务，传播和倡导城乡生活的新理念、新知识、新方式，促进"幸福家庭建设"实践取得更好的社会效益。目前，全省

---

① 段成荣等：《我国农村留守儿童生存和发展基本状况——基于第六次人口普查数据分析》，《人口学刊》2013年第3期。
② 安徽省卫生和计划生育委员会：《关怀送进门，幸福园计生》，http：//www.ahpfpc.gov.cn/page.php？fp=newsdetail&id=44628。

已建"城市生活e站"283个、"农村幸福生活e站"146个。①

2012年,全省利用政府投入、企业支持、社会捐助等形式,投入1.2亿元,借力打造人口文化园129个,真情打造人口家庭服务中心723处,打造集宣传教育、休闲娱乐于一体的人口文化主题的宣传平台。② 2014年,安徽省计生协依托省人口基金会筹资200多万元,充分整合现有资源,建设"幸福书屋""幸福乐园"和"生育关怀·幸福家庭"活动中心,以人口计生条例法规、新型婚育观念以及计生服务政策为重点,开展人口文化、优生优育、家庭生活指导、青春期健康教育与咨询、科技体验、消防安全知识普及等综合性全方位的宣传教育服务活动,满足群众求知、求乐等精神文化需求,为全面建设幸福家庭营造良好的社会生态环境和文化舆论氛围。同时,实施新型家庭人口文化建设工程,将婚恋文化、生育文化、育婴文化、老年文化、性文化等人口文化与家庭生活、精神文化、环境美化、群众需求结合,创建各具特色的人口文化园、人口文化街、人口文化大院,大力倡导先进的婚育文化,启发群众热爱家庭、珍惜家庭、构建和谐家庭关系。

4. 动员群众组织力量,构建奉献互助机制

安徽省计生委致力于强化社会成员的公民意识和感恩情怀,发挥人口国策志愿者的优势和特长,组织群众自我教育、自我管理、自我服务,开展有益的社会活动,从身体健康质量到文化精神建设各个方面,帮助群众解决实际困难,争取形成一个乐于助人、甘于奉献的社会互助机制,从大生态环境角度提升家庭幸福质量。一些受助于幸福家庭活动的社会成员主动申请加入计生协会志愿者队伍,3万多名受到资助的大学生成为人口国策志愿者,并在当地计生协会指导下,开展"精神慰藉""生殖健康援助""留守儿童家教辅导""父母亲情视频"等社会公益活动。③

安徽省计生协创新思路,不仅充分利用政府转型发展与家庭服务转型机

---

① 安徽省卫生和计划生育委员会:《安徽省积极探索实践计生家庭发展》,http://www.ahpfpc.gov.cn/page.php?fp=newsdetail&id=54945。
② 安徽省卫生和计划生育委员会:《为推进美好安徽建设创造良好的人口环境——2012年全省人口计生工作简述》,http://www.ahpfpc.gov.cn/page.php?fp=newsdetail&id=49240。
③ 张庆安、张高秋:《让计划生育家庭更多惠及改革成果——安徽省生育关怀行动与幸福家庭创建活动的实践与思考》,《决策》2014年第1期。

遇，构建家庭服务网络社会化机制，而且积极培育一批民办社工服务机构，开展计生家庭社工服务，发挥专业社工机构在"幸福家庭建设"中的作用，努力为广大计划生育家庭提供本土化、常态化的专业服务。近年来，安徽省计生协与省社工协会、省人口基金会联合实施"生育关怀——计生特殊家庭帮扶模式探索""怡养家园失独特殊家庭养老关怀服务"等社会服务项目，充分发挥社会工作专业人才在组建团队、规范服务、拓展项目、培训策划等方面的专业优势和引领作用，努力构建"社工引领志愿者，志愿者协助社工"的互动格局，提升计生家庭服务的专业化、项目化水平，打造一支训练有素的基层计生服务人才队伍和志愿服务队伍。

5. 落实保险保障政策，提升风险防范能力

近年来，安徽省围绕保障改善民生、加强社会建设的大局，对于构建计生特殊困难家庭扶助关怀政策体系与工作机制，解决家庭在生活保障、养老关怀、病弱医疗、精神慰藉等方面遇到的特殊困难，实施了一系列政策措施和项目实践。2011 年，安徽省各地筹资 360 多万元为 6 万多户独生子女、双女户计生家庭和节育手术对象以及基层困难的计生专干办理了一年或两年期的家庭意外伤害保险。2012 年，安徽省人口计生委、省人社厅联合制定了《安徽省城乡居民社会养老保险优待计生家庭政策实施办法》，安徽省计划生育夫妇参加城乡居民社会养老保险，除享受统一政策外，还享受部分优待政策。2012 年，全省共兑现优待政策 330 万人次，补贴资金 1.1 亿元，全省县（市、区）计生家庭奖扶、特扶和长效节育奖励"三项制度"扩面提标投入资金达 4970 万元。进一步推动城乡居民养老保险优待计生家庭政策的落实，越来越多的计生家庭直接受益。① 其后的"平安保障项目""怡养家园失独特殊家庭养老关怀服务"作为保障家庭发展的重要载体，作为完善家庭幸福导向机制的重要举措，以解决家庭后顾之忧为落脚点，有力地支持了家庭系统和谐良性运行。

2013 年末，安徽省参加城镇基本养老、医疗保险人数分别为 811.3 万人和 1665.9 万人。参加失业保险的人数为 409 万人。全年为 11.8 万名失业人员发放了不同期限的失业保险金。全省参加工伤、生育保险人数分别为 473.2 万

---

① 安徽省卫生和计划生育委员会：《为推进美好安徽建设创造良好的人口环境——2012 年全省人口计生工作简述》，http://www.ahpfpc.gov.cn/page.php?fp=newsdetail&id=49240。

人和458.9万人。城乡居民养老保险参保人数为3308.7万人。78.2万城市居民享受政府最低生活保障，216.1万农村居民享受政府最低生活保障，43.6万农村"五保"户享受政府供养。全年救助城市医疗困难群众49.9万人次，救助农村医疗困难群众266.8万人次。① 全省保险保障的全覆盖在进一步解决家庭最关心、最直接、最现实的利益问题方面打下了坚实根基，为幸福家庭发展稳固了后方堡垒。

三 安徽"幸福家庭建设"实践的基本经验

（一）以项目为载体，聚焦家庭现实需要

社会转型以来，安徽省家庭结构明显分化，众多家庭因其规模、关系、功能等方面的异质性，其需求呈现多元化、多样性趋势。安徽省在实施"幸福家庭建设"进程中，按照"重点工作项目化、项目工作品牌化"的要求，针对总体建设中的具体性需求差异，以项目为载体，组织前期调研工作，提炼总结家庭发展能力建设所面临的主要问题，突出重点需求，明确解决问题的思路，避免盲目性，从而使建设工作更加有针对性，实现社会效益最大化。安徽省计生协组织的项目包括"孕优"项目、"怡养家园"项目、"人口基金助学"项目、"青春健康"项目、计生特殊困难家庭社会关怀项目、留守儿童发展项目、"母亲健康"项目、人口文化建设项目等。这些项目以独生子女伤病残亡家庭、空巢家庭、留守家庭、经济困难家庭等弱势家庭为重点对象，按照"生育保障、生产发展、生活发展、健康发展、教育发展、养老保障、文化娱乐、社会保障"八方面需求，在不同的社区和村分别开展实施"优生促进、健康促进、就业促进、创业促进、成长促进、亲情促进、养老促进、幸福促进"等②，实施内容既侧重于不同家庭类型所急需解决的问题，也覆盖了支持家庭系统良性运行的经济、文化、关系等方面，建立了一套完善的家庭能力发

---

① 安徽省统计局：《安徽省2013年国民经济和社会发展统计公报》，http://www.ahtjj.gov.cn/tjj/web/info_view.jsp?strId=1392799906178209&_indextow=1。
② 安徽省卫生和计划生育委员会：《安徽省积极探索实践计生家庭发展》，http://www.ahpfpc.gov.cn/page.php?fp=newsdetail&id=54945。

展模式和政策支持体系，改善了家庭生存发展环境，全面推动了家庭发展能力和幸福水平提升。

（二）整合各方资源，合力建设幸福家庭

资源是"幸福家庭建设"活动的基础，资源整合意识是行动的先导。安徽省计生协具有较强的资源整合的洞悉意识，充分依托行政建制的省-市-县-街-居垂直组织网络，将建设范围拓展、延伸至最基层，充分利用数量众多、分布广泛的基层组织及时掌握家庭需求的新变化，适时调整实践方向和方式，使实践活动更好地满足家庭诉求，实现"幸福家庭建设"的立体式推进。安徽省各级计生协积极发挥自身组织优势，以互惠合作为重要基础，充分整合包括政府部门、省内高校、社会组织、企业、志愿者等在内的多方资源，构建多主体管理互通、交流合作、资源共享的持续性联动模式，形成资源合理配置的工作格局，使"幸福家庭建设"实践呈多层面、全方位、系统化发展，更好地实现"幸福家庭建设"的整体目标。此外，安徽省"幸福家庭建设"极具特色地打造"生育关怀·幸福家庭"品牌体系，这种精心聚焦、以点带面的符号性资源整合，在建设活动初期创造了极高的推广效率和品牌效应，为后期工作发展奠定了良好的品牌基础。

（三）以制度为保障，制定和完善相关政策法规

安徽省计生委作为安徽省"幸福家庭建设"的主导机关，围绕《关于全面开展"生育关怀·幸福家庭"活动的实施意见》，陆续出台《安徽省城乡居民社会养老保险优待计生家庭政策实施办法》《关于进一步推进计划生育特殊家庭关怀行动的意见》《关于进一步做好计划生育特殊困难家庭扶助工作的意见》《安徽省2014年计划生育特殊困难家庭社会关怀项目实施方案》等相关文件。"幸福家庭建设"必须以政策法规为基础，安徽省有关家庭的政策和法规为家庭发展能力和幸福水平提升了提供了坚强有力的保障。安徽省"幸福家庭建设"是针对当前安徽家庭现实状况，以推进社会整体可持续发展为终极目标，而相关政策的制定对建设活动具有导向功能，帮助建设活动将短期目标和长期目标结合，为可持续发展提供一个良好的社会基础。同时，对以具体省情、地方文化为基础的安徽"幸福家庭建设"实践的经验总结，进一步上

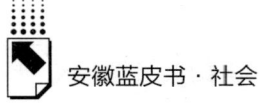

升到政策法规层面,不仅为安徽"幸福家庭建设"实践提供可靠保障,而且使建设内容和目标更加符合安徽特色,建设成效将更加显著。

(四)结合地方文化特色,创新本土化路径

安徽省"幸福家庭建设"的根本是本土化探索。多年来,在不断总结全省"幸福家庭建设"实践经验的基础上,借鉴和学习全国"幸福家庭建设"的优秀成果,安徽"幸福家庭建设"力求突出本土文化和地方特色,大胆创新,将生育关怀与创建幸福家庭两者结合起来,打造极具安徽特色的"生育关怀·幸福家庭"品牌体系,不断完善本土化"幸福家庭建设"的政策和项目。安徽是一个农业大省,以"生育关怀"为切入点,符合安徽社会"多子多福"的幸福观念,使"幸福家庭建设"活动切合群众需求和文化底蕴。其"家庭建设实践"也有力地说明了安徽家庭结构、家庭关系、家庭功能及人口文化等因素呈现极强的区域特色,在"幸福家庭建设"活动发展过程中整合家庭建设资源、完善家庭政策、制定家庭项目方面都具有较强的区域针对性。这些大量宝贵的实践经验对于今后家庭建设活动具有极大的指导价值,促进安徽省探索出更符合安徽特色和本土模式的家庭建设路径。

参考文献

Shek, D T., "Family Functioning and Psychological Well‐Being, School Adjustment, and Problem Behavior in Chinese Adolescents With and Without Economic Disadvantage", *Journal of Genetic Psychology*, 2002, 163 (4).

Shek D T L., "Individual and Dyadic Predictors Family Functioning in a Chinese Context", *The American Journal of Family Therapy*, 1999, 27 (1).

程桦主编《安徽社会发展报告 (2014)》,社会科学文献出版社,2014。

段成荣等:《我国农村留守儿童生存和发展基本状况——基于第六次人口普查数据分析》,《人口学刊》2013 年第 3 期。

董之鹰:《孝文化与代际网络关系研究》,《中国社会科学院院报》2004 年第 10 期。

孟宪范:《家庭:百年来的三次冲击及我们的选择》,《清华大学学报》(哲学社会科学版) 2008 年第 3 期。

穆光宗:《论家庭幸福发展》,《中国延安干部学院学报》2012 年第 1 期。

吴宗友：《当代中国婚姻文化嬗变之探析》，《安徽大学学报》（哲学社会科学版）2008年第3期。

熊金才：《家庭结构的变迁与家庭保障功能的弱化》，《太平洋学报》2006年第8期。

易法建：《家庭功能与大学生社会化的研究》，《青年研究》1998年第6期。

池丽萍、辛自强：《家庭功能及其相关因素研究》，《心理学探新》2001年第3期。

杨菊华、何炤华：《社会转型过程中家庭的变迁与延续》，《人口研究》2014年第2期。

张庆安、张高秋：《让计划生育家庭更多惠及改革成果——安徽省生育关怀行动与幸福家庭创建活动的实践与思考》，《决策》2014年第1期。

B.11 安徽省农村留守家庭的现状及对策研究[*]

王云飞 高 源[**]

摘 要： 在社会急剧转型过程中，农村留守家庭实际上面临着很大的风险。留守家庭已经不仅是个别家庭的问题，还是社会问题和民生问题。安徽省是一个农业大省，同时也是农村劳动力输出大省，农村地区留守家庭非常普遍，问题也较为突出。本文在对安徽省部分农村地区留守家庭进行抽样调查的基础上，对其面临的困境及其支持体系现存的问题做出客观全面的分析，进而从正式的和非正式的社会支持两方面，提出建立完善农村留守家庭社会支持体系的相关举措和建议。

关键词： 农村留守家庭 社会支持 安徽省

一 导言

在中国的城市化进程中，大量农村劳动力流往城市，中国的社会结构正在发生着深刻的变化。受城乡二元结构以及相关政策的影响，客观上农民工不能也没有能力举家搬入城市，由此，包括留守儿童、留守老人、留守妇女等在内

---

[*] 本文系安徽大学农村改革与经济社会发展研究院招标项目研究成果。
[**] 王云飞，安徽大学社会与政治学院副教授，安徽大学农村社会发展研究中心副研究员，博士，硕士生导师，研究方向：农村社会学；高源，安徽大学社会与政治学院硕士研究生，研究方向：农村社会学。

的农村留守群体出现，这是农村留守家庭形成的直接原因。

所谓留守家庭，一般是指因为家中主要劳动力——对留守儿童来说是父母，对留守老人来说是子女，对留守妇女来说是丈夫——外出打工，于是他们的子女、父母和配偶就成为"留守"农村老家的农民工亲属（其他家庭成员），由这些留守的亲属（其他家庭成员）构成的在一年中的多数时间都呈"不完整"状态的家庭。[①] 绝大多数外出人口是一些年轻的壮劳动力，这些人和家人长期分居两地，导致留守家庭在现实生活中面临诸多困难，如留守子女的教育问题、妇女与老人生活压力以及情感缺失等问题，同时，也面临着农村基本社会保障欠缺等问题。据不完全的估算，目前我国农村留守家庭的数量在8000万~10000万个。而安徽作为一个农村劳动力输出大省（据统计，2013年安徽省外出农民工数量为1287.6万人[②]），留守家庭已经成为安徽农村非常普遍的一个现象。农村留守家庭所遇到的很多困难并不是靠自身努力就可以解决的，这要求社会支持。

农村留守家庭的社会支持可以分为正式的社会支持和非正式的社会支持两个方面。"正式支持主要包括政府、社区、社会组织等，这些支持一般具有某些特殊的定位与功能、固定的程序和正式的规则，对提供支持的人员、服务或过程都有明确的要求，具有专业化、规范化、制度化特征。非正式支持主要是指建立在血缘、地缘基础上的支持。"[③] 如亲朋好友的家族支持、邻居的支持。这些支持是基于情感的，支持主体完全是自愿的。农村留守家庭的社会支持不仅是一种单纯的帮助，而且是一种主体与客体间的社会交换与互动。农村留守家庭的多样性和差异性决定了社会支持不可能由单一主体来提供，而是关系到各个主体的一种合作。

安徽省作为一个劳动力输出大省，农村留守家庭问题相对更为突出。为此，针对留守家庭面临的现实困难，找出诸多问题的解决办法，建构一个农村留守家庭问题的社会支持系统是安徽社会现代化发展中亟待解决的议题，也是当前安徽省各级政府工作的当务之急。那么，安徽省现有的关于农村留守家庭

---

① 唐钧：《农村"留守家庭"与基本公共服务均等化》，《长白学刊》2008年第2期。
② 《安徽省2013年农民工总数达1783万人平均月薪近3000元》，安徽网，http://www.ahwang.cn/anhui/20140225/1352112.shtml，2014年2月25日。
③ 陈成文：《论社会支持的社会学意义》，《湖南师范大学社会科学学报》2000年第6期。

的社会支持有哪些，这些社会支持的现状如何？它们还存在着怎样的问题？如何构建一个更为合理完善的农村留守家庭社会支持系统？

为了回答这些问题，尽可能对安徽农村地区的社会支持情况有一个全面整体了解，本课题组采取深入实地抽样调查和访谈的方式获取相关数据信息，分别抽取了阜阳市颍东区的老庙镇、蚌埠市怀远县的鲍集镇、滁州市定远县的张集镇、六安市霍邱县的邵岗乡、芜湖市无为县的石涧镇、合肥市肥东县的撮镇、宣州市绩溪县的上庄镇和华阳镇、黄山市徽州区的岩寺镇等作为考察样本。共发放问卷400份，回收有效问卷370份。访谈对象共23人。用SPSS软件对问卷进行分析，在定量和定性分析的基础上完成该报告。

二 安徽农村留守家庭问题研究的理论背景

目前，国内对农村"留守"问题的研究都是针对留守的各个群体分别进行的，如分别对农村留守儿童、留守妇女以及留守老人等展开研究，研究成果颇丰。但是以留守家庭为视角的综合性研究还很不足。虽也有一些研究成果，但缺乏从社会支持理论出发的理论研究。

作为家庭核心成员的青壮年劳动力的缺席，必然导致家庭功能不能正常发挥。基于社会角色理论，有学者分析了农村留守家庭核心角色在与其他家庭成员长时间分开情况下家庭功能的失调以及家庭成员的生活的不正常状态。[①] 有的学者从人口结构角度出发，认为农村家庭中主要劳动力长期外出务工，增加了家庭的经济收入，满足了工业发展对劳动力的需求，但引起了农村人口结构的变化，这些变化"弱化了农村家庭的生产组织功能，造成农村劳动力结构不合理，直接制约着农村产业结构的调整与农业生产的发展"[②]。从公共卫生角度，有学者分析了农村留守家庭的健康问题，认为由于家庭主要成员长期在外，农村留守家庭面临结构功能的缺损，由此导致包括心理健康在内的各种健

---

① 王萍：《男性角色失调下的农村留守家庭功能缺失现象——基于社会角色理论》，《改革与开放》2011年第4期。
② 孙慧阳：《农村留守家庭人口结构变化对农业生产的影响》，《湖南社会科学》2008年第2期。

康风险。① 基于管理层面，有学者从农村基本公共服务和农村留守家庭两者之间的关系入手，认为公共管理机构应具有责任感，关注留守家庭的问题，了解他们的困难所在，从基本公共服务均等化的思路出发，向广大农村的留守家庭提供基本的公共服务，从而保证农村的家庭成员过上稳定且有保障的生活，进而也推进和谐社会的建设。② 另外，有学者从社会生态的角度对农村隔代留守家庭进行调查，分析了社会生态系统各个组成部分的特点，并提出了如何利用社会生态系统理论对此类家庭进行社会工作介入。③

本文在梳理学术研究的基础上，借助社会支持理论，抽取样本，通过问卷调查和访谈，获取相关数据，并对数据进行分析。由此开展对安徽农村留守家庭社会支持的调查分析，为的是全面了解和把握安徽农村留守家庭状况，同时也为解决农村留守家庭问题找出可行的办法。

三 安徽留守家庭社会支持的现状

一个良好的社会支持系统有利于提升家庭成员的幸福感和安全感，促进家庭的发展。而一个不完善的社会支持系统会导致社会支持的缺失，从而让一个弱势家庭陷入困境。农村留守家庭作为中国城市化进程中一个渐生的弱势群体，他们的生活现状令人担忧，是最需要社会支持的群体。为了建立一套完善、有效的社会支持体系，全面了解农村留守家庭的现状是一个重要的现实问题。安徽省作为一个农业大省和外出务工人员大省，其留守家庭的社会支持具有很强的代表性。为此，根据安徽的实际情况，随机在安徽省的皖东地区、皖南地区、皖北地区、皖中地区、皖西地区选择了7个县的若干行政村作为研究样本，对这些样本调查分析，力求全面反映安徽留守家庭的现实状况。

（一）留守家庭基本概况

为了全面深入地了解安徽省农村地区的留守家庭基本情况，本文选取了几

---

① 高红霞：《农村留守家庭健康风险的生态学应对理论模型初探》，《医学与社会》2013年第4期。
② 唐钧：《农村"留守家庭"与基本公共服务均等化》，《长白学刊》2008年第2期。
③ 孙奎立：《农村隔代留守家庭社会生态系统与社会工作介入探析》，《社会福利》2013年第3期。

个指标来确定留守家庭的基本特征,这些指标是留守家庭类型、性别结构、年龄结构、家庭总人数和外出人数。

从留守家庭类型看,所谓留守家庭类型主要是留守家庭的家庭成员组成形式,分为以下几个类型:由父母双方中一人和子女或单独一人组成的单亲型留守家庭;由祖父母(外祖父母)与孙辈组成的隔代型留守家庭;由老年人组成的空巢型留守家庭;由媳妇和公婆双方或一方组成的留守家庭。在调查研究中发现,安徽省农村地区的留守家庭类型中单亲型留守家庭占总数的15%,隔代型留守家庭占总数的60%,空巢型留守家庭占总数的30%,剩余的主要是由媳妇和公婆双方或一方组成的留守家庭。其中,隔代型留守家庭皖北多于皖南地区。

从性别结构看,在此次问卷调查的370户中,男性占调查对象的51.08%,女性占调查对象的48.92%。

从年龄结构看,调查对象划分为五个年龄段,60岁及以上有231人,占调查对象的62.43%;50~59岁有81人,占调查对象的21.89%;40~49岁有36人,占调查对象的9.73%;30~39岁有14人,占调查对象的3.78%;30岁以下有8人,占调查对象的2.16%。可以说,笔者研究的农村留守家庭主要以留守老人组成的家庭为主。

从家庭外出人口数看,外出人口为2人的居多,有102户,占调查对象的27.57%;其余较多地分布在1人、3人或4人,分别为45户、67户、54户,分别占调查对象的12.16%、18.11%、14.59%。

从数据可以看出,家庭外出人口数几乎和家庭总人口数呈正比,同时大部分的农村留守家庭都有两个及以上外出人员。

(二)留守家庭的经济、生活状况

为了准确地了解安徽省留守家庭经济和社会生活状况,本文选定了几个指标作为研究切入点,包括家庭居住条件、收入情况和收入来源、家庭开支、政府支持以及农活应对程度等方面。

在居住条件方面,根据调查对象居住房屋的材质将调查对象的居住条件分为五种形态,分别为土砖房、漏风漏雨土砖房、砖瓦平房、楼房及其他。其中居住砖瓦平房和楼房占调查对象的大多数,分别为49.73%和45.14%。说明目前安徽留守家庭的居住条件尚可。在走访调查中还发现，皖南地区农村留守家庭中90%都为楼房，而皖北地区农村留守家庭中更多的是砖瓦平房。就居住的满意度看，将调查对象对其居住条件的满意程度分为四个层次：较为满意、满意、一般、不满意。调查数据显示，57.57%的留守家庭对其居住条件较为满意，27.84%的家庭认为其居住条件一般，9.19%的家庭对其居住条件非常不满意，5.41%的家庭对其居住条件非常满意。

在家庭收入方面，将家庭年收入划分为五个层次，由低到高分别为5000元、5001~10000元、10001~20000元、20001~30000元、30001元及以上。在对安徽省农村地区留守家庭的调查中发现，农村留守家庭的年收入较多分布于前三个层次，分别占调查对象的24.59%、35.4%和27.84%，数据显示大多数留守家庭的收入偏低。从收入来源方面看，务农所得是留守家庭收入的主要来源，占总数的58.3%；务工所得次之，占总数的25.95%，而其他收入渠道如他人接济、养老保险或政府救济等相对较少，表明农村留守家庭受到的各类帮扶和政策帮助较少。

在留守家庭的每月开支方面，笔者将家庭月开支划分为四个层次，分别为500元及以下、501~1000元、1001~1500元、1501元及以上。调查数据显示，其中501~1000元的最多，占调查总数的38.92%；500元及以下和1001~1500元所占比例几乎相同；而1501元及以上较少，仅为12.16%。可以看出，留守家庭的月开支基本和收入成正比，其中大部分留守家庭都存在留守儿童，因此孩子的日常生活和教育费用也较高，使整个家庭的支出较高。

在农活应对程度方面，由于留守家庭的收入来源大多依靠务农，农业在农村依旧处于重要地位。而由于青壮年劳动力的流出，留守家庭大部分由老人、妇女或儿童组成，他们的劳动能力较弱或者不具备劳动能力。调查数据显示，农活凑合应付和忙不过来以及忙得过来的家庭所占比例相似，认为农活非常吃力的家庭较少，仅为6.76%，大部分的留守家庭在农忙时候都会雇人帮忙做农活。

在政府帮扶方面，由于大部分留守家庭经济来源较少、收入较低，政府应该制定相关政策向留守的老人、妇女、儿童提供帮助。但在调查中发现，较多的家庭没有获得过政府的帮助，占调查总数的70%，其余25.95%的家庭次之，获得的政府帮助如老年人的养老金或一些粮农补贴等较少。2.43%的家庭不清楚，1.62%的家庭认为获得的帮助较多。调查表明，政府对留守家庭的补助较少而且补助方式也较为单一，许多家庭都未接受过补助。

（三）留守家庭医疗状况

医疗健康问题是人们日常生活中关注的重要方面，也是当今社会衡量人们幸福感的重要指标，而医疗保险和看病花费又是农村留守家庭幸福感得以持续的保证。以此作为研究对象，可以深入了解农村留守家庭在看病就医方面的投入，进而发现留守家庭的困境。

大多数农村留守家庭中家庭成员都有不同程度的健康问题，其中困扰他们最大的疾病是慢性病。慢性疾病由于治疗周期长、治愈率低，成为很多农村留守家庭的负担，对于本就不太富裕的农村留守家庭而言，用于治疗慢性疾病的费用占家庭开支的很大部分。调查发现，有成员患慢性病的家庭占调查总数的52.16%，没有成员患慢性病的家庭占调查总数的47.84%。另外，患慢性疾病的大多是留守老人，慢性疾病主要是高血压、糖尿病、风湿性疾病等。

从农村新型医疗合作保险的作用程度来看，认为农村新型医疗合作保险起到一定作用的家庭占66.49%，认为其非常有作用的家庭占17.57%。说明这项政策在农民中较受欢迎，较多家庭享受到医疗保险的实惠。新型农村合作医疗作用的发挥，一定程度上为留守家庭的医疗健康提供了保障。但也有少数家庭目前还没有使用过农村新型医疗合作保险，或者觉得它对家庭没有什么帮助，这说明虽然目前医疗保险在农村覆盖很高，但是问题依然较多。

对农村留守家庭成员生病后最大的困难情况的调查发现，缺少治疗费用是大多数家庭面临的最大困难。有65.95%的家庭认为没钱看病是最大的困难，占调查总数的大多数。与此同时，医疗资源的分配不合理使边缘区域特别是农村地区医疗资源有限，农村医疗水平一般，这也是目前农村留守家庭在发生疾病后感觉最大的困难之一。大多数时候，农民的收入并不能最大限度地满足现实所需的医疗费用，尤其是遇到较严重的疾病时，村里的医疗条件无法满足需求，不得不去离家较远的县城甚至市区医院，这样一来，看病所产生的额外费用如食宿、陪护等，都加重了本就不宽裕的农村留守家庭的负担。

值得注意的是，目前我国在农村地区实行的新型农村合作医疗保险中，慢性疾病并不在保障范围内。因此，治疗慢性疾病方面的费用支出完全依靠个人，增加了农村留守家庭的开支。

（四）留守家庭的精神状况

孤独感、恐惧感和人际关系的和谐是衡量精神生活的重要指标，为此，本研究选取这三个指标作为研究对象。

就孤独感而言，调查数据显示，偶尔感到孤独的占20.81%，从不感到孤独的占3.51%，经常感到孤独的占39.73%，总是感到孤独的占35.95%。说明留守人员由于缺乏必要的精神慰藉，情感生活较为单一，大多数会感到孤独。47.57%的外出务工人员平均一年回家一次，几乎占调查总数的一半，而外出务工人员半年回家一次的比例为25.68%。与此同时，大多数留守家庭成员和外出人员仅依靠电话联络，留守家庭成员很少去往外出人员所在地探亲。外出成员和留守成员长期不能在一起生活，家庭长期处于不完整状态，由此不仅使留守家庭成员产生孤独感，也容易造成留守家庭成员之间情感出现问题。

就恐惧感而言，调查情况与农村呈现的实际情况有一些差异，58.92%的调查对象从不感到恐惧，认为农村生活较为安定；26.22%的调查对象认为偶尔会有恐惧的感觉，尤其是自己生病时期或家人生病时期，会害怕担心；经常感到或总是感到恐惧的人员较少。人们关于恐惧反应的数据比例并不和当前农村安全现实状况相符，这与农村留守家庭所生活的文化环境和农村地区人们固有的心理结构有关，但是总体而言，在农村社会安全不太好的大背景下，农村留守人员表现得淡然似乎更多是出于一种无奈。

出现孤独感和恐惧感，是因为日常生活中农村留守家庭的成员缺乏必要的情感寄托和社会互动。这主要表现在家庭成员长期分离，与此同时，邻里之间的关系虽然较为密切，但是并不能取代亲情所发挥的功能。由于农村留守家庭成员长期分居两地，家人之间的联系很少，农村留守家庭成员也只有在逢年过节时才能团聚。在对安徽省农村地区的留守家庭的调查中了解到，大部分家庭外出成员回来次数有限。另外，也应该看到，由于农村留守家庭绝大多数成员都是妇女、老人和儿童，在当前农村安全问题日益严峻的大背景下，留守家庭的安全问题值得注意。在对安徽省农村地区留守家庭的走访中了解到，很多农村地区都存在偷盗行为，特别是皖北地区，很多村庄的人们反映经常会有人来偷盗，并且都是有组织地进行。

就人际关系而言，农村地区由于聚居形态和乡土人际关系的特殊性，较之城市人们之间的交往和互动密切。对安徽省农村地区留守家庭的调查数据显示，73.51%的调查对象表示与邻居关系较为密切，占大多数。他们在闲暇时经常会去串门，和邻居聊天，平时几乎不会与邻居发生矛盾，甚至很多事情会首先想到找邻居帮忙。农村留守家庭往往因为家庭成员的不完整，在日常生活中与邻居交往互动成为这些家庭为数不多但也是最主要的情感互动形式。也正是由于这点，他们的情感寄托单一，生活圈层狭小，并不能很好地解决他们的情感问题。同时，农村人际关系也随着农村地区社会的发展而出现变化，人与人之间互动关系表面上的密切，难以掩盖越来越利益化和物质化的趋势。

四　安徽农村留守家庭存在的问题

同样是留守家庭，但也存在着地区差别，皖北留守家庭现象比皖南和皖中地区普遍，皖西地区比皖东地区普遍。这一现象出现的原因主要是地区经济发展水平不一，相对于皖北和皖西，皖南和皖东地区经济发展较好，外出务工人员不多，本地基本可以吸收适龄劳动力。即便如此，留守家庭多是隔代型留守家庭，即孙辈和祖父母一起留守，这在各个地区是普遍现象。具体说来，留守家庭社会支持的问题主要表现为微观层面的社会支持和宏观层面的社会支持。

（一）社会支持微观层面的问题

1. 生活和经济支持不足

首先，农村留守家庭收入水平低，收入来源单一，部分地区留守家庭生产生活安全缺乏保障，得到的相关社会支持有限。数据分析发现，年收入在10000元以下的留守家庭占60%，说明相当一部分留守家庭收入水平不高。另外，有相当一部分留守家庭中的年老夫妻由于年龄问题无法从事农活，家庭收入基本为零，只有依靠子女每个月为数不多的接济生活，生活上经济来源非常不稳定。很多家庭表示每个月入不敷出，生活相对拮据。由此看出，留守家庭经济收入普遍不高，留守家庭生活比较困难。其次，农村留守家庭由于生活在农村地区，平时从事的生产活动主要是农活，而农业生产本身是一项重体力活。由于农村中青壮年劳动力陆续离开农村，只剩下老弱妇孺留在家中，农活成为留守家庭的一种负担。调查发现，留守家庭中93.64%的老人表示农活忙不过来，遇到农忙季节时候还要花钱雇人来帮忙，这给本就不是很宽裕的留守家庭带来了额外开支，加重了他们生活和经济上的负担。最后，政府在农村留守家庭的生活和经济支持中缺位，同时农村社区支持不足。

目前，安徽省农村地区的社会保障包括医疗、养老、最低生活保障、"五保"养老、社会救助等方式。虽然覆盖面很广泛，但是由于制定的标准低、名额有限，很难满足广大留守人员的需要。在调研过程中84.63%的留守家庭反映农村养老金太少，而且报销补助等起点太低。同时，作为与留守家庭生活密切相关的农村基层社区的支持基本处于一种缺失状态。安徽省农村地区的社区经济收入少，用于公共服务等的资金有限，很难为留守家庭带来有效的社会支持。所以，大部分地区的农村社区在社会支持中基本让位于上一级政府。

2. 医疗支持匮乏

首先，安徽省现行的农村合作医疗保险的作用有限。目前，安徽主要建立了新型农村合作医疗（简称新农合）基本保障、大病统筹等，但是仔细研究这些规定政策后发现，这些涉及农村居民医疗保险的换算、报销比率等过于复杂，对于广大农村居民来说操作起来时效性差。在走访中，91.06%的被调查者都认为报销比率太低、程序复杂，甚至有很多农村居民不明白这些规定。更重要的是农村地区绝大多数留守家庭的老年人都有慢性病，例如糖尿病、风湿等，这类疾病发生率很高，需要长期的服药，而这些慢性病又没有完全纳入医保范围。虽然政府出台了《安徽省新型农村合作医疗慢性病及特种疾病鉴定程序和管理办法（试行）》，已逐步将慢性疾病纳入医保范围，但因为在试行阶段，存在覆盖面狭窄、报销限制多等问题，还需时日才能完善。种种不确定性加剧了留守家庭的日常开支负担。同时，当前农村地区农村新型医疗保险虽然在一定程度上解决了农民看病难的问题，但是报销比率低、报销项目少成为现阶段农村医保的短板，87.67%的受访留守家庭成员表达出对当前农村医疗保险制度的不满意，也表现出对未来的担忧。其次，在留守家庭中家庭成员患病期间，特别是一些老年人，不能得到有效的照顾。在调研中，大多数留守老人表示在住院期间基本上由老伴照应。子女因打工地距离家乡遥远以及工作原因不能长期照料老人。同时，由于看病住院需要在短期内支付医疗费用，而新农合作用有限。在这样的情况下，大多数农村留守家庭的患者都是依靠自己的家庭储蓄和朋友的借款进行治疗。

3. 精神情感和交往支持缺失

当前，安徽省农村留守家庭精神文化生活单一，缺乏有关的精神支持。随着越来越多的青年人离开农村，在一定程度上促使农村生活缺乏活力，越发显得沉闷。面对这样的一个大环境，大多数农村留守家庭气氛冷清，在走访的过程中，95%的农村留守家庭成员表示平时没事干的时候最多就是看看电视、串串门，除此之外没有任何娱乐活动。在走访的几百户留守家庭中感到孤独寂寞的占总数的近八成。与此同时，这些留守家庭的外出人员一般都是一年返家一次。这在一定程度上加剧了留守老人特别是处于成长期需要父母照顾的留守儿童的孤独感，容易引发这些群体焦躁不安等心理问题。另外，在调查中发现，多数村庄要么没有公共文化娱乐设施，要么活动设施不完善。有些村庄虽然有"群众文化活动室"，但是也都只有几张桌子、椅子和一些旧书，且利用率不高，这些都制约了留守家庭成员参与到社会活动中。

4. 从留守家庭的家庭结构看，出现了一些显著变化

从留守家庭的家庭结构看，当前安徽留守家庭出现了一些显著的变化。第一，随着国家和社会对留守儿童问题的重视，这一群体的现实生活得到很大的改善。随着城市中农民工子弟学校的建立和农民工子女进城读书政策的放宽，农村留守儿童也开始随着父母来到城市生活，现阶段安徽农村留守家庭中留守儿童数量有减少的迹象。第二，安徽留守家庭呈现地区差异性。留守家庭呈现北多南少、西多东中部少。究其原因是安徽南部和东中部地区近年来地方经济取得显著发展，很多企业来到这些地区投资建厂，一定程度上吸纳了本地过剩的劳动力。另外，相较于皖北和皖西地区，皖东和皖南地区城市化率逐年提升，农村人口大量地迁往当地的小城镇和政府所在地市区，从而使农村留守家庭数量相对减少。

（二）社会支持宏观层面的问题

就政府支持而言，当前，政府对农村留守家庭的投入和关注力度不足，顶层制度的设计不够完善。专门针对留守家庭的相关专项政策、法规还不够健全，还未建立起完善的留守家庭法律援助体系、留守家庭社会保障体系、留守群体医疗救助体系等支持体制，留守家庭社会支持的各主体之间权责不够明晰，基本处于一种混乱的状态。此种情况下，一旦农村留守家庭出现困难也很难展开有效的救助，同时，因制度不完善，很难孕育出一个留守家庭社会支持的生态系统。

就社会组织支持而言，社会组织力量薄弱，社工队伍缺乏。目前安徽的非政府组织大多集中于城市项目的运作，针对农村地区的服务项目较少。由此，对于农村留守家庭这一群体，非政府组织关注的覆盖面很小。近年来，随着安徽省社会事业的发展，专业的社工队伍也逐步发展壮大起来，但这些专业的社工组织对于农村而言也是一种奢望，至少目前对农村地区而言，社工还完全是一个陌生的概念。面对日益庞大的农村留守家庭，积极培育社会组织，让社会组织和社工团体参与农村留守家庭社会支持是非常有必要的。

就非正式的社会支持而言，作为传统的农业大省，安徽尚处于一个不完全发达的状态，农村和城市都处于一个转型和快速变革的时期。在这样的大背景下，随着农村社会结构的变迁，传统社会基于血缘和地缘等的支持，如家族支持等发挥的作用逐渐减弱。而新的社会支持系统又迟迟未能建立，如政府的社会支持不够完善，甚至出现缺失的状况，由此留守家庭的社会支持处于一种放任状态。

就留守家庭支持主体和客体之间存在的社会环境而言，社会支持主、客体间缺乏互动条件。长期以来，我国对社会弱势群体的支持或救助都是单方面的，所以农村留守家庭经常处于被动受助的地位。抽样调查显示，81.28%的农村留守家庭对于自身家庭是否需要他人的帮助缺乏统一的认识，对政府和社会的救助连愿望都没有。88.21%的家庭认为如果有人送来救助就要，不给也不会主动表达这个诉求。这些表明，一方面目前留守家庭社会支持系统的信息反馈渠道不畅通，另一方面这些留守人员自身缺乏一种现代社会中必备的权利意识。所以，当前留守家庭的真正需求无法表达，或无处表达，加上自身缺乏表达愿望，主、客体之间信息和资源交换出现阻滞现象，当然也就无法构建一个合理科学的社会支持系统。

五 构建解决留守家庭问题的社会支持网络

安徽的城市化势头依然强劲，农村地区的劳动力外流现象会持续下去，留守家庭和外出家人长久分离的现实造成的社会问题也会凸显。留守家庭的社会支持体系问题如得不到有效解决，他们的生活境况就会更加糟糕。要解决这些家庭的困局、处理好家庭社会支持的缺失，就需要构建一个完善的社会支持系统。为此，在构建农村留守家庭社会支持的过程中要充分发挥正式和非正式支持主体的能动性与特殊性，探索一条适合农村地区实际情况的社会支持路径。

（一）正式支持系统的构建

1. 政府支持

出于当前国情的现实原因，政府在社会建设和发展方面处于主导地位，发挥着不可替代的作用。就留守家庭的社会支持而言，政府是留守家庭社会支持建设中的重要力量，保障制度的建设、政策规章的制定和实施、社会支持主体间的协调等都需要政府参与并主导。所以，政府要加大对留守家庭的经济支持，这是留守家庭最为现实和迫切的需求，也要尽快制定有关农村留守家庭的相关帮扶政策。针对留守家庭普遍反映的医疗支持不足问题，对于留守家庭中长期患有慢性疾病的家庭成员，政府要增加补贴力度，并使这些补贴能够规范化、制度化。还要以物质支持缓解留守家庭的养老风险和生活压力。同时，切实地落实农村地区精神文化建设的相关政策，不要让政策实施成了"空头支票"。要切实提升留守家庭成员的文化生活品质，从而增强他们生活的幸福感，使其不再感到孤独。

就部分农村地区出现的留守家庭遭到偷盗等问题，相关部门要切实抓好农村地区的治安问题，定期组织相关人员蹲点巡逻，同时发挥农村地区民兵联防系统的作用，从而确保留守家庭的安全。

另外，农村留守家庭的具体数量，至今仍然没有一个官方的统计结果。因此，相关部门应当尽快建立一个"农村留守家庭数据库"，及时掌握留守家庭的全部数据,包括人口数量、收入水平、健康状况、教育情况、生活需求等,从而有利于政府的救助和管理。同时,这些数据也可为政府制定相关的支持方案和政策提供可靠依据。

2. 社区支持

社区支持为一种更为贴近农村留守家庭的支持,构建一个多元的、动态的社区支持是做好留守家庭社会支持网络的关键。社区支持可以有针对性地给予留守家庭物质上、精神上的帮助。比如,为留守家庭中的留守老人提供基本粮油等物质帮助,同时定期给留守家庭成员提供免费的医疗检查。另外,村委会是社区支持的主导者,针对留守家庭的精神需求,可定期开展健康讲座、提供文化娱乐等丰富多彩的社区活动。总之,社区支持一方面在于贯彻政府政策以实现支持的目标,另一方面也在于对政府支持中的不足加以补充。

3. 社会组织支持

随着改革的深入,社会组织在社会发展和公共事务管理中发挥的作用越来越明显,已经成为政府部分职能转移的重要承接力量。相较于政府支持和社区支持,社会组织支持由于草根性、自主性和反应迅捷等特性,更加灵活,运作起来也更加方便,更易贴近留守家庭群体。积极地发展这些社会组织,鼓励更多的专门针对农村留守家庭的社会组织或志愿团体,参与到政府支持中,弥补政府救助的盲区,实现农村留守家庭社会支持向多元化、深层次发展。同时,搭建好这些专门的社会组织与政府、社区和村庄的互动平台,使这些社会支持主体实现资源共享,从而完善整个农村留守家庭社会支持网络的建设。

(二)非正式支持系统的构建

1. 重建家族支持系统

家对于每个人都是至关重要的,家族本位是中国社会最为重要的思想,家庭或者家族在中国社会起着非常重要的作用。传统社会中,由于政府和其他非政府组织的正式社会支持弱小,基于血缘、亲缘的非正式社会支持发挥着重要的作用。家族支持和血亲支持在过去的农村地区庇护着传统社会中的每一个个体。随着现代化的加快,农村地区的社会结构发生着重大的转变,农村的社会关系也随着社会的发展而逐渐变化,过去依赖血缘和亲缘建立起来的社会支持开始逐渐退出农村社会舞台,家族的缩小、亲属的疏远都在很大程度上瓦解着农村社会沿袭千年的社会支持。为此,在建立农村留守家庭社会支持网络过程中,要重视传统的非正式的社会支持,发挥好它们的作用。不能一味地否定家族支持和亲属支持在转型社会中的应激性、有效性。当留守家庭遇到困难时,这些支持第一时间就能够提供有效的帮助。在正式的社会支持未能快速覆盖时,利用好非正式支持可以有效地化解留守家庭的困难。因此,应当加强家庭文化建设,鼓励家族亲属等亲缘关系系统为农村留守家庭提供帮助,为留守家庭成员消解孤独和寂寞感,提升留守家庭的抗风险能力,同时增加他们的幸福感,让家庭支持或家族亲属支持在社会支持中发挥更为积极的作用。

2. 完善邻里和朋友等非正式支持系统

非正式支持系统中另一个重要的方面就是以地缘、业缘、趣缘为基础的朋友、邻里支持。他们是继家庭、家族支持外最为重要的非正式社会支持系统,是留守家庭日常生活中接触最为密切和交往相对亲近的关系网络。一方面,留守家庭的家庭成员在和邻里、朋友的交流互动中完成自我情感的一种释放,实现了交往需求,避免了子女或家人不在身边造成的孤单等负面情绪,降低了留守人员心理问题的发生可能。另一方面,由于家中子女常年在外,无法照顾家庭成员,而基于地缘关系的邻居可以作为一种社会支持提供相应的照料,从而一定程度上避免了留守家庭成员长期分离造成的照顾缺失。传统的"远亲不如近邻"的判断依然没有过时。所以,要倡导互助互爱的邻里关系,促进邻里和谐的良好社会风尚,发挥邻里关系在农村留守家庭中生活支持、情感支持等方面的重要效能。可以说,邻里和朋友的支持应该而且有必要在农村留守家庭社会支持中扮演重要角色。

总之,农村留守家庭社会支持系统要整合好各个支持主体和客体资源,扩大农村留守家庭社会支持的内容和范畴,实现上下互动,拓展其社会资源,提高其生活期待,在生活和情感等方面给予帮助和支持,使农村留守家庭感受来自社会的关怀,树立生活的信心。只有建构一个完善的农村留守家庭社会支持系统,贯彻落实好相关政策,解决好安徽省农村留守家庭问题,才能促进安徽省农村社会的稳定繁荣。

参考文献

高红霞:《农村留守家庭健康风险的生态学应对理论模型初探》,《医学与社会》2013年第4期。

郭永芳:《农村劳动力迁移与留守老人的生存状况》,经济科学出版社,2013。

刘旦等:《留守中国——中国农村留守儿童妇女老人调查》,广东人民出版社,2013。

孙慧阳:《农村留守家庭人口结构变化对农业生产的影响》,《湖南社会科学》2008年第2期。

孙奎立:《农村隔代留守家庭社会生态系统与社会工作介入探析》,《社会福利》2013年第3期。

唐钧:《农村"留守家庭"与基本公共服务均等化》,《长白学刊》2008年第2期。

王萍:《男性角色失调下的农村留守家庭功能缺失现象——基于社会角色理论》,《改革与开放》2011年第4期。

赵俊超:《中国留守儿童调查》,人民出版社,2012。

B.12
安徽省计划生育特殊家庭社会关怀项目基线调查分析报告

孙中锋　周文静　王蓉蓉*

摘　要： 计划生育特殊家庭突出地表现为经济发展能力不足、心理适应能力受到挑战、生活照顾不足、有效组织不够等问题。为了更好地落实党和国家对于计划生育特殊家庭的关怀和帮扶政策，准确了解计划生育特殊家庭的基本现状和现实诉求，为针对性地开展服务和帮扶提供现实指导，本文对全省66个社会关怀项目县的部分目标家庭开展了基线调查和分析，掌握了这些特殊家庭的基本需求和主要特征，并据此提出建议。

关键词： 安徽省　计划生育特殊家庭　社会关怀　基线调查

一　引言

"计划生育特殊家庭"（也称"失独家庭"）这一概念兴起于近两年的传媒界，它是从失去独生子女家庭演变而来的。20世纪80年代后，伴随着计划生育政策的实施，独生子女家庭的数量加速攀升，呈现"高龄少子"的人口学特征，失独现象也随之而来。在母亲过了40岁的适龄生育年龄、逐渐丧失生育能力之后，独生子女家庭一旦孩子出现意外，这个家庭就会

---

* 孙中锋，安徽大学社会与政治学院副教授；周文静，安徽大学社会与政治学院硕士研究生；王蓉蓉，安徽大学社会与政治学院讲师，法学博士。

瞬间转化为"残缺家庭",不仅影响失独夫妻的精神健康、晚年生活照料等,而且会对公众产生不良刺激与影响。计划生育特殊家庭的出现带来的一系列社会问题,突出地表现为经济发展能力不足、心理适应能力受到挑战、生活照顾不足、有效组织不够等问题,即社会再适应能力下降。

针对计划生育特殊家庭的帮扶活动有助于切实帮助计生特殊家庭走出阴影,重新融入社会,同时有助于进一步完善社会保障制度及社会救助体系,营造和谐的人口环境。鉴于计划生育特殊家庭为我国人口政策的实施做出的突出贡献以及产生的社会影响,2012年中国计生协在全国14个省市开展"生育关怀——计划生育特殊家庭帮扶模式探索项目"试点工作。在试点的基础上,2013年中国计生协又将该项目的试点推广到34个省,49个地市。安徽省计生协已积极开展并推进该项目。2014年,安徽省计生协将该试点的项目推广到66个县(市、区)。

为了更好地落实党和国家对于计划生育特殊家庭的关怀和帮扶政策,准确了解计划生育特殊家庭的基本现状和现实诉求,为有针对性地开展服务和帮扶提供现实指导,安徽省计划生育协会就本省的计划生育特殊家庭开展了基线调查(后附各县区的录入进度表)。

截至2014年8月底,项目组共回收基线调查问卷9618份,其中无效问卷69份,问卷合格率为99.28%。

二 计划生育特殊家庭基本状况

(一)独生子女因病去世比例最高,其次是因意外安全事故死亡

调查结果显示,在诸多死亡原因里,计划生育特殊家庭中独生子女因病去世的比重最高,达59.5%,其次交通事故、溺水和自杀死亡的比例各为13.31%、10.15%、4.67%(见图1)。由此可以了解到,提高婴幼儿、青少年的身体素质、心理疏导和安全文明教育有着很大必要性,可以在一定程度上降低计划生育特殊家庭的发生率。同时发现,独生子相对于独生女死亡比例明显偏高。究其原因,男性在幼儿期的存活率要比女性低,同时男孩的性格较女孩喜欢玩闹,发生意外安全事故的可能性也要远高于女孩,比如夏季下河游泳、打架斗殴等。

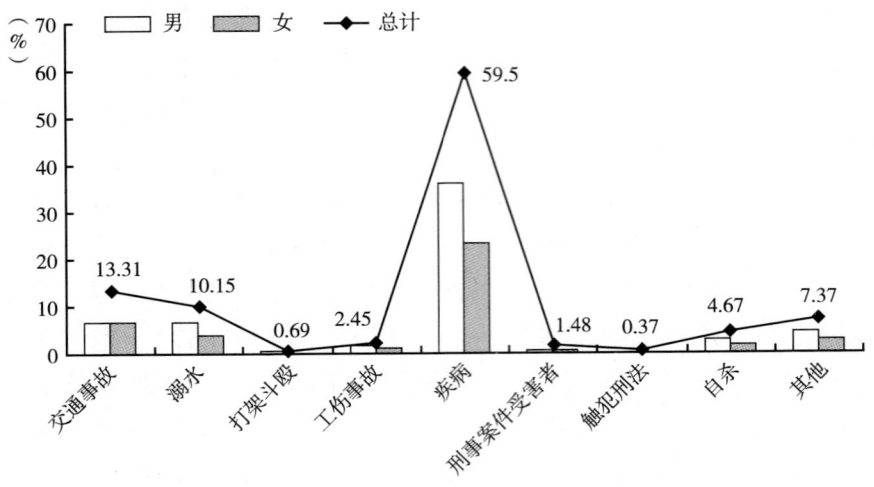

图 1　独生子女去世原因对比分析

如图 2 所示，由于婴幼儿时期机体发育程度低、抵抗疾病能力弱、适应外界环境能力较差，容易感染各种疾病，因此独生子女家庭在子女婴幼儿时期成为计划生育特殊家庭的比例较高，0 岁组去世的比例高达 11.9%，1~5 岁组的比例为 9.1%。此外，独生子女死亡率在 11~20 岁这个年龄段较高，11~15 岁组为 6.2%，16~20 岁组为 11.6%，该阶段独生子女正处于青春期，社会经验不足，价值观还未完全建立，初入社会，缺乏安全知识，自我保护和自觉规避风险意识不强，受到意外事件伤害的比例较高。独生子女去世比例最高的年龄段则主要是集中在 21~30 岁，21~25 岁组为 12.9%，26~30 岁为 8.8%，此时的独生子女已成年，多数离开父母外出求学或工作，其因工伤事故、刑事案件受害者和交通事故去世的概率大幅度增加。

（二）家庭不完整现象较为突出，丧偶比例很高

关于安徽省计划生育特殊家庭的调查显示，计划生育特殊家庭的婚姻状况中初婚比例最高，达 61.2%，占调查对象的一半以上；其次为丧偶，达 24.9%；离婚的为 9%；还有 4.4% 的是再婚（见表1）。从离婚和再婚的比例来看，离婚率比安徽省平均离婚率（2012 年数据为 5.6%）要高出 3.4 个百分点，说明计划生育特殊家庭的婚姻破裂现象比较严重，需要加以关注和研究。

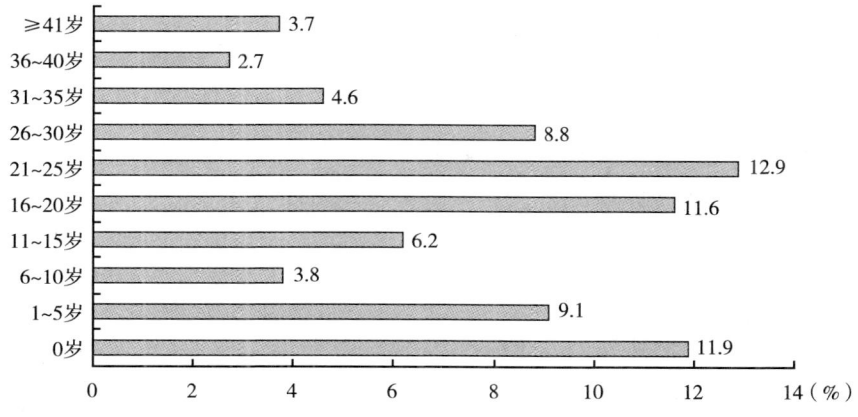

图 2 独生子与独生女死亡时年龄分组

若将婚姻状况中的离婚和丧偶归类为不完整家庭，调查中 33.9% 的家庭属于该类型，所占比例较高。由此反映出计划生育制度下，孩子作为家庭的中心和重心，其意外身亡一定程度上与父母婚姻关系破裂有关，失去父亲或母亲，在成长阶段未受到良好的教育引导，反过来又影响家庭的稳定性，从而一定程度上也影响社会的和谐稳定，对计划生育特殊家庭需求和帮助模式的探索显得意义深远。

表 1 计划生育特殊家庭结构

单位：%

家庭结构	婚姻状况	占总体比重
完整家庭	初婚	61.2
	再婚	4.4
不完整家庭	离婚	9.0
	丧偶	24.9
其他		0.5

进一步分析发现，再婚和离婚的调查对象中以男性居多，其原因有以下两方面：一方面，夫妻对孩子共同的爱，是维系夫妻感情、促进家庭稳固和增强凝聚力的源泉。孩子是家庭的润滑剂，家庭生活中孩子的存在可以缓解夫妻之间的一些矛盾冲突。夫妻在精心培育孩子的过程中增进夫妻之情和亲子之情，

使家庭这部"特殊机器"正常地运转。当润滑剂消失了,家庭就会生锈、腐蚀,无法发挥它的正常功能,严重的可能导致家庭解体,提高离婚率。另一方面,中国传统文化故有"不孝有三,无后为大",丈夫在中国传统家庭文化中承担着传宗接代的重任,而妻子在家庭的从属地位使其更易在家庭关系中处于劣势,当独生子女意外身亡时,妻子可能已错过最佳生育时期,从而丈夫可能迫于来自长辈的压力选择离婚再婚,实现家庭的生育功能。面对失去孩子的痛苦时,女性遭受的精神创伤较男性更大,恢复难度也更大,从调查结果也可以看出,计划生育特殊家庭中男性丧偶的比例高于女性。

(三)农村计划生育特殊家庭数高于城镇

安徽省计划生育在农村地区多实行"一孩半"政策,城镇为严格的"一孩"政策,政策实施的不同导致独生子女家庭数量上的差异,因此,一般来说大部分地区城镇计划生育特殊家庭数要多于农村地区。但从安徽省的调查来看,农村计划生育特殊家庭比例高达62.5%,而城镇为37.5%(见图3)。究其缘由,安徽省的人口仍然以农村人口居多,农村独生子女家庭绝对数量要高于城镇。另外,农村与城镇在孩子教育方式上的差异,前者多为"放养式",后者多为"管束式",从而农村地区孩子在无父母看管的情况下溺水、意外死亡的概率远高于城镇。

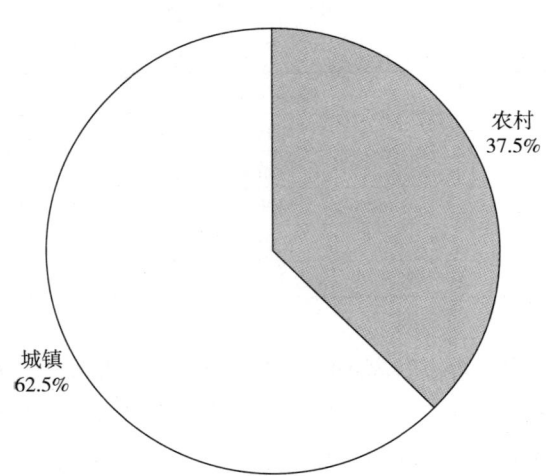

图3 计划生育特殊家庭城乡比例差异

三 经济状况和社会保障

(一)目标群体中无固定职业者较多,生活面临较大的经济压力

调查显示,计划生育特殊家庭的父母中仅有28%的处于在业状态;还有22.2%的为离休或者退休;49.8%的被调查对象选择了其他的就业状态。通过梳理发现主要分为务农、无固定工作和无劳动能力几类。对于在业的计划生育特殊家庭中的职业构成进一步分析,则发现以无固定职业、农林牧渔水利业和从事一些不便分类的职业居多,分别占58.3%,13.9%和15.3%,2.1%的是从事生产、运输设备操作人员及有关人员,3.8%的计划生育特殊家庭父母在国家机关、事业单位工作。这也一定程度上反映出计划生育特殊家庭多数集中于第一产业,就业渠道单一,工作不稳定。

进一步了解计划生育特殊家庭2013年家庭平均月收入时,53.5%的表示月收入在0~999元,26.5%为1000~1999元,11.0%为2000~2999元,仅有9%表示月收入3000元以上(见图4)。总体来说被调查对象的家庭平均月收入水平不是很乐观。

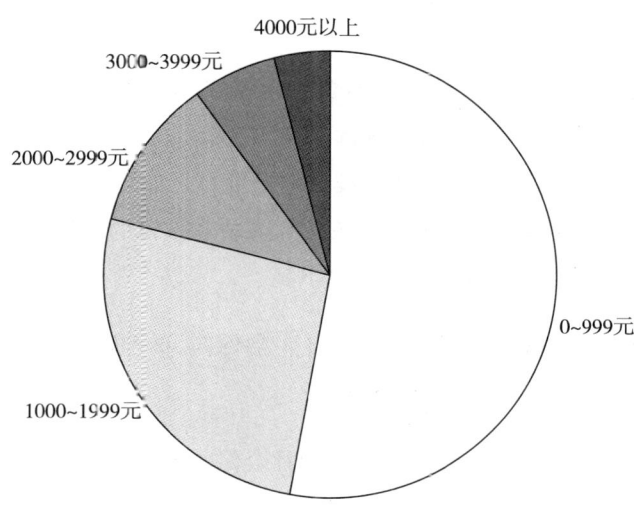

图4 计划生育特殊家庭平均月收入分布

收入主要来源方面，主要为计划生育特殊家庭特别扶助金（33.4%），其次来源于自己劳动所得（23.4%）、社会保障金（12.5%）（见图5）。自己劳动所得在特殊家庭月收入构成中的比例偏低，这说明如何提升计生特殊家庭的家庭发展能力的问题亟待解决。

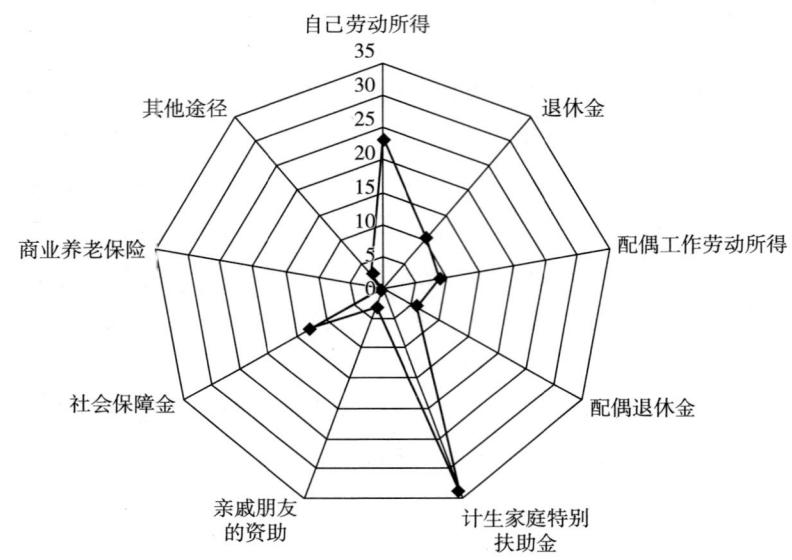

图5 计划生育特殊家庭收入来源分布

经调查分析，仅6.26%的调查对象表示家庭收入能满足日常需求，各方面没有问题；35.66%表示一般，基本满足日常需求；还有39.34%的表示稍微困难；仅有18.74%的表示生活艰难，难以度日。如图6所示，从收入能否满足日常生活需求的城乡差异来看，安徽省农村和城镇的计划生育特殊家庭均面临一定的经济压力，尤以农村最为突出。

（二）计划生育特殊家庭享有的社会保障项目城乡差异较大，城镇计划生育特别扶助金覆盖比例不高

调查结果显示，计划生育特殊家庭的社会保障多为基本养老保险及新农保（26.6%）、计划生育特扶金（25.3%）和新农合保险（22.4%）。工伤保险（0.9%）、失业保险（0.9%）、住房公积金（1.2%）和公费医疗（1.2%）所

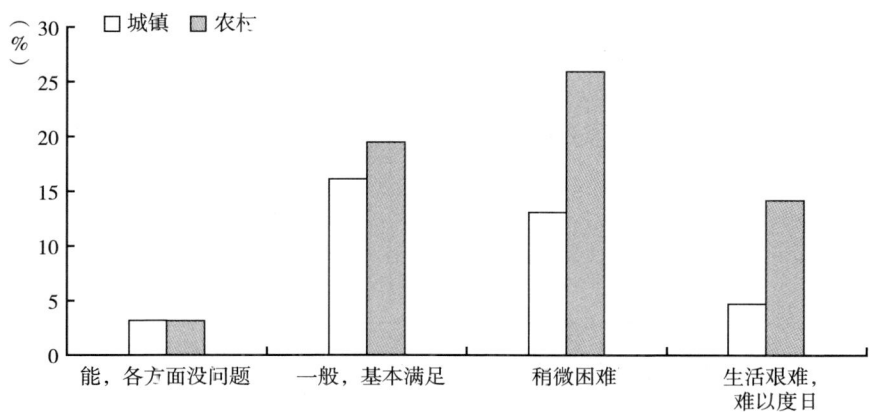

图6 收入能否满足日常生活需求的城乡差异

占的比例较小。

分城乡来看,根据职业分析,城镇计划生育特殊家庭中部分父母在事业单位或商业服务业工作,所以其享有一定的基本医疗保险、工伤保险、事业保险、住房公积金和公费医疗等,而农村计划生育特殊家庭由于无固定职业和务农的特性,在基本医疗保险、工伤保险和公费医疗方面比例极低,甚至没有一户享受失业保险和住房公积金,城乡差异显著。反观之,基本养老保险或新农保、新农合和计划生育特扶金是农村计划生育特殊家庭享有的主要三种社会保障项目。

计划生育特别扶助金作为国家对于计划生育特殊家庭的补充社会保障,能够缓解其家庭困难。但统计发现,计划生育特别扶助金在城镇计划生育特殊家庭中覆盖比例不高,有61.8%的农村计划生育特殊家庭享有计划生育特别扶助金,而城镇为38.2%(见图7)。对于农村计划生育特殊家庭来说,更多是由于对相关政策的不了解,未申请到计划生育特别扶助金;而城镇计划生育特殊家庭尽管可能知道有相应的政策辅助,但过于沉浸在失去子女的痛苦中,不愿与外人提及家庭的伤痛,更不愿主动去申请计划生育特别扶助金。

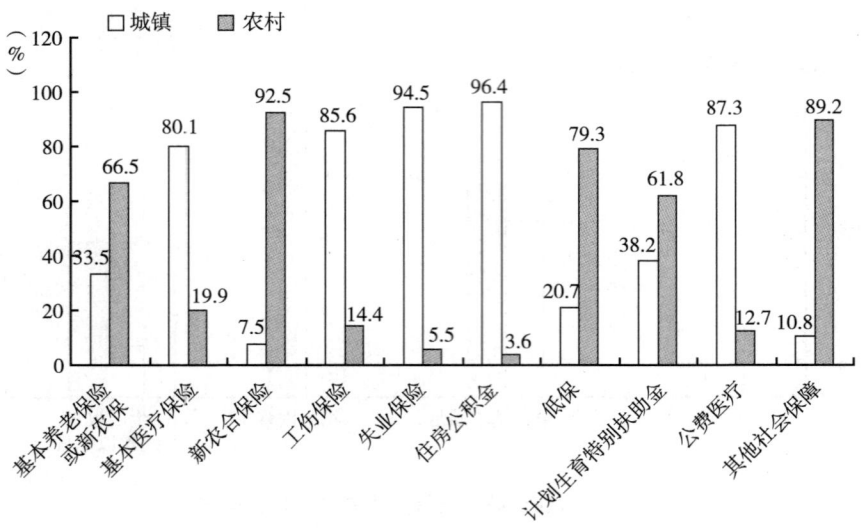

图7 城乡计划生育特殊家庭享有社会保障状况

四 健康及照料状况

（一）过半调查对象患有慢性疾病，做家务、行走和上下楼梯是其面临的主要生活困难

问及调查对象的身体状况时，50.9%的受访者表示在2013年患有经医生诊断的慢性病，其中以高血压（31.1%）、骨关节疾病（16%）和心脏病（13%）为主，此外患有精神疾病的比重达5.1%。进一步与性别交叉分析发现，高血压、心脏病、骨关节是计划生育特殊家庭父母患有的主要疾病，但女性患有精神疾病的比重远高于男性，由此也反映出面对失去子女的心理创伤，母亲受到的精神打击更大，恢复难度也更大。

对计划生育特殊家庭来说，43.6%的认为当前生活中从事日常事务无困难，但也有17%的反映做家务有困难，14.4%的上下楼梯有困难，13%的反映行走有困难，9.4%的坐车有困难。进一步分析城镇和农村计划生育特殊家庭在日常事务中的困难，发现城镇和农村计划生育特殊家庭在日常生活中面临的困难有所不同，城镇问题主要在上下楼梯和行走方面，农村主要存在做家务、行走和坐车方面的困难。因此，在探索计划生育特殊家庭帮扶模式时应充分考虑城乡差异，有差别、有针对性地为计划生育特殊家庭提供切实有效的帮助。

（二）计划生育特殊家庭老年父母更需要他人照料，陪同看病和帮助购物或搬运重物是其主要需求

调查对象中63.8%认为自己不需要他人照料，自己可以照顾自己；24.0%觉得偶尔需要他人照料；12.2%认为非常需要他人照料。在考虑年龄和性别因素的情况下，55岁及以上的无论是男性还是女性的失独父母都非常需要和依赖他人的照料。当问及其现有照料者时，配偶（62.6%）是最主要的照料者，其次是亲戚（12.74%），由养老院和社区工作人员照料的比例仅有5.62%（见图8）。问及进一步了解最希望由谁来照料时，配偶和亲戚依然是计划生育特殊家庭父母最希望的照料者。同时还发现，计划生育特殊家庭父母对养老院工作人员和社区工作人员的需求相比实际有所增加，这说明政府层面对未来计划生育特殊家庭帮扶工作提出了具体的期望和要求。

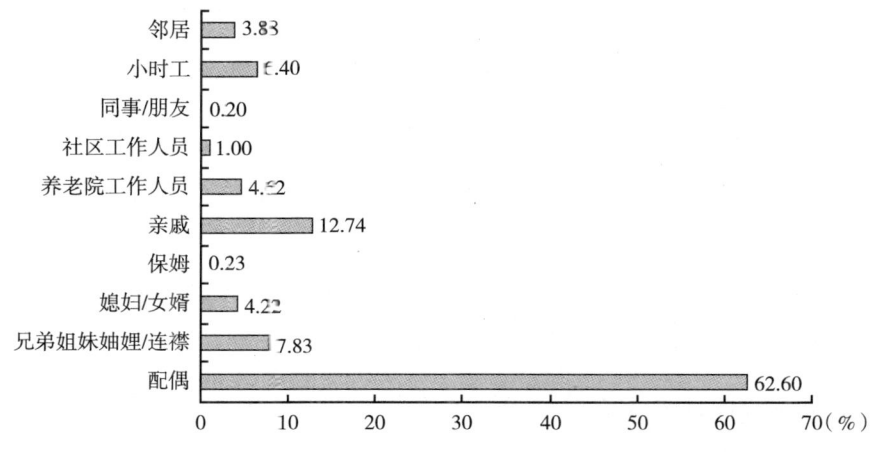

图8　计划生育特殊家庭现有的照料者

如图9所示，陪同去医院看病、帮助购物搬运重物、老年公寓和养老院以及家政服务是计划生育特殊家庭生活照料方面最需要的帮助。由上面分析可

知，认为自己需要他人照料的主要是55岁以上计划生育特殊家庭父母，老年人体质虚弱，行动不便，生病概率较大，而子女不在，使去医院看病、购物或搬运重物以及打扫卫生成为生活中的主要难题。与此同时，我国老龄化程度逐渐加深，独生子女父母对老年公寓和养老院的需求也会大幅度增加，如何处理好独生子女父母和其对老年公寓和养老院需求间的关系，如何避免加深计划生育特殊家庭父母面对无子女探视时的心理落差等问题，将成为探索该类家庭父母养老问题时需要关注的焦点。

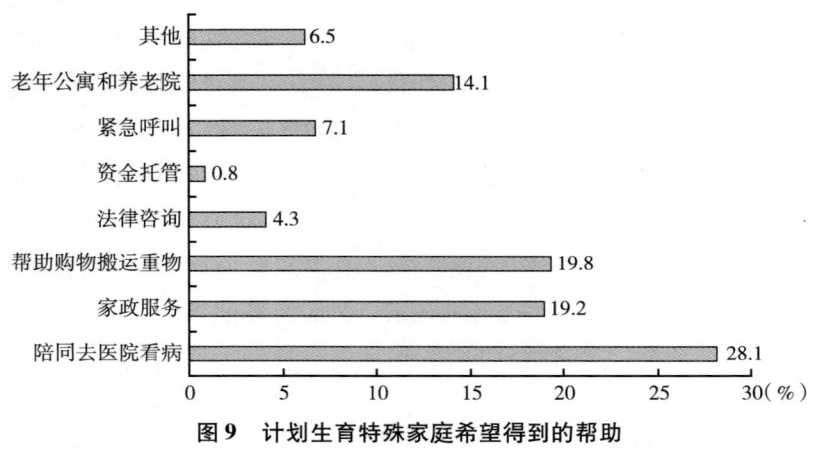

图9 计划生育特殊家庭希望得到的帮助

五 养老服务现状及需求

（一）八成以上失独父母生活可以自理，但农村计划生育特殊家庭面临的生活和心理压力明显高于城镇

在被调查的计划生育特殊家庭对象中，80.3%的表示生活能够自理，15.9%的能够半自理，3.7%的不能自理。目前，生活遇到的主要问题依次为经济条件（32.2%）、健康状况（23.6%）、心里孤单（20.1%）、住房条件（10.7%）、无人照料（10.3%）和社会忽视（3.1%）。

分城乡来看，城镇计划生育特殊家庭和农村计划生育特殊家庭遇到的生活困难类别相同，但农村的困难程度明显高于城镇。对农村计划生育特殊家庭来说，69.9%的经济上有困难，50.4%的有健康问题，38.3%的觉得心里孤单，22.5%的为无人照料。城镇失独父母中51.8%的经济上有困难，41.6%的觉得心里孤单，39.8%的有健康问题，16.8%的无人照料（见图10）。此外关于社会忽视，农村计划生育特殊家庭面临的压力比城镇计划生育特殊家庭大，因为在中国传统文化影响下，男孩和女孩对家庭的意义和价值本身就存在差异，若家庭无子女，其在周围环境中遇到的忽视或歧视问题将更为严重。由此可见，为计划生育特殊家庭解决经济上的困难、改善健康状况以及进行心理疏导是帮扶关键，尤其是农村地区的计划生育特殊家庭。

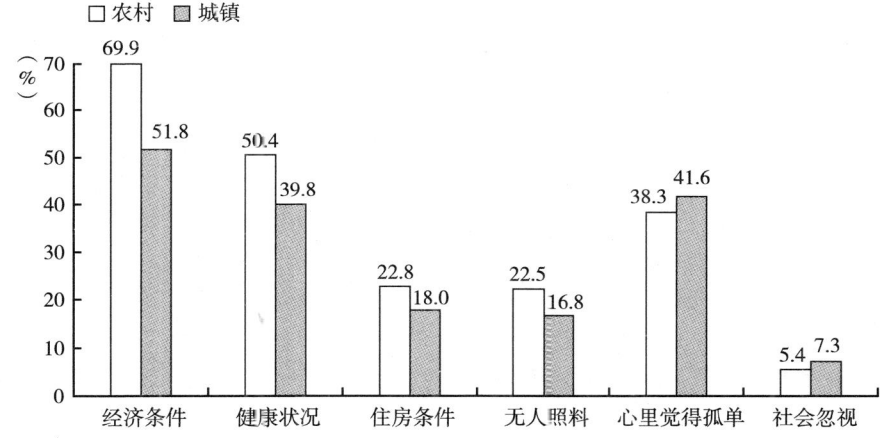

图10 计划生育特殊家庭面临的生活困难

（二）社区联系频率较低，服务供给与计划生育特殊家庭需求不吻合

调查结果显示，计划生育特殊家庭所在社区（村）以每月联系一次居多（44.8%），37.3%的为每季度一次，9.7%的为每周联系一次，联系频率较低。社区日后应加强对计划生育特殊家庭的联系。

社区提供的服务以心理辅导和医疗保健为主，所占比例分别为29.7%和27.6%，文化娱乐为14.4%，提供日常起居服务为8.3%，提供家政服务为6.8%。结合上一部分关于计划生育特殊家庭生活面临主要困难的分析，可以发现，社区提供的服务与计划生育特殊家庭所迫切需要的帮助（陪同去医院看病、帮助购物搬运重物、老年公寓和养老院以及家政服务)不大吻合,社区应加强开展计划生育特殊家庭需求的服务,从而可以使有限的社区服务效用最大化。

(三)七成计划生育特殊家庭愿意接受"一对一"服务,中年志愿者更受欢迎

当问及是否愿意接受志愿者"一对一"服务时,70.2%的计划生育特殊家庭表示愿意,并且以接受40岁以上和31~40岁的志愿者为主,分别占52.2%和31.4%。究其原因,调查中计划生育特殊家庭父母多为中老年人,同龄人可能更容易沟通,容易找到共同话题,此年龄段的志愿者也更容易理解计划生育特殊家庭丧失子女的悲痛,这也从侧面反映出计划生育特殊家庭父母更希望得到精神上的沟通和帮助。此外,13.9%的希望志愿者为21~30岁,也有2%的计划生育特殊家庭父母希望"一对一"志愿者年龄为15~20岁。

如图11所示,计划生育特殊家庭父母希望"一对一"志愿者提供的帮助依次为整理房间打扫家务(50.7%)、定期陪聊天和锻炼(40.4%)、节假日祝福(35.4%)等。结合以上分析,志愿者模式完全可以引入对计划生育特殊家庭的帮扶中,帮扶的重点可以侧重于节日问候和实际生活的帮助,再就是通过心理辅导缓解他们失去子女的痛苦。

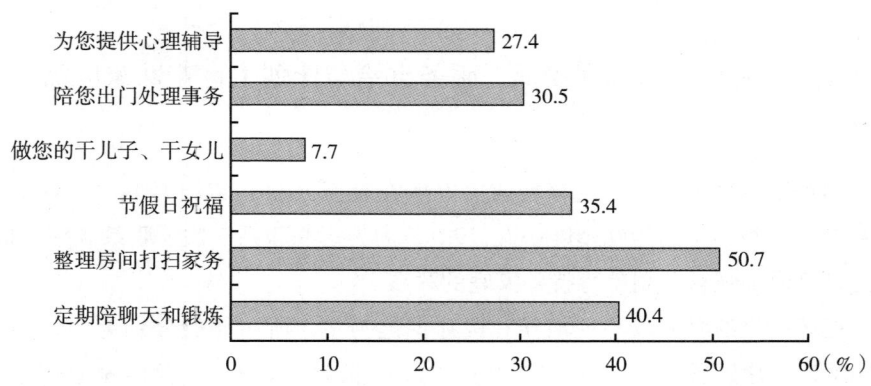

图11 计划生育特殊家庭期望志愿服务的种类

六 心理慰藉与社会支持

(一)计划生育特殊家庭获得亲戚和配偶帮助最多,最担心老年无人照料问题

调查显示,在遇到急难情况时,计划生育特殊家庭获得经常性帮助最多的为亲戚(28.8%)和配偶(28.5%),邻居(15.3%)及其他家人(14.7%)的帮助也比较多,但从同事和工作单位等方面获得帮助的比例不高,从党团工会等官方和半官方组织获得的比例为4.7%。说明计划生育特殊家庭急难情况下的问题解决主要还是依赖其亲友关系,单位和政府部门的帮助还有所欠缺。

考虑到目前和未来的生活状况,计划生育特殊家庭最担忧的就是等到体弱多病时没有人照顾(39.4%),这个问题同时存在于农村和城镇。其次担忧的则是没有经济来源(26.0%)、没有监护人就医困难(16.1%)和精神压抑(11.2%),对于很难进入敬老院养老的担忧不是很多,占5.7%(见图12)。分城乡来看,农村计划生育特殊家庭较之城镇更担忧没有经济来源,城镇计划生育特殊家庭较之农村父母则更担忧很难进养老院的问题。了解计划生育特殊家庭的心声以及城乡差异,为未来计划生育特殊家庭的帮扶指引了具体的方向。

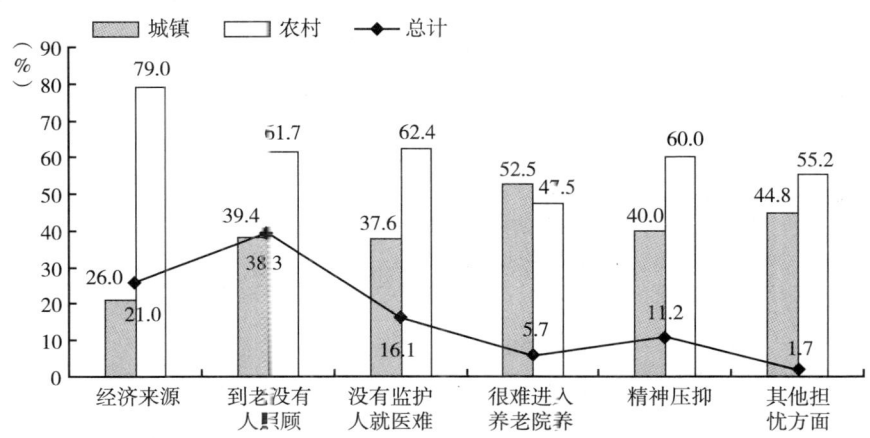

图12 计划生育特殊家庭的担忧

（二）遇到烦恼时计划生育特殊家庭自我封闭和自我解决的比重较高

由表2可以看出，计划生育特殊家庭遇到烦恼时43.1%的只向关系密切的朋友倾诉，16.5%的在朋友主动询问时会倾诉，仅有11.6%的计划生育特殊家庭会主动倾诉自己的烦恼，仍有28.8%的计划生育特殊家庭从不向任何人倾诉。

遇到烦恼时24.0%的计划生育特殊家庭表示完全依靠自己解决；41.2%的表示多数靠自己，很少请求别人帮助；仅有15.7%的表示经常向家人、亲友、组织求援；19.1%的有时请求别人帮助。以上数据均反映出安徽省计划生育特殊家庭遭遇困难或烦恼时，采取自我封闭和自我解决的比重较高，一定程度上反映出计划生育特殊家庭父母在子女遭遇不测后，内心深处存在的自闭和自卑感。当问及是否认识其他计划生育特殊家庭父母时，74.5%表示不认识，其中32.7%的表示不想认识他们。

表2 计划生育特殊家庭遇到烦恼的倾诉和解决状况

单位：%

类别	状况	占比
遇到烦恼时倾诉状况	从不向任何人倾诉	28.8
	只向关系密切朋友倾诉	43.1
	朋友主动询问会倾诉	16.5
	主动倾诉自己的烦恼	11.6
遇到烦恼时解决办法	完全依靠自己解决	24.0
	多数靠自己，很少请求别人帮助	41.2
	有时请求别人帮助	19.1
	经常向家人、亲友、组织求援	15.7
是否认识失独者	是	25.5
	否，不想认识他们	32.7
	否，没有途径认识他们	37.0
	否	4.8

七 社会保障需求较强,但需求层次不高

如图 13 所示,安徽省计划生育特殊家庭最希望政府为计划生育特殊家庭成员在生活不能自理时提供免费或低费的社区照料服务,比例为 62.6%,其次则是办理养老保险补贴(56.3%)和希望将计划生育特殊家庭纳入低保(55.0%),还有由计生专干定期给予精神关怀(27.8%)。希望为再生育一个健康聪明的孩子提供计划生育优质服务的愿望不是很强,只有 6.7%。总体而言,由于安徽省计划生育家庭成员的年龄普遍较大,他们更关心步入老年后的经济和养老、日常照料问题。

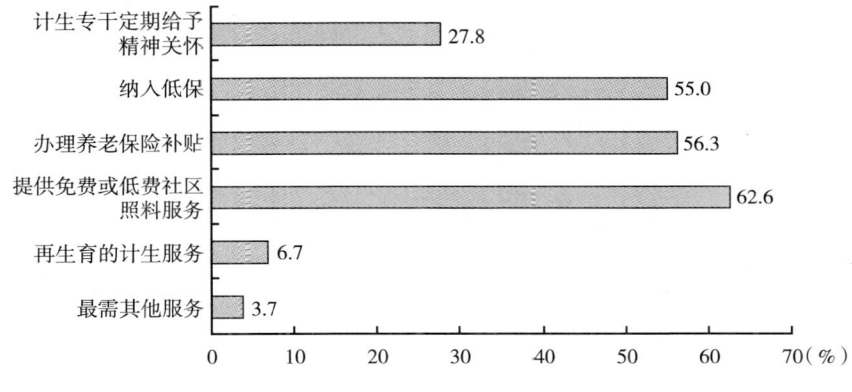

图 13 计划生育特殊家庭政策扶持项目

八 相关建议

目前,虽然计划生育特殊家庭所占的比重不大,但对家庭和社会的影响却很大。除了引导和鼓励计划生育特殊家庭中尚处于育龄期的夫妇再生育(或领养)一个孩子外,还可以从以下几方面着手为计划生育特殊家庭提供更多更有效的帮助。

(一)营造良好的宣传氛围问题

实际上,我国的特殊家庭在社会上的地位是比较低下的。要不断提高全社

会尊老、敬老意识，积极号召社会各界加强对特殊家庭的关心与帮助，大力开展志愿者行动，结对帮扶，使老年人得到精神慰藉。

（二）建立计划生育特殊家庭特别扶助金的长效保值机制

目前，各地普遍实施了计划生育特殊家庭特别辅助制度，独生子女死亡后未再生育或收养子女家庭的夫妻，自女方年满49岁起，独生子女死亡的按每人每月不少于100元的扶助标准发放，该项制度的实施一定程度上保证了计划生育特殊家庭的基本生活需求。但是，由于尚未建立相应的保值增值机制，随着今后居民消费品物价指数的上升，目前每月100元扶助金的实际值将会逐渐降低。因此，可以分别按照每年城乡居民消费品物价指数的上升幅度相应调整特别扶助金的发放标准，建立计划生育特殊家庭特别扶助金的长效保值机制。

（三）在依托并充分利用普惠型福祉制度的基础上实现对计划生育特殊家庭的关爱

通过上文分析可知，计划生育特殊家庭对"纳入低保"和"提供办理养老保险补贴"的需求很强烈，因此，为了让计划生育特殊家庭享受更多的经济帮扶，可以将计划生育特殊家庭纳入低保。此外，可以针对计划生育特殊家庭中经济困难对象再增加一块补助，如对符合领取计划生育特殊家庭特别扶助金的农村夫妇中属于低收入的家庭在女方年满49岁后给予一部分个人缴纳基本养老保险费的补助。这样不仅使这些经济困难家庭比非独生子女不幸死亡家庭多增加了一些经济补偿，也体现了国家对计划生育特殊家庭困难户的关爱。

（四）成立特别扶助对象志愿者服务队，与计划生育特殊家庭之间的关爱对接

独生子女的不幸死亡，对父母精神上的打击是异常沉重的，这种心理之痛无法根治，如果不经常进行疏导，可能会导致一些计划生育特殊家庭父母从此一蹶不振，患抑郁症。因此，建议成立特别扶助对象志愿者服务队，实行对户常年探望和帮扶，重点解决日常生活照料、家政免费服务和生病住院陪护等问题，"一对一"为计划生育特殊家庭提供精神慰藉和应急性的照料和帮助。如

党员义工队伍、在职军人义工队伍、学生义工队伍、计生协会骨干会员义工队伍和专业的心理疏导和心理咨询义工队伍。

（五）充分发挥基层计划生育服务站（所、中心）功能，为计划生育特殊家庭提供健康服务

各地、各级计划生育服务站（所、中心）在做好计划生育技术服务、生殖健康检查等日常工作的同时，可以为计划生育特殊家庭提供服务，包括健康体检、日间照料、常见病防治等工作；条件成熟的站（所、中心）可以在有关部门的批准下，设置养老床位，收住计划生育特殊家庭的老人，发挥机构养老的功能。

（六）积极开展亲情关爱活动

不定期召开特别扶助对象沟通交流会、节日茶话会，倾听他们的意见和诉求，引导他们加强交流，融入社会；支持具备条件的计划生育特殊家庭依法领养抱养孤儿，协调有关部门在经费上给予减免；对居住养老院的计划生育特殊家庭成员给予补助，确保他们在养老院有最好的居住生活条件。

附表：问卷分布

问卷分布

序号	市	县区	份数	其中：无效问卷份数
1	安庆	潜山	322	2
2	安庆	岳西	225	1
3	安庆	迎江区	135	0
4	安庆	宜秀	78	0
5	安庆	桐城	51	0
6	安庆	宿松	168	0
7	蚌埠	禹会	157	0
8	蚌埠	蚌山区	112	0
9	蚌埠	五河	69	0
10	蚌埠	怀远	57	0
11	蚌埠	固镇	51	0

续表

序号	市	县区	份数	其中:无效问卷份数
12	蚌埠	淮上区	30	0
13	亳州	谯城	167	0
14	亳州	蒙城	59	0
15	亳州	利辛	52	0
16	亳州	涡阳	51	0
17	池州	贵池	255	13
18	池州	青阳	255	
19	池州	东至	121	0
20	池州	石台	57	0
21	滁州	全椒	108	0
22	滁州	南谯	106	0
23	滁州	琅琊区	50	0
24	阜阳	临泉	120	1
25	阜阳	颍东	101	0
26	阜阳	颍州	54	0
27	合肥	瑶海	427	0
28	合肥	庐江	382	1
29	合肥	长丰	213	0
30	合肥	巢湖	200	0
31	合肥	蜀山	166	1
32	合肥	肥西	131	0
33	合肥	庐阳	117	2
34	淮北	相山	189	7
35	淮北	濉溪	88	0
36	淮南	田家庵	371	14
37	淮南	凤台	64	0
38	黄山	歙县	319	0
39	黄山	屯溪	280	1
40	黄山	黄山区	147	0
41	黄山	休宁	132	0
42	黄山	黟县	101	0
43	黄山	祁门	81	0
44	黄山	徽州	56	0
45	六安	舒城	309	5
46	六安	金安	268	2

续表

序号	市	县区	份数	其中:无效问卷份数
47	六安	金寨	256	3
48	马鞍山	雨山	143	1
49	马鞍山	和县	132	0
50	马鞍山	当涂	127	0
51	铜陵	铜官山	110	0
52	铜陵	铜陵	108	0
53	芜湖	无为	399	7
54	芜湖	鸠江	56	0
55	宿州	泗县	78	0
56	宿州	埇桥区	132	0
57	宣城	宣州	376	8
58	宣城	泾县	351	0
59	宣城	宁国	151	0
60	宣城	广德	147	0
合计			9618	69

发展探索篇

Exploration and Development

B.13
安徽在长江经济带格局中的发展战略研究

李本和*

| 摘　要： | 长江经济带是我国未来10年经济社会发展的重点区和增长轴。本文在对建设长江经济带的重大意义、前景、战略定位及沿江省市参与建设的动态进行深入研究的基础上，结合实地考察调研，探讨了安徽对接长江经济带建设存在的优势与劣势、面临的机遇与挑战，着重研究了安徽在长江经济带建设中的功能定位与发展战略、产业在大区域中的分工协作关系、经济社会转型发展的战略重点，以及如何打造新的区域增长极和加快皖江城市带转型升级等问题，并据此提出了相应的对策思路、政策举措及有关建议。|

---

* 李本和，中共安徽省委党校教授，研究方向：区域经济。

关键词： 长江经济带建设 安徽发展战略 江淮城市群

一 建设长江经济带的重大意义及前景

长江沟通中国东部、中部和西部，是连接沿海和内陆的黄金水道，打造长江经济带意义深远。2014年4月28日，李克强总理在重庆主持召开座谈会并提出，依托黄金水道建设长江经济带。长江经济带包含上海、江苏、浙江、安徽、江西、湖北、湖南、四川、重庆、云南、贵州11个省市，总面积205万平方公里，总人口和生产总值均超过全国的40%。长江是继中国沿海经济带之后最有活力的经济带。贯彻国家战略部署，建设长江经济带，对于维持中国经济的长期稳定增长、有效扩大内需、实现产业升级、缩小贫富差距有重要意义。

（一）建设长江经济带的重大意义

依托黄金水道建设长江经济带，是改革开放政策实施以来，国家层面经济带首次从沿海地区向内陆地区延伸，具有深远的战略意义。

（1）建设长江经济带可以为打造中国经济升级版提供新动力。长三角地区是中国经济最发达的地区，而中西部地区具有可观的经济增长潜力。推进建设长江经济带，可以促进沿海与中西部共同发展，衔接长三角、长江中游城市群和成渝经济区，促进不同区域间的产业转移、优化升级和新型城镇发展，可以惠及约6亿人口、土地面积约占全国1/5的地区。促进经济增长空间从沿海向沿江内陆拓展，从而有利于优化沿江产业结构和城镇化布局，推动我国经济提质、增效、升级。

（2）建设长江经济带有利于建设陆海双向对外开放经济走廊。据统计，长江货运量位居全球内河第一。推进长江经济带建设，利用水运低成本的优势，加强河道整治，可以进一步增强长江运能，发挥黄金水道的优势。同时，以长江经济带建设为契机，加强沿江重要港口建设，积极推进铁路、公路、航空等立体交通网络建设，对于打造综合立体交通体系作用明显。建设横贯东中西、连结南北方陆海双向对外开放经济走廊，从而有利于形成上中下游优势互补、协作互动格局，培育国际经济合作竞争新优势。

（3）建设长江经济带是建立全流域现代市场体系的重要举措。建设长江经济带有助于打破区域壁垒和地方保护主义，促进区域合作，优化资源配置，使资金、人才、技术等流动起来，市场统一起来，充分发挥市场对要素优化配置的决定性作用，更好地发挥政府规划和政策的引导作用，从而有利于保护长江生态环境，引领全国生态文明建设。

（二）建设长江经济带的前景

（1）形成横贯东中西、联结南北方的对外经济走廊。党的十八届三中全会提出："支持内陆城市增开国际客货运航线，发展多式联运，形成横贯东中西、联结南北方的对外经济走廊。"从目前长江黄金水道的发展现状来看，其已经基本具备向这方面发展的许多有利条件。[1] 长江流域是东中西交通干线与南北交通干线的高度密集交会区，铁路、水运、航空运输发达。南北走向的京沪铁路、京九铁路、京广铁路等多条铁路干线与长江交汇，南京、武汉、重庆等铁路交通枢纽地位越来越重要。航空运输领域，以上海、南京、武汉、重庆等机场为主体的航空枢纽吞吐量不断增长。在水运方面，汉江、赣江、湘江等支流水运如毛细血管般支撑起长江动脉。做大上海、南京、武汉、重庆这些长江航运中心，大力发展现代物流产业，并与亚欧大陆桥的丝绸之路经济带连接，建设中巴（中国－巴基斯坦）、中印缅经济走廊，在构建沿海、内陆、沿边全方位开放新格局中，完全有可能将长江经济带打造成横贯东中西、连结南北方的对外经济走廊。

（2）建设交通便利、永续利用、生态安全的绿色黄金水道。经济发展和环境保护关系的协调涉及我国经济社会生态的可持续发展和生态文明建设的实现。国家层面已经意识到建设长江经济带需要做好生态文章，李克强总理曾表示长江生态安全关系全局，长江经济带建设一定要按照科学发展观的要求，处理好经济发展与环境保护的关系，避免承接产业转移带来的环境污染转移。[2] 因此，需要在产业转移中做好环境风险评估，杜绝污染企业的上马。同时，建

---

[1] 马勇、黄猛：《长江经济带开发对中部崛起的影响与对策》，《经济地理》2005年第3期。
[2] 李克强：《建设长江经济带确保一江清水绵延后世》，http://news.xinhuanet.com/politics/2014－04/28/c_1110452390.htm。

立工业产业园,配套相关环保设施。加强沿江各省市在环保规划、生态建设、污染防治、环境监管等方面的合作,建立健全协调推进机制。通过推进环境共保、生态共建、污染共治,在融合发展中彰显绿色、生态、安全特色,确保长江清水绵延后世、永续利用,走出一条绿色生态安全的新路,努力把长江经济带打造成为我国交通便利、永续利用、生态安全的绿色黄金水道。

(3) 建设各具特色的国际合作发展的文化旅游经济长廊。长江流域是整个中华文明的重要发祥地,沿江地区山水风光秀丽,许多名山大川都集聚于此流域。历史人文景观众多,历史文化底蕴深厚,且各具特色。同时,长江流域的沿江各大城市,也是中国近现代史上开发开放较早的地区,中外文化在此相互融合、交相呼应,加上改革开放以来沿江两岸各地绿化带的建设,正在形成旅游与文化相互融合的发展态势。在此基础上,可以探索建立文化旅游资源共建共享机制,通过政府推动、市场运作、利益共享、统一运营,对各省旅游文化景区进行整合,形成一个全流域的文化旅游经济网络,将有可能把长江流域打造成为一个国际合作发展的文化旅游经济长廊。

(4) 形成促进"四化同步"发展的新型城镇化建设增长轴。长江经济带由于在近代史上开发开放较早,产业种类齐全,经济实力较雄厚,由产业集群效应形成的各种城市群众多,如以上海为中心的长三角城市群,以皖江城市带、环鄱阳湖城市群、长珠谭城市群、武汉城市群为代表的长江中游城市群,以成都、重庆为中心的成渝城市群等。通过按主体功能区规划的要求,明确各大城市群的功能定位与错位发展,突出其主体功能特点,可探索形成各具特色的新型城镇化发展模式与大中小城市协调发展的新型城镇化体系,推进长江中上游腹地开发开放,将长江经济带打造成为我国促进"四化同步"发展的新型城镇化建设增长轴。

二 长江经济带建设的战略定位分析及沿江省市参与建设动态

(一)长江经济带建设的战略定位分析

根据国务院出台的《国务院关于依托黄金水道推动长江经济带发展的指

导意见》（以下简称《指导意见》），长江经济带的战略定位有四个方面：一是具有全球影响力的内河经济带；二是东中西互动合作的协调发展带；三是沿海沿江沿边全面推进的对内对外开放带；四是生态文明建设的先行示范带。

按《指导意见》的要求，将从提升长江黄金水道功能、建设综合立体交通走廊、创新驱动促进产业转型升级、全面推进新型城镇化、培育全方位对外开放新优势、创建绿色生态廊道和创新区域协调发展体制机制七个方面，升级再造长江经济带。2013年10月14日，国家发改委副主任徐宪平在长江航务管理局召开的调研会上曾建议重点推动长江沿线各种运输业工具的无缝衔接，优化投资运输结构以及推动长江经济带三大城市群建设，并将上海自贸区的政策向中上游延伸。[①] 长江经济带与以往沿海战略的最大不同在于其综合性。长江经济带处于国土中心，战略位置重要，跨东部、中部和西部，对于促进东中西经济发展、缩小贫富差距具有重要意义。

沿海战略与长江经济带战略相比，是先富带动战略，从目前效果来看，难言成功。改革开放以前，我国沿海地区利用区位优势，积极吸引外资，取得了飞速的发展，形成了长三角、珠三角等沿海经济发达地区。某种程度上实现了"先富"的目标。但是，由于我国国土面积广阔，沿海对内地的辐射力度有限，加上中西部基础设施建设相对落后，政策实施环境相对较差，人才大量流向发达地区，中西部并没有实现迅速赶超沿海地区的目标。同时，国家实施的沿边开发战略，对于边疆局部地区的经济社会发展作用明显，但是也没有实现全局性的经济带动。

长江经济带战略是带动东中西部整盘复兴的全局战略。长江经济带同时将与"新丝绸之路经济带"（亚欧大陆桥）呈现平行并进的战略格局，并与我国沿海的渤海湾、长三角、珠三角三大经济区形成"T"字形联动。如果加上国家发改委编制规划的珠江——西江经济带，在我国将形成"一弓三箭"（一弓，指贯穿东部沿海一线的东北老工业振兴基地、京津冀经济圈、长三角、珠三角和21世纪海上丝绸之路，基本涵盖中国经济最发达的地区；三箭，指横贯我国东中西部地区的丝绸之路经济带、长江经济带、珠江——西江经济带）

---

① 《长江经济带上弦中国经济新支撑带走进规划》，腾讯网，http://finance.qq.com/a/20131024/001152.htm。

的生产力布局。因此，站在打造中国经济升级版的历史新起点，审视我国"一弓三箭"的生产力新布局，长江经济带将会成为我国经济发展潜力最大的经济带，拥有广阔的经济腹地，也将成为世界上规模最大的内河经济带。

目前，依托黄金水道推动长江经济带发展已上升为国家战略，并出台了《指导意见》。但是，还应看到，这一国家战略的组织实施还需要有一个反映《指导意见》要求的全面系统的总体规划和一系列相互配套的分项目、分地区的具体规划，才便于组织实施。长江经济带建设是一个庞大的系统工程，标志着我国区域发展正从分区推进迈向区域联动发展的时代。届时，将打破原有区域发展格局，实现新的区域发展组合，东中西横向合作增强，沿海、内地和沿边的互动也将更加频繁。因此，在规划设计中应注意处理好三个层面的关系问题：一是长江经济带建设与丝绸之路经济带、21世纪海上丝绸之路以及沿海三大经济区建设的协调发展问题；二是长江经济带建设沿江各省市之间的协作发展问题；三是长江经济带建设中各有关部门之间的协调推进问题。

（二）沿江各省市参与长江经济带建设的动态

建设长江经济带升级为国家战略使沿江省市获得更大的发展机遇。事实上，2013年9月21日李克强总理做出批示前后，沿江各省市早已开始行动，纷纷研究制定对接方案。2013年6月3日，湖南启动了长江经济带开发建设总体规划编制工作，湖南省发改委主任胡衡华称，该省将依托长江，完善港口的疏浚，建立铁水联运、公路辐射的综合交通体系。9月26日，重庆市发改委举行座谈会，研究如何抢抓长江经济带战略机遇。9月29日，湖北省召开专题会议。湖北省副省长许克振指出，长江经济带建设对湖北是一个历史性机遇，要"全面深入调研谋划，研究重大思路，提出重大政策，策划重大项目"。江苏省发改委主任陈震中强调，沿江开发战略中，该省将重在突出融合发展、特色发展、绿色发展和转型发展，强调跨江融合。2014年7月7～9日，安徽省委书记张宝顺在沿江城市调研时强调，要抓住国家建设长江经济带的重大机遇，把长江经济带建设与皖江示范区建设和皖江城市转型升级结合，打造转型升级、可持续发展的新优势。

建设长江经济带，除了沿江各主要省份和直辖市积极响应之外，一些沿江省会城市及有关沿江节点城市也积极行动起来，目前，湖南省会长沙三环以内全长88公里的"一江两岸"工程已经全线贯通，南北延伸的湘江大道、潇湘大道成为最美的城市风景线，昔日落寞破旧的棚户区蝶变为时尚靓丽的滨江新城，以湘江为轴，"一江两岸"、互动共进、两翼齐飞的长沙城市新格局变得更加清晰。江苏省会南京早在2006年就印发了《关于加快推进"跨江发展"战略专项调研工作方案》，着眼于大江南北的资源对接和优势互补，深入研究江南反哺江北的帮扶机制和政策手段，实现江南发达地区技术、产业、资金等资源优势与江北资源、产业基础等方面优势的结合，实现"南北联动发展"，以破除经济发展的区域制约，实现发展的一体化。2013年6月，江苏省委省政府又把扬州列为全省跨江融合发展综合改革试点，众多的资金流、项目流、人才流正沿着这条纵贯南北的"共建管道"汇入扬州。安徽在国家皖江城市带承接产业转移示范区规划指引下，省会合肥正在抓紧打造"大湖名城、创新高地"，安庆、铜陵、芜湖、马鞍山等皖江城市正在大力推进跨江发展、联动发展、组团发展。与此同时，皖江城市与皖北城市产业园区的结对共建活动也已全面展开。2014年上半年，皖北现代产业园区开工项目65个，建成投产项目22个，总体保持良好发展态势。

尽管沿江各省市参与长江经济带建设积极性很高，但总体上看，推进新一轮长江经济带建设还处在调研论证阶段。目前，实施的工程项目大多都是原有在各地已规划的项目，新的详细规划正在制定和准备出台。因此，安徽省要抢抓机遇，加快发展，根据国家关于建设长江经济带指导意见的要求，抓紧深入调研谋划，研究重大思路，提出重大政策，策划重大项目，就显得十分紧迫。

三 安徽对接长江经济带建设制约因素的分析

长江安徽段简称皖江，位于长江中下游"W"段的东部（见图1），连接东部沿海和广袤的内陆，是整个长江经济带上的重要一环，有着独特的区位优势和巨大的潜力，作为"中间环节"，可以"左右逢源"，但也存在一些发展的短板。在长江经济带涉及的11个省市间区域竞争与合作拉开帷幕的当下，安徽发展面临的机遇与挑战并存。安徽应抢抓机遇，迎接挑战，扬长避短，充分发挥自身的比较优势和竞争优势，依托黄金水道打造新的区域经济增长极，积极参与长江经济带建设。这对于安徽促进经济稳定增长、实现经济转型升级具有重要意义。

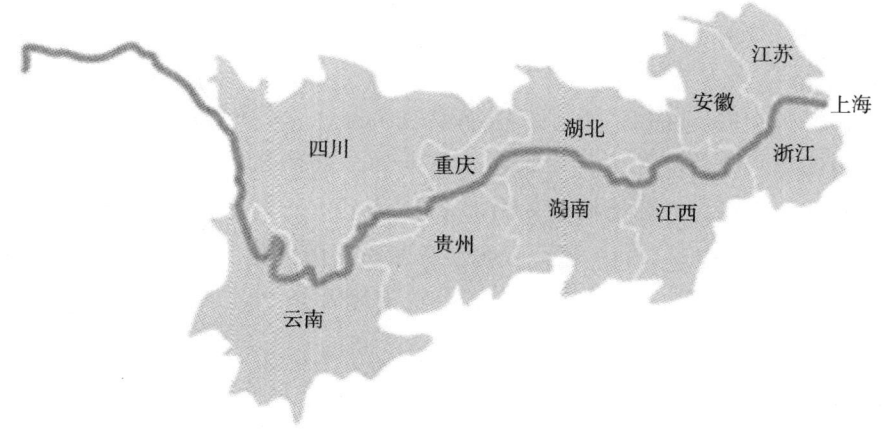

图 1　长江经济带分布示意

（一）安徽对接长江经济带建设存在的优势与劣势

1. 存在的优势分析

（1）区位条件优越，生态环境良好，自然资源丰富。安徽省位于长江下游，承东启西，紧邻我国经济最发达的长江三角洲，通江达海。长江安徽段的主体部分为长江的冲积平原，水资源充分，铁、铜、硫、石灰石等储量丰富，赋存集中，便于开采。皖江流域历史上开发较早，文化旅游资源十分丰富，名胜古迹众多。区域内有多处风景名胜区、自然保护区、森林公园以及文物保护单位。

（2）长江岸线条件优越，综合交通体系比较完善。八百里皖江下连江浙沪，上通赣鄂川，江面开阔，水源充足，支流众多，湖泊密布，承载空间较大，拥有顺江出海的对外开放最佳区位。长江黄金水道得天独厚，港口设施初具规模，其中芜湖港、马鞍山港、安庆港为国家一类口岸。铁路有宁铜、皖赣、宣杭、合九等线路，公路四通八达。到2013年末，全省高速公路3521公里，一级公路2280公里，铁路营业里程达3443公里。航空方面，除合肥、黄山、阜阳等机场外，芜湖、安庆市均有军民两用机场。流域内水运、公路、铁路、航空等交通基础设施较为齐全。

（3）高新技术产业稳中有进，新兴产业强势上扬。近年来，安徽着力培育新的经济增长点正在逐步发力。2014年1~6月，全省高新技术产业实现产值6537亿元，同比增长14.2%，实现增加值1623亿元，同比增长14.9%，增加值占规模以上工业增加值的比重达35.2%，对全省工业贡献率超过四成。以新能源为代表的新兴产业成为高新技术产业中增长最快的领域。其中，能源和新能源实现增加值41.6亿元，同比增长48%，高于全省高新技术产业33.1个百分点；电子信息和家用电器实现增加值391.6亿元，同比增长24%；汽车和装备制造实现增加值744.4亿元，同比增长11.4%。

（4）实现国家区域开发政策全覆盖，发展态势良好。安徽省在统筹区域协调发展方面，已经实现国家区域开发政策全覆盖，形成了皖江城市带承接产业转移示范区、合肥经济圈、合芜蚌自主创新综合配套改革试验区、皖北"三化"协调发展先行区、皖南国际旅游文化示范区、大别山扶贫开发安徽片区等各类经济功能区。每个经济功能区各具特色，总体发展态势良好。特别是皖江示范区、合肥经济圈、合芜蚌试验区、皖北先行区经过近几年的发展，经济实力有了很大的提升。在2013年我国整体经济形势趋缓的情况下，安徽这几大经济功能区在地区生产总值、规模以上工业增加值、社会消费品零售总额、城镇居民人均可支配收入和农民人均纯收入等主要经济指标方面，都能保持两位数的增长速度（见表1）。

表1 2013年安徽各类经济功能区主要指标

指标 \ 地区	皖江示范区		合肥经济圈		合芜蚌试验区		皖北先行区	
	绝对数	比上年增长(%)	绝对数	比上年增长(%)	绝对数	比上年增长(%)	绝对数	比上年增长(%)
地区生产总值(亿元)	12555.5	11.3	7588.8	10.8	7780.3	11.6	5398.8	10.0
其中：第一产业	1077.2	3.4	731.2	3.4	548.2	3.4	1014.3	3.8
第二产业	7297.7	13.1	4146.0	12.5	4487.6	13.3	2680.0	12.4
第三产业	4180.6	9.9	2711.6	9.9	2744.5	10.2	1704.5	9.7

续表

指标\地区	皖江示范区 绝对数	皖江示范区 比上年增长(%)	合肥经济圈 绝对数	合肥经济圈 比上年增长(%)	合芜蚌试验区 绝对数	合芜蚌试验区 比上年增长(%)	皖北先行区 绝对数	皖北先行区 比上年增长(%)
规模以上工业增加值（亿元）	5744.1	14.6	3272.0	13.8	3653.4	14.7	2333.0	13.0
其中：战略性新产兴产业产值	5214.5	23.2	2675.0	19.8	3757.0	23.4	1286.0	26.9
农产品加工业总产值	3555.6	13.9	2308.7	13.7	2064.7	10.5	2754.1	21.4
全部财政收入（亿元）	2123.4	11.6	1244.9	10.5	1332.8	11.4	807.0	9.5
其中：地方收入	1248.7	15.4	745.6	14.0	745.5	15.2	470.4	17.9
社会消费品零售总额（亿元）	3805.8	14.6	2544.8	14.4	2465.6	14.7	2068.3	14.3
固定资产投资（亿元）	12359.0	20.3	7256.7	20.7	7636.9	19.8	4522.0	23.9
其中：工业	5605.3	18.9	2998.9	20.8	3116.0	14.1	2059.7	18.0
实际利用外商直接投资	2639.4	20.5	1640.5	18.8	1877.3	28.2	1019.6	46.4
进出口总额（亿美元）	330.4	15.0	213.5	5.2	253.3	7.8	50.1	27.4
其中：出口	227.3	2.7	144.7	-8.1	170.7	-5.1	40.5	23.7
城镇居民人均可支配收入（元）	26248.0	10.4	24972.0	10.3	26685.0	10.3	22063.0	10.3
农民人均纯收入（元）	9609.0	13.3	8802.0	13.6	10041.0	13.8	7515.0	14.1
居民储蓄存款余额（亿元）	7263.3	15.7	4595.0	16.1	3960.0	14.4	4345.5	14.4

注：皖江示范区包括合肥、滁州、马鞍山、芜湖、铜陵、宣城、池州、安庆及六安市的金安区和舒城县，本表数据不包括六安市金安区和舒城县；合肥经济圈包括合肥、淮南、滁州、六安及安庆的桐城市，本表数据不包括桐城市；合芜蚌试验区包括合肥、蚌埠、芜湖；皖北先行区包括淮北、亳州、宿州、蚌埠、阜阳、淮南。

资料来源：根据安徽省统计局编《2014安徽统计数据》整理。

（5）皖江示范区产业基础良好，配套能力较强。皖江示范区在安徽经济格局中具有重要的地位，有一批颇具影响力的大中型企业，如芜湖的轻纺、机电、动漫，马鞍山的钢铁，铜陵的有色金属、化工，安庆的石化，滁州的机械、家用电器，宣城的建材、机械等。其进一步优化产业结构布局，加强产业配套，可以形成较好的经济功能区优势。① 农业基础也非常好，粮、棉、菜、渔等在全省占有重要地位。皖江示范区各市经济实力较强，尽管近几年增速放缓，但2013年各市生产总值仍保持两位数的增长速度（见表2）。

表2 2013年皖江示范区各市地区生产总值

市名		合肥	滁州	马鞍山	芜湖	宣城	铜陵	池州	安庆
地区生产总值	绝对数(亿元)	4672.9	1086.1	1293.0	2099.5	842.8	680.6	462.2	1418.2
	比上年增长(%)	11.5	11.1	11.0	12.0	10.7	11.3	10.2	10.5

注：皖江示范区包括合肥、滁州、马鞍山、芜湖、宣城、铜陵、池州、安庆及六安市的金安区和舒城县，本表数据不包括六安市金安区和舒城县。
资料来源：根据安徽省统计局编《数字安徽2014》整理。

（6）对外开放条件日益完善，外商投资增速较快。安徽省1995年就制定了《安徽省长江经济带开发开放规划纲要（1996～2010年）》，经过组织实施，对外开放的软硬件环境有很大改善。2010年以来，实际利用外商直接投资逐年提高（见图2）。如今重提安徽参与长江经济带建设，不仅有利于安徽与其他10个省市开展交流合作，也能够促进有序合理的地域分工格局的形成，更有利于安徽进一步扩大对外开放，参与国际竞争。

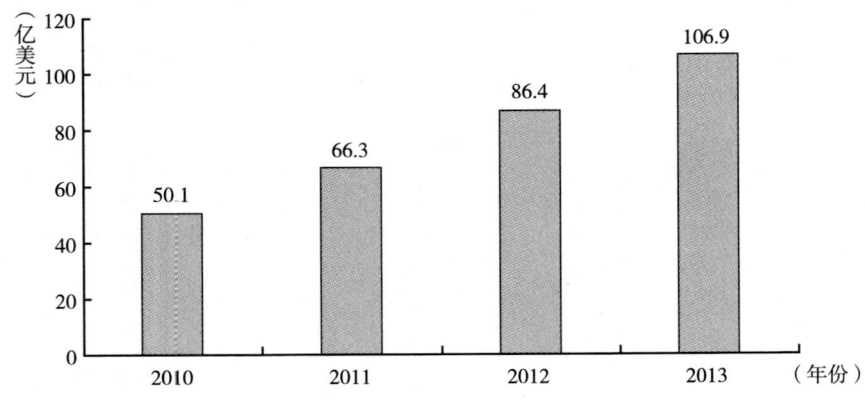

图2 2010～2013年安徽实际利用外商直接投资

---

① 周端明：《皖江城市带产业转型升级路径选择》，《安徽日报》2014年8月。

2. 存在的劣势分析

（1）皖江示范区面临着由量向质的转型升级。在安徽区域格局中，皖江示范区作用明显，是安徽对接长江经济带建设的重点区域。2008年国际金融危机后，在皖江示范区大规模承接产业转移的带动下，安徽在全国经济普遍放缓的背景下走出了"上得快、下得慢"的安徽速度。2010~2012年，皖江示范区对全省经济增长的贡献率分别达72.9%、66%、68%。但近年来，皖江示范区承接产业转移持续放缓，固定资产投资和利用省外资金的增速持续低于全省平均增速，经济增长出现后续动力不足迹象。2013年，皖江示范区对全省经济增长的贡献率降为63%。2014年1~5月，皖江示范区固定资产投资和利用省外资金的增速同比增长17.6%和14.8%，低于全省0.5个和9.9个百分点。当前，皖江示范区承接产业转移面临着由"量"向"质"的转型升级，短期内对全省经济增长的带动力弱化。

（2）参与长江经济带的区域竞争优势相对缺乏。衡量区域竞争优势不能单从省市 GDP 和城镇化率来考量，但可作为参考指标进行横向比较。从2013年的数据来看，安徽省 GDP 为19038亿元，在长江经济带11个省市中排名第7位；安徽省城镇化率为47.86%，排名第8位（见表3）。

表3　2013年长江经济带11个省市 GDP、城镇化率统计

单位：亿元，%

省份	GDP	排名	城镇化率	排名
云南	11720	10	39.31	10
四川	26260	3	44.90	9
贵州	8006	11	37.83	11
重庆	12655	9	58.34	4
湖南	24501	5	47.96	7
湖北	24668	4	54.51	5
江西	14338	8	48.87	6
安徽	19038	7	47.86	8
浙江	97568	1	62.96	2
江苏	59161	2	62.85	3
上海	21602	6	88.02	1

资料来源：根据安徽省统计局编《2014安徽统计数据》整理。

另外，从长江经济带已形成的协作区来看，目前已有上海为中心的长三角协作区、南京协作区、武汉协作区、重庆协作区。安徽省在四个协作区中的整体区域竞争优势不凸显，处于相对弱势地位（见图3）。特别是在国家新的长江经济带建设规划中，安徽没有上海、武汉、重庆三大航运中心那样投资建设的有利条件，也没有国家级新区，在这方面的政策资源优势缺乏。

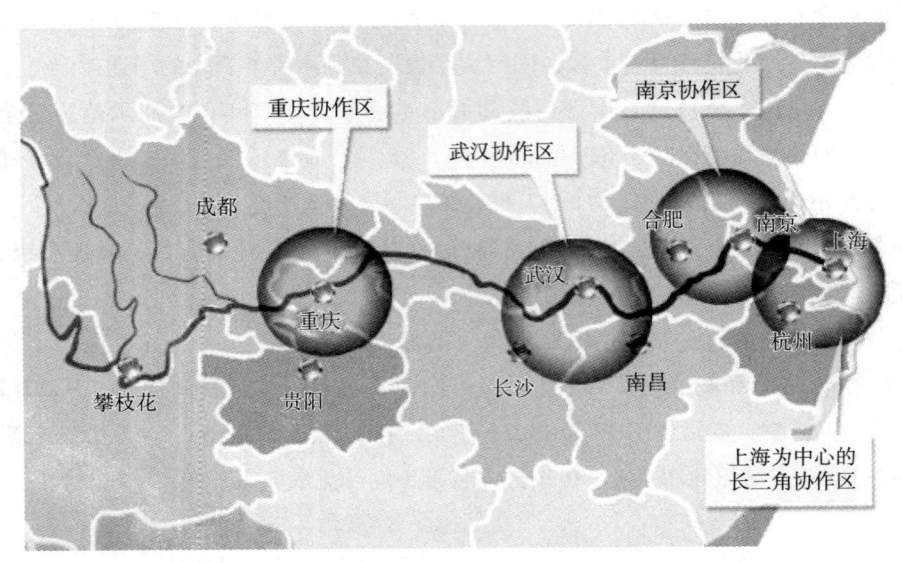

图3 长江经济带协作区分布

（3）区域中的分工协作关系被行政区划束缚。安徽省区域经济发展中"行政区经济"的特征比较明显。"板块经济"模式在行政管理体制上严重限制了安徽省参与长江经济带建设。主要表现为如下方面：首先，行政区划层次较多，经济功能区和行政区地域范围不同，经济功能区与各行政区域之间、经济功能区内部各城市之间利益协调难以一致，导致区域内要素自由流动受到行政壁垒的限制，要素流通不畅，限制了资源的优化配置。其次，由于行政区划的限制，经济功能区内城市未按照经济一体化定位，规划与协调没有整体性，在长江经济带建设过程中，争资源、争项目、争中心的现象时有发生，在一定程度上造成重复建设与产业同构，对安徽参与长江经济带建设的区域分工协作极为不利。

（4）缺少体量大、辐射带动力强的区域增长极。21世纪以来，安徽的城市群发展较快，逐步形成了皖江城市带、合肥经济圈和沿淮城市群"三足鼎立"的格局。但安徽城市群的发展比较分散，紧密程度不够，规模都不大。无论是与下游的长三角相比，还是与中上游的武汉经济圈、成渝经济圈相比，都显得体量小、对周边地区的辐射带动能力不足。这也是安徽在长江经济带区域经济发展中的劣势所在。特别是安徽省会城市合肥，与长江经济带其他省份的省会城市相比，如与南京、杭州、武汉、成都等相比，暂时还缺乏大规模辐射带动周边城市的能力。在实现规模效应和扩散效应上还有待进一步提升。

（5）在长江经济带格局中转型升级相对滞后。近几年，安徽通过组织实施区域创新体系建设，在加快建设创新型省份方面进展很快。科技部、国家知识产权局分别发布的《全国区域创新能力评价报告2013》《2013年全国专利实力状况报告》显示，安徽省区域创新能力处于全国第9位、中部第1位，专利综合实力进入全国前十。但在转型升级方面，安徽省在整个长江经济带发展格局中仍处在相对滞后的位置。其主要表现在以下三方面：一是服务业增加值占GDP比重和GDP与固定资产投资之比在长江经济带11个省市中排在末位；二是城镇化质量系数和税收占GDP比重偏低；三是主要污染物排放总量降低率有关指标不高（见表4）。这说明，对于安徽这个主要依托重化工业加速发展的资源型大省来讲，在环保条件要求越来越高、资源制约因素日益趋紧的新形势下，在参与长江经济带建设中要实现经济转型升级的目标，任务还相当繁重且艰巨。

表4　2012年长江经济带11个省市转型升级相关指标

单位：%

相关指标	上海	江苏	浙江	安徽	江西	湖北	湖南	重庆	贵州	四川	云南
服务业增加值占GDP比重	60.4	43.5	45.2	32.7	34.6	35.9	39.0	39.4	47.9	34.5	41.1
居民消费率	43.2	28.5	36.0	38.1	36.7	31.8	35.1	35.1	42.5	38.1	44.1
城镇化质量系数	100.5	88.9	50.2	49.2	56.1	64.6	47.8	69.1	45.5	64.6	57.9
税收占GDP比重	17.0	8.8	9.3	7.6	7.6	6.0	5.0	8.5	9.9	7.7	10.3
GDP与固定资产投资之比	394.4	175.2	196.4	114.3	120.2	142.8	152.5	130.6	119.8	140.1	131.3

续表

相关指标	上海	江苏	浙江	安徽	江西	湖北	湖南	重庆	贵州	四川	云南
工业企业总资产贡献率	12.6	15.4	11.3	15.3	21.4	14.5	22.4	12.3	16.0	15.1	15.1
R&D经费与GDP之比	3.37	2.38	2.08	1.64	0.88	1.73	1.3	1.4	0.61	1.47	0.67
主要污染物排放总量降低率	2.6	3.9	3.9	3.0	2.5	1.6	3.2	3.4	2.7	2.6	1.1
其中:化学需氧量	4.9	5.9	5.5	1.9	2.8	6.5	5.9	3.8	5.7	4.2	2.8
二氧化硫	5.9	2.6	2.7	3.3	2.5	1.7	2.2	3.0	2.7	2.1	1.1
氨氮	7.8	3.7	5.8	3.9	5.8	4.4	8.9	5.0	-1.9	2.3	0.8

资料来源：根据安徽省统计局编《数字安徽2014》整理而得。

（二）安徽对接长江经济带建设面临的机遇与挑战

1. 面临的发展机遇

（1）长江经济带建设给皖江示范区转型升级带来的机遇。长江经济带的开发为皖江示范区转型升级带来了强大动力和良好机遇。安徽应抓住大好时机，提升皖江城市带承接产业转移示范区的战略定位，实施创新驱动战略，加快实现由"量"向"质"的转型升级，立足安徽，融入长三角，联结中西部，进一步扩大开放合作领域，抓紧进行产业结构调整，深入做好承接产业转移的文章，扩大有效投入，培育新的经济增长点，努力形成可持续发展的新优势。

（2）建设"丝绸之路经济带"给安徽扩大区域合作带来的机遇。"丝绸之路经济带"建设和中国（上海）自贸区的建立及其开放政策向长江中上游的延伸和组织实施，为安徽省扩大与西部、中亚及俄罗斯的区域合作奠定了极好的基础。特别是长江中上游6个省市与俄罗斯伏尔加河沿岸联邦区合作的启动，为安徽省加强与俄罗斯在经济、科技、人文方面的合作交流与实现互补发展提供了平台。

（3）21世纪"海上丝绸之路"建设给安徽扩大开放带来的机遇。21世纪"海上丝绸之路"建设,是我国沿海地区进一步扩大对外开放的升级版。上海是"两带一路"建设(长江经济带建设、"丝绸之路经济带"建设和21世纪"海上丝绸之路"建设)的龙头,对引领沿江地区扩大对外开放发挥着重要的桥梁和纽带作用。沪宁至合肥高速公路的建成和上海经南京、合肥、武汉、重庆至成都动车的开通,以及合肥至巢湖到长江整个水路航运能力的提升,大大缩短了"安徽制造"从皖江地区"出海"的时空距离,非常有利于安徽发挥通江达海的区位优势,加快全面扩大对外开放的步伐。

(4) 沿江各省市的开发开放给安徽承接产业转移带来的机遇。长江中上游沿江的江西、湖南、湖北、四川、重庆、云南、贵州等省市新一轮的开发开放,按国家关于长江经济带建设规划要求,将在港口建设、岸线开发、园区建设、生态环保等方面加大投入,可以使安徽省在产业转移与分工合作中获得更多机遇。

(5) 宏观经济环境改善给安徽经济发展带来的机遇。从省统计局公布的2014年6月份经济运行指标来看,近期政府采取的一系列微刺激政策效应开始显现。金融机构短期贷款的投放明显增多,6月份全省新增人民币短期贷款201亿元,是前3个月总量的3.22倍。社会总需求也呈现温和回升趋势,全国制造业采购经理人指数连续4个月回升。受此带动,6月份全省工业产品销售率达98.1%,比上年同期提高1.2个百分点。宏观经济环境的改善,将为安徽经济发展带来一定的机遇。

2. 面临的各种挑战

(1) 长江经济带建设中面临着各种要素市场竞争的挑战。长江经济带建设很大程度上是在国家政策指导下主要依赖市场决定机制来配置资源,随着沿江其他省市经济的快速发展,一方面将挤占安徽传统的市场份额;另一方面将增加安徽人才流失的压力,更多的人才流向沿江经济发达省份。"用工荒"问题将会使安徽在承接产业和人口转移时面临困境。

(2) 承接产业转移中面临着环境污染与资源约束的挑战。建设长江经济带,安徽一方面要面对承接产业转移带来的各种环境污染转移的挑战,需要降低各种能耗,加强生态系统修复和环境治理;另一方面要面对各种资源约束趋紧的挑战,需要取消GDP单一经济考核标准,全面提高综合效益。这些将会增加安徽经济转型升级的压力。

（3）加强大区域合作面临着各种行政区划壁垒的挑战。建设长江经济带，沿江省市需要建立健全流域间互动合作机制和长江流域大通关体制，更好地发挥市场对资源优化配置的决定性作用。新形势下，安徽面临着全面深化改革开放、打破行政区划壁垒、建设统一开放和竞争有序的现代市场体系等方面的挑战。

（4）资金制约与成本上升成为困扰实体经济运行的挑战。目前，制约安徽对接长江经济带建设的重要因素之一，就是建设资金短缺与企业运行成本上升问题。2014年上半年，全省制造业新增人民币贷款135.7亿元，比2013年同期少增51.2亿元，小微企业综合融资成本在10%以上。5月末，全省工业企业应收账款和产成品库存"两金"占流动资产比重为34.8%，比全国高2.8个百分点。"融资难、融资贵"直接加大了企业经营成本，前5个月，全省规模以上工业企业主营业务成本占主营业务收入的87.8%。企业经营成本居高不下直接影响企业的投资能力。由于资金紧张，2014年上半年，固定资产投资到位资金同比增长11.2%，增幅比一季度回落7.2个百分点。由于投资者信心不足，市场主体扩大投入的动力不足，短期内安徽经济运行延续增速放缓的可能性较大。

（三）安徽对接长江经济带建设的SWOT分析

上述分析可以看出，安徽对接长江经济带建设的机遇与挑战并存。必须抢抓机遇，迎接挑战，充分发挥自身的比较优势和竞争优势，通过多方面努力，克服自身的劣势与不足，制定和实施优化组合战略，加快安徽经济转型升级的步伐。① 本文用SWOT分析法，又称为态势分析法或优劣势分析法，建立矩阵模型，确定研究对象自身的竞争优势（Strength）、竞争劣势（Weakness）、机会（Opportunity）和威胁（Threat），将研究对象的战略与其内部资源、外部环境有机地结合起来。具体分析结果如表5所示。

---

① 方劲松：《安徽参与长江经济带建设的路径选择》，《安徽日报》2015年1月12日。

安徽在长江经济带格局中的发展战略研究

表5　安徽参与长江经济带建设的SWOT分析

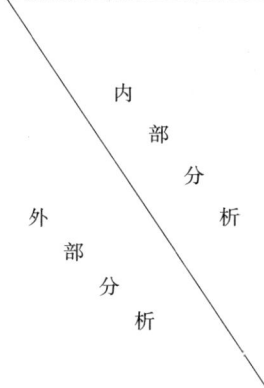 内部分析 / 外部分析	优势 S 1. 区位条件优越，生态环境良好，自然资源丰富 2. 长江岸线条件优越，综合交通体系比较完善 3. 高新技术产业稳中有进，新兴产业强势上扬 4. 实现国家区域开发政策全覆盖，发展态势良好 5. 皖江示范区产业基础良好，配套能力较强 6. 对外开放条件日益完善，外商投资增速较快	劣势 W 1. 皖江示范区面临着由量向质的转型升级 2. 参与长江经济带的区域竞争优势相对缺乏 3. 区域中的分工协作关系被行政区划束缚 4. 缺少体量大、辐射带动力强的区域增长级 5. 在长江经济带格局中转型升级相对滞后
机会 O 1. 建设长江经济带的政策机遇 2. 建设"丝绸之路经济带"和中国（上海）自贸区带来的发展机遇 3. 21世纪"海上丝绸之路"建设带来的发展机遇 4. 长江中上游云、贵、川、渝、鄂、湘、赣的开发开放，使安徽在承东启西过程中获得发展机遇	SO战略 1. 制定和实施"东引、中联、西进"战略，促进长江全流域的开发开放 2. 发挥安徽区位优势，加快区域创新体系建设，做强优势产业 3. 优化生产力布局，形成安徽参与长江经济带建设的对外开放新格局 4. 充分发挥长江岸线和产业基础等优势，加强国际交流与合作 5. 以服务外包等形式，大力发展生产性服务业，助力产业转型升级	WO战略 1. 进一步明确安徽省在长江经济带格局中的功能定位和发展战略 2. 打破行政区划壁垒，参与建设全流域的现代市场体系 3. 打造江淮城市群，形成促进长江经济带协调发展新的区域增长极 4. 把长江经济带建设与皖江城市带转型升级结合起来，争创国家级新区
挑战 T 1. 长江经济带建设中面临着各种要素市场竞争的挑战 2. 承接产业转移中面临着环境污染与资源约束的挑战 3. 加强大区域合作面临着各种行政区划壁垒的挑战 4. 资金制约与成本上升成为困扰实体经济运行的挑战	ST战略 1. 实施创新驱动战略，成为长江经济带产业转型升级的示范区 2. 加强生态文明制度建设，成为长江经济带生态功能完善的先行区 3. 加强与沿江各省市的联系，建立多层级的政策协调与合作共建机制 4. 加强沿江地区生态保护与环境治理，构建皖江绿色生态廊道	WT战略 1. 完善沿江综合交通运输体系，实施东西双向开放战略 2. 创新长江经济带协调发展体制机制 3. 坚持"四化同步"发展，成为长江经济带实现新型城镇化的先行区 4. 进一步放开搞活民营经济，吸引民间资本投入长江经济带建设

四 安徽在长江经济带格局中的功能定位与发展战略

整个长江经济带可划分为长江三角洲（上海、江苏、浙江）、长江中部经济区（湖北、湖南、江西、安徽）和长江西部经济区（四川、重庆、贵州、云南）三个子区域。沿江分布的各大中心城市构成了长江经济带"链式"发展格局。中部经济区是长江经济带的中间地区，尤其是安徽省及其正在形成的皖江城市带和江淮城市群，构成了长江经济带发展的重要战略支点，与长江经济带的发展有着密切的联系与协同效应。

（一）安徽在长江经济带格局中的功能定位分析

2010年1月，国家发改委出台的《皖江城市带承接产业转移示范区规划》，对安徽皖江城市带发展总体要求、发展目标、战略定位、空间布局、产业承接园区建设、产业承接发展重点、产业创新升级、基础设施支撑、资源节约和环境保护、区域联动发展、体制机制创新以及保障措施等方面有过明确的规定。当时对皖江城市带承接产业转移示范区的战略定位是：立足安徽，依托皖江，融入长三角，连接中西部，积极承接产业转移，努力构建区域分工合作、互动发展新格局，加快建设长三角拓展空间的优选区，成为长江经济带协调发展的战略支点、引领中部地区崛起的重要增长极。在空间布局上，依托现有产业基础，发挥区位和资源优势，以沿江一线为发展轴、合肥和芜湖为双核、滁州和宣城为两翼，构筑"一轴双核两翼"的产业分布格局等。其中，有许多涉及安徽及有关城市在长江经济带中的战略定位内容，从促进区域经济发展的角度来看，就是要将安徽打造成为"长江经济带协调发展的战略支点"。

经过几年的发展，皖江城市带承接产业转移示范区建设已基本实现了一年打基础、三年见成效的进度要求。不仅示范区承接产业转移的内涵得到深化，而且其外延也不断扩大。从内涵上看，在合芜蚌自主创新综合配套改革试验区的带动下，区域创新能力有了大幅度提升；从外延上看，呈现皖江与皖北"三化"协调发展先行区融合发展、与皖南国际旅游文化示范区互动发展的态势。因此，新形势下安徽应在加快发展的基础上，以皖江城市带承接产业转移示范区为重点，同时把合芜蚌自主创新综合配套改革试验区、皖北"三化"协调发展先行区和皖南国际文化旅游示范区等几大经济功能区整合起来，依托紧靠新亚欧大陆桥中国段经济带与地处长江经济带的区位优势，从多个层面对安徽在长江经济带格局中的功能进行新的战略定位，加快区域发展战略的转型升级。

根据《国务院关于依托黄金水道推动长江经济带发展的指导意见》的要求，在推进综合交通建设方面，安徽应依托境内水路、公路、铁路、航空、管道等构成的立体化综合交通运输网络，把合肥打造成为全国性综合交通枢纽，把芜湖打造成为长江经济带中下游的区域性综合交通枢纽；在产业转型升级方面，安徽应在整合皖江城市带承接产业转移示范区和合芜蚌自主创新综合配套改革试验区功能的基础上，形成长江经济带上承接产业转移创新发展试验区；在推进新型城镇化建设方面，安徽应在总结和推广皖江示范区、皖北"三化"协调发展先行区和合肥经济圈建设经验的基础上，发挥"圈带聚合"效应，进行新的城市组团，打造江淮城市群，形成长江经济带上促进"四化同步"发展的先行区和引领内陆地区发展的重要增长极；在扩大对外开放方面，安徽应在建设皖南国际文化旅游示范区实践的基础上，扩大与周边省份的国际文化旅游合作，形成长江经济带上国际文化旅游合作发展的示范区；在生态廊道建设上，安徽应在总结推广新安江流域环境治理和淮河生态经济走廊建设经验的基础上，加快皖江地区的生态保护与环境治理，形成长江经济带上生态保护与绿色发展的示范区；在体制机制创新方面，安徽应在总结合芜蚌自主创新综合配套改革试验区和皖江城市带承接产业转移示范区建设中体制机制创新经验的基础上，形成长江经济带上区域创新体系建设的示范区；在促进面向东部沿海和西部沿边"两头"开发开放方面，安徽应依托紧靠新亚欧大陆桥中国段经济带与地处长江经济带的有利条件，充分发挥承东启西的区位优势，使安徽的蚌埠、合肥、芜湖和阜阳等沿线沿江沿河城市成为我国横贯东西、联结南北方两条对外经济走廊上的重要商贸物流中心。

（二）安徽在长江经济带格局中的发展战略调整

依据安徽在长江经济带格局中新的功能定位，安徽的发展战略应做适当的调整，应适应国家推进产业从沿海向长江中上游纵深腹地梯度发展的新形势，变"东向发展"战略为"东引、中联、西进"战略。"东引"就是安徽要借中国（上海）自贸区建立以及经济产业向中西部转移的机遇，积极吸收东部地区转移产业，引进东部的技术、资金。"中联"就是安徽要与中部地区的省市加强合作，明确分工，实现优势互补。"西进"就是安徽要借长江经济带的机遇，鼓励企业"走出去"，向长江上游的地区进军，特别是要注意向未来的投资热点地区发展，推动长江经济带和"丝绸之路经济带"建设的联动，促进西部沿边的开放和国际合作开发，使自身在参与国内外市场竞争中获得更快的发展。

五 安徽产业在大区域中的分工协作与战略重点

新形势下，安徽产业发展在大区域中的分工协作应进行调整。安徽应充分发挥原有的比较优势和现有的竞争优势，在参与大区域产业分工协作中以体制机制创新为重点，促进经济转型升级，变粗放式经营为集约式经营，变承接产业转移为创新驱动发展。

（一）安徽产业在大区域中的分工协作

一是在建设先进制造业和现代服务业基地方面，安徽应加强与长三角地区的分工合作，尤其要提升皖苏产业发展一体化的深度与广度。二是在发展国际文化旅游产业方面，安徽应加强与沪、苏、浙、赣、湘、鄂、川、渝、云、贵等省市的协作，落实好2014年8月苏浙皖沪四省市在上海签署的《长三角地区率先实现旅游一体化行动纲领》，提升在休闲旅游服务方面与浙江的合作水平，加强与湖北大别山地区的省际旅游产业合作发展，推进皖南地区与江西景德镇、九江等地旅游资源的整合，共同打造长江经济带国际文化旅游经济长廊。三是在发展新材料新能源产业和高新技术产业方面，安徽应加强与沪、苏、鄂、川、渝等省市的经济联系，共同打造长江经济带新兴产业基地。四是在港口建设、岸线开发、轨道交通等综合交通运输枢纽建设方面，围绕上海、武汉、重庆三大航运中心建设加快安徽综合交通枢纽建设，逐步形成安徽直通整个长江流域的交通运输大通道。五是在生态农产品生产加工与供应基地建设等现代农业发展方面，安徽应加强与长江经济带沿江中部地区各省市的分工合作，特别是要充分利用中原经济区建设平台，加强豫皖交界地区城市间的经济协作，把"中部粮仓"变成"中部橱窗"。六是在商贸物流产业发展方面，安徽应加强与山东、浙江的区域分工合作，积极打造阜阳商贸物流城，形成"南有义乌、北有临沂、中有阜阳"的区域性商贸物流市场体系。七是利用"两江地区"合作发展机遇，在机械制造、石油化工、轻工、食品加工、木材加工等方面，加强安徽与俄罗斯伏尔加河沿岸联邦区的经济合作。八是利用"丝绸之路经济带"建设的时机，加强安徽与欧洲国家在精密仪器、机械制造等高新适用技术领域的交流与合作。

（二）安徽经济转型发展战略重点的选择

新形势下，安徽经济转型发展的战略重点应放在体制机制的创新上。具体来讲，应在所有制结构的调整、产业结构的升级、区域结构的优化三个层面有新的突破。①

1. 所有制结构调整应以大力发展民营经济为重点

安徽省统计局发布的最新统计数据显示，2014 年上半年全省规模以上中小型工业企业实现利润 517.4 亿元，增长 22.8%，比全部规模以上工业增幅高 6.7 个百分点，利润额占全部规模以上工业企业比重由上年同期的 71.3% 提高到 75.5%。其中，规模以上民营工业企业实现主营业务收入 11693.6 亿元，增长 15.7%；实现利润 512 亿元，增长 19.8%，占全部规模以上工业企业的比重由上年同期的 72.4% 上升到 74.7%，对全部工业利润增长的贡献率为 88.9%，贡献率比一季度提高 5.1 个百分点。虽然上半年省属企业生产经营总体保持平稳运行，但累计实现营业收入只有 3175.9 亿元，实现利润总额 130.6 亿元。这说明，民营经济发展已成为安徽省经济提质提效的重要增长点。安徽省所有制结构的调整，应以大力发展民营经济以及由民营经济参与形成的混合所有制经济为战略重点。

2. 产业结构升级应以加快发展生产性服务业为重点

2014 年 8 月份，国务院印发了《关于加快发展生产性服务业促进产业结构调整升级的指导意见》，提出了引导市场主体行为的发展导向，明确了政府创造

---

① 胡艳：《产业转移与经济转型：安徽的战略》，安徽大学博士学位论文，2012。

良好环境的工作重点,对推进安徽省经济转型升级具有重要指导意义。生产性服务业是指市场化的中间投入服务,是为生产商而非直接向个体消费者提供的服务。一方面,生产性服务业通过集聚处在价值链不同环节的服务活动,促进分工和合作,扬长避短,优势互补;另一方面,生产性服务业集聚可以优化集聚区内的产业空间布局和结构,提升资源配置效率,推动产业结构升级。与沿江各省市相比,安徽经济转型发展相对滞后的重要原因之一,就是生产性服务业发展缓慢。因此,推进产业结构转型升级,加快发展生产性服务业应当成为战略重点。

3. 区域结构优化应以皖江示范区转型升级为重点

一是重点推进皖江承接产业转移示范区的转型升级,促进承接产业转移向创新驱动发展的转变,并以此带动其他各类经济功能区的转型升级与联动发展。二是推进皖江城市带、沿淮城市群与合肥经济圈的融合发展,形成新的城市组团,打造江淮城市群,并加强与长江中游城市群的融入与对接。三是推进皖南国际文化旅游示范区的转型升级,以此为基础整合皖江文化旅游资源和淮河文化旅游资源,形成立足安徽、面向整个长江流域的国际文化旅游经济网络。四是推进皖北振兴战略转型升级,形成支撑中原经济区东南部区域发展的经济带,并在总结皖北"三化"协调发展先行区经验的基础上,以点带面,形成全省"四化同步"发展的新格局。五是推进长江、淮河生态经济走廊建设的转型升级,加强新安江、富春江流域的综合开发与保护工作,把生态保护与区域开发有机结合起来,形成面向整个长江和淮河流域的绿色生态走廊。六是创新区域联动发展体制机制,突破行政区划壁垒的束缚,形成安徽在整个长江流域省与省之间、各经济功能区之间、经济功能区内各市县之间多层次区域分工合作网络结构。

六 抓紧打造江淮城市群与形成新的区域增长极

目前,城市群的发展已成为带动区域发展的主体形态。安徽要成为长江经济带经济社会发展的重要力量,并争取使全省各地在长江流域经济发展中受益,必须要加快打造江淮城市群,促进经济增长空间从沿江向非沿江地区拓展,形成能够引领内陆地区开发开放发展的新的区域增长极。[1]

---

[1] 袁宏:《关于江淮城市群培育的探讨》,安徽大学硕士学位论文,2011。

（一）江淮城市群形成的基础与条件分析

江淮城市群在国家规划中已成为建设重点之一，对于长江经济带发展具有重要意义。安徽应按照《安徽省城镇体系规划（2011–2030年）》的要求，构建城市群建设的框架，在推进合肥经济圈与皖江城市带、沿淮城市群融合发展与转型升级的基础上，重点打造江淮城市群。近几年，安徽在打造江淮城市群的科学论证及其交通基础设施建设等方面已经取得积极进展，通过发挥"圈带聚合"效应和皖江皖北城市共建产业园区，沿淮城市群、合肥经济圈与皖江城市带之间的经济联系越来越紧密，三大城市群逐步地融为一体，江淮城市群的雏形开始显现。

（二）江淮城市群的战略定位与空间布局

江淮城市群的战略定位，应是长江经济带上重要的先进制造业集聚区、科教创新集中区和商贸物流集散地。通过努力，江淮城市群应当成为继长三角城市群之后，长江经济带上又一个对地区发展具有重要影响的区域增长极。

江淮城市群的空间布局，以合肥为中心，以蚌埠、芜湖、安庆、阜阳为副中心，以淮北–蚌埠–淮南–合肥–安庆、阜阳–六安–合肥–芜湖–宣城两个在合肥相交的发展轴为骨架，以合肥经济圈为核心区，以皖江城市带和沿淮城市群为两翼，以水路、铁路、公路、航空立体化的交通网络为支撑，以沿江沿路沿河城市为网络节点，通过发挥"圈带聚合"效应，形成网络型城镇化发展新格局。

（三）江淮城市群的建设途径与功能发挥

在打造江淮城市群的过程中应遵循区域经济的发展规律。一是马鞍山、芜湖、铜陵、安庆等沿江城市要跨江发展；二是阜阳、淮北、淮南、蚌埠等沿河靠路城市要沿河沿路发展；三是合肥等靠湖城市要环湖发展；四是相邻的有关城市要联动发展，形成新的城市组团，如宿州与淮北城市组团、蚌埠与淮南城市组团、芜湖与马鞍山城市组团、安庆与池州和铜陵城市组团等；五是要加强城市之间的分工合作，在主体功能定位、主导产业发展、地域文化挖掘、空间建设布局、城市建筑风格等方面应突出个性特色；六是要借鉴和推广合肥经济圈的合作模式，密切城市之间的经济联系，形成以点连线、以线结网、以网撑面的江淮城市经济网络。

同时，为了发挥安徽新的区域增长极在整个长江经济带发展格局中的功能作用，安徽在加快自身转型发展的同时，应借助建设皖江城市带承接产业转移示范区这个战略平台，在基础设施建设、区域政策协调、生态环境保护、文化科技交流、区域金融合作、商贸物流发展等方面，积极加强与长江经济带沿江省市的互联互通建设，特别是在建设长江经济带及其实现与"丝绸之路经济带"建设和21世纪"海上丝绸之路"建设的对接方面，要主动加强与长三角地区和长江中上游地区各省市的分工与合作，形成覆盖整个长江流域的区域分工合作长效机制。

七　安徽对接长江经济带建设的对策思路与政策举措

在国家依托黄金水道建设长江经济带的新形势下，笔者依据《指导意见》和对长江经济带沿江各省市发展的现状分析与前景预测，安徽在这方面存在的优势与劣势、面临的机遇与挑战，提出的新的功能定位和发展战略，在深入分析研究安徽产业在大区域中的分工协作、经济转型发展战略重点和打造新的区域增长极的基础上，提出以下相应的对策思路与政策举措。

（一）安徽对接长江经济带建设的对策思路

1. 区域发展战略的转变：东向发展→东引西进

改革开放以来，由于东部沿海地区的率先开放，安徽区域发展战略取向一直是东向发展，从20世纪80年代提出的"呼应浦东、开发皖江"到21世纪提出的"东向发展、融入长三角"，都体现了这一战略取向。但随着国家发展战略重点从沿海向内陆地区的转移，特别是长江经济带建设和"丝绸之路经济带"建设的提出，安徽区域发展战略也应进行适当的调整，从东向发展转变为东引西进，实行东西双向开发战略，重点是沿江沿线向中西部地区合作开放发展。

2. 区域发展重点的转移：分区推进→联动发展

21世纪以来，随着中部崛起战略的实施，安徽先后组织进行了合芜蚌试验区、合肥经济圈、沿淮城市群、沿江城市带（后升级为皖江示范区）、皖南国际文化旅游示范区、皖北"三化"协调发展先行区、大别山扶贫攻坚开发安徽片区等各类经济功能区建设，总体上看是一个分区推进的过程。但随着对接长江经济带建设的提出，安徽应从分区推进向联动发展转变，把安徽的转型发展纳入长江经济带建设的大格局中加以统筹规划，大力发展沿江沿路经济带，促进省内各类经济功能区之间以及安徽省与沿江各省市的联动发展。

3. 区域发展动力的转换：政府主导→市场决定

过去的安徽发展基本上是政府主导推进的，依靠的是有关优惠政策带来的机遇。但新形势下的长江经济带建设不同，其主要是靠市场在资源配置中的决定性作用。因此，安徽在对接长江经济带建设中更应该充分发挥市场作用，打破各种行政区划壁垒，积极参与全流域的现代市场体系建设。在区域分工合作中，安徽应妥善处理好各种利益关系，探索共建共享机制，以市场化和多元主体参与共建为基础，积极吸引社会投资，统一运营，加快长江经济带跨区域高速公路、轨道交通、港口等交通设施建设。

4. 区域发展空间的延伸：省内开发→流域开发

过去安徽的发展主要局限在省内布局，长江经济带建设使安徽经济发展空间得到了延伸，应从省内发展向长江全流域拓展。因此，安徽应深化对外开放与区域合作，主动加强与长江中上游省市的分工协作，充分发挥自身的比较优势和竞争优势，利用皖江城市带承接产业转移示范区打下的良好基础和有利条件，在长江全流域新一轮开发开放中抢占制高点，争取区域开发开放的主动权。

5. 区域发展层次的提升：承接转移→创新驱动

安徽以往实施的东向发展战略主要是承接产业转移，这也是皖江城市带发展的主题。近几年的发展实践证明，仅靠承接产业转移是很难有大作为的。合芜蚌试验区的建立就是要解决承接产业转移中的创新问题。在安徽对接长江经济带建设中，安徽作为一个重要战略支点要有所作为，就要实现由承接转移向创新驱动的转变。只有进行区域创新，加大有效投入，培育新的增长点，大力发展新兴产业，才能形成自己的特色和核心竞争力，才能在长江经济带建设格局中占有一席之地。

6. 区域发展模式的转型：规模扩张→质量效益

安徽以往的发展不论是产业发展还是城镇化建设，总体上看，主要靠的是规模扩张。在各种资源环境约束越来越紧、产能过剩越来越严重的新形势下，安徽对接长江经济带建设的发展模式必须从规模扩张型向质量效益型转变，从粗放型向集约型转变，努力形成安徽经济转型升级、可持续发展的新优势。在推进各类工业园区和新型城镇化建设过程中要更加注重内涵的提升。

7. 区域发展布局的拓展：点轴开发→网络开发

安徽以往的发展布局，由于受经济条件和发展水平的制约，总体上看是一种点轴式开发，从"一线两点"战略的提出，到沿江城市带、沿淮城市群的发展，基本上都是沿江沿河沿路发展，都属于点轴式发展。在安徽对接长江经济带建设中，主要是依托黄金水道向中上游腹地发展，带动广大内陆地区的开发开放。因此，仅靠点轴式开发是实现不了的。必须通过以点连线、以线结网、以网撑面来实现区域发展空间的拓展，也只有在网络开发的新格局中，一些处在网络开发节点上的城市才能得到更好的发展，并发挥其在区域开发开放中对周边地区的辐射带动作用。中小城市点多面广，要特别关注其在网络节点中的作用。

（二）安徽对接长江经济带建设的政策举措

1. 抓紧制定发展规划，提前谋划重大项目

根据国务院制定出台的《指导意见》要求，省委省政府应在推进长江经济带建设的综合交通、产业分工、新型城镇化、生态建设等重要领域积极研究，提出安徽对接长江经济带建设的总体规划与专项规划。同时，围绕长江航道运输能力的提升、岸线开发、港口建设、高铁建设、水路拓展、高速公路建设以及生态保护和环境治理等，结合地方经济社会发展需要，筹划相关重大项目，争取获得国家层面支持。

2. 持续跟踪研究，成立长江经济带研究院

关注国家在长江经济带建设中相关政策调整和变化态势，特别是要加强对沿江各省市发展态势的调研、分析与预测，找准安徽省对接长江经济带建设及其与沿江各省市对接的结合点。鉴于建设长江经济带是我国长期发展战略，安徽对接长江经济带建设是一项长期建设工程，安徽应成立长江经济带研究院，

对长江经济带建设规划与项目实施情况进行跟踪研究，以便及时发现问题做出调整。同时，组织有关专家，对安徽省与俄罗斯伏尔加河沿岸联邦区合作方面的有关领域、项目及政策等进行深入研究。

3. 以两大集中区为依托，建设国家级新区

充分发挥国家支持皖江城市带承接产业转移示范区建设的政策优势，在积极推进江南江北两大产业集中区建设的基础上，突破传统体制机制障碍，抢抓长江经济带政策机遇，积极申报建设国家级新区。特别是应加强对中国（上海）自贸区有关创新举措以及政策制度在安徽的可复制性、可推广性的研究，创新经营方式，为皖江两大产业集中区及有关地区待条件成熟时申报自贸区或实施类似于自贸区的对外开放政策做好充分准备，促进安徽经济社会发展。

4. 优化岸线资源，推进沿江城市跨江发展

安徽应充分发挥八百里皖江水深、江阔、岸线长、港口多、区位优势明显、承载能力强等比较优势，优化岸线港口资源，加快芜湖、马鞍山、铜陵、安庆等港口建设，深入推进皖江城市跨江发展、联动发展、组团发展。[1] 省委省政府应强化皖江办的职能，加强组织协调，并有针对性地出台一个专门推进皖江城市跨江发展、联动发展、组团发展的政策文件，帮助解决皖江城市在跨江发展中政策不配套、组团发展中措施不到位、联动发展中遇缺乏机制保障等问题。

5. 搭建区域合作平台，形成协作网络体系

行政区划壁垒是区域发展的最大障碍。安徽应主动谋求合作，明确在长江经济带建设中的分工，以安徽同周边省份交界处的城市为桥梁和纽带，探索跨区域分工合作新途径。搭建区域合作平台，组建多层次的区域合作组织，形成由政府、企业、科研院所、高校、民间等组成的协调网络体系，延伸安徽向外发展的触角，在区域内通过一些重大项目实现有效合作，如旅游业、服务业、环保产业等，集聚先进生产要素，提升安徽省经济发展水平。

6. 吸引民间资本参与，成立长江开发公司

安徽在对接长江经济建设中除争取中央政府支持和加大招商引资力度外，应采取措施，广泛吸引民间资本参与投资，由省内外投融资机构和相关企业以

---

[1] 宋宏、刘志迎：《高效利用皖江"黄金水道"的构想》，《安徽日报》2014年6月30日。

混合所有制形式组建长江经济带开发投融资公司。民间社会资本是国有资本的重要补充，应当降低社会资本的进入门槛，广泛吸引社会投资，特别是在一些资金耗费量大的基础设施领域。同时，要制定有效的政策法规保障投资人的收益，减少投资风险，通过灵活形式合理分配投资收益。最终形成市场化、多元力量共同参与的长江经济带开发模式。

7. 创新区域发展机制，推进市场体系建设

长江经济带涉及省市众多，地域情况复杂，需要探索新的发展机制。我国以往的经济发展中，地方保护主义盛行，对区域内资本、技术和劳动力的有效合理流动极为不利。因此，需要探索长江经济带一体化实现路径，促进要素在区域内有效流动，打破区域壁垒，优化资源配置，建立市场体系—开放、基础设施共建共享、生态环境联防联治、流域管理统筹协调的区域发展新机制。

8. 创新政府管理方式，做好政策衔接工作

在安徽对接长江经济带建设中，政府要创新管理方式，主要负责制定发展规划与有关政策的衔接工作，加强组织协调和做好项目编制验收工作。一是结合国家有关长江经济带的发展规划和相关指导意见，立足安徽省情，制定切合实际的规划和可操作的方案，有效衔接中央和地方政策，做到原则性和灵活性的统一。二是做好安徽省与长江经济带相关省市的合作和沟通，加强在产业发展和基础设施建设等方面的对接，形成合力，减少不必要的资源浪费。三是做好安徽省相关长江经济带"新""老"政策的过渡和衔接，把长江经济带建设与皖江城市带承接产业转移示范区建设结合起来，完善协调发展机制，形成对外开放新格局。四是做好安徽省内沿江各城市之间以及沿江城市与非沿江城市之间有关政策的衔接工作，以共建产业园区等形式，把长江经济带建设与区域经济经济发展结合起来，促进省内合作和交流。

9. 创新人才培养模式，做好人才储备工作

长江经济带建设需要大量的人才和劳动力。安徽作为劳动力资源大省，理应在长江经济带建设的人才供给中发挥重要作用。应结合有关重大生产力布局和重大项目建设的需要，有针对性地培养相关专业技能人才，创新人才培养模式，采取"政府引导、企校合作、工学一体"的模式。增加对省属重点高校大学毕业生的招聘力度，通过在高校开展招聘会的方式吸引人才，鼓励相关专业优秀的高等学历人才投入长江经济带建设，这不仅能为长江经济带建设提供

大量人才，促进经济带经济社会发展，也能够促进大学生就业。同时，以长江经济带发展为契机，鼓励人口众多、发展落后的皖北地区人口流入皖南，对促进安徽省劳动力资源的合理配置、优化产业布局等具有重要意义。

10. 创新环境治理方式，建立生态补偿机制

在安徽对接长江经济带建设中，应加强安徽与长江下游和中上游地区在环境治理与生态保护方面的协作，应借鉴安徽与浙江在新安江流域环境治理的跨省协作经验，树立"大生态"发展理念，认真执行基恩减排低碳发展行动方案，坚决淘汰落后产能。切实加强生态环保宣传教育，增强全民节能环保意识，加大环境执法力度，严厉打击各类破坏生态环境的行为，建立和完善长江流域上下游的生态补偿机制。

参考文献

胡艳：《产业转移与经济转型：安徽的战略》，安徽大学博士学位论文，2012。

方劲松：《安徽参与长江经济带建设的路径选择》，《安徽日报》2015年1月12日。

袁宏：《关于江淮城市群培育的探讨》，安徽大学硕士学位论文，2011。

徐长乐：《"泛珠三角"模式对长三角发展的启示》，《江南论坛》2004年第7期。

宋炳良：《长江三角洲经济辐射力与东西部大通道》，《同济大学学报》（社会科学版）2003年第2期。

马勇、黄猛：《长江经济带开发对中部崛起的影响与对策》，《经济地理》2005年第3期。

上海财经大学区域经济研究中心：《2006中国区域经济发展报告——长江经济带区域统筹发展及"黄金水道"建设》，上海财经大学出版社，2006。

田代贵主编《长江上游经济带协调发展研究》，重庆出版社，2006。

朱舜、高丽娜等：《泛长三角经济区空间结构研究》，西南财经大学出版社，2007。

张颢瀚等：《长江三角洲一体化进程研究——发展现状、障碍与趋势》，社会科学文献出版社，2007。

周富如主编《合肥·六安·巢湖发展报告NO.1（2007）》，社会科学文献出版社，2007。

孙自铎：《泛长三角经济深度合作的构想》，《安徽日报》2008年7月21日。

倪鹏飞主编《中国城市竞争力报告NO.6）》，社会科学文献出版社，2008。

倪虹主编《安徽城市群空间发展战略及实施路径研究》，安徽人民出版社，2009。

方创琳等：《中国城市群可持续发展理论和实践》，科学出版社，2010。

王茂林：《在承接和创新中建设皖江城市带》，《安徽日报》2011年2月10日。

程必定：《安徽崛起的若干战略问题研究》，安徽人民出版社，2012。

李本和：《"马芜铜"产业带率先崛起的条件分析与功能思考》，《马钢职工大学学报》2003年第12期。

李本和：《赣湘鄂沿江城市群的崛起及其启示》，《决策咨询通讯》2005年第3期。

李本和：《关于推进安徽主体功能区建设的探讨》，《学理论》2009年第9期。

李本和：《泛长三角区域分工合作与促进安徽经济发展》，《经济研究导刊》2009年第10期。

李本和：《促进中部崛起与区域经济协调发展》，人民出版社，2009。

李本和：《新形势下统筹安徽区域协调发展》，《理论建设》2010年第3期。

李本和：《对建设皖南国际旅游文化示范区的思考》，《安徽党校报》2010年9月10日。

李本和：《皖江示范区承接产业转移实践与战略定位的对策思考》，《经济研究导刊》2011年第17期。

李本和：《安徽区域文化的传承、提升与创新》，《安徽调研》2011年第1期。

李本和：《合肥建设区域性特大城市的调查与思考》，《安徽调研》2011年第9期。

李本和：《关于加快安徽省旅游经济大发展的思考与对策》，《经济研究导刊》2012年第10期。

李本和：《关于加快安徽区域创新体系建设的若干思考》，《战略研究》2013年第3期。

李本和：《安徽的新型城镇化应体现地方区域特色》，《理论建设》2014年第1期。

李本和、赵家俊：《中部地区城市经济网络建设及其协调机制》，《理论建设》2005年第2期。

孙都光等：《马芜铜产业带的构建与发展研究》，安徽人民出版社，2007。

芜湖市发改委：《关于大力支持芜湖港建设全省外贸中心港的建议》，2013年1月15日。

《安徽省发展改革委关于推进安徽省与俄罗斯伏尔加河沿岸联邦区合作有关工作的通知》，皖发改外资函〔2013〕831号。

合肥市企业联合会、企业家协会、工业经济联合会：《合肥市轨道交通产业集聚发展调研报告》。

国务院研究室编写组：《十三届全国人大二次会议〈政府工作报告〉辅导读本》，人民出版社/中国言实出版社，2014。

王学军：《政府工作报告》，《安徽日报》2014年2月14日。

安徽省统计局编《数字安徽2014》，2014年2月。

安徽省统计局编《2014安徽统计数据》，2014年2月。

马鞍山市发改委:《关于在长江经济带中加快发展的初步考虑》,《发展改革动态》2014年第9期。

马鞍山市政府:《关于推动"一江两岸协作发展"情况通报》,2014年6月30日。

宋宏、刘志迎:《高效利用皖江"黄金水道"的构想》,《安徽日报》2014年6月30日。

铜陵市发改委:《积极打造长江经济带重要节点城市和先进制造业基地》,2014年7月3日。

安庆市发改委:《安庆港口经济发展情况、汇报提纲》,2014年7月4日。

胡功杰、窦瑾、李源:《安徽经济增长动力新变化辨识》,《安徽日报》2014年8月4日。

周端明:《皖江城市带产业转型升级路径选择》,《安徽日报》2014年8月18日。

张廷龙:《推动皖江城市带生产性服务业集聚发展》,《安徽日报》2014年8月18日。

《国务院关于依托黄金水道推动长江经济带发展的指导意见》,国发〔2014〕39号。

B.14 安徽城乡一体化发展水平评价及对策研究[*]

陈俊峰　宋雨洁　蔡　润[**]

摘　要： 本文对安徽城乡一体化发展水平进行综合评价与分析，对安徽城乡一体化进程中的主要问题进行归纳总结并提出相应的对策建议。对安徽城乡一体化水平的分析发现，十年来安徽城乡一体化水平稳步提升，城乡居民消费水平差距减小，城乡交通更加便捷，城乡空间联系逐渐加强，城镇化水平进一步提高，城镇体系更加完善，但各地区城乡一体化水平差异仍较显著。笔者认为，今后安徽应着重从农民主体性建设、城镇乡体系构建、产业一体化发展以及城乡资源合理流动等方面，加快城乡一体化与新型城镇化进程。

关键词： 城乡一体化　新型城镇化　以人为本　城镇乡体系　安徽

　　城乡一体化是人类文明发展到较高阶段出现的必然结果，也是世界经济与社会发展的共同历程。在党的十六大、十七大均对统筹城乡发展提出要求并做出部署后，党的十八大报告明确指出要加快完善城乡发展一体化体制机制，形成新型城乡关系。这都表明城乡一体化已经成为我国向现代化强国之路迈进的战略选择，城乡一体化正在替代城乡分离式发展而成为经济社会建设的新常

---

[*] 本文系安徽大学农村改革与经济社会发展研究院招标项目研究成果。
[**] 陈俊峰，安徽合肥人，安徽大学社会与政治学院副教授，硕士生导师，社会学博士，研究方向：城乡一体化。宋雨洁，河南商丘人，社会学硕士。蔡润，安徽合肥人，安徽大学社会与政治学院硕士研究生。

态。在这种宏观背景下,为了对当前安徽城乡一体化水平进行描述与评价,笔者对当前安徽城乡一体化发展状况进行调查分析,形成了本研究报告。

一 安徽城乡一体化水平分析

(一)安徽城乡一体化水平稳步提高

本文依照综合性、针对性、可比性与可行性的原则,构建了包括5类一级指标和15个二级指标在内的城乡一体化评价指标体系(见表1),采用两步层次分析法、线性加权法等,对十年来安徽城乡一体化水平进行统计分析。

表1 城乡一体化评价指标体系

	一级指标	二级指标
城乡一体化评价指标体系	空间一体化	区域内建制市镇密度
		城乡公路客运周转量
		城乡空间结构集中程度系数
	人口一体化	人口城市化率
		非农从业人员比重
	经济一体化	二元对比系数
		城乡居民收入差异系数
		城乡恩格尔系数差异度
		人均GDP
	社会一体化	普通中学分城乡学校数
		城乡居民人均文化娱乐消费支出比
		城乡万人医疗床位数比
	生态环境一体化	建成区绿化率
		农村卫生厕所普及率
		农村自来水普及率

研究结果显示,2004~2013年的十年间,安徽城乡一体化水平快速提高,城乡一体化总得分从0.7859提高到1.077,年平均提高0.03,呈现持续上升态势。从表2可以看出,近十年来,在空间、人口、经济、社会、生态环境等方面,安徽城乡一体化均获得不同程度的发展和优化,尤其是

经济领域更是取得明显改善，这些因素共同推动安徽城乡一体化水平不断提高。

表2 2004~2013年安徽城乡一体化水平相对得分情况

年度	空间一体化	人口一体化	经济一体化	社会一体化	生态环境一体化	城乡一体化总得分
2004	0.0576	0.1287	0.2643	0.3012	0.0341	0.7859
2005	0.0563	0.1396	0.2568	0.3176	0.0396	0.8099
2006	0.0709	0.1541	0.3246	0.3099	0.0356	0.8951
2007	0.0694	0.1599	0.3277	0.3124	0.0349	0.9043
2008	0.0757	0.1563	0.3154	0.3226	0.0362	0.9062
2009	0.0755	0.159	0.3708	0.3411	0.0369	0.9833
2010	0.079	0.1537	0.3693	0.347	0.038	0.987
2011	0.0768	0.1586	0.3734	0.3558	0.0382	1.0028
2012	0.0821	0.161	0.3964	0.3594	0.0377	1.0366
2013	0.0843	0.1653	0.4177	0.3706	0.0391	1.077

资料来源：2005~2014年《安徽统计年鉴》。

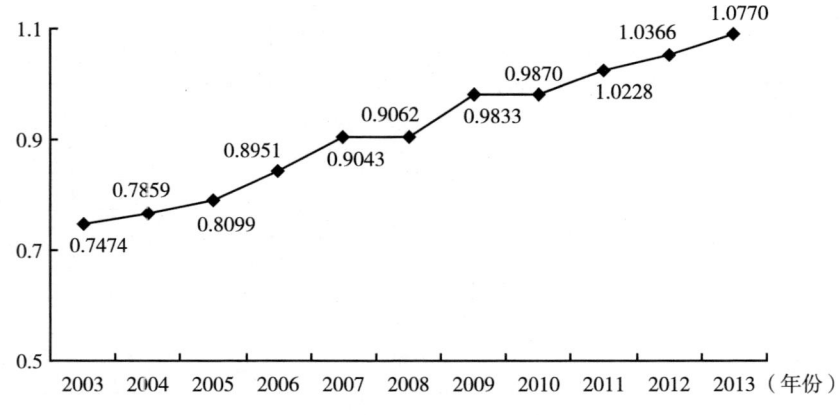

图1 2003~2013年安徽城乡一体化得分趋势

从实践层面看，早在20世纪末，安徽就提出实行城乡一体化的发展战略。21世纪初以来，先后出台《关于加快推进城乡一体化试点工作的指导意见》等一系列相关文件，把解决好农业、农村、农民问题作为工作的重中之重，推出诸多统筹推进工业化、城镇化和新农村建设的具体措施,积极试点,取得比较丰富的建设经验,并形成若干具有本地特色的推进方式,有力推动了城乡一体化进程。近年来,安徽努力推动发展重心从偏重经济增长向经济社会协调发展转变。同时,长期制约人口流动的户籍制度从逐步松动到基本放开,鼓励大量的农村剩余劳动力外出就业,通过农耕与务工兼业的方式,让众多农村家庭获得双份收入,这一方面提高了农民的收入水平,另一方面也促进了农业比较劳动生产率的提高,带动城乡经济协同发展。

(二)城乡居民收入与消费水平差距减小

随着经济社会快速发展,城乡居民收入水平也不断提高,总体生活状况得到显著改善。对安徽城乡居民收入的调查结果表明,2004~2013年,安徽城乡居民收入稳步增长。安徽农村居民人均纯收入从2499.3元增加到8097.9元,净增加5598.6元;城镇居民人均可支配收入从7511.4元增加到23114元,净增加15602.6元(见表3)。十年间,城乡居民收入差异系数逐渐上升,从2004年的33.2上升到2013年的35,这表明安徽城乡居民生活水平的差距不断缩小。

表3　2004~2013年安徽城乡居民收入水平比较

类别 \ 年份	2004	2005	2006	2007	2008	2009	2010	2011	2012	2013
城镇居民人均可支配收入(元)	7511.4	8471	9771	11474	12990	14085	15788	18606	21024	23114
农村居民人均纯收入(元)	2499.3	2641	2969	3556	4203	4504.3	5285.2	6232.2	7161	8097.9
城乡居民收入差异系数	33.2	31.2	30.3	30.9	32.3	32	33.5	33.5	34.1	35

资料来源:2005~2014年《安徽统计年鉴》。

随着城乡居民收入水平不断提高,城乡居民消费能力不断增强。2004年安徽城镇居民人均消费性支出5711.09元,农村居民人均现金支出2270.27元,城镇居民比农村居民高1.5倍。2013年,城镇居民人均消费性支出增长到16285.17元,增长近2倍。农村居民人均现金支出增长到7704.67元,增长2倍多。可以看出，安徽城乡居民整体消费水平有显著提高，同时城乡居民消费水平的差距缩小。

表4　2004~2013年安徽城乡居民消费水平比较

类别 \ 年份	2004	2005	2006	2007	2008
城镇居民家庭恩格尔系数(%)	43.9	43.7	42.4	39.67	41
城镇居民人均文化娱乐消费支出(元)	623.48	666.42	869.23	1169.99	1160.14
农村居民家庭恩格尔系数(%)	47.5	45.5	43.17	43.3	44.3
农村居民人均文化娱乐消费支出(元)	199.95	256.8	290.74	283.17	294.84
城乡居民恩格尔系数差异度	3.6	1.8	0.8	3.6	3.3
城乡居民人均文化娱乐消费支出比(%)	32.07	38.53	33.45	24.2	25.41
类别 \ 年份	2009	2010	2011	2012	2013
城镇居民家庭恩格尔系数(%)	39.6	38	41.1	39.25	39.65
城镇居民人均文化娱乐消费支出(元)	1225.36	1479.75	1631.28	1932.74	1904.15
农村居民家庭恩格尔系数(%)	40.9	40.7	39.8	38.7	39.12
农村居民人均文化娱乐消费支出(元)	312.05	363.92	376.18	385.92	376.36
城乡居民恩格尔系数差异度	1.3	2.7	1.7	0.6	0.5
城乡居民人均文化娱乐消费支出比(%)	25.47	24.59	23.06	19.97	19.77

资料来源：2005~2014年《安徽统计年鉴》。

人均文化娱乐消费支出的多少是反映居民生活水平和生活质量高低的重要指标。2004年，安徽城镇居民人均文化娱乐消费支出为623.48元，农村居民人均文化娱乐消费支出为199.95元。到2013年，城镇居民人均文化娱乐消费支出为1904.15元，农村居民人均文化娱乐消费支出为376.36元（见表4）。十年中安徽城乡居民文化娱乐消费逐渐增多，说明人们在基本温饱需求得到满足之后，对生活水平和生活质量有了更高的要求。

但是可以看到，由于安徽城市居民与农村居民的人均文化娱乐消费支出比值呈下降趋势，2004年为32.07%，2013年减少到19.77%，这意味着城乡居民人均文化娱乐消费支出差距不断拉大。究其原因，一方面，相比于城市居民，农村居民收入增长较为缓慢，造成其消费水平较低，消费能力仍然比较有限；另一方面，同城市居民比较，农村居民能享受到的社会文化生活设施相对较少，即使农民有文化消费的需求和意愿，其消费行为也往往受到客观条件的严重制约。

（三）城乡经济联系进一步加强

随着长三角区域发展分工合作不断深化以及东部沿海地区产业向中西部地区梯度转移，近年来安徽城乡经济保持较快增长速度。2004～2013年的十年间，安徽地区生产总值从4759.3亿元上升到19038.9亿元，年平均增长1586.6亿元（见表5），增幅明显。2014年上半年，安徽地区生产总值达9350.5亿元，按可比价格计算，比上年同期增长9.3%。经济快速增长的同时伴随着人均地区生产总值的增加，2004年安徽人均地区生产总值为7681.3元，到2013年人均地区生产总值上涨到31683.9元，增长了3倍多。

表5　2004～2013年安徽整体经济发展情况

类别＼年份	2004	2005	2006	2007	2008	2009	2010	2011	2012	2013
地区生产总值（亿元）	4759.3	5350.17	6112.5	7360.9	8851.7	10062.8	12359.3	15300.7	17212.1	19038.9
人均地区生产总值（元）	7681.3	8630.7	9995.9	12039.5	14448.2	16407.7	20887.8	25659.3	28792.3	31683.9
第一产业结构比重(%)	19.4	18.06	16.55	16.3	16.02	14.86	13.99	13.17	12.66	12.33
第一产业从业人员结构比重(%)	50.8	48.6	46.5	42.9	40.7	39.3	39.1	38.8	36.4	34.4

资料来源：2005～2014年《安徽统计年鉴》。

2004年安徽三次产业结构为19.4∶45.1∶33.5，2013年三次产业结构变为12.33∶54.65∶33.02。2014年上半年，第一产业增加值为925.2亿元，增长3.9%；第二产业增加值为5387.9亿元，增长10.8%；第三产业增加值为3037.4亿元，增长8.1%，这表明安徽产业结构调整取得进展，产业结构进一步合理化。产业结构调整的同时，从业人员结构得到相应调整，对农业的依赖程度逐渐降低，第一产业从业人员结构比重也快速降低，从2004年的50.8%下降到2013年的34.4%（见表5），越来越多的农村剩余劳动力进入第二、三产业，促进第二、三产业的进一步发展，同时城市中的第二、三产业也开始向农村延伸拓展，促动资本、技术、信息等资源流向农村，城乡产业关联度增强，城乡经济进一步融合。

（四）城乡空间联系更为便捷密切

安徽"十二五"规划明确提出要统筹城乡交通协调发展，加快完善综合交通网络，建成以综合交通枢纽为依托，便捷、安全、高效的现代化综合交通运输体系。2013年，安徽的公路密度为124.65公里/百平方公里，平均25.18公里/万人，铁路营业里程达3513公里，公路营业里程达173763公里。从安徽城乡公路客运周转量来看，也从2004年的近427万人公里上升到2013年的1534万人公里。这都说明近年来安徽城乡交通网络的快速延伸并日趋密集化，城乡运输规模迅速扩大，城乡之间在地理空间上的联通交流更加频繁密切，由于空间联系是经济、社会、文化交流的基础性物质条件，城乡交通联系强化一定程度上反映出目前安徽城乡一体化的发展水平，也可以部分说明未来安徽城乡一体化具有较大潜力与良好态势。

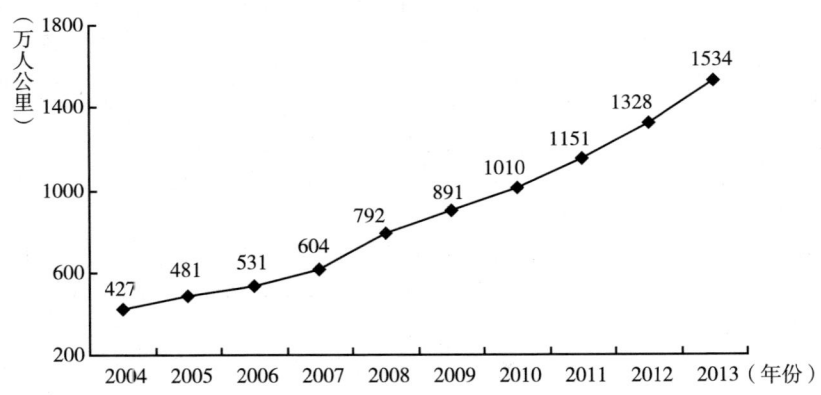

图2　2004~2013年安徽城乡公路客运周转量趋势

资料来源：2005~2014年《安徽统计年鉴》。

（五）城镇化水平进一步提高

近年来，安徽城镇化进程快速推进，特别是"十一五""十二五"期间，安徽城镇化体系明显改善。2004~2013年，安徽城镇化水平从33.5%提高到47.9%（见表6、图3），初步形成以省域中心城市为核心、区域中心城市为重点、中小城市以及建制镇为主体的城镇发展体系。同时，城镇综合实力得到显著提高，例如安徽省宁国市、肥西县、当涂县、肥东县和天长市入围2014年度中国中小城市综合实力百强县市，说明安徽城镇化水平与质量均有较大提升。

但是由于安徽是传统农业大省，城镇化发展起步较晚，与全国相比仍相对滞后。2013年，全国城镇化平均水平为53.7%，安徽落后5.8个百分点，与东部沿海发达地区相比差距更明显。同时，2013年安徽非农从业人员比重为65.6%，高于同期城镇化水平17.7个百分点，意味着安徽大量农村人口已从事非农产业，却未能转化为城镇人口，仍有大量农民工在城市与乡村之间迁徙，未来安徽城镇化的任务依然很重。

表6 2004～2013年安徽城乡人口发展情况

单位：%

年份 类别	2004	2005	2006	2007	2008	2009	2010	2011	2012	2013
城镇化水平	33.5	35.5	37.1	38.7	40.5	42.1	43.2	44.8	46.5	47.9
非农从业人员比重	49.2	51.4	53.5	57.1	59.3	60.8	60.9	61.2	63.6	65.6

资料来源：2005～2014年《安徽统计年鉴》。

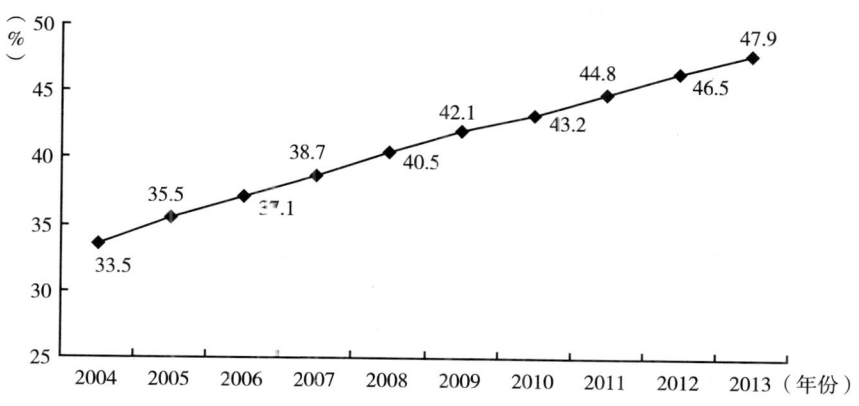

图3 2004～2013年安徽城镇化水平

资料来源：2005～2014年《安徽统计年鉴》。

（六）城乡一体化水平地区差异仍较显著

通过两步层次分析、线性加权等方法，对安徽16个城市的城乡一体化水平进行比较分析，得出如下结果。

从地区角度看，安徽省16个地市的城乡一体化水平存在较大差异（见表7）。根据2013年安徽16个地市城乡一体化水平的评价结果，将安徽划分为以下三类区域。

表7 2013年安徽各地市城乡一体化水平相对得分

城市	空间一体化	人口一体化	经济一体化	社会一体化	生态环境一体化	城乡一体化总得分	排名
合肥市	0.1163	0.2068	0.498	0.395	0.0405	1.2567	3
淮北市	0.0614	0.1749	0.409	0.324	0.0413	1.0102	10
亳州市	0.0683	0.126	0.29	0.365	0.0307	0.8799	16
宿州市	0.0625	0.1305	0.425	0.386	0.0342	1.0378	7
蚌埠市	0.0696	0.1417	0.318	0.364	0.0331	0.9262	14
阜阳市	0.1035	0.0836	0.394	0.329	0.0263	0.937	13
淮南市	0.0809	0.2049	0.549	0.385	0.0384	1.2581	2
滁州市	0.0716	0.1526	0.404	0.424	0.0379	1.0905	6
六安市	0.094	0.1269	0.34	0.394	0.035	0.9894	12
马鞍山市	0.0796	0.1844	0.604	0.435	0.0316	1.3344	1
芜湖市	0.0793	0.1365	0.529	0.368	0.0471	1.1598	5
宣城市	0.0619	0.1544	0.384	0.393	0.0412	1.034	8
铜陵市	0.0666	0.2224	0.587	0.299	0.0471	1.2224	4
池州市	0.0603	0.152	0.354	0.395	0.0376	0.9988	11
安庆市	0.0697	0.13	0.332	0.31	0.0433	0.8844	15
黄山市	0.0609	0.153	0.344	0.426	0.0473	1.0305	9

资料来源：《安徽统计年鉴（2014）》。

一类区域包括马鞍山、淮南、合肥、铜陵、芜湖。从地理空间看，这五个地市均位于安徽经济发展相对领先的皖中或皖南地区，其中合肥与淮南属于安徽省会经济圈的核心城市，马鞍山、铜陵与芜湖属于安徽长江城市带的重要城市。除淮南市外，其他四个地市都属于皖江城市带承接产业转移示范区，这为四个地市优化城乡产业布局、推进城乡经济一体化提供了重要条件。从发展内涵看，一方面，这五个地市经济实力优势突出，例如，2013年马鞍山城镇居民人均可支配收入为34048元，农村居民人均纯收入为12339元，居全省首位。由于经济一体化赋权比重大，直接影响了其城乡一体化的排名位次。另一方面，这五个地市的综合实力比较均衡，线性加权综合得分指数都大于或接近1.2。2008年以来，安徽省政府将芜湖、马鞍山、铜陵、合肥、淮南等先后确定为城乡一体化综合配套改革试验区。从研究的结果看，这几个省级试点市的城乡一体化综合配套改革已取得较为明显的成效。

二类区域包括滁州、宿州、宣城、黄山、淮北、池州、六安。这七个地市的线性加权综合得分指数接近或略高于1。从统计分析结果看，这七个地市在空间、人口、经济、社会与生态环境方面的一体化水平比较均衡，劣势很不明显，但与一类区域比较，缺少突出优势。从地位与影响看，二类区域中的多数地市主要扮演副中心角色，城市功能辐射力与地区影响力往往小于一类区域地市，但在所在地区范围起到承上带下的重要作用。必须看到，二类区域中多数地市已将城乡一体化提升到战略发展层面，并不断加大推进力度，已经或正在摸索形成富有特色的城乡一体化方式。比如，淮北市不仅投入大量资金用于城乡基础设施建设，还选择一批乡镇作为城乡一体化建设的先行试验区，先行先试，以点带面，已初见成效；再如，宣城市郎溪县成为安徽第一个县级城乡一体化综合配套改革试验区，形成以大规模集群式、高端产业承接为特色的"郎溪现象"，城乡产业一体化布局逐渐成形。可以说，二类区域地市城乡一体化发展潜力大、机遇多，如果能够乘势而上，部分地市有可能进入一类区域行列。

三类区域包括阜阳、蚌埠、安庆、亳州。这四个地市的线性加权综合得分指数在0.9左右。从分析结果可以看到，这四个地市存在若干短板问题，主要表现为：一方面城镇化水平相对较低，另一方面城市经济发展较迅速，但是农村经济发展水平不高。诸多研究表明，一个地区的城乡一体化、城镇化水平、经济发展水平三者之间往往存在正相关关系，就是说经济越发达的地区，其城镇化水平及城乡一体化水平往往越高。因此，为推动上述地市城乡一体化，努力提高农村经济发展水平以及城镇化水平非常重要。

还可以看到，阜阳、蚌埠、亳州都位于皖北地区，与一类区域地市分布情况联系起来，可以发现与皖中和皖南地区相比，皖北地区的城乡差距较大，城乡一体化整体发展水平仍有待提高。安徽城乡一体化大致呈现"南高北低、东强西弱"的不平衡格局，亟须改变。

二 加快安徽城乡发展一体化的对策建议

笔者认为，根据安徽城乡一体化发展的现状与态势，特别是在新型城镇化逐渐成为经济社会建设新常态的重要历史阶段，需要抓住发展机遇，把握发展规律，坚定发展方向，创新发展动力，切实推动安徽城乡一体化进程。这就需要针对安徽省城乡一体化的未来发展，提出相应的对策建议。

（一）城乡一体化进程中农民主体性建设

推动城乡一体化的基本前提是确认其主体并发挥主体的作用。马克思曾指出主体是实践活动的承担者，本身具有创造能力和实践能力。在我国城乡发展实践中，农民包括农民工是实践活动的主要承担者，因而应该成为城乡一体化进程中的重要主体，这也是以人为核心的新型城镇化的内在要求。因此，提升城乡一体化水平的首要任务就是加强农民主体性建设。笔者认为，城乡一体化建设中的农民主体性包含利益主体和建设主体两个方面的含义。

一方面，农民应该成为城乡一体化发展的重要利益主体。城乡一体化必须能够不断满足农民的物质与精神需求，为农民带来更多的利益，这是城乡一体化的根本旨归，也是评价城乡一体化发展水平的一个主要标准与核心指标。这里应该把握四个关键，一是客观上农民到底需不需要，二是主观上农民到底想不想要，三是农民的利益诉求已经日益多元化，四是不同农民群体的利益出现分化。某种意义上说，城乡一体化意味着城乡之间利益的巨大调整和重新分配，同时也是缩小城乡差距、推动城乡社会公平和均衡发展的历史机遇，在此过程中，必须认真审视并有效满足农民的利益需求，让农民在整体上逐步壮大起来。在今后一段时期，安徽城乡一体化进程中农民利益的保护与兑现需要着重关注和解决三个方面问题。第一，在充分了解和尊重农民意愿基础上，以保障农民的根本利益为原则，盘活农村土地与宅基地资源，赋予农民更多的财产权利。第二，增加农民收入水平是保障农民利益以及提高城乡居民经济一体化水平的重要内容。尽管近两年安徽农民收入增长速度快于城镇居民，农村常住居民人均可支配收入水平连续三年位居中部第一，但城乡居民收入差距依然比较大。农民增收关键在于拓宽收入渠道，引导与扶持更多农民进入第二、三产业，获得更高的经济收益。第三，提高农村公共服务水平，构建更完善的社会保障体系，为农民的生产和生活提供更有力保障。例如根据安徽调查总队的专项调查，2013年，政府提供的低保、五保、临时性贫困救助、养老保险、新农合及医疗救助等转移性收入成为安徽农村贫困家庭收入的重要来源。今后，政府应进一步加大转移支付力度，同时更需要加大对农村公共服务的财政扶持强度，推动安徽农村生产条件的改善与生活面貌的改观。

另一方面，农民作为城乡一体化的建设主体之一，为安徽城乡建设做出了巨大的贡献。但整体上看，当前安徽农民能力水平不能完全适应城乡发展要求，特别是随着农业现代化与城乡一体化的步伐加快，这种矛盾正在迅速显现。例如据国家统计局安徽调查总队农民工监测调查数据，2013年安徽农民工总量达1782.9万人，其中未上过学、小学和初中文化程度的农民工占总量的比例分别为2.0%、16.7%、67.3%，高中及以上文化程度的所占比例仅为14%，占67.3%的初中文化程度的农民工成为主力军。张茉楠认为，应把人力资源建设作为今后我国经济社会发展的根本动力。无疑，城乡一体化需要在城乡之间运行产业调整和结构升级，而产业结构升级的重要前提是劳动力结构升级，实现劳动力升级与转型匹配。2014年底，安徽省已经出台了关于加快新型职业农民培育工作的意见，明确提出新型职业农民是构成新型农业经营主体的中坚力量，并推出了一系列配套的培育措施。这是安徽为农民增能、提高农民能力的新举措，将对推动城乡一体化进程发挥积极作用。

此外，安徽应将提高农民自组织能力作为农民增能的重要任务。笔者认为，可以从留村与进城两个方面来考虑。对于农村来说，既应大力培育农业合作社等新型农业经营主体，更要通过为村集体保留适度的生产经营资源，提高村集体的公共服务与资源动员能力，从而为农业生产特别是小农经济提供基础条件，也为乡村的秩序和稳定提供起码的保证。对于进城务工人员，地方政府应牵头引导和扶持成立一批农民工工会，为农民工提供务工的信息平台和维权渠道，改善农民工的就业与生活环境，让更多的农民工能够在城镇更体面地就业安居，帮助他们更好地融入城镇社会，顺利实现市民化。

（二）以质量导向完善安徽城镇乡体系

安徽城乡一体化水平相对滞后的重要原因，一是缺少城乡资源双向交流的通道，二是缺少承接容纳城乡资源的结节性空间。二者实际上都指向如何构建相对合理的城镇体系问题。今后，安徽应坚定不移地走大、中、小城市以及城、镇、乡综合协调发展的城镇化道路，同时进一步明确大、中、小城市以及城、镇、乡之间的分工与协作关系，不同层级的城镇与乡村之间应该有合理的功能定位与发展定向。具体来说，首先，应依托现有的城市群，将各城市群中的中心城市做大做强，以解决安徽缺少超级都市造成的群城"无首"现象。例如，省会合肥市应抓住融入长三角功能区的历史机遇，实现又好又快发展，打造区域性特大城市，尽快成为与南京、杭州并列的长三角副中心城市，同时应兼顾南北与东西两个方向的纵深发展，成为具有近域和广域影响力的地区增长极，带动周边城镇与乡村乃至皖中地区的共同发展。其次，应重点建设具有较强区位优势与经济实力的中小城镇，以缓解安徽缺少中小型城市造成的"断腰"问题。目前，安徽仅有桐城市、天长市、明光市、界首市、宁国市、巢湖市六座县级市，这与安徽城镇化发展要求极不相符，也与其他省份存在明显差距。李强等学者在综合分析比较我国多元城镇化模式后，提出应重视基于县域经济的中等城市的发展问题，安徽应从战略层面对县城关镇发展进行定位，尽快推行省管县体制，让更多的权力和资源向县倾斜，推动县域经济快速发展，提升人口承载能力，同时推进县城关镇等基础较好的城镇尽快实现跨跃升级，向中小等级城市转变。最后，以中心镇为重心，有选择地建设一批小城镇，以解决安徽小城镇发展滞后造成的"软腿"问题。安徽应把就近城镇化作为新型城镇化的重要路径，通过加快小城镇建设，引导更多的农民进入小城镇就业生活，也吸引更多的农民工就近就业和回乡创业，逐步减小"候鸟式"迁移人口规模。由于就近城镇化具有迁移距离短、便于以家庭为单位整体迁移迁居等特点，不仅有利于降低城镇化成本，缓解大城市人口与就业压力，也有助于部分解决农村留守老人、留守妇女和留守儿童"三留守"问题，提高农村与小城镇经济发展活力，同时有利于维护基层社会的秩序与稳定。

在构建更加完善的城镇乡体系过程中，应从以往注重"物"的城镇化转向"人"与"物"均衡发展的城镇化，特别是要以人为本，以质量为导向，让异化的城镇化方式向为人服务的正确方向回归。遵照中央的相关精神，今后安徽可以在推动城乡一体化进程中做出更多更深入的实践探索。例如，探索如何实行转移支付同农业转移人口市民化挂钩方式；探索如何通过股权融资、项目融资、特许经营等方式吸引社会资本投入，拓宽融资渠道，提高城市基础设施承载能力；探索如何把进城农民纳入城镇住房和社会保障体系，促进农业转移人口落户城镇，以解决他们"悬在半空"的问题等。

（三）推动安徽城乡产业一体化进程

从农业现代化会增加农业劳动力剩余的发展趋势看，未来进城农民工人数很可能进一步增加，同时以家庭为单位的迁移与迁居方式将会逐步替代当前的个体式外出务工方式。这将会导致未来城镇的就业、教育、公共服务的压力迅速上升。换个角度看，也会增加城镇第二、三产业的就业人口，这既是第二、三产业面临的考验，也是重要的发展机遇。因此，今后安徽一方面应该通过推动工业快速发展，带动第三产业，提升第一产业，努力实现三次产业在更高层次上的协调发展。尤其应对宿州等地区"产城一体化"的成功经验进行总结推广，加强城际互助合作，推动以"业"兴"城"，加快城乡产业一体化进程。另一方面应进一步调整三次产业比例关系，同时更要优化三次产业的内部结构。特别是应大力发展各类生活服务业，例如积极扶持教育、养老、健康、家政、维修及资源回收等人本型服务业，由于服务业有较大的就业弹性，可以提供更多的就业岗位，而生活服务业对技能的要求相对较低，这可以为农村进城人口在城镇中获得及时和充分就业创造更多选择空间。

此外，推动安徽城乡产业空间合理布局与均衡配置是一个重要任务。要尽可能在当前产业布局方面争取有实质性突破，这就需要对当前产业项目资源的空间布点与整体布局做出调整，在发挥区域经济集聚效应的基础上，有选择地把部分产业项目向下一级城镇转移。一方面，降低大城市的拥挤程度和发展成本，也降低产业项目的建设和运营成本；另一方面，更重要的是提升下一级城镇的产业发展能力与市场竞争力，增加就业机会，有利于培育新的区域经济增长点。其实，国外已有成功实践，例如德国有60%的人口和80%的中小企业分布在2万人口以下的小城镇中，形成了具有特色的城镇体系和产业、就业、人口分布格局。但在国内尚未形成一个理论共识和有效的政策选择，这需要政府拿出更大的改革决心，用新的眼光和思路来重新审视与解决大城市与小城镇发展的矛盾问题。这里首先就要对哪些经济、社会和文化资源向中小城市与小城镇及农村区域转移进行筛选与确认。在这个过程中的一个关键是资源配置的"越级下放"，即将原本放置在特大城市或大城市的资源，越级投放到中小城市或者大城市周边的小城镇，推动大小城镇均衡发展，也为人口迁移带来更多空间选择。

（四）推进城乡资源的合理流动与公平配置

现阶段，安徽城乡经济社会发展不平衡的一个突出表现就是公共服务差距巨大。近年来，合肥等大城市出现日益严重的"城市病"，根源在于医疗、教育、文化等公共资源过度集中于城市，劳动力、土地、资金、技术、信息等生产要素不能在城乡之间自由流动，加剧了城乡经济社会发展的二元结构矛盾。要改变这种不平衡格局就必须打破城乡之间利益关系的失衡状况，推动资源在城乡之间公平分配与快速流动，这需要政府进一步加大对农村地区的财政转移支付力度，更需要从体制与机制层面做出改革创新，笔者认为以下三个方面具有典型意义，应是今后改革的重点。

首先，应逐步推动城乡基本公共服务均等化。近年来，安徽在这个领域中取得了比较突出的成效，城乡基本公共服务的差距不断缩小，在城乡医保等方面已比较接近一体化。今后，作为公共服务主要供给方的政府不仅需要进一步加大推进力度，还应探索允许社会资本进入城乡特别是农村基本公共服务的供应与经营环节，推动该领域的供给主体多样化。这既可以减轻政府的财政压力，也有助于提升服务水平。更重要的是应积极探索引导公共服务实体在城乡之间的均衡布局。例如，当前优质的教育和医疗机构以及师资和医疗资源往往都集中在大城市，这种状况得不到切实改变，仅仅依靠调整城乡生源比例或医保水平，往往难以收到实效。在教育与医疗等与城乡民生紧密相关的领域率先攻坚克难，取得实效，是未来真正实现城乡基本公共服务均等化的关键环节。

其次，建设统一开放的现代市场体系。尤其应减少不必要的行政干预，让价格及时和真实地反映市场供需关系。以土地市场建设为例，应把集体建设用地逐步引入统一市场，根据公益性用地、经营性用地、宅基地等不同类型，在政策上区别对待。其一，用于工业、商业、旅游、娱乐等的经营性用地，应放开搞活，允许其进入市场流转，可以开发房地产，同时开征物业地产税；其二，公共设施和公益事业等公益性用地，原则上不宜进入市场进行流转；其三，农村宅基地流转应在尊重农民意愿的前提下，针对不同地区的地情和民情，走试点摸索、分步推进与全面推广的路子。例如，先放开宅基地租赁市场，允许本集体内外人员承租，然后逐步放开宅基地抵押和转让市场，在相关制度设计、市场机制运行以及社会保障体系等比较完善的情况下，再考虑完全放开宅基地流转市场。

最后，发展物联网经济推动城乡一体化。城乡之间生产与生活方式的一体化进程不可抗拒，但这绝不意味着城乡一样化，城乡之间在很多方面都不可能也不需要同质或取齐。需要在保存乡村原味和风情的同时，让农民在农村也可以享受到现代城市文明。例如，在政府许可与支持下，利用信息化手段和物联网平台，将具有实力的品牌电商企业引入安徽小城镇与农村，建立沟通城乡的物流通道，真正打通城乡联系的"最后一公里"，让城、镇、乡互为发展的纵深空间，让人、财、物等各种资源能够在城乡之间流动起来形成良性循环，这是未来安徽城乡发展的美好愿景。

参考文献

张国富、张颖举、赵意焕、杜小峥：《城乡一体化新趋势与协调机制构建》，中国农业出版社，2011。

吕连生：《安徽城乡一体化发展的特色和经验》，《安徽日报》2013年4月15日。

陈俊峰、宋雨洁、钱永佳：《当前安徽城镇化的发展困境与对策》，《中国名城》2011年第6期。

张茉楠：《未来经济增长的挑战在于人力资本积累》，中国宏观经济信息网，2014年12月31日。

李强等：《多元城镇化与中国发展战略及推进模式研究》，社会科学文献出版社，

2013。

宋立：《理性认识中国三次产业结构及其调整方向》，《中国改革论坛》2014年11月17日。

蔡永飞：《"漂移的社会"如何不再漂移——新型城镇化思路尚需调整》，《人民论坛》2014年8月。

刘勇、周金堂：《推进区域一体化发展的主要路径》，《光明日报》2015年1月9日。

黄小虎：《建立城乡统一的建设用地市场研究》，中国宏观经济信息网，2015年1月5日。

B.15
安徽省儿童社会发展报告

杨雪云*

摘　要：	近年来，在省委省政府的领导和省妇儿工委的指导下，安徽省各成员单位通力协作，认真履职，围绕《安徽省儿童发展纲要（2011－2020年）》确立的目标，在全面关注儿童发展的同时，着力破解儿童发展中出现的突出问题，探索新形势下儿童工作新思路、新举措，为促进安徽儿童的生存、保护、发展开展了富有成效的工作：完善法规政策，建立了儿童发展的良好制度环境；儿童发展纲要的各项工作稳步推进，纲要设定的部分目标已提前实现；儿童权益保护、生存发展的重点难点问题也进一步得到有效解决。
关键词：	安徽　儿童发展

儿童是社会的未来、人类的希望，儿童发展是检测、衡量社会发展与文明进步程度的重要标尺。近年来，在省委省政府的领导和省妇儿工委的指导下，安徽省各成员单位通力协作，认真履职，积极落实男女平等基本国策和儿童优先原则。在社会转型期文化多元、环境复杂的宏观背景下，以加快推进"两纲"实施为目标，以完成"两纲"中期指标任务为抓手，在全面关注儿童发展的同时，着力破解儿童发展中出现的突出问题，探索新形势下儿童工作新思路、新举措，为促进安徽儿童的生存、保护、发展开展了富有成效的工作。

---

* 杨雪云，社会学博士，安徽大学社会与政治学院教授。

一 围绕儿童发展纲要，完善法规政策，建立了儿童发展的良好制度环境

2011年11月30日，《安徽省儿童发展纲要（2011－2020年）》正式发布，作为安徽儿童发展的纲领性文件，纲要明确了今后十年安徽儿童发展的指导思想、基本原则、主要目标和策略措施等一系列问题。

为顺利实现儿童发展纲要确立的各项目标，安徽省针对儿童发展中的相关具体问题进行探索总结，制定了一系列方案，提出了相关意见，出台了相关政策法规，为儿童发展营造良好的制度环境。

在基础教育方面，2012年5月，在总结多年来安徽省基础教育改革发展实践经验的基础上，针对当前安徽省基础教育发展中存在的突出矛盾和问题，经省政府同意，省教育改革和发展规划纲要领导小组制定公布了《安徽省推进县域义务教育均衡发展改革实施方案》《安徽省完善农民工子女教育体制机制改革实施方案》《安徽省规范办学行为减轻学生课业负担改革实施方案》（以下简称"基础教育三项改革实施方案"）。这些方案对安徽省基础教育改革提出了一系列新的要求，明确了今后十年安徽省基础教育改革的总体方向与目标。

平等发展权是公民的一项基本人权，创造公平的社会环境，保障所有儿童享有平等权利和机会，不因包括身体状况在内的缺陷受到任何歧视，是儿童发展纲要的基本原则之一。为保障残疾人平等参与社会的权利、增加残疾人家庭福祉和促进社会公平正义，贯彻落实《国务院办公厅关于转发教育部等部门特殊教育提升计划（2014－2016年）的通知》（国办发〔2014〕1号）精神，结合安徽省实际，安徽省教育厅、省发改委、省民政厅、省财政厅、省人力资源和社会保障厅、省卫生计生委、省残联联合制定《特殊教育提升实施计划（2014－2016年）》。该计划将提高特殊教育普及水平、改善保障条件、提升教育教学质量等作为重点任务，为建立安徽省布局合理、学段衔接、普职融通、医教结合的特殊教育体系提供了政策依据。

近年来，安徽进城务工农民随迁子女数量不断增加，为适应这一形势，安徽省教育厅2010年就下发了《关于进一步保障进城务工农民随迁子女义务教

育的通知》，要求各地创新工作机制，在就学门槛、入学渠道、就读手续等方面为农民工随迁子女提供便利，使所有符合条件的农民工随迁子女能够在流入地零障碍就学。安徽省各地结合实际，积极采取措施，主要依托公办中小学，建立农民工子女定点就读学校，保障了他们接受义务教育的权利。

在儿童健康方面，2014年，为提升安徽省儿童健康水平，降低婴幼儿死亡率，实现《中国儿童发展纲要（2011－2020年）》提出的目标，切实提高安徽省儿科整体医疗水平，促进全省经济和社会事业协调发展，依据党中央、国务院《关于深化医药卫生体制改革的意见》《中华人民共和国母婴保健法》《安徽省"十二五"卫生事业发展规划》，结合安徽省实际，制定出台了《安徽省"十二五"儿童医疗救治体系建设指导意见》。这一指导意见提出的目标是：在五年时间里建立五级儿科医疗服务体系（省、市、县、乡、村），在医疗机构中增加儿科病床的比重，使其达到总床位数的10%，从而使儿童就医难的问题得到基本缓解。

2014年，在安徽省民生工程中，省政府调整了有关提高妇女儿童健康水平的政策，在此基础上，省卫生厅和财政厅联合制定了《妇女儿童健康水平提升工程实施办法》，提出通过发展妇幼卫生事业、完善服务体系、健全保障制度等途径为儿童提供优质卫生服务，并在预防和减少出生缺陷、实施扩大国家免疫规划等方面设立了具体的指标。

在儿童福利方面，2014年，民政部印发《民政部关于进一步开展适度普惠型儿童福利制度建设试点工作的通知》，确定安徽省池州市和利辛县为全国第二批适度普惠型儿童福利制度建设试点市。对此，安徽省予以高度重视，以试点工作为抓手，以点带面，拟定加快推进适度普惠型儿童福利体系建设的实施办法，推进全省适度普惠型儿童福利制度建设。2014年2月，安徽省民政厅公布《生活无着人员社会救助实施办法》，指出安徽要全面建立孤儿（含事实无人抚养儿童）基本生活保障制度，确保其基本生活水平不低于当地居民平均生活水平。与以往政策相比，新的实施办法在孤儿基本生活的保障范围方面有所扩大。

值得一提的是，《安徽省儿童发展纲要（2011－2020年）》新增"儿童与安全"部分，这是安徽省在全国儿童发展纲要的框架之外新增加的领域，提出到2020年，儿童公共安全教育覆盖面达100%。同时，启动问责制，预防和控制溺水、跌伤、交通伤害事故发生。按照规定，要在校园周边治安复杂地区设立治安岗亭，学校则应配备专业保安人员。此外，为保障儿童食品药品安全，婴幼儿食品安全监测、检测和预警机制将在未来10年逐步建立，婴幼儿奶粉安全更是保障重点。同时，全面开展儿童食品安全专项检查、儿童安全用药知识科普宣传工作等。

为加强青少年儿童安全工作，安徽省政府近年来多次发出通知，强调在预防溺水、交通安全、安全用电等方面加强宣传教育，以提高儿童安全意识与自我防护能力。同时，总结防控经验，遵循防控规律，及早排查安全隐患，政府各职能部门与社会团体加强协作，实行包保责任制，建立各项儿童安全措施具体落实与责任追究制度。

安徽是农业大省，同时也是全国的劳务输出大省，省内留守儿童作为一个特殊的未成年人群体受到社会各界的广泛关注。2009年12月1日，《安徽省未成年人保护条例》正式颁布实施，新增留守儿童权益保障条例，用法律保护留守儿童。

此外，为更好地保障儿童权益、促进儿童事业的发展，安徽省立足本地实际，还出台了其他一系列制度政策，这些法规政策关涉儿童生存发展的方方面面，为儿童健康成长、全面发展提供了良好的制度环境与政策保障。

二 儿童发展纲要的各项工作稳步推进，部分目标提前实现

婴儿及5岁以下儿童死亡率明显下降。2013年，安徽省婴儿死亡率为6.5‰，5岁以下儿童死亡率为8.42‰（见图1），与《安徽省儿童发展纲要（2011-2020年）》确定的8‰和10‰的目标相比，已经提前实现目标任务。

营养水平全面提高。2013年，安徽省6个月以内婴儿母乳喂养率达63.7%，比上年相比，提高了2.5个百分点。全省5岁以下儿童中、重度营养不良发生率为1.14%，5岁以下儿童低体重患病率、生长迟缓患病率分别为0.64%和0.72%，发生率均保持在较低水平。《安徽省儿童发展纲要（2011-2020年）》设定的目标为"5岁以下儿童生长迟缓率、低体重率、贫血患病率分别在7%、5%、12%以下"。如图2所示，2013年安徽省5岁以

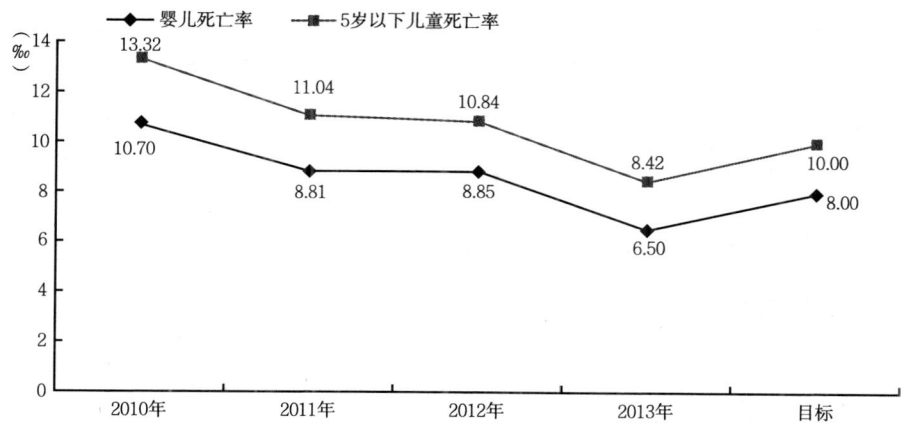

图 1　2010～2013 年安徽省婴儿及 5 岁以下儿童死亡率

资料来源：安徽省统计局：《2013 年安徽儿童发展报告》，2014。

下儿童低体重率为 0.64%，全国 5 岁以下儿童低体重率则为 1.37%，两者对比，安徽省 5 岁以下儿童低体重率不仅低于全国水平，而且已实现纲要设定的目标。

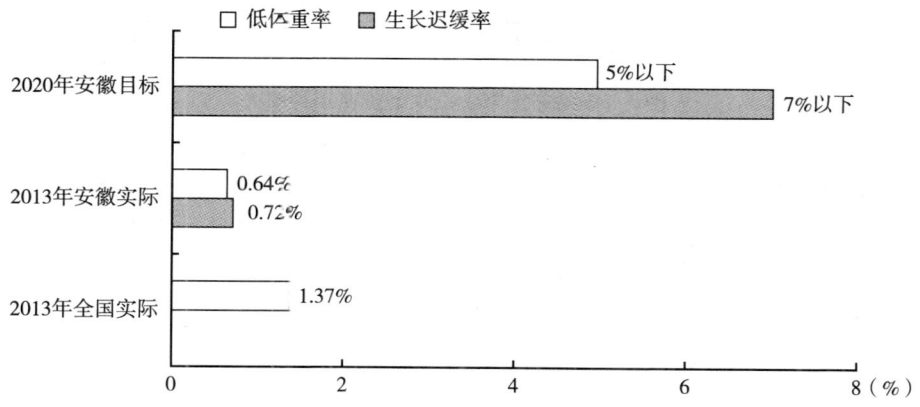

图 2　安微省和全国 5 岁以下儿童低体重率及生长迟缓率

资料来源：安徽省统计局：《2013 年安徽儿童发展报告》，2014；安徽省统计局：《2012 年安徽儿童发展报告》，2013；《安徽省儿童发展纲要（2011－2020 年）》。下同。

保健工作强力推进。2013 年，安徽省国家免疫规划疫苗接种率已经达 95% 以上，常规基础免疫接种率达 97% 以上，多年来安徽省儿童疫苗接种率一直保持在较高水平。全省0~3岁儿童系统管理率为78.5%,比2010年提高了22.6个百分点(2010年仅为55.9%)。同时,统一了全省儿童保健手册,使城乡儿童免费保健服务得到切实保障。2010年,全省原"五苗"常规免疫接种率为90%以上,新纳入免疫规划的疫苗接种率则为80%。而《安徽省儿童发展纲要(2010-2020年)》设定的相关目标为"纳入国家扩大免疫规划的疫苗接种率以乡镇为单位达到95%以上(2015年达到90%以上)。"两者对比可以看出,国家免疫规划疫苗接种率现已在达到《安徽省儿童发展纲要(2010-2020年)》设定的目标(见图3)。

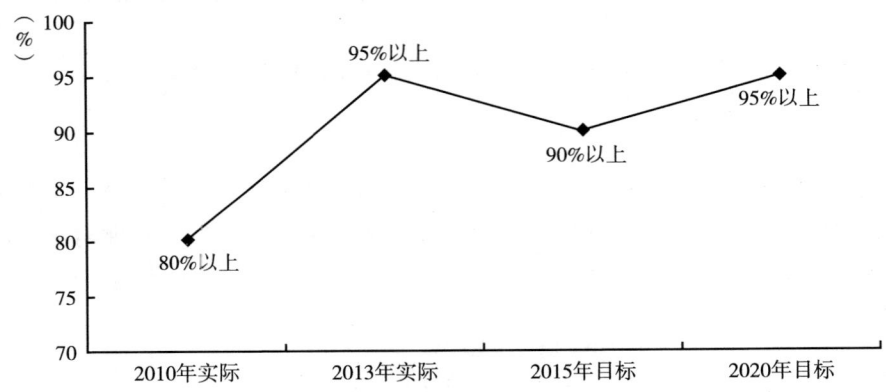

图3 安徽省国家免疫规划疫苗接种率

学前教育快速发展,2011年6月安徽省启动实施三年行动计划,如今已顺利完成这一行动计划。2011~2013年,全省学前教育总投入111.8亿元,其中财政性学前教育经费投入57.6亿元。如图4所示,截至2013年底,全省在园幼儿168万人,其中女童77.4万人,占46.1%,比2010年增加33.2万人(2010年全省在园幼儿100.8万人,其中女童44.2万人,占43.8%)。2013年,全省共有幼儿园6075所,学前三年毛入园率达75.3%,比2010年增加26.8个百分点(见图5)。其中,公办幼儿园2117所,占35%,在园幼儿77.6万人,占在园幼儿总数的46.2%;民办幼儿园3958所,占65%,在园幼儿90.4万人,占在园幼儿总数的53.8%。全省幼儿园教职工8.4万人,比2010年增加3.8万人,其中专任教师5.1万人,比2010年增加2.2万人。

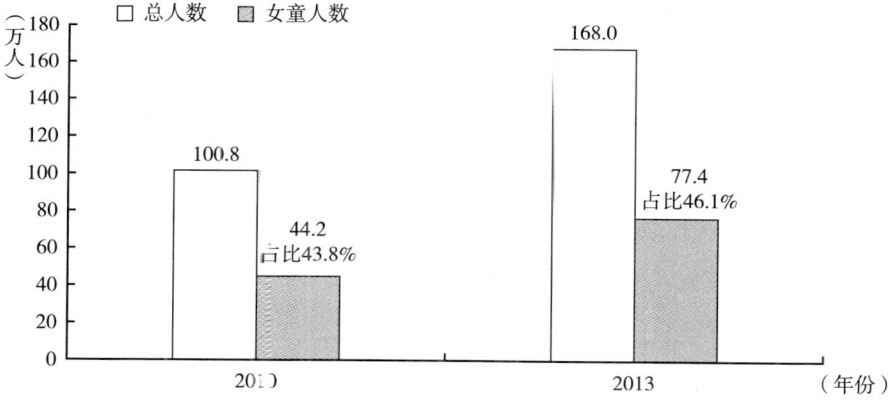

图4 2010年和2013年安徽省在园幼儿数

图5 安徽省学前三年入园率

高中阶段教育普及程度进一步提高。2013年,高中阶段在校生222.3万人,其中女生105.3万人,占47.4%,比上年提高0.3个百分点(见图6)。普通高中在校生125.5万人,其中女生58.4万人,占46.5%,比上年提高0.6个百分点,比2010年提高2.1个百分点。

男女平等接受高中阶段教育。2013年,全省高中阶段毛入学率达90%,比上年提高4个百分点,比2010年提高10个百分点,提前7年达到《安徽省儿童发展纲要(2011-2020年)》的目标(见图7)。

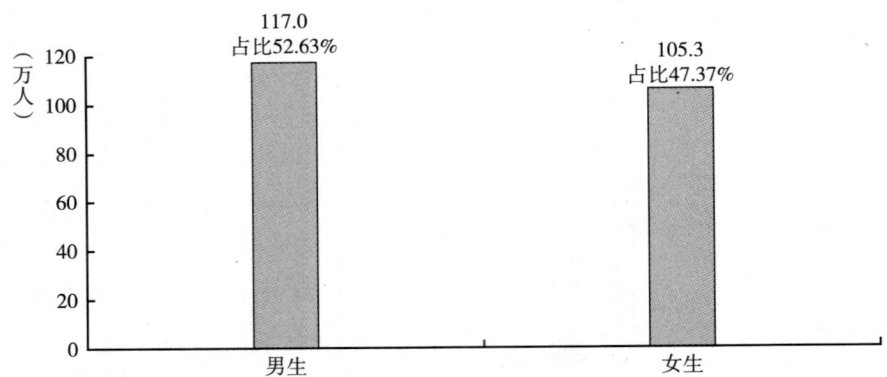

图6　2013年安徽省高中阶段在校生人数

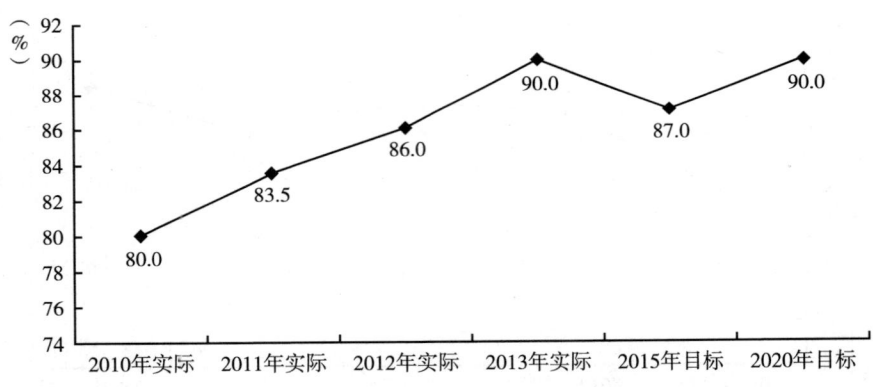

图7　2010～2013年安徽省高中阶段毛入学率

三　儿童权益保护、生存发展的重点难点问题进一步得到解决

（一）多管齐下，构建留守儿童保护体系

留守儿童面临的问题是多层面的，解决留守儿童问题是一项社会系统性工程。安徽省政府、妇联动员整合各方资源，构建留守儿童保护体系，为留守儿童发展提供更好的社会环境。

第一，加大政府投入，将留守儿童工作纳入政府民生工程。作为农业大省，安徽省义务教育阶段的留守儿童数量约180万。2010~2012年，省委省政府将留守儿童工作纳入民生工程，省财政投入8600多万元，各级地方政府给予相应的配套资金，依托农村中小学和乡镇文化站，建设2万多个农村留守儿童之家和活动室，覆盖全省农村中小学校和乡镇，为儿童之家、活动室配备图书、书柜、体育器材、电视和亲情电话等，在校内外为留守儿童提供安全的活动场所。全省通过加大寄宿制学校建设，完成了413所学校的建设项目，解决了包括留守儿童在内的6万多名学生的寄宿问题；在27个留守儿童较集中的县建设407所寄宿初中，初中在校生寄宿率提高到49%。2011年，全省中小学寄宿比例为11.5%，其中农村留守儿童占寄宿学生总数的49.6%。

第二，加强儿童校外活动阵地建设。目前，全省妇联系统已建立78个儿童校外活动阵地，包括44个妇女儿童活动中心和34个幼儿园。

第三，衔接校内外监管。留守儿童在校期间，由学校组织力量实行包保，在校外由基层组织负责、学校配合共同包保，包保留守儿童家长培训、留守儿童家访、留守儿童寄宿制管理、留守儿童假日活动等。强化家校联系制度，学校定期与留守儿童家长或监护人进行联系沟通，报告孩子在校情况，了解孩子家庭情况，对家庭教育提出建议。组织学校教职工对双亲外出的留守儿童进行结对帮助。加强对留守儿童父母或监护人的教育，引导他们掌握正确的家庭教育方法，提高法律意识和监护能力。省妇联筹资近百万元，连续两年举办全省农村留守儿童专兼职服务者（工作者）培训班，培训基层乡镇妇联干部、留守流动儿童活动室专兼职管理人员、志愿人员1000多人，围绕农村留守儿童的家庭教育、权益保障与安全防范、常见心理问题及心理辅助技巧等知识，帮助基层儿童工作者更新家庭教育知识、理念，掌握技能方法，提升服务家长和儿童的水平。与中国儿童基金会、中国社会福利基金会和省儿童基金会举办心理辅导师培训班，围绕积极沟通、儿童心理教育、社会能力培养等，对300多名社区、乡村儿童工作者和志愿者进行系统和专业培训指导。据不完全统计，2014年，全省范围内，各级妇联共培训家庭教育骨干达20000人次。同时，完善留守儿童情况统计报告制度和档案制度，定期统计留守儿童基本情况，建立留守儿童数字档案和成长记录袋，及时掌握留守儿童家庭基本情况和个人学习发展情况。

第四，整合社会力量，开展帮扶活动。动员组织社会爱心企业、爱心人士开展慰问留守儿童活动,向留守儿童捐款捐物。近年来,各地共募集社会关爱资金1200多万元,开展关爱活动6500多次。全省各级妇联招募关爱留守儿童志愿者近10万名,通过这些志愿者定期对留守儿童进行心理抚慰、学习辅导,并在生活上为他们提供帮助。

(二)儿童福利体系初步建立,困境儿童保障水平稳步提高

福利补助逐步提高。2013年,安徽省在全国率先实现县级社会(儿童)福利机构、流浪乞讨人员及流浪未成年人救助场所全覆盖。同时,对福利机构集中供养的孤儿和社会散居孤儿每人每月发放600~1000元的基本生活保障金,近3万名孤儿受益。

大病救助比例提升。2010年以来,更多的儿童疾病在安徽省被逐步纳入儿童大病医疗救助范围中,新农合儿童大病报销比例得到提高,实际补偿比例达70%~90%。2013年,全省范围内获得儿童大病医疗救助的人数达7321人。

更多的残疾儿童得到救助。2013年,全省0~6岁残疾儿童抢救性康复率达10.1%,比2010年提高5.1个百分点;0~6岁贫困残疾儿童接受康复训练和救助的人数为8661人。在残疾人康复方面,2013年安徽省建立康复站的社区达4190个,配备社区康复协调员9049名。已陆续有38个县级医疗卫生机构开展残疾儿童筛查工作,年度新确诊的0~6岁残疾儿童为4759人,64个机构开展肢体残疾康复训练服务,实施救助项目资助1381名脑瘫儿童进行康复训练,资助266名贫困的肢体残疾儿童实施了矫治手术。此外,建立了1个省级儿童孤独症康复训练机构,有755名孤独症儿童在各级机构进行了康复训练。

特殊教育进一步改善。2013年,安徽省特教学校生均公用经费5倍于普通学校政策以及特教岗位津贴全面落实。安徽省实施残疾人事业专项彩票公益金助学项目,这一项目为家庭经济困难的残疾儿童享受普惠性学前教育提供资助,资助对象已达300人次。截至2013年底,有未入学适龄残疾儿童5034人,其中视力残疾儿童153人、听力残疾儿童262人、言语残疾儿童217人、肢体残疾儿童1429人、精神残疾儿童283人、智力残疾儿童1757人、多重残疾儿童933人。[1]

---

[1] 安徽省统计局:《2013年安徽省残疾人事业统计公报》,2014。

（三）儿童优先原则深入人心，成长环境不断优化

1. 儿童精神文化产品日渐丰富

2013 年，共出版各类少年儿童图书 1613 万册，比 2010 年增加 776 万册；少年儿童期刊 1271 万册，音像制品 5.2 万张。全年创作生产的少儿电视动画片达 29 部，共计 15030 分钟，有 7 个栏目和动画项目获得了全国性大奖，奖项数量和奖金在中部六省位居第一，为全省儿童提供了大量健康文化产品。

2. 儿童场馆免费开放

2013 年，全省未成年人参观博物馆 818 万人次，公共图书馆服务少儿读者 359 万人次，分别比 2010 年增长 63.6% 和 76.8%。科技馆免费开放以后，全省未成年人参观科技场馆的人数激增，2012 年为 27.4 万人次，2013 年达 102 万人次，比 2010 年增长 2.7 倍（见图 8）。①

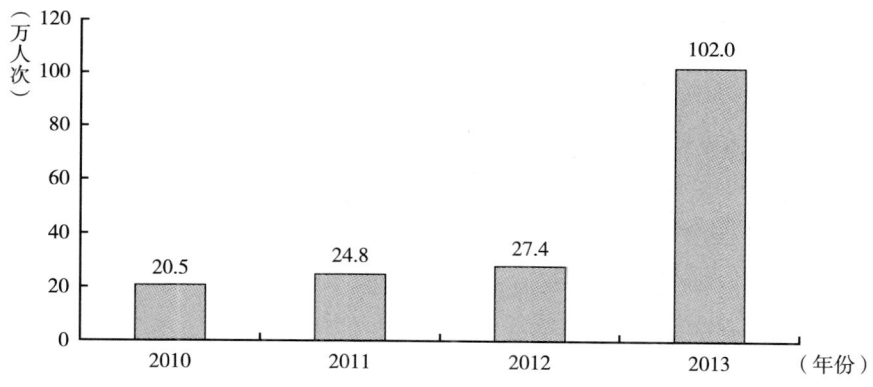

图 8　未成年人参观科技馆人次

资料来源：见安徽省统计局《2013 年安徽儿童发展报告》，2014。

3. 儿童家长家庭教育水平不断提升

安徽省及 12 个省辖市 61 个县（市、区）成立了家庭教育研究会。省妇联组建了家庭教育专家团和宣讲团，成立了家庭教育指导中心、儿童心理教育基地，开办了安徽省网上家长学校。成立市级家庭教育指导中心 24 所、县（市、区）级 118 所、街道社区级家庭教育指导服务机构（家长学校）1363 所、乡

---

① 安徽省统计局：《2013 年安徽儿童发展报告》，2014。

镇（村）家长学校7759所、农村留守儿童指导服务机构2385个。全省有广播家长学校339所，电视家长学校187所，幼儿园、中小学校家长学校13117所，中等职业技术学校家长学校126所，手机、网络家长学校271所。此外，安徽省有8所全国示范家长学校，645所省、市级示范家长学校，40所全国留守流动儿童示范家长学校，100所省级留守流动儿童示范家长学校，3个中国家庭教育学会实验研究基地，25个省市级家庭教育示范县（市、区）。

省家庭教育指导中心发挥其基地和专家队伍优势，举办各种家教报告会、家长课堂共300余场，开展了100多期专家咨询活动。各级妇联通过举办家庭教育报告会，开设家庭教育大讲堂、家庭教育直通车等，开展多种形式的家庭教育宣传活动，传播科学家教理念，普及家庭教育知识。

参考文献

安徽省统计局：《2013年安徽省儿童发展报告》，2014。
《安徽省儿童发展纲要（2011－2020年）》。
安徽省统计局：《2013年安徽省残疾人事业统计公报》，2014。
安徽省政府妇儿工委办公室：《关于未成年人保护法实施情况的报告》，2014。
安徽省妇联：《安徽省农村留守儿童关爱服务体系建设汇报材料》，2013。
安徽省教育厅：《安徽省教育厅关于对省十二届人大三次会议第470号建议的答复》，2014年8月29日。
《全省妇联系统儿童校外活动阵地情况汇报》，2013年12月。

B.16
安徽高校大学生价值取向状况调查与分析[*]

潘莉 董梅昊 郝丹丹 李青[**]

摘　要： 运用个人主义-集体主义量表和自编大学生价值取向问卷，对安徽大学生价值取向开展问卷调查。研究发现，安徽大学生总体趋向于集体主义，生活价值取向总体积极向上，最重视家庭，其次是个人健康和事业发展；消费价值取向总体合理，主张量入为出，消费时注重质量和价格；道德价值取向相对消极，在价值选择与道德行动时偏重个体利益；政治价值取向上社会制度意识淡化，虽然积极参与人大代表选举等政治活动，但部分大学生对中国特色社会主义制度的性质和马克思主义的指导地位认识不清。不同性别、不同年级、不同政治面貌、不同家庭背景的大学生在不同价值取向上存在差异，需要在教育引导时区别对待。

关键词： 安徽　大学生　价值取向

---

[*] 本文是国家社会科学基金青年项目"思想政治教育向度的心理疏导模式及技术研究"（编号：13CKS044）阶段性成果。

[**] 潘莉，安徽淮北人，合肥工业大学马克思主义学院副教授，硕士生导师，安徽社会心理学会副秘书长，研究方向：社会心理及其疏导、思想政治教育。董梅昊，安徽安庆人，合肥工业大学马克思主义学院硕士研究生，研究方向：社会心理及其疏导。郝丹丹，安徽蚌埠人，合肥工业大学马克思主义学院硕士研究生，研究方向：思想政治教育。李青，湖北随州人，合肥工业大学马克思主义学院硕士研究生，研究方向：社会心理及其疏导。

价值取向是主体在面对或处理各种价值问题时进行价值评价、价值选择，实施价值行为时所表现出来的基本价值倾向和实际偏好，是介于价值观念和实际行为之间的中间环节。在现实生活中，个体追求何种价值，秉持何种价值准则，如何做出价值评价和价值决策，欣赏和选择何种社会行为，在具体情境中如何实施行为并产生价值体验等，无一不受到价值取向的影响和调节。青年大学生正处于价值观和价值取向形成和确立的关键时期，把握青年大学生价值取向的现状、特点，探讨价值取向引导策略对于大学生的成长发展具有重要意义。

本研究以安徽高校在校大学生为范本，于2014年10～11月在全省范围内发放问卷，进行抽样调查。调查采用分层抽样法，通过网络调查与现场调查两种方式，共在16所高校发放问卷850份，回收问卷840份，其中有效问卷803份，占全部问卷的94.5%。样本分布情况为：男生399人（49.7%），女生404人（50.3%）；大一237人（29.5%），大二168人（20.9%），大三196人（24.4%），大四132人（16.4%），研究生70人（8.7%）；中共党员128人（15.9%），共青团员641人（79.8%），群众28人（3.5%）民主党派6人（0.8%）；人文科学61人（7.6%），社会科学334人（41.6%），理科90人（11.2%），工科271人（33.7%），医科47人（5.9%）；农村375人（46.7%），小城镇143人（17.8%），县级市以上城市285人（35.5%）。调查主要包含个人主义－集体主义量表和大学生价值取向问卷两个部分。在采用Triandis编写、黄任之修订的"个人主义－集体主义量表"[①] 从个人主义－集体主义维度进行价值取向调查的同时，自编问卷从内容维度对大学生生活价值取向、消费价值取向、道德价值取向、政治价值取向进行调查。问卷共涉及五个方面84个选项，整体信度克朗巴哈（Cronbach）a系数为0.670～0.841，效度为0.371～0.707，具有较好的信度和效度。问卷回收后进行统一编码，运用社会统计软件SPSS 22.0进行数据统计分析。

---

① Triandis等人发现，有60种特征可以将不同类型的个人主义和集体主义区别开来，经过比较，引入了水平（Horizontal，强调个体间的平等，例如没有权距）和垂直（Vertical，强调个体间的不平等和权力关系中的等级）两个维度，并将价值取向划分成四种类型：水平的个人主义、垂直的个人主义、水平的集体主义、垂直的集体主义。

一 安徽高校大学生价值取向的总体状况

以 90 后为主体的安徽高校大学生，在价值取向上表现出与中国文化传统和主导价值观一致的重集体、亲社会总体性特征的同时，也表现出注重人人平等、关注个体发展、看重物质利益、道德知行分离、社会制度意识淡化等群体特征。从总体情况来看，大学生个人主义－集体主义价值取向最好；其次为生活价值取向和消费价值取向，二者虽然表现出注重个体的特点，但总体合理健康；道德价值取向和政治价值取向总体健康，但部分大学生相对较消极，在具体道德情境中既不拾金不昧，也不乐于助人，并且社会制度意识淡化，对中国特色社会主义的性质认识不清等。在大学生的价值取向中，集体主义取向与生活满意度、道德价值取向和政治价值取向相关性明显（皮尔逊相关系数分别为 0.175、0.215、0.214），呈显著相关（$P < 0.001$）；政治价值取向和生活满意度、道德价值取向显著相关（$P < 0.001$），相关系数分别为 0.227 和 0.270。

（一）集体主义取向明显高于个人主义取向，同时认同人人平等

总体上看，安徽大学生倾向于集体主义和水平维度价值取向，他们的集体主义取向（5.55±0.66）显著大于个人主义取向（4.89±0.65），二者之间差异非常显著（$P<0.01$）；最认同水平的集体主义（5.89±0.77），其次是水平的个人主义（5.25±0.74），然后是垂直的集体主义（5.21±0.75），最后是垂直的个人主义（4.52±0.80）。这说明，在大多数大学生看来，人和人是平等的，要求获得同等权利和机会，保持社会身份一致性的想法比较突出；同时，他们也认为个体应当获得集体归属感，与其他社会成员保持友好合作的人际关系。

（二）生活态度总体乐观积极，对家庭和个人的重视程度超过国家

日常生活方面，安徽大学生总体乐观积极，生活满意度偏向满意（整体均值为 4.158，大于中值4），并对未来充满期待。在"你认为自己是哪一类大学生"的选项中，选择"有理想，有抱负，积极为自己的理想努力着，抱着

乐观的态度"（31%）和"较为有理想，较为有抱负，比较积极努力，抱着比较乐观的态度"（47.4%）的比例累计达78.4%；大学生同时对上大学持有正面积极的态度，认为大学的价值在于"学习知识，充实自我，为工作打好基础"（44%）和"锻炼人际沟通能力，学会并适应集体生活"（47.3%）、"在一个安静的地方提升自己"（5.7%），其比例累计达97%，只有3%的同学对上大学持消极态度，是迫于家长压力和混日子。

在决定价值选择和价值决策的生活价值排序方面，对家庭和个人的重视程度超过国家，传统"国家－家庭－个人"的排序等级发生变化，个体以及个体所依附的家庭上升至更重要的地位。从选择频次来看，家庭（N=760）、健康（N=626）和事业（N=482）是大部分大学生认为最重要的三项，国家排在第五位，并且选择频次（N=79）显著低于家庭和个人。但只要是选"国家"的大学生，都将其排在第1或第2的位置，这也使得国家（RM=1.73）在排序均值上仅次于家庭（RM=1.52）居于第2位，高于健康（RM=1.86）、事业（RM=2.49）和朋友（RM=2.61）[①]。具体如表1所示。

表1 安徽大学生生活价值排序及相对均值情况（N=803）

排序	选项	选择频次	均值	标准差
1	家庭	760	1.52	0.661
2	健康	626	1.86	0.769
3	事业	482	2.49	0.674
4	朋友	264	2.61	0.580
5	国家	79	1.73	0.828
6	金钱	77	2.64	0.583
7	信仰	63	2.11	0.845
8	知识	58	2.34	0.664

---

① 问卷只要求从8个选项中选出最重要的三项排序，录入数据时分别记为1、2、3分，未入选前3的不记分。因此，计算均值时是以每项的总分除以选改项的人数，而不是除以总人数，表1列出的均值是相对均值，而不是8项排序的绝对均值，所以此处的排序主要依据频次的统计。下同。

（三）消费价值取向方面注重金钱的实用性，主张量入为出，较注重商品的质量和价格

从大学生对金钱的总体态度来看，大学生很注重金钱的实用性，但并不是"唯钱论"的拜金主义者。虽然有75.1%的大学生认为"钱不是万能的，但没有钱是万万不能的"，但认同"当今世界钱是万能的"的大学生只有5.1%，另有20%的大学生认为"美好的东西都是无价的，钱财乃身外之物"，表现出超然物外的价值取向。此外，在对"人的尊严与金钱的关系"调查中，大学生普遍更注重人的尊严，95.1%的大学生表示"绝不以人的尊严去换金钱"，把金钱凌驾于尊严或愿意为金钱失去尊严的大学生只有1.7%，展现了大学生更注重精神因素的积极面貌。

在实际消费方面，大学生主张量入为出，购物时更注重商品的质量和价格因素。关于"如何看待部分大学生的透支消费"的调查，累计95%的大学生表示反对或不支持透支消费，认为应当节俭生活或量入为出，并表示自己不会透支消费。主要消费去向较合理，依次为正常餐饮、学习用品、水果零食、逛街购物、朋友聚餐、感情支出等生活和学习层面。消费时非常注重性价比，如质量、价格、经济实惠、个人偏好等因素，品牌、服务和新潮流行等排序相对靠后，说明大学生消费价值取向总体较理性。对于"现场购物时最注重因素"的调查，从选择频次和相对均值来看，质量（N=707，RM=1.75）、价格（N=547，RM=1.93）和经济实惠（N=405，RM=2.04）排在前三位。当然，与现场购物相比，大学生在网络购物时更注重信用好评度，这也说明大学生在网络购物时对他人评价的信任和依赖。具体如表2所示。

表2 安徽大学生消费时最注重因素排序前三及相对均值情况（N=803）

消费情境	质量	价格	经济实惠	个人偏好	品牌	信用好评度	服务	新潮流行
现场购物	707（1.75）	547（1.93）	405（2.04）	317（2.11）	182（2.36）	108（2.34）	84（2.38）	59（2.40）
网络购物	605（1.74）	599（1.91）	289（2.2）	224（2.13）	163（2.33）	361（1.98）	133（2.41）	62（2.39）

（四）道德价值取向整体积极向上，部分大学生在价值选择与道德行动时偏重个体利益

总体来看，大学生道德价值取向与社会主流道德观念相符度不高，公私关系上明显偏重私人利益，网络道德意识欠缺，具体道德行为选择方面倾向于维护个体利益。对于"大公无私，公而忘私""先公后私，先人后己""公私兼顾""先私后公""损公肥私"由高到低的道德层次，大学生在自我判断与同龄人判断时会倾向于公私兼顾，同时不少大学生在应倡导和追求的层次认识上低于社会实际倡导和追求的层次，选择损公肥私（0.4%）、先私后公（1.9%）、公私兼顾（47.3%）的比例累计为49.6%（见表3）。

表3　安徽大学生公私关系取向状况（N=803）

单位：%

选项	判断与态度			
	自己所处层次	同龄人所处层次	社会上大部分人所处层次	应倡导和追求的层次
大公无私,公而忘私	7.6	2.9	2.5	19.4
先公后私,先人后己	15.2	9.5	6.8	31.0
公私兼顾	75.2	62.1	34.6	47.3
先私后公	2.0	24.0	42.2	1.9
损公肥私	0	1.5	13.8	0.4

道德行为决策和行动方面，不少大学生也表现出明显的现实性和道德偏离现象。36.5%的大学生表示有过或经常有作弊行为，只有17.3%的大学生表示从没有过作弊的想法和行为。对于拾金不昧和助人为乐等传统道德行为，部分大学生也表现出完全不同的态度。有3.8%的大学生表示会在拾到贵重财物后据为己有，2.2%的大学生表示在归还失主时有相应报酬；12.1%的大学生对于"因孩子受伤借钱的男孩父亲"表现出不信任和不理睬，表示不会伸出援手（见表4）。

网络道德方面，虽然多数大学生表现出较好的道德意识，34.7%的大学生认为网络交往应严格遵守文明原则；52.2%的大学生认为应遵守和现实人际交流一样的道德原则；但也有6.5%的大学生认为网络道德约束相对松散，可自

表4　安徽大学生在拾到贵重财物或被求助时的选择和行为（N=803）

选项	选择频次	比例（%）	选项	选择频次	比例（%）
联系归还失主或上交	575	71.6	救人要紧，先给钱再说	442	55.0
内心矛盾但最后上交	179	22.3	让写借条后借钱	131	16.3
归还失主但有相应报酬	18	2.2	有点可怜，给一点钱	133	16.6
犹豫不决最后没上交	22	2.7	怀疑是骗局不给钱	85	10.6
我捡到的，当然是我的	9	1.1	自己钱不够用，不理睬	12	1.5

由发言；6.4%的大学生认为网络交往时可欺骗对方；甚至有0.2%的大学生认为网络是虚拟空间，可胡编乱造。

（五）政治价值取向偏消极，虽然看重走中国特色社会主义道路和改革开放政策，积极参与政治活动，但社会制度意识相对淡薄，非意识形态化取向凸显

从最看重的政治三要素排序情况来看，大学生最注重社会稳定与安全，也把走中国特色社会主义道路和坚持改革开放放在较重要的地位。就选择频次而言，社会稳定与安全（N=474）、走中国特色社会主义道路（N=350）和坚持改革开放（N=295）是大学生最注重的；就排序均值而言，大学生最看重的三项依次是走中国特色社会主义道路（RM=1.39）、世界和平（RM=1.50）和坚持改革开放（RM=1.85）。无论是从选择频次还是从相对均值来看，走中国特色社会主义道路和坚持改革开放均进入前三，这说明大学生非常看重这两个因素。具体如表5所示。

表5　安徽大学生最看重的政治三要素排序及均值情况（N=803）

排序	因素	选择频次	比例（%）	均值	标准差
1	社会稳定与安全	474	59.0	2.12	0.806
2	走中国特色社会主义道路	350	43.6	1.39	0.680
3	坚持改革开放	295	36.7	1.85	0.618
4	经济发展水平	262	32.6	2.23	0.765
5	执政党的清明廉洁	237	29.5	2.11	0.802

续表

排序	因素	选择频次	比例(%)	均值	标准差
6	国家繁荣富强	203	25.3	2.36	0.727
7	生态环境良好	182	22.7	2.41	0.739
8	公众权益表达与维护个人权益	177	22.0	2.27	0.778
9	世界和平	100	12.5	1.50	0.798
10	社会精神生活	71	8.8	2.44	0.751
11	基本公共服务均等化	61	7.6	1.96	0.832

然而，虽然大学生较看重当前中国特色社会主义道路和改革开放政策等，却表现出制度意识淡薄、非意识形态化取向凸显的状况。对于"不管中国将来实行什么制度，只要民富国强就行"的观点，74%的大学生表示赞同，分别为非常赞同（13.6%）、比较赞同（23.4%）和基本赞同（37%）。这种社会制度意识的淡化使得部分大学生对当前中国特色社会主义制度的社会主义性质认识不清，有13.4%的大学生表示中国特色社会主义未来会走向资本主义，还有13.1%的大学生表示说不清楚中国特色社会主义的制度性质，更有1.1%的大学生直接认为中国特色社会主义就是资本主义。而对于马克思主义在意识形态领域的指导地位，34.6%的大学生表示无所谓，还有2.3%的大学生认为应放弃（1.6%）或最好放弃（0.7%）其指导地位。

具体政治行为倾向方面，安徽大学生表现出相对积极的面貌。首先，对于校园内人大代表选举等政治活动，87.5%的大学生表示会以比较积极的态度参加，75.8%的大学生对这些政治活动给予正面评价，认为选举是神圣权利（236名，29.4%），可以帮助自己了解政治状况（166名，20.7%），人大代表能反映和代表个体利益（206名，25.7%）等。其次，多数大学生愿意加入中国共产党，入党动机也较积极健康。在610名已经是中共党员（128名）或愿意入党（482名）的大学生中，510名（83.6%）大学生认为入党是基于信仰共产主义（86名，14.1%）、更好地为社会做贡献（241名，39.5%）、是一种精神寄托（67名，11%）、是一种优秀的表现（116名，19%）。最后，在参与网络政治评论的大学生中，81.6%的大学生是积极的，包括希望祖国更好（32.5%）和积极参与社会事务（49.1%），只有18.4%的大学生表示是"无聊时随意为之"或"凑热闹""宣泄愤懑情绪"等。

二 安徽高校大学生价值取向的差异性分析

调查显示,不同性别、不同年级、不同生源地、不同专业、不同政治面貌大学生在不同价值取向上存在差异,其中,人生早期未与父母一起生活的大学生的生活态度、三年级大学生等值得关注。

(一)个人主义-集体主义价值取向的差异性分析

调查结果表明,不同年龄的大学生在个人主义取向、不同性别的大学生在垂直的个人主义方面存在差异,不同年龄和不同层次高校大学生在集体主义取向方面存在显著差异($p<0.01$)。其中,不同性别的大学生在垂直的个人主义方面得分差异显著($p<0.05$),男生得分(4.60 ± 0.80)显著高于女生(4.44 ± 0.79),说明男生更倾向于"个体自治,承认彼此身份的差异,彼此独立,强调竞争和依靠自己",女生则更加注重"成员相互依赖,身份平等,倾向于个性的互补"。随着年龄组的变化(1995年后出生、1990~1994年出生、1985~1989年出生),大学生的个人主义总分呈增长趋势,集体主义总分呈微弱下降趋势。年龄与个人主义总分的方差分析显示,不同年龄的大学生在个人主义得分方面存在显著差异($F=7.421$,$P=0.000$),具体如表6所示。这种变化趋势可能与大学生的心理成熟和个体独立性不断增强相关。

表6 不同年龄大学生个人主义和集体主义价值取向状况(N=803)

取向(均值)	年龄		
	1995年后出生	1990~1994年出生	1985~1989年出生
水平的个人主义	5.06	5.36	5.19
垂直的个人主义	4.39	4.59	4.65
水平的集体主义	5.88	5.90	5.67
垂直的集体主义	5.15	5.24	5.19
个人主义总分	4.73	4.97	4.92
集体主义总分	5.52	5.57	5.43

（二）生活价值取向的差异性分析

调查表明，不同年级大学生和不同生源地、不同收入的大学生在生活满意度方面存在差异，其中，研究生的总体生活满意度最高，生源地现代化程度和发展水平越高的城市大学生，生活满意度越高。57.2%北上广城市生源地的大学生对生活是满意的，只有24.8%来自农村的大学生对生活感到满意。在生活理想和生活态度方面，不同年级和不同政治面貌大学生存在一定差异，中共党员中有明确理想的为45.3%，明显高于团员的27.9%和群众的35.7%；随着年级上升，有理想的人群比例不断上升，生活迷茫的比例不断下降，呈现积极的动态发展趋势，具体如表7所示。

表7　不同年级和不同政治面貌大学生生活态度交互分类统计

单位：%

生活态度总体状况	年级					政治面貌		
	大一	大二	大三	大四	硕士	党员	团员	群众
有理想积极努力,态度乐观	27.8	25.6	33.2	37.1	37.1	45.3	27.9	35.7
较为有理想,比较积极努力	46.8	52.4	44.9	44.7	50.0	39.8	49.3	42.9
无所追求,随遇而安	7.2	4.2	3.6	3.8	4.3	3.9	4.5	10.7
比较茫然,没有努力方向	16.5	17.3	18.4	14.4	8.6	10.9	17.6	7.1
前途悲观,不知生活意义	1.7	0.6	0	0	0	0	0.6	3.6

早年是否与父母生活在一起，即童年时期是与不是留守儿童的大学生在生活理想的树立方面有明显差异。理想明确和较有理想的大学生中，早年与父母分离的比例略低于早年与父母生活在一起的大学生，但无所追求的大学生中，早年与父母分离的比例达60%，是与父母生活在一起的大学生的14倍，非常值得关注。具体如图1所示。

（三）消费价值取向的差异性分析

调查显示，父母学历不同的大学生对金钱的总体态度存在差异，对于"美好的东西是无价的，钱财乃身外之物"这一观点，以父母学历为本科的大学生为最低转折点，呈现两极分化趋势，即父母学历为本科的大学生多看重金钱，只有9.7%的父亲学历为本科和11.1%的母亲学历为本科的大学生认同该

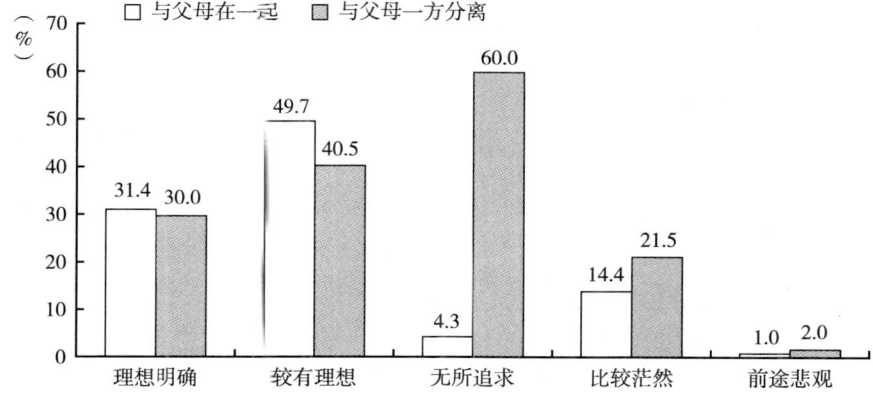

图 1 生活态度与早年与父母分离交互状况

观点，而父母亲学历为小学和父母亲学历为博士的大学生的金钱观较为淡薄，其中父亲学历为博士的大学生金钱观最为淡薄，高达 40% 的大学生认同该观点。具体如图 2 所示。

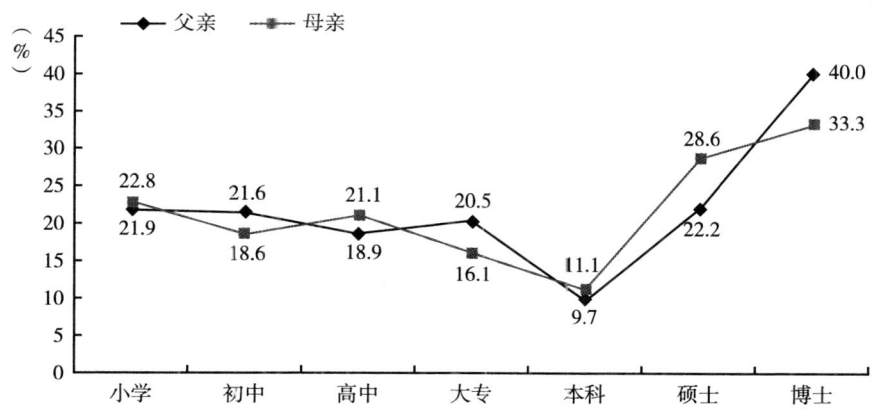

图 2 大学生对金钱的态度与父母受教育程度交互状况

从消费去向来看，不同类型大学生在正常餐饮、学习用品消费方面不存在显著差异，但不同性别大学生在水果零食、逛街购物、感情支出方面存在差异。女生在水果零食（$F=51.886$，$P=0.000$）、逛街购物（$F=114.588$，$P=0.000$）方面的支出显著多于男生，而男生在感情支出方面则多于女生（$F=$

13.457，P=0.000）。每月可支配收入不同的大学生在朋友聚餐、逛街购物方面存在差异（P=0.000），并且可支配收入与逛街购物、朋友聚餐存在显著正相关，即每月可支配收入越多的大学生，在与朋友聚餐、逛街购物方面支出越多。而早期未与父母生活在一起、独生子女大学生在游戏支出方面显著多于早期与父母生活在一起、非独生子女大学生（P=0.000），这可能与部分大学生在现实生活中人际交流较少有关。

（四）道德价值取向的差异性分析

调查显示，不同层次高校大学生和不同政治面貌大学生在社会整体应提倡和追求的公私关系处理方式上存在显著差异。其中高校层次越高，大学生对应提倡和追求的公私关系处理方式越趋向积极（F=9.369，P=0.000）。从政治面貌来说，政治面貌为党员的大学生更积极，而政治面貌为群众的大学生相对消极（见图3）。

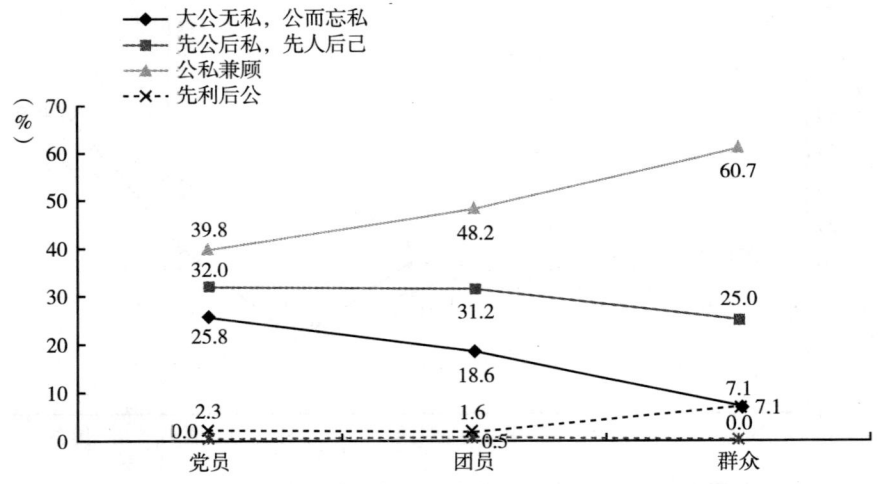

图3 社会应提倡和追求的公私关系处理方式与政治面貌交互状况

从在具体道德情境中的价值倾向来看，不同政治面貌大学生在拾到贵重财物时的倾向性态度存在显著差异（F=4.759，P=0.001），政治面貌为团员和党员的大学生相对更积极，在拾到贵重财物时更倾向于通过各种路径交还给失主（95.2%和92.2%），与之相比，只有78.6%的群众大学生通过各种途径将财物交还给失主(见表8)。不同年级大学生面对他人因困难向自己借钱时的倾向性态度存在差异(F=2.833,P=0.024),其中大一学生的态度最积极,有78.9%的表示会借钱,而研究生最消极,只有62.9%的表示会借钱(见表9)。

表8 不同政治面貌大学生拾到贵重财物的态度比例

单位:%

选项	政治面貌		
	党员	团员	群众
想办法归还失主或上交	76.6	71.3	64.3
内心矛盾但最后还是上交	15.6	23.9	14.3
犹豫不决最后没有上交	6.3	1.2	7.1
归还失主但求有相应报酬	1.6	2.5	7.1
是我捡到的,当然是我的	0	1.1	7.1

表9 不同年级大学生对他人求助借钱的态度

单位:%

选项	年级				
	大一	大二	大三	大四	硕士
救人要紧,先给钱再说	61.6	47.6	52.6	56.8	54.3
让其写借条然后借钱	17.3	21.4	15.3	13.6	8.6
有点可怜,给一点钱	13.9	18.5	18.4	16.7	15.7
怀疑是骗局不给钱	5.9	11.3	11.7	11.4	20.0
自己钱不够用,不理睬	1.3	1.2	2.0	1.5	1.4

从网络道德价值取向来看,不同政治面貌(F=4.586,P=0.001)和月可支配收入不同(F=2.683,P=0.031)的大学生在网聊文明程度方面存在差异。选取认为网聊时"应严格遵守文明原则"和"应遵守和现实人际交流一样的道德原则"两项之和与政治面貌和月可支配收入进行交互分析,发现认为应该坚持文明上网的比例以党员、团员、群众的顺序依次递减,党员比例最高,为87.5%,群众比例最低,为67.9%。从每月可支配收入来看,2001~5000元的比例最高,为92.4%,而1001~2000元的比例最低,仅为82.2%。具体如图4和图5所示。

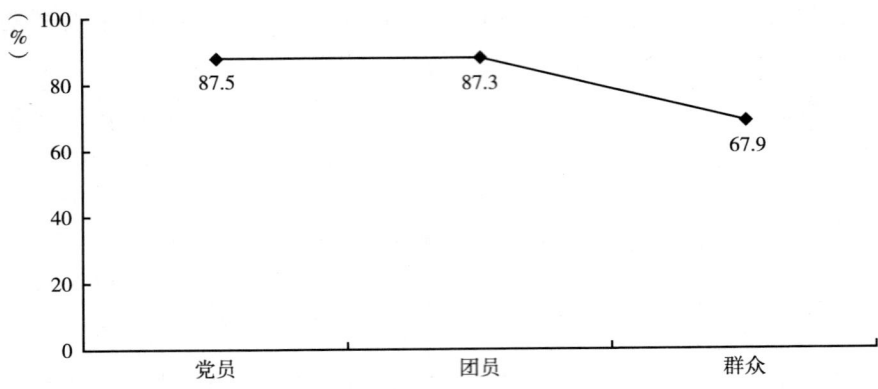

图4　不同政治面貌大学生网聊文明状况

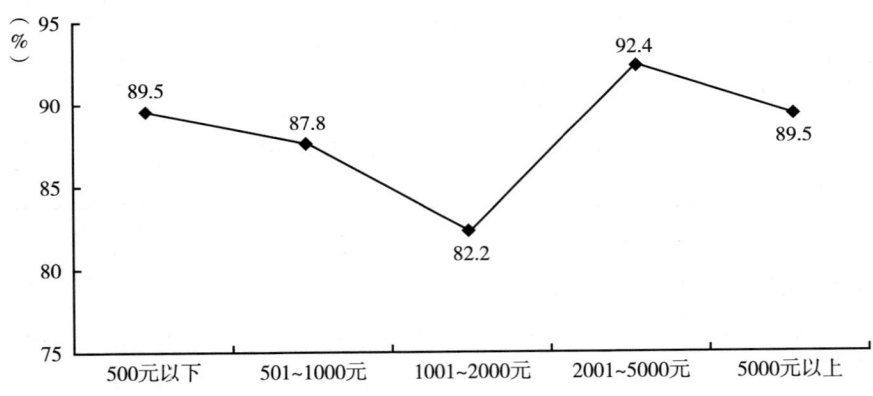

图5　不同月可支配收入大学生网聊文明状况

（五）政治价值取向的差异性分析

调查显示，不同政治面貌和不同年龄大学生对当前我国社会主义制度性质的认识方面存在显著性差异。就不同政治面貌大学生（F=6.476，P=0.000）而言，党员对当前中国特色社会主义的社会主义制度认同程度最高，认为是科学社会主义的比例为56.3%，认为会走向资本主义的为7.8%；群众则与之相反，认为走向资本主义的比例为21.4%，认为是科学社会主义的为17.9%。就不同年龄（F=2.708，P=0.029）而言，90后大学生的看法相对消极，与77.8%的80后大学生认为我国当前是科学社会主义的具体形态相比，只有

37.6%的95后大学生和43.7%的1990~1994年出生的大学生认为我国当前是科学社会主义的具体形态。与没有80后大学生认为会走向资本主义相比，有14.4%的1990~1994年出生的大学生认为我国会走向资本主义，12.8%的95后大学生认为会走向资本主义，这说明年轻一代大学生的社会主义制度认识消极化倾向明显，需要引起警觉。当然，一部分大学生对当前中国特色社会主义的性质认识尚不清晰，说明存在正向引导可能。具体如图6所示。

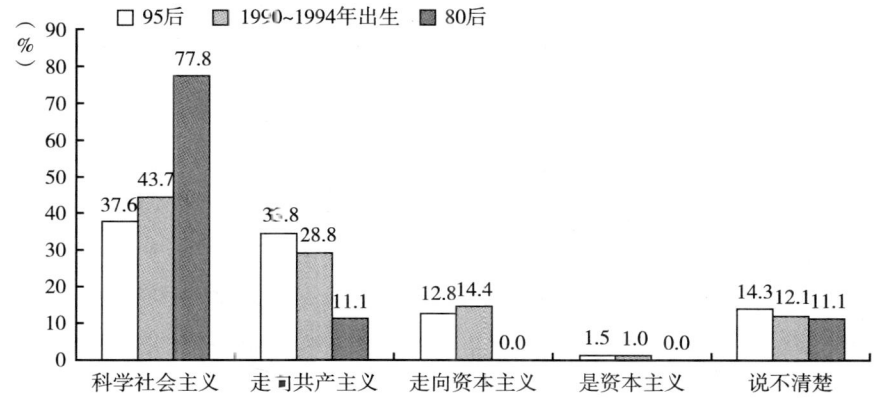

图6 不同年龄大学生对中国特色社会主义制度性质的认识

对于马克思主义在意识形态领域中的指导地位，不同政治面貌大学生的看法也存在显著差异（F=4.739，P=0.001）。其中，党员的看法相对积极，认为应该坚持的比例最高，为70.4%，认为应该放弃的比例为1.6%；而群众则相对消极，认为坚决坚持的只有10.7%，认为应该放弃的比例高达10.7%（见图7）。

在具体政治行为倾向方面，不同专业、不同年级和不同层次高校大学生之间存在显著差异。其中，不同专业大学生在看到网络上诋毁与危害国家的言论时行为取向存在显著性差异（F=10.914，P=0.000）。理科、工科、社会科学大学生的态度相对积极，虽然仍有多数大学生对这些负面言论持赞同态度，但持批评或反驳态度的人数及比例（医科为0、人文科学为3.4%）显著增加，其中理科大学生为4.4%、工科为6.7%、社会科学为7.5%。不同年级（F=5.564，P=0.000）和不同层次高校（F=18.918，P=0.000）大学生在参与人大代表选举等政治活动的积极性方面存在显著差异。从年级来看，大一、大

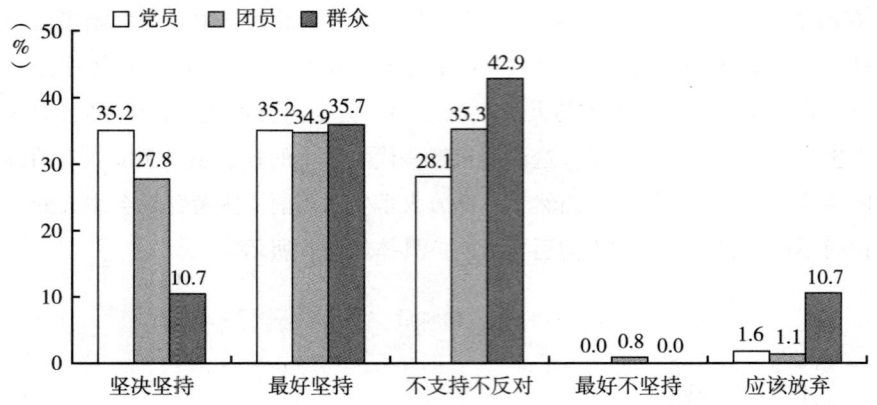

图7　不同政治面貌的大学生对意识形态领域的指导地位的态度

三学生较积极,大二、大四和硕士学生相对消极;从高校层次来看,高职高专学生最积极认真,积极认真和比较积极参与的比例累计达72.5%,不太积极和不参加的累计只有2.5%;而"985"高校大学生最不积极,积极认真和比较积极参与的比例累计只有21.6%,不太积极和不参加的比例累计有37.8%。具体如表10所示。

表10　不同年级和不同层次高校大学生对人大代表选举等活动的态度

单位:%

选项	年级					高校层次			
	大一	大二	大三	大四	硕士	"985"高校	"211"高校	一般本科	高职高专
积极认真	27.4	31.0	29.6	28.8	32.9	5.4	45.5	33.4	46.0
比较积极	28.3	16.1	21.9	15.2	12.9	16.2	11.4	21.0	26.5
一般	29.5	30.4	20.9	24.2	17.1	40.5	27.3	31.8	25.0
不太积极	3.0	2.4	0.5	0.8	4.3	24.3	9.8	8.8	2.5
不参加	1.7	3.6	5.6	7.6	5.7	13.5	6.1	5.1	0

三　结论与建议

(一)结论与讨论

第一,总体而言,安徽大学生价值取向趋于功利和务实,传统以社会为本位的价值取向正逐渐让位于个体成长发展的现实需求。调查显示,安徽大学生的价值取向在整体上依然偏向于集体主义,并且在关于生活各个层面的价值排序中,家庭也是居于和个体相关的健康、事业发展之前。这说明,传统以集体和社会为先的价值观依然在整体上影响青年大学生的价值选择和价值行为。但是,从具体道德行为倾向来看,以国家、社会为核心的社会本位价值取向正逐渐被消解,关心社会地位、生活质量、成长发展等从个体出发的价值取向正成为当前大学生进行价值评价和价值抉择的主要立足点,只有不到10%的大学生在价值排序中把国家排在了前三位,并且随着年级的升高,大学生的个体意识有增强趋势。这一方面固然和大学生特定人生发展阶段的主要任务(个体的成长发展)相关,另一方面也和市场经济的发展以及多元开放背景下各种社会思潮对青年大学生的影响和渗透密不可分。

第二,安徽大学生生活价值取向整体积极向上,消费价值取向总体合理,不同类型大学生之间存在差异。大学生是朝气蓬勃的新生一代,安徽大学生整体生活价值取向也较为正面积极,多数大学生具有明确的生活理想,重视个人能力而非家庭背景在取得成功方面的重要作用,愿意通过自我努力实现人生价值;从消费来看,大学生消费价值取向合理,主张量入为出,在实际消费中注重质量、价格、个人偏好等因素,看重商品的性价比。但仍有部分大学生,尤其是曾为留守儿童的部分大学生多缺乏生活理想,对未来无所追求,对游戏也更沉迷。这一方面是社会大环境的影响,另一方面也和这部分大学生童年时期缺乏有效的引导和亲子教育息息相关。

第三,道德价值取向上功利色彩明显,在实际道德行为取向上偏重自身利益。当前,大学生在道德价值取向上功利色彩明显,在公私关系处理上大部分处在"利己"而"不损人"的层面,社会责任感淡化。在日常生活领域中更崇尚功利,偏重从个人需要和自身利益出发进行价值判断和价值选择,部分大学生不再拾金不昧,也不再助人为乐。这既和现代转型社会中个体自我意识的觉醒、市场经济社会中物质利益的凸显相关,同时也和"扶不扶"等社会现象对善恶报应、"德得相随"等传统道德信念的挑战和冲击存在关联。当然,官员腐败问题、道德奖惩制度不完善、大学生个体价值认知和价值判断能力有待提升等也是大学生道德价值取向多元的重要原因。

第四,大学生社会制度意识淡化,部分大学生社会制度取向和意识形态取向模糊。调查显示，当前大学生对社会制度和意识形态的价值取向发生重大变化，社会制度意识淡化，多数大学生认同"不管中国实行什么社会制度，只要民富国强就行"。不仅如此，社会制度意识的淡化使部分大学生缺乏对社会主义和资本主义制度的全面认识和判断，从而对当前中国特色社会主义制度的社会性质认识模糊，认同度不高。这一方面固然和中国特色社会主义制度与经典的科学社会主义制度设计存在一定差异相关，但也能够看出大学生关于社会主义制度本质特征认识的缺乏和对中国特色社会主义的认识不清，迫切需要更加全面完善的马克思主义理论教育。

第五，部分大学生在网络环境中的价值取向显著低于现实情境，值得关注。网络是当前大学生进行社会活动的重要领域，网络价值取向是现实价值取向的反映和延伸。部分大学生在网络环境中的价值取向显著低于现实情境，不仅认为网络发言可以自由任性，同时面对同学要求帮转而自己并不认同的观点信息时，近60%的大学生会转发信息。这和网络本身的虚拟化、匿名性、开放性特点直接相关，同时也反映大学生轻视或忽略网络价值取向的思想意识。

（二）建议对策

调查显示，不同年级大学生在价值取向方面存在显著差异，这说明大学生价值取向是一种未定型的价值取向，处于价值变化的关键时期，具有价值引导和价值教育的空间和可能。

第一，以社会主义核心价值观引导大学生逐步确立自己的"价值轴心"，确立一套首位价值观念系统。价值观念影响和决定价值取向，因此，通过多种形式的社会主义核心价值观教育，注重完善相关规则、制度、法规，以他律促进自律，启发大学生进行价值思考，在现实情境中进行价值评价、价值选择，进而在价值整合的过程中不断形成以社会主义核心价值观为核心的首位个体价值观念系统，并衡量和辨别不断涌现的新观念，在开放多元环境下秉持正确价值取向。

第二，注重对大学生进行道德思维训练，加强道德推理、判断、决策能力的训练和提升，引导其不断从道德认知走向道德行为，改变道德价值取向中的知行分离现象。对大学生的道德价值取向教育要从"给现成结论"转变为"道德思维训练"，把大学生作为自觉能动主体，通过师生对话和团体讨论，对道德实践与道德观念进行反思、提升,进而在自我评价、自我体验、自我批判中提升道德反思能力,优化道德价值取向,实现知行合一。

第三,加强马克思主义理论思维训练,帮助大学生清晰认识理解中国特色社会主义制度的社会主义性质,增强意识形态意识,增进其对当前社会政策和制度设计的认同,在中国特色社会主义实践进程中优化政治价值取向。政治稳定和意识形态领域建设是社会稳定和谐的重要保障,通过马克思主义理论教育,引导大学生在经典研读、国情探讨、世情把握和理论思辨中确立马克思主义的立场、观点和方法,真正认清中国特色社会主义作为科学社会主义在中国的现实形态、本质特征、发展趋向,明晰中国特色社会主义的社会主义性质、马克思主义理论在整个国家意识形态中的指导地位、中国共产党的领导地位等对于当前政治稳定和社会稳定及国家发展繁荣的历史必然性和现实意义。

第四,重视不同年级、早期未与父母一起生活的大学生群体的价值教育,提升价值引导和思想教育实效性,帮助大学生群体健康成长。在总体上对大学生价值取向进行教育引导的同时,对不同年级、不同政治面貌、不同家庭背景的大学生开展有针对性的价值引导和教育,提升教育吸引力、感染力和实效性。如随着年级的上升,价值引导和价值教育应当更加重视大学生的个体意识和个体差异;对于不同家庭背景的大学生,需重视结合其早期人生经历和实际生活情况等开展价值引导和教育,从而不断优化其生活态度和价值取向。

第五,全方位、多维度优化社会环境,引导青年大学生确立正确价值取向。调查显示,影响大学生价值取向的不仅包括大学生自身人生经历、价值认知与价值判断能力等个体因素,同时与现实社会存在的腐败、有毒食品等消极现象,电影电视、互联网等媒体信息的庞杂,经济全球化浪潮和西方社会价值观的影响和渗透息息相关。因此,在着力加强面向大学生的价值引导与价值教育的同时,需全方位、多维度优化社会环境;在大力"打虎拍蝇"、肃清社会风气的同时,加强对各类媒体信息的监控、引导和净化,不断明确互联网行为准则,旗帜鲜明地与西方社会价值观和多种不良社会思潮进行斗争和批判,为青年大学生的健康成长营造一个健康优良的社会环境。

参考文献

袁贵仁:《价值观的理论与实践》,北京师范大学出版社,2006。

樊浩:《中国伦理道德报告》,中国社会科学出版社,2012。

佘双好:《青少年思想道德现状及健全措施研究》,中国社会科学出版社,2010。

冯秀军:《社会变革时期中国大学生道德价值观调查》,教育科学出版社,2013。

黄任之:《青少年个人主义–集体主义外部特点和内隐特征研究》,中南大学博士学位论文,2008。

王绍玉等:《跨越转折:当代大学生价值取向》,企业管理出版社,2002。

邱吉、王易、王伟玮:《轨迹——当代中国青年价值观变迁研究》,人民出版社,2012。

B.17 合肥市社会组织发展的探索与思考

颜翠芳　张健*

摘　要： 近年来，合肥市社会组织的发展取得巨大成就，在社会组织数量、从业人员、规模和体系等方面有较大的突破，但是，其面临的政社不清、政府购买社会组织服务力度不够、社会组织区域发展不均衡和社会组织评估张力不显等问题仍未消除。需要通过专家咨询委员会、社会组织联合会、社会组织发展基金会、政府购买、相关管理部门和社会组织自身建设搭建社会组织培育监管架构，化解社会组织发展难题，引导社会组织健康发展。

关键词： 社会组织　政府购买服务　社会组织评估　合肥

改革开放以来，合肥市社会建设取得了较大的成就，被业界美誉为"合肥力度"。但是，还存在一些问题和面临诸多挑战，如基本公共服务不够均衡、社会矛盾不断增多、社会管理难度加大等。如何解决这些问题和应对以上挑战，国内外理论研究和实践表明，应将社会组织引入公共治理体系中，形成政府、市场和社会的三元合作共治格局。[①] 利用社会组织这样的新实体、新主体，能更好地弥合分歧、化解矛盾、控制冲突、降低风险、增加安全、增进团结、改善民生。为此，合肥市积极探索建构调动一切社会资源力量的社会建设

---

* 颜翠芳，安徽大学社会与政治学院副教授，硕士生导师，2012~2013年加拿大里贾纳大学访问学者，安徽大学社会工作专业硕士教育中心副主任，研究方向：青少年社会工作、社会组织。张健，合肥市民政局民间组织管理处处长。
① 安徽省合肥市政协、安徽省社会科学院课题组：《合肥经济圈——发展型的创新区、创新极》，《合肥经济圈经济社会发展报告No.3（2010~2011）》，社会科学文献出版社，2011。

和社会治理的新格局，初步形成了合肥市社会组织扶持发展、规范发展的新模式，开创了合肥市社会组织社会服务与管理的新实践。

一 合肥市社会组织发展现状

目前，合肥市初步形成了社会组织发展"三驾马车"，即培育发展社会组织、购买社会组织服务和对社会组织进行评估管理的发展和规范的工作格局。目前，合肥市社会组织呈健康发展态势。截至2014年底，合肥市共建成登记备案各级各类社会组织6338个。其中，登记备案的社会团体1435个（包括农村专业经济协会）、登记备案的民办非企业4897个、登记备案的基金会6个。

另外，6338个社会组织中登记3296个、备案3042个。登记的社会组织中，社会团体1365个，民办非企业1925个，基金会6个；备案的社会组织中，农村专业经济协会类社会团体70个，社区社会组织①2972个（见图1）。

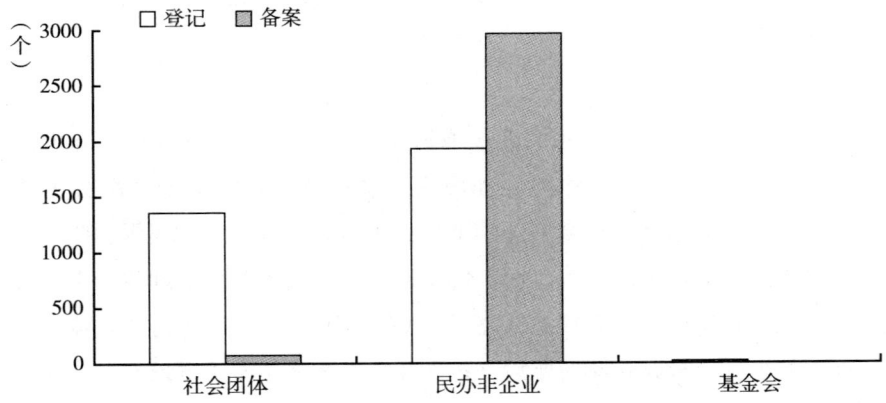

图1 2014年合肥市登记类、备案类社会组织分布情况

资料来源：合肥市民政局民间组织管理处。

---

① 备案中的社区社会组织绝大多数属于民办非企业。因此，为便利计，统计过程中未将备案中社区社会组织类型进行进一步的细分，而是直接计入民办非企业中。

二 合肥市社会组织特点

（一）社会组织数量稳步增长

近年来，合肥市社会组织数量逐年递增。2011年合肥市登记备案社会组织为2510个，其中，登记1686个、备案824个；2012年合肥市登记备案社会组织为3554个，其中，登记2310个、备案1244个；2013年合肥市登记备案社会组织为3998个，其中，登记2694个、备案1304个；2014年合肥市登记备案社会组织达6338个，其中，登记3296个、备案3042个（见图2）。同时，各种类型社会组织数量也均不同程度的上升。与2013年相比，上升速度最快的是乡（镇）级民办非企业，从577个增加到1850个，上升比例为221%；上升最慢的是市级社会团体，从327个上升到366个，上升比例为11.9%（见图3）。

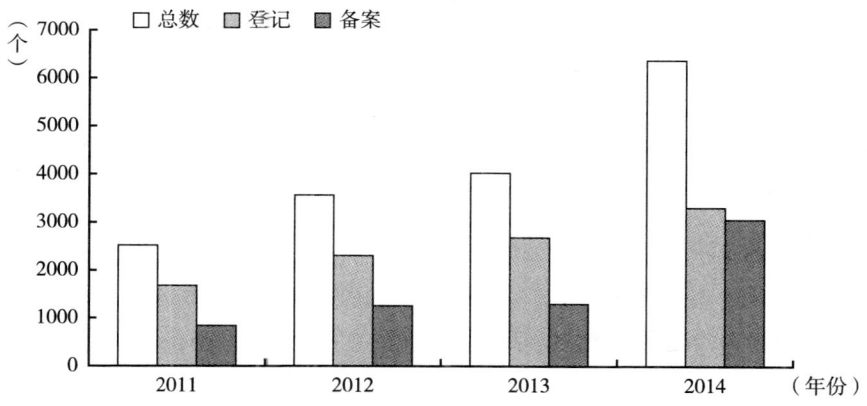

图2 2011~2014年合肥市社会组织发展情况

资料来源：合肥市民政局民间组织管理处。

社会组织数量的快速增加提升了合肥市万人社会组织拥有量。截至2014年，合肥市常住人口每万人拥有社会组织数为8.33个，户籍人口每万人拥有社会组织数为8.91个。

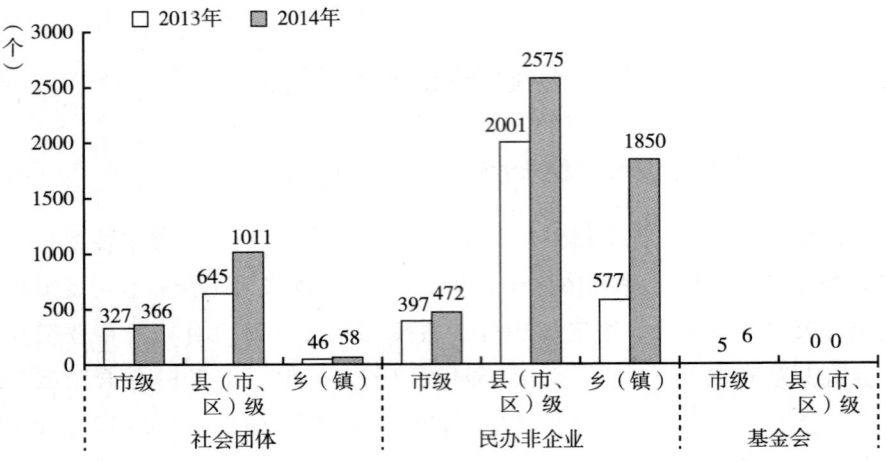

图 3　2013 年与 2014 年合肥市各类社会组织变化情况

资料来源：合肥市民政局民间组织管理处。

（二）健全的社会组织体系正在形成

目前，合肥市社会组织覆盖面广，空间上遍布市、县（市、区）、乡（镇）三级，门类涉及教育、卫生、科研、文化、体育等多个领域。经过多年的努力，合肥市正在形成一个门类较为齐全、布局合理、结构优化的社会组织体系。截至 2014 年，合肥市共建成孵化基地 15 个，总面积 8158 平方米，在建 10 个，总面积 1800 平方米；枢纽型社会组织 331 个，其中市级枢纽型社会组织 1 个、县（市、区）级枢纽型社会组织 13 个、社区枢纽型社会组织 317 个（见表 1）。社区社会组织基本上实现了城市社区全覆盖（共有城市社区 343 个）；

表 1　2014 年合肥市各级枢纽型社会组织分布情况

单位：个

序号	名称	数量
1	市级枢纽型社会组织	1
2	县（市、区）级枢纽型社会组织	13
3	社区枢纽型社会组织	317
	合计	331

资料来源：合肥市民政局民间组织管理处。

依法登记备案各级各类社会组织6338个（其中登记3296个、备案3042个），其中登记备案的社会团体1435个、登记备案的民办非企业4897个、登记备案的基金会6个（见表2）。

表2　2014年合肥市社会组织登记备案管理情况统计

单位：个

管理		类型	级别	数量	小计	合计
社会组织	登记					
		直接登记				373
		社会团体	市级	22	253	
			县(市、区)级	231		
		民办非企业	市级	46	120	
			县(市、区)级	74		
		基金会	市级	0	0	
			县(市、区)级	0		
		非直接登记				2923
		社会团体	市级	344	1112	
			县(市、区)级	768		
		民办非企业	市级	426	1805	
			县(市、区)级	1379		
		基金会	市级	6	6	
			县(市、区)级	0		
社会组织	备案	农村专业经济协会*	市级	0	70	3042
			县(市、区)级	12		
			乡(镇)级	58		
		社区社会组织	市级	0	2972	
			县(市、区)级	1122		
			乡(镇)级	1850		
合计						6338

注：备案中农村专业经济协会属于社会团体，备案中的社区社会组织绝大多数属于民办非企业。因此，为便利计，统计过程中未将备案中社区社会组织类型进行进一步的细分，而是直接计入民办非企业中。总之，全文中登记备案的社会团体总数中包括农村专业经济协会，登记备案的民办非企业总数中包括社区社会组织。

资料来源：合肥市民政局民间组织管理处。

（三）社会组织从业人数增多

统计显示，2014年合肥市社会组织从业人数达47641人，其中，社会团体从业人数7487人、民办非企业从业人数为40154人。社会团体中，市级社会团体中专职从业人数为335人、兼职从业人数为281人，县（市、区）级社会团体中专职从业人数为1630人、兼职从业人数为5241人。民办非企业中，市级民办非企业专职从业人数为14235人、兼职从业人数为3823人，县（市、区）级民办非企业专职从业人数为16630人，兼职从业人数为5466人（见表3）。与2013相比，合肥市社会组织各级各类从业人数均有不同程度的增加（见图4）。

表3　2013~2014年社会组织从业人数分布情况

单位：人

类别	年份	2013		2014	
		专职	兼职	专职	兼职
民办非企业	市级	14025	3753	14235	3823
	县（市、区）级	12915	4481	16630	5466
社会团体	市级	305	251	335	281
	县（市、区）级	1304	4005	1630	5241

资料来源：合肥市民政局民间组织管理处。

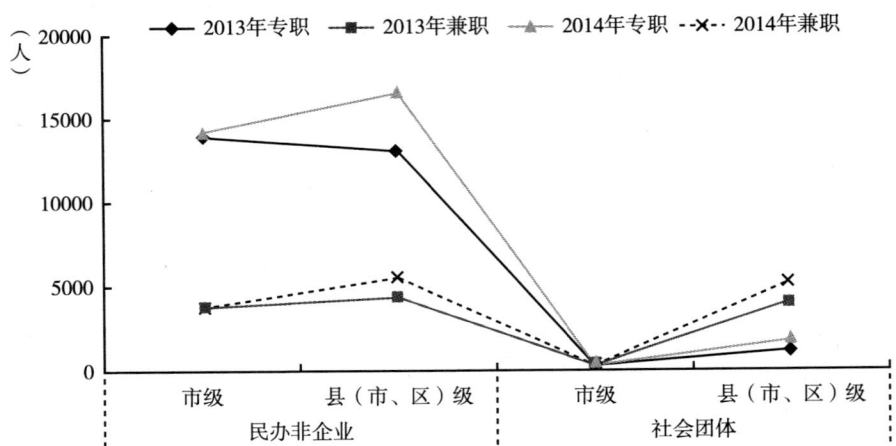

图4　2013年与2014年社会组织从业人数变化情况

资料来源：合肥市民政局民间组织管理处。

（四）社会组织总资产逐年增加，收入－支出规模总体偏小

对社会团体和民办非企业的统计数据显示，合肥市社会组织年末总资产呈逐年增加趋势。合肥市社会团体2012年末总资产9119万元，年度总收入7301万元，年度总支出5379万元，收支基本平衡；民办非企业2012年末总资产286207万元，年度总收入105012万元，年度总支出120252万元，收支逆差。社会团体2013年末总资产12348.2万元，年度总收入8261.3万元，年度总支出7029.9万元，收支基本平衡；民办非企业2013年末总资产334808.8万元，年度总收入121416.4万元，年度总支出100308.4万元，收支基本平衡。较2012年，2013年合肥市社会组织年末总资产增加了0.17倍，年度总收入增加了0.16倍，年度总支出减少了约2亿元（见表4）。[1] 但是，社会组织的收入－支出规模总体偏小。

表4　2013~2014年合肥市部分社会组织年末财务状况

单位：万元

时间 \ 类型	社会团体			民办非企业		
	市级	县（市、区）级	合计	市级	县（市、区）级	合计
2012年末总资产	4320	4799	9119	167393	118814	286207
2012年度总收入	2438	4863	7301	60670	44342	105012
2012年度总支出	1756	3623	5379	57701	62551	120252
2013年末总资产	4620	7728.2	12348.2	199393	135415.8	334808.8
2013年度总收入	2678	5583.3	8261.3	71170	50246.4	121416.4
2013年度总支出	2926	4103.9	7029.9	58699	41609.4	100308.4

（五）合肥市社会组织退出机制建立，社会组织规范化程度提高

随着合肥市社会组织规模的扩大和类型的增多，对社会组织进行规范化建

---

[1] 计算方法是：（2014年度社会团体总资产＋2014年度民办非企业总资产）／（2013年度社会团体总资产＋2013年度民办非企业总资产）。

设不仅是社会组织自身发展的要求,也是社会治理体制创新的需要。2014年,合肥市率先在全省出台了《社会组织自动退出登记办法》,进一步规范了社会组织注销登记工作。同时,合肥市着力开展社会组织撤销登记工作,加大对社会组织违法的处罚力度,对长期不年检、连续两年年检不合格以及有其他严重违法行为的社会组织,依法予以清退。2014年,合肥市共注销社会组织30个,其中,社会团体24个〔市级2个、县(市、区)级22个〕、民办非企业6个〔市级2个、县(市、区)级4个〕;撤销社会组织80个,其中,社会团体45个〔市级0个、县(市、区)级45个〕、民办非企业35个〔市级0个、县(市、区)级35个〕。

三 合肥市社会组织发展创新经验

(一)抓政策落地,促进创新发展

社会组织的发展与政策体系的完善和落地有着很强的相关性。国内外理论和实践表明,社会组织发展的政策体系越完善,社会组织发展空间就越大;社会组织发展的政策落地越快,社会组织发展活力就越强。2013年,合肥市出台了社会服务"1+4"政策,包括《关于进一步加强和改进社会服务工作的意见》和《合肥市加快培育发展社会组织办法(试行)》《合肥市社会服务人才队伍建设办法(试行)》《合肥市社会服务平台认定与补助办法(试行)》《合肥市政府购买社会服务办法(试行)》。"1+4"政策从制约社会组织发展的"登记难,人、财、物资源缺乏"等瓶颈着手,通过给予初创期社会组织综合性的扶持性政策,通过激励和补贴等措施促进社会服务人才队伍建设和社会服务平台建设,通过政府购买服务等方式向社会组织注入资金,扶持社会组织发展。

随后,合肥市积极采取各种措施推动政策落地工作。继2007年取消对行业协会登记的前置许可,实现对行业协会的直接登记以来,合肥市陆续出台了《文化类民办非企业单位直接登记管理暂行办法》《体育类民办非企业单位直接登记管理暂行办法》《合肥市直接登记社会组织章程示范文本》等文件,落实社会组织的直接登记政策;统筹安排社会管理和公共服务专项财政资金2亿元,对新登记的公益慈善类和城乡社区服务类社会组织、新登记的社区社会组织联合会,以及新引进并在民政部门备案的专业社会组织分别给予2万元和5万元的一次性补助;出台《合肥市社会组织评估管理办法》和《合肥市社会组织评估指标文件》对市属社会组织开展评估工作,并对评估获取3A等级及以上的社会组织给予一次性奖励;出台《社会服务平台认定实施细则》对认定的社会服务平台进行相应的奖补;合肥市从2009年开始探索政府购买社会组织服务。① 目前,公益创投、招投标项目成为提供公益资金、塑造公益产品、扶持社会组织的重要力量。以2014年为例,当年合肥市投入400多万元财政专项资金,成立了合肥市社会组织发展基金会。基金会以公益创投等形式培育扶持社会组织。同时,2014年确定了57个政府向社会组织购买的服务项目,涉及资金约5.45亿元。

(二)培育与管理体系并重,推进社会组织培育和管理方式创新

构建市、县(市、区)、乡(镇)三级社会组织孵化基地和市、县(市、区)、社区三级枢纽型社会组织工作体系,成为合肥市社会组织发展的重要举措。以孵化基地培育社会组织,解决社会组织数量不足的问题和以枢纽型社会组织管理社会组织,实现社会组织社会治理的目标是合肥市社会组织发展的创新实践。2013年,合肥市制定出台了《关于加快培育发展社会组织办法(试行)》和《关于培育发展社区社会组织的指导意见》,提出建立市、县(市、区)、乡(镇)三级社会组织孵化基地,开展社会组织孵化培育、资源整合、提升能力、合作交流等综合服务。同时,建立市、县(市、区)、社区三级枢纽型社会组织,对同区域的社会组织实行日常管理、统筹协调、监督指导、能力培训和评估考核。从社会组织孵化基地的角度来看,2013年合肥市共建有社会组织孵化基地3个,面积1500平方米;枢纽型社会组织42个,其中,县(市、区)级2个、社区级40个。2014年,合肥市社会组织孵化基地达25个,总面积达9958平方米,其中,已建数量15个,总面积8158平方米;在建数量10个,总面积1800平方

---

① 刘爱定:《当前合肥社会组织发展存在的问题及建议》,合肥市政府门户网站,http://renda.hefei.gov.cn/n7216006/n8952187/n8952245/n8952586/28648738.html,2013-05-28。

米。与2013年相比,数量上增加了7.33倍,总面积增加了5.64倍。枢纽型社会组织达331个,其中,市级枢纽型社会组织1个、县(市、区)级枢纽型社会组织13个、社区枢纽型社会组织317个。与2013年相比,枢纽型社会组织数量增加了6.88倍。

(三)培育、购买服务和评估"三驾马车"齐驱,合力推进社会组织存量和增量变化

面对既有社会组织数量少、规模小、活力不足的实际情况和潜在的社会组织动力不足、方向迷茫、资源有限、成立障碍较多的现象,合肥市以社会组织培育促增量,以政府购买社会服务激活力,以社会组织评估改增量,推动政府和社会之间、各个社会力量之间的良性互动,探索一条创新和实践"三驾马车"拉动社会组织发展的新路子。

合肥市通过社会组织培育机制的建立,降低登记门槛,提供资源,促进了社会组织增量的变化。2011年合肥市登记备案社会组织仅2510个,2014年增加到6338个,较2011年增加了153%,较2013年增加了58.5%。这一比例远远超出了2013年合肥市规定的社会组织数量年均增长10%的比例。

合肥通过政府向社会组织购买服务的方式,向社会组织提供资源,激发了社会组织参与社会服务的活力。合肥市投入财政专项资金,成立社会组织发展基金会。基金会以公益创投等形式,培育扶持社会组织。同时,合肥市投入5.45亿元向社会组织购买服务项目。其中,社会组织年检和社会组织等级评估项目分别投入资金15万元和22万元。向政府购买养老服务5大类15个项目,投入资金2.8亿元,其中,政府购买养老服务评估项目投入资金860万元,向政府购买街道、社区养老服务岗位投入资金3200万元。[①] 实践表明,政府购买社会组织服务模式,一方面通过提供资金,解决了部分社会组织发展资金不足的问题,是治理公共服务供给严重不足的一剂良药;另一方面通过购买服务指导目录和发布项目,引导社会组织社会服务的方向,提升社会服务质

---

① 张健、邵梦岩:《合肥:吹响社会组织培育发展"组曲"》,《中国社会组织》2014年第22期。

量，提高社会组织服务能力。目前，社会组织品牌效应和社会影响力不断增强。

合肥市通过对既有社会组织的登记评估，推动社会组织存量的变化。2014年，合肥市出台了《合肥市社会组织评估管理办法》和《合肥市社会组织评估指标文件》，并委托第三方评估机构，对申报的市级社会组织进行等级评估。当年，合肥市共有104个市级社会组织自愿申报评估，其中，有65个社会组织获得1A以上的相应等级，38个获得3A以上的等级。以合肥市市级社会组织800个为基数①，2014年合肥市社会组织参评率为13%。5个5A等级的社会组织中4个为社会团体、1个为民办非企业，社会团体占该等级的80%；11个4A等级的社会组织中7个为社会团体、4个为民办非企业，社会团体占该等级的64%；22个3A等级的社会组织中14个为社会团体、8个为民办非企业，社会团体占该等级的64%；14个2A等级的社会组织中8个为社会团体、5个为民办非企业、1个为基金会，社会团体占该等级的57%；13个1A等级的社会组织中6个为社会团体、6个为民办非企业、1个为基金会，社会团体占该等级的46%。从评估结果来看，社会团体的评估等级普遍高于民办非企业和基金会，其发展更符合民政部门的要求。65个获得等级的社会组织中社会团体有39个，占60%；民办非企业有24个，占37%；基金会2个，占3%（见表5）。

表5　2014年合肥市参评市级社会组织评估等级分布

单位：个

数量\等级		5A	4A	3A	2A	1A	合计
类型	社会团体	4	7	14	8	6	39
	民办非企业	1	4	8	5	6	24
	基金会	0	0	0	1	1	2
小　计		5	11	22	14	13	
合　计							65

---

① 张健、邵梦岩：《合肥：吹响社会组织培育发展"组曲"》，《中国社会组织》2014年第22期。

四 进一步推动合肥市社会组织发展的思考

近年来,合肥市社会组织发展虽然取得了很大的成就,但是与世界发达国家和发达城市的社会组织相比还有较大的差距。从宏观层面来看,政社不清现象仍然存在,以行政吸纳社会,用行政化方式包揽社会管理和社会服务的观念仍然未得到彻底改变;部分区县社会组织发展的紧迫感、积极性不强,主动性不够;区域差异性明显;社会组织体系缺乏整体规划和布局;政府购买服务力度小、范围窄;社会组织评估规范社会组织建设的张力未得到有效彰显。从微观层面来看,社会组织自身普遍存在内部治理流于形式、专业人才缺乏、社会化程度低、项目化意识薄弱、财务管理经验缺乏等问题。如前所述,2014年合肥市社会组织有6000多家,虽然数量不少,但规模小、影响力小且较为分散,没有真正形成一种社会力量,一定程度上制约了社会治理体系中社会组织功能的发挥。具体来讲,其不足和薄弱环节主要表现在以下几个方面:一是社会组织管理不规范。部分社会组织存在组织机构不健全,服务政府和社会能力不足,财务报告和财务监督制度不规范、不透明等问题。社会组织相关政策法规不健全、不配套,政府职能转移不平衡、不彻底等诸多因素导致社会组织,尤其是新成立、实现直接登记的社会组织信息不公开、不透明,政府公信力有余,社会公信力不足。公信力是社会组织赢得政府和社会信任与支持的能力及程度,反映的是社会组织自身的信用水平。[①] 目前,部分由政府培育的社区社会组织赢得了政府的信任,但是社会信任和支持等方面却略显不足。二是社会组织日常监管困难。对于实行双重监管和登记的社会组织,民政部门一度存在重登记轻监管现象。仅有的年检制度也是形式大于内容。近年来,随着社会组织评估的推进,这一现象虽然得到了很大的改善,但是,不论是否实行直接登记,社会组织监管难的问题依然普遍存在。三是农村行业经济协会类社会组织发展相对薄弱,规模小、经费少、制度规范不健全,对农村经济的带动作用有限。四是社会组织资源获取能力和资源整合能力弱。社会组织尤其是新成立的社会组织的资源主要来源于政府。其获取外部资金支持的水平不高、动力不足、能力有限。而政府掌控主要社会资源这一局面不改

---

① 姚锐敏:《困境与出路:社会组织公信力建设问题研究》,《中州学刊》2013年第1期。

变,社会组织的独立性弱、自主性差现象就很难得到根治。

作为省会城市,合肥市党委和政府应积极树立担当社会治理体制创新、推动社会组织发展的先锋和领头羊的理念。通过专家咨询委员会、社会组织联合会、社会组织发展基金会、政府、相关管理部门和社会组织自身建设搭建社会组织培育监管的架构,引导社会组织良性发展。

(一)充分发挥社会组织专家咨询委员会的作用

目前,安徽省内共有十几所高等院校开设社会工作专业,拥有社会工作及相关领域专业科研人员上百名。安徽省内培育了多家国内有知名度和影响力的社会组织及实务界领军人物,引进了国内知名的社会组织(NPI)及社会组织发展专业技术团队。现阶段,可积极整合相关科研和实务领域的专家组成社会组织发展咨询委员会。委员会可积极参与到政府社会组织发展规划和决策中,对社会组织发展的结构、功能等进行全局性思考,对社会组织的发展类型以及市、区、街道和社居委四级层面的发展进行体制性分析谋划,为化解制约社会组织发展的瓶颈、突破重点和路径选择献计献策。

(二)利用社会组织联合会为社会组织发展积极争取培育扶持政策

社会组织联合会作为各类社会组织自愿组成的联合性社会团体,是社会组织的代言人和倡导者。伴随着社会组织数量的不断增加且日益呈现的多样化趋势,2014年9月,合肥筹备成立了"合肥市社会组织联合会",以政府委托授权的形式,对区、县、街道社会组织实行归口管理和服务。因此,应积极发挥社会组织的桥梁和纽带作用,鼓励社会组织参与社会治理,鼓励社会组织参与提供社会服务,鼓励社会组织承接评估、培训等社会事务。并通过调查研究等方式,向政府反映社会组织发展中面临的困境和挑战,为社会组织发展扫清障碍,为政府决策提供建议。

(三)发挥社会组织发展基金会的杠杆作用,撬动社会组织参与社会治理

资源和制度问题被称为社会组织命运所系的两个关键因素,[①] 也是政府调

[①] 唐文玉、马西恒:《去政治的自主性:民办社会组织的生存策略——以恩派(NPI)公益组织发展中心为例》,《浙江社会科学》2011年第10期。

控社会组织类型、功能和使命的一个重要手段。2014年7月，合肥市成立了省内首个市级社会组织发展基金会。据悉，合肥市财政每年将向基金会投入400多万元专项资金。① 作为地方性公募基金会，基金会是合肥市"1+4"社会服务政策的重要成果，是社会组织和社会服务发展的公益平台。基金会将通过社会组织孵化园开展社会组织能力建设培训、组织公益创投等形式，引导社会组织发展②，"选择性"支持或者重点支持社会组织的公共服务提供功能。也就是说，基金会更倾向于支持和扶持提供公共服务的社会组织的发展。但是，在社会组织多样化、社会服务需求多元化和基金会资源有限的形势下，如何避免公益创投的随意性、不透明化和提高创投效率等，都是基金会运作过程中需要重点研究解决的问题。当务之急是研究公益创投目录和完善公益创投管理办法。应建立公开透明的公益创投运作机制以及问责和绩效评估机制，确保公益创投的规范化运行；应建立公益创投信息公开制度，基金会的运作和社会组织的运行能够接受社会监督；应建立公益创投绩效评估办法，建立独立的第三方评估机制。

（四）进一步完善政府职能转移和政府购买服务体制机制

政府职能转移和政府购买服务是孵化、培育、发展社会组织的主要方式，是指政府通过购买服务的方式将原来由政府直接提供的为社会公共服务的事项交给有资质的社会组织或市场机构来完成，并为此支付相应费用的公共服务运作模式。在社会治理体制创新的背景下，政府职能转移是政府购买服务的前提条件，政府购买服务是政府职能转移的必然要求。两者之间一转一接、一退一进，形成了严丝合缝的耦合关系。国际经验和研究证明，这一互动逻辑关系具有理论上的合理性，是弥补市场和政府单方失灵的重要手段。实践层面，2013年合肥市制定出台了《合肥市政府购买社会服务办法（试行）》，对政府购买社会服务的原则、方式、内容、工作流程、资金保障和责任分工等进行了明确的规定。2014年，合肥市政府开始依据《合肥市政府购买社会服务指导目录》

---

① 本数据由合肥市民政局民间组织管理处提供。
② 中国基金会网：《安徽首家社会组织发展基金会成立》，http://www.cssn.cn/st/st_jjh/201407/t20140730_1272801.shtml 2014 – 07 – 30。

试点向社会组织购买服务。实践证明，这一工作具有积极意义，在实践中产生了良好的效果，但是也面临一些问题，如转移的职能被社会组织购买了，但是社会组织购买的不一定是政府职能转移的。局部出现政府购买服务的范畴超越了政府转移职能的范畴。长期下去，这一现象衍生的城市社区"高福利"态势可能造成政府财政资金的压力。现阶段，应建立科学规范的政府转移职能和购买服务的体系和制度；厘清公益创投和政府购买服务的边界；利用市政府、市相关职能部门、市社会组织联合会等各层次载体搭建政策、信息和项目发布平台；合理界定政府转移职能的范围和政府购买服务的范围以及两者之间的关系，明确购买服务的各方主体及其在购买体系中的角色、地位和双方的权责利；形成政府购买社会组织服务的竞争性激励机制，打破垄断和条块分割，使优秀的服务组织和服务项目得到行政资源最大限度的有力支持，取得最好的社会效益。

（五）利用社会组织管理机构，建立综合监管体系

目前，合肥市社会组织数量增长速度大大超过了社会组织管理机构专职工作人员数量的增长速度。2013 年，合肥市社会组织登记管理机关共有专职人员 16 人（市级登记管理机关有 3 人、县级登记管理机构有 13 人）。2014 年，共有专职人员 20 人（市级登记管理机关有 5 人、县级登记管理机构有 15 人），较 2013 年增长了 25%，而同期社会组织的增加率为 58.5%。[①] 数量如此庞大、种类如此多样的社会组织给监管工作带来了巨大的挑战。现阶段，应以社会组织管理机构为主导，以信息化为抓手，搭建法律监管、政府行政监管、社会舆情监督、社会组织自律和社会组织行业监督为一体的综合监管体系。结合智慧城市建设，推动社会组织信息公开化和社会组织信用体系建设。在此基础上，行政机构应改变年检制度有名无实、行政执法空有虚名的现象，建立社会组织评估和社会组织行政执法的"新常态"；社会组织应以社会组织评估指标为导向加强自身建设；社会组织联合会等行业自律组织应通过章程等发挥对社会组织的约束和引导作用。

---

① 本数据由合肥市民政局民间组织管理处提供。

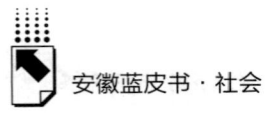

(六)通过社会组织内部治理指引和标准化建设工程,规范社会组织自身建设

社会组织的发展不仅依赖外部的宏观政策和体制环境,而且与社会组织自身的微观环境有着密切的关系。目前,应积极破解社会组织自身建设中存在的社会组织管理不规范等共性问题;应根据社会组织评估管理办法,结合社会组织第三方评估,开启社会组织内部治理指引和标准化建设工程,推动社会组织的内部民主,对其年检、选举、议事、工作计划、财务、信息公开、公益活动和品牌塑造等行为进行规范;加强人才队伍建设,落实劳动合同和社保政策,加强对社会工作者和志愿者的培训,提高社会工作人才队伍建设在社会组织等级评估中的权重;开展社会组织党建工作,创新性地开展社会组织党建促进工作;开展行业规范与自律建设,促进社会组织各项管理和诚信体系的建立,提高社会组织的社会公信力。

参考文献

胡薇:《政府购买社会组织服务的理论逻辑与制度现实》,《经济社会体制比较》2012年第6期。

徐中振、赵艳青:《上海社会组织建设新进展与问题分析》,《上海社会发展报告(2014)——加强社会建设》,社会科学文献出版社,2014。

张健、邵梦岩:《合肥:吹响社会组织培育发展"组曲"》,《中国社会组织》2014年第22期。

杨丽、蓝煜昕:《北京市海淀区社会组织发展:现状、问题及对策》,载《北京社会治理发展报告(2013~2014)》,社会科学文献出版社,2014。

严振书:《现阶段中国社会组织发展面临的机遇、挑战及促进思路》,《北京社会科学》2010年第1期。

王名:《中国民间组织30年——走向公民社会》,社会科学文献出版社,2008。

姜力:《认清形势明确任务开创社会组织建设与管理新局面》,《中国社会组织网》,http://www.chinapo.gov.cn。

唐娟、刘婷婷:《基层社会组织发展中政府监管的问题与优化对策——以深圳市南山区为个案》,《当代中国政治研究报告(第11辑)》,社会科学文献出版社,2013。

候小伏:《2013~2014年山东省社会组织发展的现状和对策》,《山东社会形势分析与预测（2014）》，社会科学文献出版社，2014。

宗君：《首都社会组织管理创新的实践与思考》，《首都社会管理发展报告（2012～2013）》，社会科学文献出版社，2013。

姚锐敏：《困境与出路：社会组织公信力建设问题研究》，《中州学刊》2013年第1期。

唐文玉、马西恒：《去政治的自主性：民办社会组织的生存策略——以恩派（NPI）公益组织发展中心为例》，《浙江社会科学》2011年第10期。

B.18
2013年安徽省及各市 社会发展指数

田飞 余盼 何蕾蕾[*]

摘　要： 根据测算，2013年安徽省社会发展指数为0.34，较2012年有所下降。安徽省各个地区的排名较2012年也有不同程度的变化，其中，铜陵市、黄山市、池州市、芜湖市、宣城市在全省排名中保持前五的位置不变，后三位依旧是阜阳市、宿州市和亳州市，其他地市则有不同程度的上升或下降。其中，合肥市社会发展指数由2012年的0.4下降到2013年的0.36，相应排名也下降了三位。

关键词： 安徽省　社会发展指数　指标体系

2013年对安徽省及各市社会发展水平的衡量依旧采用社会发展指数评价体系，该指标体系的建构充分考量了科学性和操作性的有机结合，应用性强，能够客观、定量、定时地反映每年安徽省及其各个地区社会发展的情况。经计算得出2013年全省和各市社会发展指数及其子指数的结果，并根据社会发展总指数进行排名，具体结果见表1。

根据表1分别绘制了2013年安徽省及各市社会发展指数排列图（见图1）、安徽省及各市2013年社会发展各子指数的分布情况图（见图2至图18）。

---

[*] 田飞，安徽大学社会与政治学院教授，研究方向：社会指标。余盼，安徽大学社会与政治学院硕士研究生。何蕾蕾，安徽大学社会与政治学院硕士研究生。

表1　2013年安徽省及16个市社会发展指数及其子指数的分值

地　区	2013年排名	2012年排名	社会发展指数	人口结构发展指数	教育事业发展指数	科学技术发展指数
铜陵市	1	1	0.530218	0.4873968	0.3817404	0.4925066
黄山市	2	2	0.457909	0.3379365	0.292798	0.2524033
池州市	3	3	0.455306	0.3708929	0.3037173	0.2249877
芜湖市	4	4	0.409608	0.405619	0.2720791	0.6135276
宣城市	5	5	0.375033	0.3283095	0.2467955	0.2383182
马鞍山市	6	8	0.372049	0.4291071	0.261565	0.4367074
淮南市	7	7	0.369359	0.4150754	0.2834982	0.1938786
滁州市	8	11	0.36525	0.3316349	0.266502	0.2874114
合肥市	9	6	0.364193	0.4401468	0.3793799	0.6522234
淮北市	10	13	0.357131	0.4020556	0.2822587	0.1731475
蚌埠市	11	12	0.345871	0.4060397	0.2295805	0.3288153
安庆市	12	9	0.339136	0.3631389	0.2537268	0.1377351
安徽省			0.335572	0.367746	0.2550916	0.2444279
六安市	13	10	0.331338	0.3298016	0.2579701	0.0905724
阜阳市	14	14	0.318441	0.4408651	0.1904917	0.0264544
宿州市	15	15	0.304893	0.3251429	0.1892037	0.0439368
亳州市	16	16	0.277193	0.2971508	0.1801145	0.0504576

地　区	医疗卫生发展指数	社会保障发展指数	自然环境发展指数	社会环境发展指数	人民生活发展指数
铜陵市	0.6809662	0.6503667	0.423648	0.500065	0.655179
黄山市	0.2660433	0.671215	0.548922	0.605948	0.666826
池州市	0.1778136	0.5913427	0.462037	0.771128	0.706592
芜湖市	0.3391029	0.4789187	0.281822	0.5842	0.353091
宣城市	0.2219113	0.4931398	0.409475	0.502938	0.544941
马鞍山市	0.4241912	0.4589523	0.241151	0.355657	0.412819
淮南市	0.3944287	0.5963364	0.230911	0.565477	0.29982
滁州市	0.1906339	0.4368048	0.471286	0.600518	0.31673
合肥市	0.4504948	0.5072479	0.192037	0.121452	0.254505
淮北市	0.3930891	0.4913796	0.273819	0.436604	0.409389
蚌埠市	0.2581893	0.5375937	0.223645	0.614073	0.208165
安庆市	0.1650469	0.4508245	0.241385	0.765121	0.322311
安徽省	0.2333243	0.4622687	0.284951	0.630318	0.21302
六安市	0.108684	0.4268588	0.360456	0.727923	0.310582
阜阳市	0.0919635	0.410501	0.20592	0.871497	0.288159
宿州市	0.1081241	0.3878527	0.241667	0.83802	0.276336
亳州市	0.0797578	0.3546747	0.222703	0.74975	0.256751

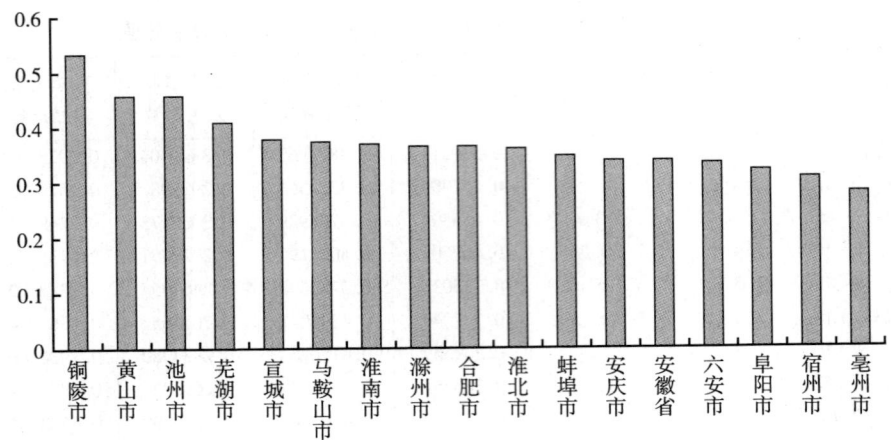

图 1　2013 年安徽省及各市社会发展水平排名

图1显示,铜陵市社会发展指数已超过0.5,在安徽省各市社会发展指数排名中稳居第一。其次是黄山市、池州市和芜湖市,社会发展水平均在0.4以上,其他地市则主要集中在0.3~0.4,只有处于末位的亳州市的社会发展水平低于0.3。总体来看,2013年安徽省大部分地区的发展水平超过平均值,即高于全省发展水平,只有六安市、阜阳市、宿州市以及亳州市较为落后。与2012年相比,安徽省各市间的社会发展指数差距在扩大,地区发展更不平衡。

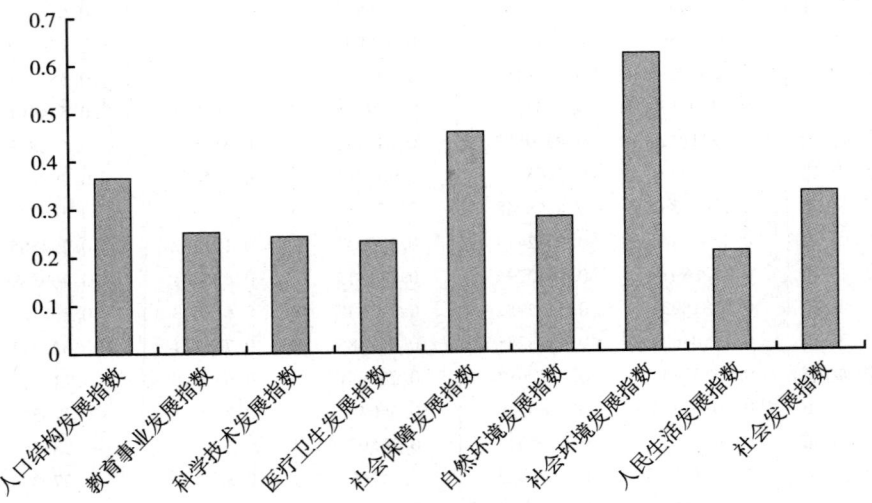

图 2　安徽省 2013 年社会发展各子指数分布

由图 2 可见，2013 年安徽省社会各个方面发展是不平衡的，社会环境发展得最好，其次是社会保障与人口结构的发展，而人民生活发展指数最低，自然环境、教育事业、科学技术和医疗卫生四个指标的发展水平基本持平，均在 0.2~0.3，其发展水平较低，拉低了全省整体的社会发展水平。

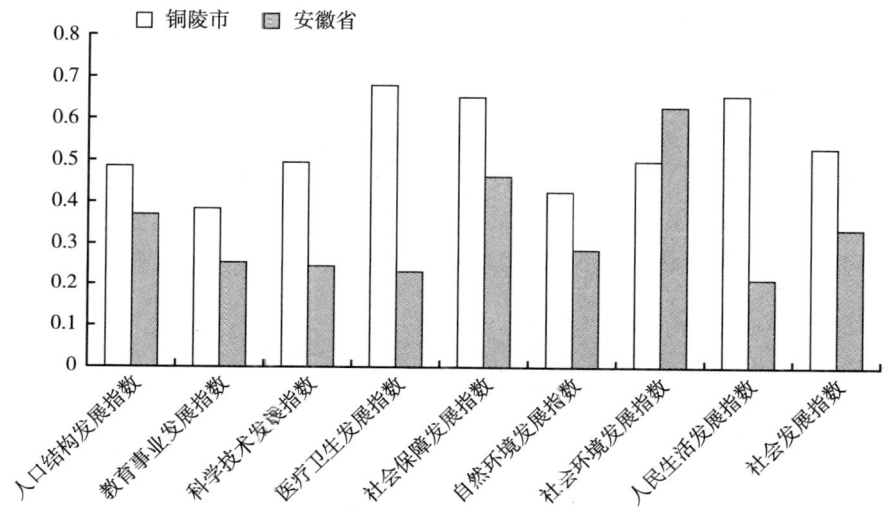

图3　铜陵市 2013 年社会发展子指数分布

2013 年铜陵市的社会发展水平在全省范围内依旧名列前茅，整体水平已突破 0.5，进一步扩大了与全省平均水平的差距。具体而言，铜陵市除了社会环境发展水平在全省范围内相对落后外，其他各方面的发展均领先于全省平均水平。其中，人民生活和医疗卫生方面的优势最大（见图3）。另外，相较于2012 年，铜陵市 2013 年的社会环境发展指数也由 0.31 提高到 0.5，与全省的差距已由 0.42 减少到 0.13。

由图 4 可知，除了社会环境发展水平与人口结构发展水平略低于全省平均水平外，黄山市其他各方面的发展水平均高于全省平均水平。其中，人民生活发展水平、自然环境和社会保障发展水平更是遥遥领先。科学技术发展水平与全省平均水平基本持平。

由图 5 可知，2013 年池州市社会发展子指数中，除医疗卫生发展水平和科学技术发展水平略微落后于全省平均水平外，其他各方面均领先于全省平均

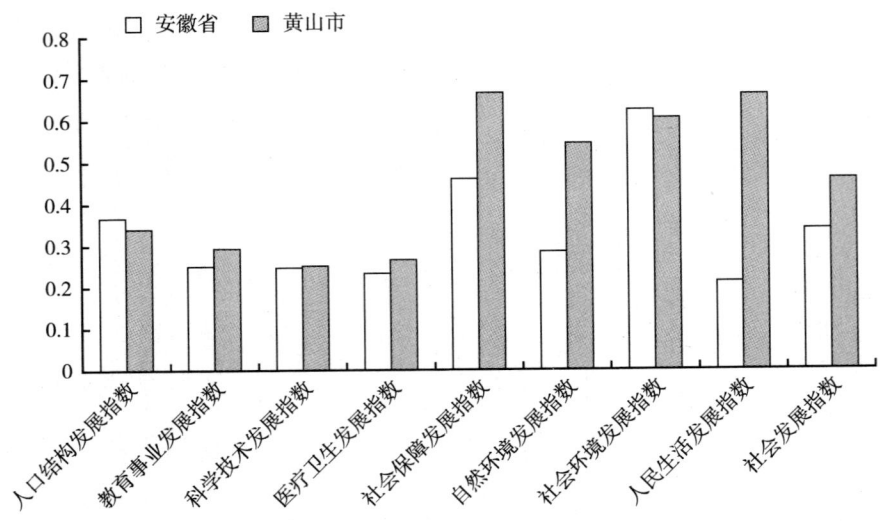

图4　黄山市2013年社会发展子指数分布

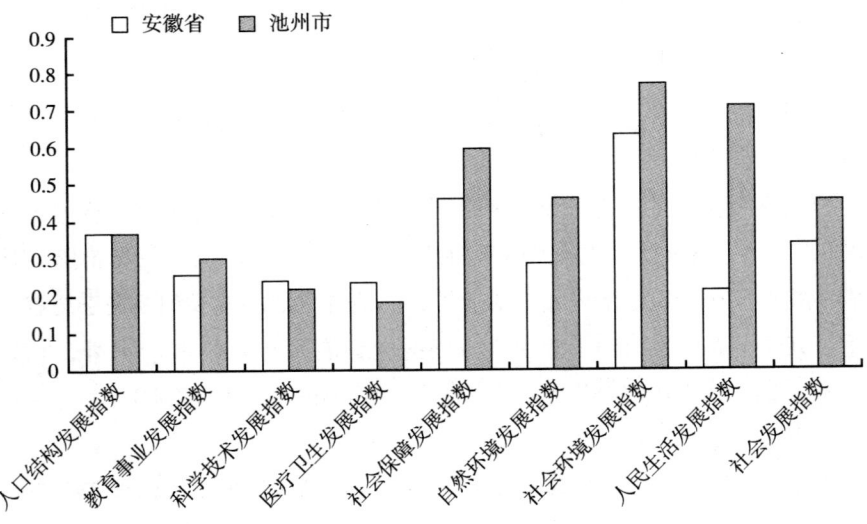

图5　池州市2013年社会发展子指数分布

水平。其中，人民生活发展水平优势最明显，是全省平均水平的3.3倍。其次，自然环境、社会环境和社会保障三个方面也为池州市高出全省平均水平的社会发展现状做出了很大贡献。

2013年安徽省及各市社会发展指数

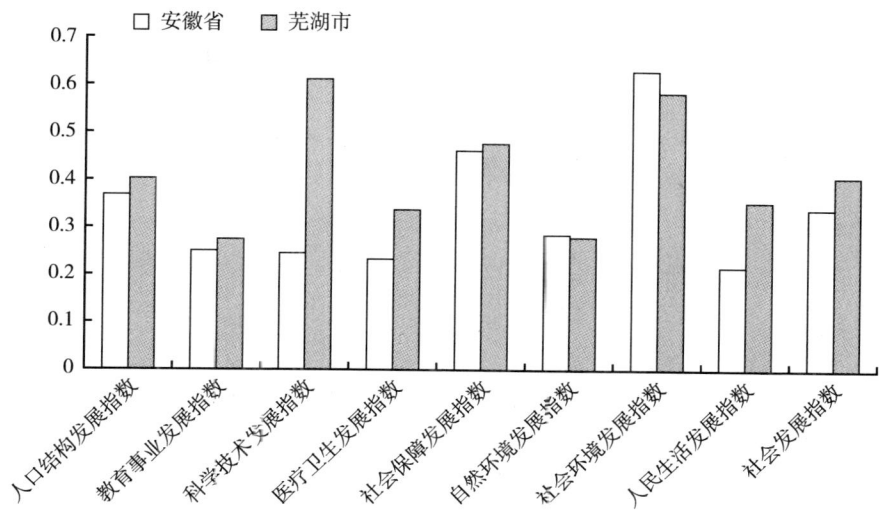

图6 芜湖市2013年社会发展子指数分布

由图6可知，芜湖市的科学技术发展水平远远高于全省平均水平，人民生活和医疗卫生发展水平，相对于全省平均水平的优势地位也较明显，人口结构、教育事业、自然环境方面略高于或者与全省平均水平持平，但社会环境方面与全省相比，则稍有落后。

由图7可知，与全省平均发展水平相比，宣城市社会发展指数中人民生活发展水平的优势地位最明显，超出全省指数0.33，其次是自然环境的发展优势也较为突出，但社会环境发展水平明显低于全省平均水平。其他方面则基本与全省的平均水平发展同步，即各子指数与全省的数值相同或相近，只是社会保障发展水平略高于平均水平，人口结构、教育事业、科学技术和医疗卫生则略低于平均水平。

由图8可知，马鞍山市的社会环境发展和自然环境发展落后于平均水平，教育事业和社会保障发展水平与全省平均发展水平基本持平，其他方面则均超过全省平均值。其中，人民生活、医疗卫生、科学技术的发展都以较大优势领先于全省平均水平。

由图9可知，淮南市的社会发展水平总体上略高于全省平均发展水平，这主要归功于医疗卫生和社会保障的发展。科学技术、自然环境和社会环境方面的发

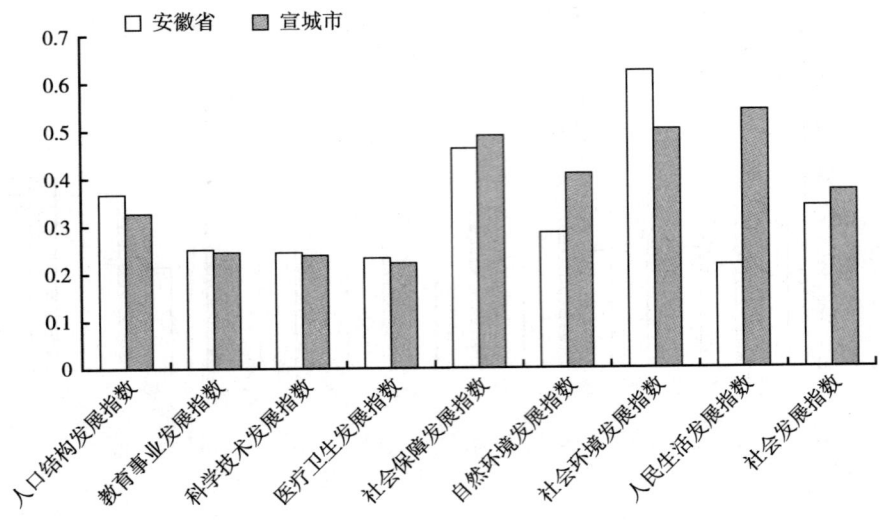

图7 宣城市2013年社会发展子指数分布

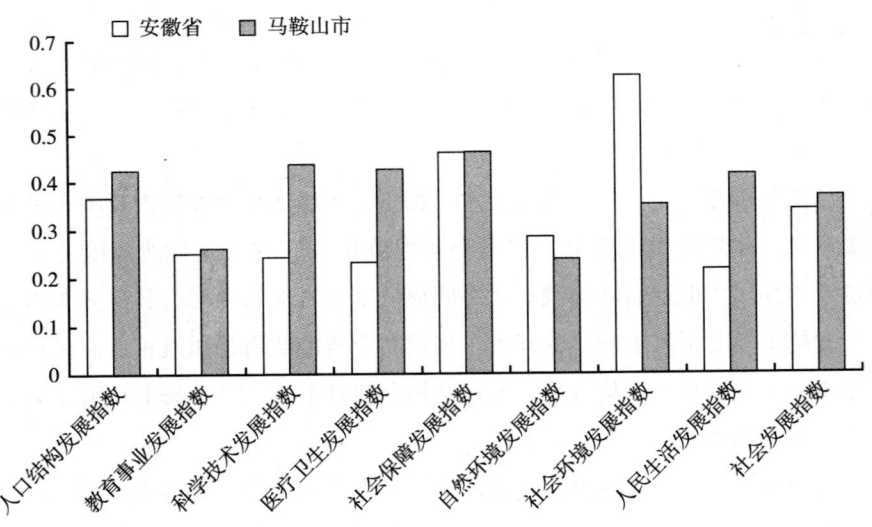

图8 马鞍山市2013年社会发展子指数分布

展均落后于全省平均水平,其中自然环境发展指数在2012年是略高于平均水平,但2013年该指数已明显低于全省平均水平,说明这个依赖煤炭资源发展的城市,要保持自然环境发展水平不落后于全省,其难度相当大。

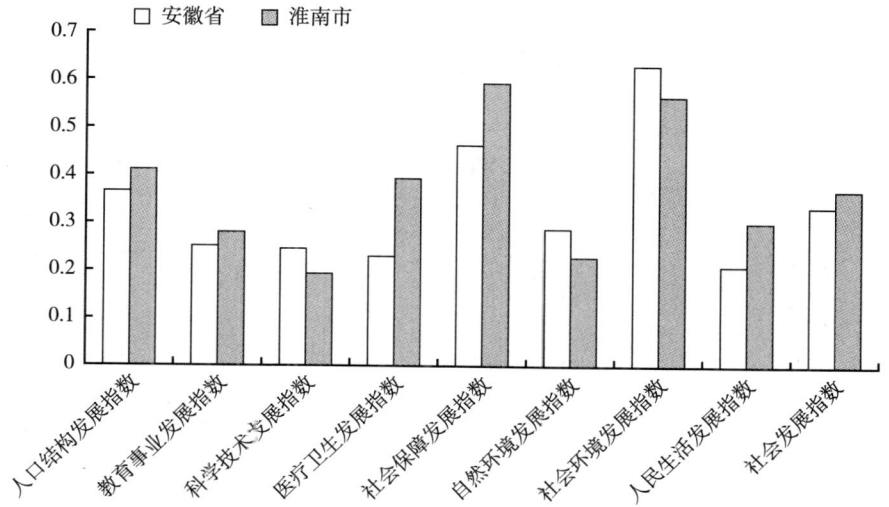

图 9　淮南市 2013 年社会发展子指数分布

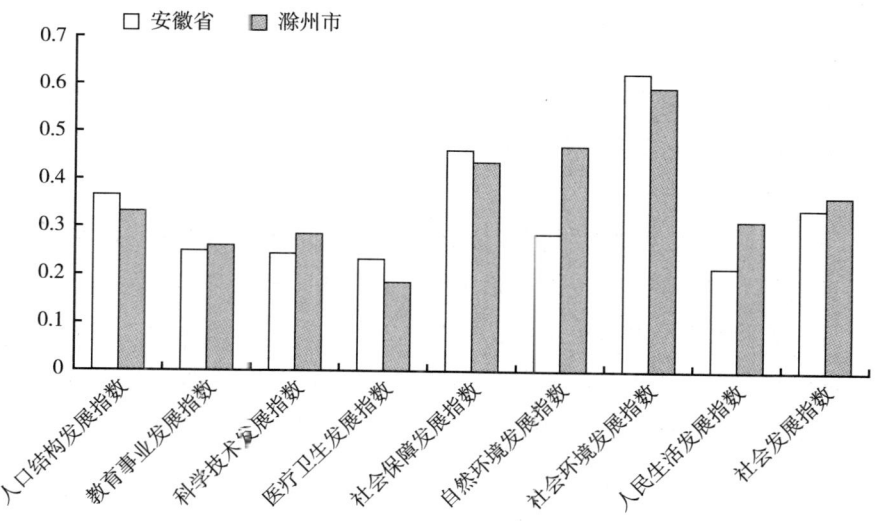

图 10　滁州市 2012 年社会发展子指数分布

由图10可知，自然环境和人民生活的发展是滁州市社会发展指数高于安徽省平均发展水平的主要原因。其他方面的发展则与全省平均水平相差较小，其中，科学技术和教育事业方面相对全省平均水平略占优势，人口结构、医疗卫生、社会保障、社会不境方面则略微落后，整体而言差距不大。

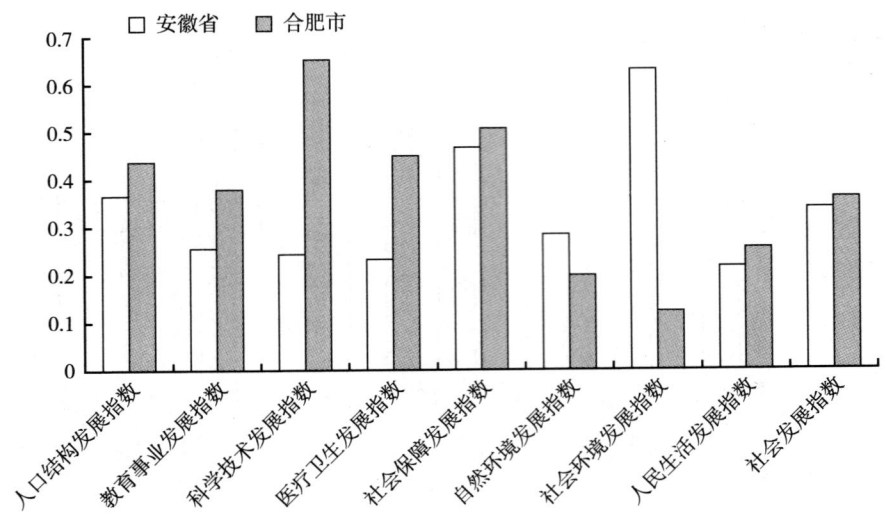

图11　合肥市2013年社会发展子指数分布

由图11可知，合肥市2013年社会发展指数领先于全省平均水平，主要得益于合肥市在科学技术和医疗卫生方面的发展遥遥领先于全省平均水平。其次，教育事业、人口结构、社会保障和人民生活方面的发展与全省平均水平相比也均处于优势地位。

但从安徽省各市社会发展指数排名来看，合肥市2013年的排名已由2012年的第6名下降到第9名，最主要原因在于其社会环境发展水平大幅下降，与全省平均水平的差距进一步扩大，二者差距已达到0.51，另外自然环境的发展与全省相比也落后较多。整体而言，合肥市社会发展的各个指标与全省相比，存在较明显的优势和劣势。因此，合肥市要提高社会发展水平，需在减少排放、降低污染以及减少各类事故和刑事案件发生方面做出更大的努力。

由图12可知，淮北市2013年社会发展水平有了较快提高，已超过全省平均发展水平，在全省各市中的排名也由2012年的第13名上升到第10名，位于合肥市之后。同合肥市一样，淮北市各个发展指数中，社会环境发展水平与全省平均水平的差距最大，其次是科学技术和自然环境发展水平较低，其他方面则领先于全省平均发展水平，其中人民生活和医疗卫生方面的优势地位比较明显。

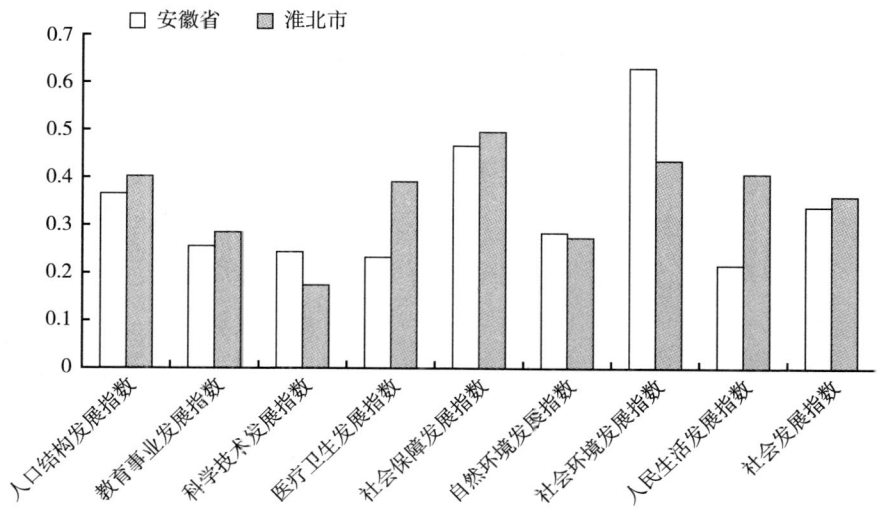

图 12　淮北市 2013 年社会发展子指数分布

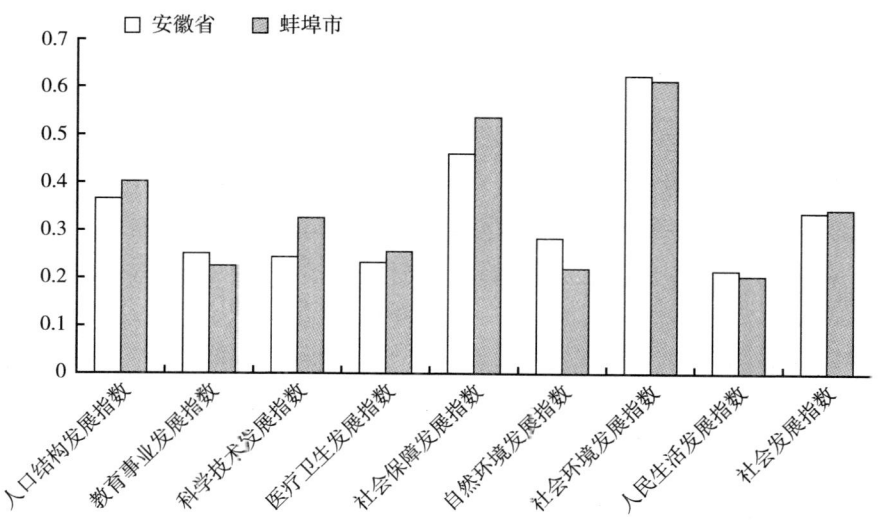

图 13　蚌埠市 2013 年社会发展子指数分布

由图 13 可知，同淮北市一样，蚌埠市的社会发展水平以较小的优势略微高于全省平均发展水平。从各个发展指标来看，蚌埠市的发展与安徽省平均发展水平基本势均力敌，并无突出的优势或者劣势。具体而言，社会保障、科学技术、人口结构以及医疗卫生略占优势，自然环境、教育事业、人民生活等略低于平均值，整体上蚌埠市社会发展水平的各项指标均不高，有待全面提高。

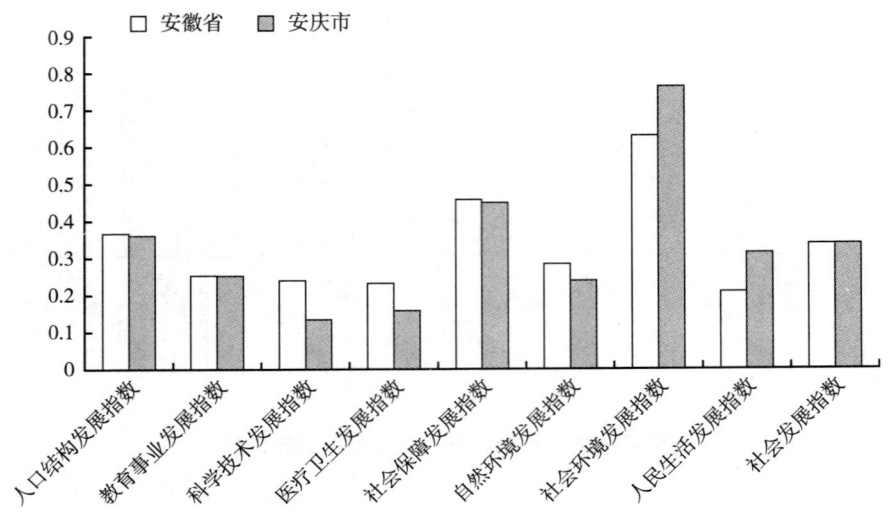

图 14 安庆市 2013 年社会发展子指数分布

由图 14 可知，安庆市的社会发展水平与全省的平均值基本持平，但在社会发展的诸多方面都面临挑战，如科学技术和医疗卫生等方面。社会环境和人民生活等方面则略占优势。安庆市作为安徽省的前省会城市，其发展已陷入内卷化的困境，需要重新调整发展方向，尤其在科学技术方面要创新思路，同时要加强医疗卫生建设以求获得新的发展。

由图 15 可知，六安市的社会发展水平稍微低于全省平均发展水平，与安庆市相同，其社会发展面临的主要问题也是在科学技术和医疗卫生方面，其次是人口结构不合理，社会保障水平也较低。在社会环境、人民生活和自然环境等方面则略高于全省平均水平。

由图 16 可知，同六安市、安庆市等地区相比，阜阳市在社会发展方面面临更大的挑战。同 2012 年一样，阜阳市只是在社会环境、人口结构和人民生活方面领先于全省平均水平，其他方面均落后，尤其是科学技术和医疗卫生方面落后较多。

由图 17 可知，与阜阳市类似，宿州市也面临很大的挑战。除了社会环境和人

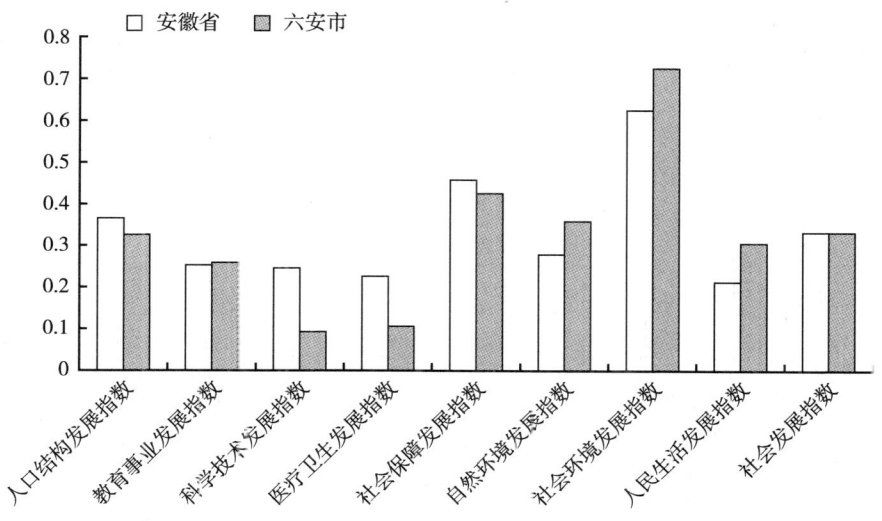

图 15　六安市 2013 年社会发展子指数分布

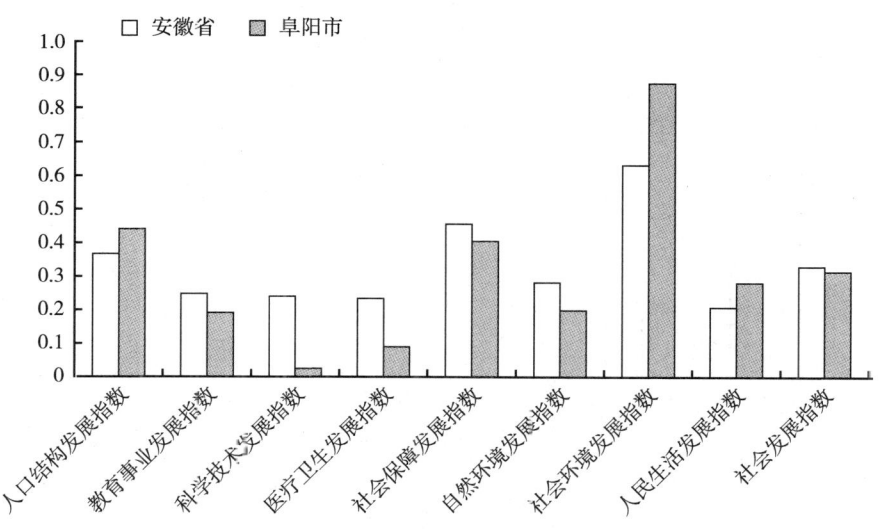

图 16　阜阳市 2013 年社会发展子指数分布

民生活发展方面具有优势外,其他各方面都需要做出更大的努力来改变目前的被动局面。其中,科学技术、医疗卫生、教育事业等方面必须做出更多的努力。

由图 18 可知,与 2012 年一样,亳州市 2013 年的社会发展指数在全省各市

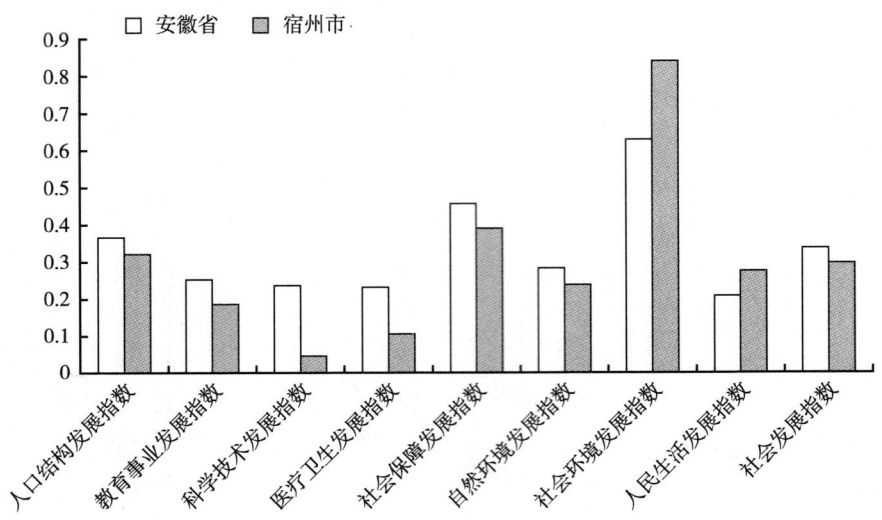

图17　宿州市2013年社会发展子指数分布

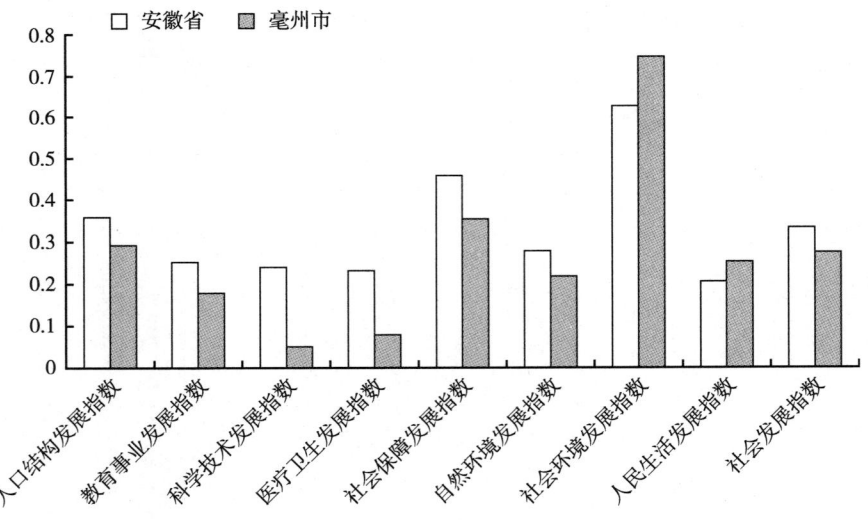

图18　亳州市2013年社会发展子指数分布

排名倒数第一，指数值已下降到0.3以下，社会发展陷入更大的困境中。除了在社会环境发展和人民生活发展方面占有一定优势外，亳州市其他方面均落后于全省平均水平。其中，最为落后的是科学技术、医疗卫生和教育事业三个基础层面,其次在社会保障、自然环境和人口结构方面与全省平均水平也有较大差距。

2013年安徽省的社会发展指数为0.34,较2012年的0.36有所下降。从各子指标来看,安徽省社会环境发展水平最高,达0.63,但与2012年相比仍下降了0.1,同时其他薄弱环节如人民生活、教育事业、科学技术、医疗卫生也未获得明显发展,人民生活发展水平甚至出现倒退现象。

从各个地市来看,安徽省的社会发展存在明显的地域差异,整体而言,皖南地区的社会发展状况优于皖北地区,在各地市的排名情况中,位于前三位的分别是皖南地区的铜陵市、黄山市和池州市,最后三位则是阜阳市、宿州市和亳州市,而后三者均属于皖北地区。具体到各个地市社会发展指数的内部指标比较中,不同地区的社会发展有着不同的优势或者劣势,各个地市必须扬长补短,才能获得长期有效的均衡发展。

作为安徽省的省会城市合肥,其社会发展水平在全省各个地区的排名中属于中等水平,合肥市各子指数的发展存在不平衡的特点,其优势主要是科学技术和医疗卫生的发展水平高,但社会环境的发展却到了令人担忧的地步,其发展水平甚至不及全省平均水平的1/5,同时自然环境发展水平也比较差,需要做出更大的努力进行改善。整体而言,安徽省社会发展现状存在整体发展水平不高、内部指标发展不平衡、区域发展差异大等特点,在下一步的发展中,需打破多重困境,在各个方面付出更大的努力。

鉴于数据的局限性,本文的社会发展指标体系只能给出该指数的一些定性评价,加之权重由主观确定,在全面性、客观性方面存有不足。但该体系在数据获得、计算方法、比较应用中有较大优势。在今后安徽省社会发展指数评价中,可将安徽省社会发展指数同全国平均发展水平进行比较,从而更全面地了解今后安徽省社会发展方面存在的不足以及主要的努力方向。

参考文献

安徽省统计局:《安徽省统计年鉴(2014)》,中国统计出版社,2014。
周长城:《生活质量的指标构建及其现状评价》,经济科学出版社,2009。
章友德:《城市现代化指标体系研究》,高等教育出版社,2006。

Abstract

This book is based on the report of investigation and analysis written by the project group of Anhui Social Development Report from Anhui University, mainly covering the social development status and prospect of Anhui from 2014 to 2015. The book is coauthored by the experts and professors from the School of Sociology and Political Science, the School of Economics, the Law School and the School of Management from Anhui University, also with participation of experts and scholars from Anhui Provincial Society of Sociology and researchers from government departments.

The report draws references from statistical data officially released by both the state and Anhui province and relevant social investigations, and summarizes the social development of comprehensively deepening reform in the new economic environment in Anhui province based on a huge quantity of literature and first-hand materials from investigation. Under the guidance of the general approach of "stabilizing growth, adjusting structure, promoting reform, improving people's livelihood and preventing risks", the social and economic adjustment and transformation of Anhui has been gradually intensifying, with economy making progress amidst stability, development dynamics further strengthening, environment for people's livelihood constantly improving, and the society in harmony and order. In 2014, Anhui launched a new model for land reform, and effectively increased farmers' income; comprehensively deepened reform in administrative institutions, and further promoted the pilot reform in administrative hierarchy; actively built service-oriented government, successfully accomplished 33 tasks in livelihood project, and effectively improved the environment for people's livelihood; Hefei marched into the Yangtze Delta Economic Zone, and officially joined in the world-class metropolitan group. Meanwhile, faced with severe pressure from macroeconomic downward trend, the development of Anhui foreign trade experienced imbalances, and lacked further momentum for attracting foreign investment; the development of township enterprises lagged behind, and county economy remained to be strengthened; employment increases decelerated, and employment pressure increased; development of new-type urbanization was imbalanced, with prominent problems such as inadequacies in systems for supporting services. The rapid social and economic development in Anhui still faces major challenges.

The book conducts comprehensive and systematic analyses of Anhui economic and social development, outlines its current status, progresses and trends, and proposes corresponding solutions and suggestions. In the section for rule of law, the report points out that Anhui has made significant progresses in developing the rule of law since the 12th Five Year Plan, with government capabilities for scientific administration gradually strengthening, and the rule of law in rural grassroots governance constantly improving. In the section for the development of agriculture, rural areas and farmers, the report conducts thorough investigations of the development of rural collective economy in Anhui province, the feminization in agricultural sector, and the development model and path selection in rural communities in Anhui province, and comprehensively portrays the new development in the construction of beautiful villages in Anhui province based on the individual case of Xiaojing Village. In the section for employment and social security, the report objectively and truly reflects the achievements and existing problems in employment and social security of Anhui province, especially in the city of Hefei, and proposes feasible solutions based on the reality of Anhui economic and social development. In the section for family development, the report starts with the building of a happy family and focuses the research attention on education and care of the left-behind children and the special families in family planning in Anhui province. In the section for development and exploration, the report points out existing advantages and disadvantages of Anhui's role in the development of Yangtze River Economic Zone, and the opportunities and challenges it encounters, and conducts careful investigations and explorations in topics such as the assessment of Anhui rural-urban integrative development, social development of children in Anhui, value orientation of college students in Anhui and the development of social organizations in the city of Hefei. Finally, the book continues with the 2014 report of social development index in Anhui and releases a new ranking of social development index and development index for Anhui province, so as to enable the readers to accurately grasp the reality

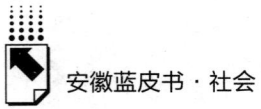

and dynamics of social development in Anhui.

The report objectively reflects the reality of Anhui social development from 2014 to 2015, analyzes the contradictions and problems encountered in the social development and construction of Anhui, proposes solutions and suggestions for the promotion of harmonious development in Anhui, and makes predictions on the development trend in Anhui society for the year 2015.

Contents

B I General Report

B1　General Report of Analysis on Social Situation
　　in Anhui Province, 2014 -2015
　　　　　　　　　　　　　　　　　　Fan Hesheng, Fang Wei / 001
　　1. The Achievement of Social Situation in Anhui, 2014 - 2015　　/ 002
　　2. The Problems of Social Situation in Anhui, 2014 - 2015　　/ 014
　　3. The Countermeasure of the Sustainability of Anhui, 2014 - 2015　　/ 019

Abstract: Since 2014, Anhui has been actively adjusting to the new norm in economic development, and achieved a good beginning in the comprehensive deepening of reform. Under the guidance of the general approach of "stabilizing growth, adjusting structure, promoting reform, improving people's livelihood and preventing risks", the social and economic adjustment and transformation of Anhui has been gradually intensifying, with economy making progress amidst stability, development dynamics further strengthening, environment for people's livelihood constantly improving, and the society in harmony and order. In 2014, Anhui launched a new model for land reform, and effectively increased farmers' income; comprehensively deepened reform in administrative institutions, and further promoted the pilot reform in administrative hierarchy; actively built service-oriented government, successfully accomplished 33 tasks in livelihood project, and effectively improved the environment for people's livelihood; Hefei marched into the Yangtze Delta Economic Zone, and officially joined in the world-class metropolitan group. Meanwhile, faced with severe pressure from macroeconomic downward trend, the development of Anhui foreign trade experienced imbalances, and lacked further momentum for attracting foreign investment; the development of township enterprises lagged behind, and county economy remained to be strengthened; employment increases decelerated, and employment pressure increased; development of new-type urbanization was imbalanced, with prominent problems such as inadequacies in systems for supporting services. Therefore, while outlining the achievements in Anhui social and economic developments from 2014 to 2015, the report also proposes corresponding solutions and suggestions for some real issues encountered in the process of development, so as to provide references for promoting the steady and rapid economic and social development in Anhui province.

Keywords: Innovation Driven Strategy; Land Reform Pilot; Administrative Reform; The People's Livelihood Projects; AnHui

B Ⅱ Rule of Law

B.2 The Research on the Social Legislation in Anhui Province

Wu Dezhi / 023

Abstract: The main purpose of social legislation is to ensure social fairness. Since the implementation of Chinese reform and opening policies, social legislation in Anhui has made great achievements. But the social legislation of Anhui Province is still in a weak position in local legislation system. There are a series of imbalances between city and village, different regions and different areas in the social legislation of Anhui Province. The social legislation of Anhui Province is mainly limited to the protection of traditional disadvantaged groups, ignoring the problems of migrant workers, land-losing farmers, empty-nesters in countryside and left-behind children caused by urbanization and industrialization, and the elderly who have lost their children because of one-child policy. The concrete implementation of the social legislation of Anhui province also has the problems of operability and innovation. There are also reasons of legislative procedure for the imperfections of the social legislation in Anhui province. Focusing on the above problems, the article also offers some relevant legislative suggestion.

Keywords: Social Law; Social Fairness; Vulnerable Group; Absorbing Public Opinion; AnHui

B. 3 The Reform of Administrative Examination and Approval System in Anhui Province: Achievements and Reflection

Zhao Xiaochun, Ding Xiancun / 057

Abstract: The inherent requirement for the development of the times, adapting to the government under the rule of law, Anhui Province, firmly grasping the breakthroughs in the reform of administrative examination and approval system, carries on the innovation of administrative examination and approval system and mechanism, and makes remarkable progresses. This paper summarizes the experience of Anhui in the reform of administrative examination and approval system at the same time; for the common problems which reflect the process of the reform of the national administrative examination and approval system, further deepening the transformation of reflection on the reform of administrative examination and approval system and the functions of the government, the focal point of future reform accurately, realize the integration of rule by law government, service government.

Keywords: AnHui; Administrative Approval; System Reform

B. 4 Observation Report on the Ninth Villager Committee Election at Expiration of Office Terms in Anhui Province

Chen Yiping, Wang Jinfen and Wang Zhonghua / 078

Abstract: Forty observers at the provincial level carry on the key observation and investigation at the entire province at ten sites on the ninth villagers committee election at expiration of office terms in Anhui Province. First, we observe the conditions emphatically about the selection of the villager electoral committee, registration of voters, nomination of candidates and voting; second, we summarize the experiences and achievements of the ninth villagers committee election at expiration of office terms and the province's implementation of the "three systems" reform especially, analyze the existing problems and put forward the corresponding perfect countermeasures; finally, we propose to carry out overall research for the implementation situation of "three systems" reform, we also suggest conducting special investigation and study for the relations between the village "two committees" in the villager committee election at expiration of office terms, the cost of election, village election condition of different types, the education and training of rural reserve cadres and young cadres, the implementation of the electronic voting and counting system, the electronic data construction of grassroots election and so on.

Keywords: Villager Committee Election; Election Observation; The "Three Systems" Reform; AnHui

B Ⅲ Development on "Agriculture, Rural Area & Farmer"

B.5 The Path of Developing the Rural Collective Economy in the Process of Urbanization in Anhui Province

Fan Hesheng, Tang Huimin / 112

Abstract: The development of new urbanization and the rural collective economy can promote each other. The core of new urbanization lies in adopting of agricultural modernization, meeting the farmers'real needs, achieving the integration of urban and rural infrastructure and equality in public services. Based on practical conditions of new urbanization, rural collective economy can provide a source of power for rural economic development and innovation, deepening the "political and economic separation" and establishing a new platform of rural collective property right transfer, exploring a new mode of rural shareholding company development. As a testing ground for China's rural reform, from the "Big Contract", to the reform of rural taxes and fees, and then to the comprehensive rural reform, Anhui always stands in the forefront of the rural reform, setting up China's rural reform benchmark. Therefore, selecting Anhui Province as the research breakthrough point to study the rural collective economy has great theoretical and practical significance. The current rural collective economic growth of Anhui province is is small and weak, there are many development dilemmas, such as the weakness of consciousness, property management confusion, the loss of collective assets, poor financing, uneven development. These unfavorable factors not only restricts the healthy development of rural collective economy, but also limits the process of urban and rural integration. Therefore, the rural collective economic development needs the integration of urban and rural areas, rural property rights system reform, agriculture modernization, agricultural management mechanism innovation to break the resistance of the rural collective economic development in the process of new urbanization.

Keywords: Anhui Province; New Urbanization; The Rural Collective Economy

B.6 "The Status Quo of Agricultural Feminization" and its Influence In Anhui Province *Huang Li* / 138

Abstract: As a big agricultural province and a province for population output, agricultural feminization trend in Anhui province is clear. Two structures in urban and rural areas of rural female non-agricultural transfer lag is the direct reason why the "feminization of agriculture". Due to women's natural physiological characteristics and traditional gender role orientation, rural women's human capital stock is insufficient, and the rational choice of family development caused by gender differences in the non-agricultural migration of rural labor force. "Feminization of agriculture" trend both for rural women's development, or to the agricultural production and agricultural modernization, present both the challenges and opportunities, and positive and negative effects. Anhui province "feminization of agriculture" trend in the short term is difficult to change, therefore, the government in the formulation of agricultural and rural development policies, we should integrate gender awareness into mainstream decision-making; improve the rural female human capital stock, give full play to the role of women in agricultural production; the development of rural public utilities, improve the rural women's survival and development environment; at the same time, develop the third industry, accelerate the process of urbanization, promote rural women's non-agricultural occupation transfer.

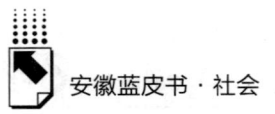

Keywords: Anhui Province; Agricultural Feminization; The Allocation of Labor Resources

B.7　The Social Development Report of Xiaojing Village

　　　　　　　　　　Zhou Dianen, Zhou Jing and Wang Yitian / 160

Abstract: The research group used the questionnaire survey and depth interviews to Xiaojing Village grass-roots management organization, villager's participation in village affairs consciousness, economic development status, entertainment and leisure life, "dare to be the first" spirit of hard struggle, education and health, infrastructure, social security system, environmental remediation has done deeply and widely the survey, a comprehensive and detailed display of the social development Xiaojing Village, and on this basis, points out the existing problems and coping strategies, so as to provide intellectual support for the development of Xiaojing Village and Chinese village.

Keywords: Xiaojing Village; Social Development; Social Construction

B Ⅳ　Employment and Social Security

B.8　The Report about Employment and Social Security in Anhui Province　　　　　　*Yang Jun* / 187

Abstract: Needless to say, employment and social security are very important for the sustainable development of economy and society. As an agricultural and populous province in the underdeveloped areas in central China, Anhui faces the employment, and social security situation will be more complex and more difficult task than ever before. This report briefly reviews the initiatives and results of Anhui province in 2013-2014, and through the rational thinking of the problem, puts forward the reform in rural areas of Anhui with some basic ideas and suggestions for further development.

Keywords: Anhui Province ; Employment; Social Security

B. 9　The Current Employment Situation and Prospect of Hefei City

Fang Jinyou / 205

Abstract: Hefei is in central Anhui. The province of Anhui has always been China's major agricultural and migrant workers output province. Analyzing the employment situation and trend of Hefei can reflect the employment characteristic of central China during the period of economic leap. A series of statistical data and monitoring data showed that there was high labor demand in second industry especially the manufacturing industry of Hefei, which was related to the strategy of "industry prospering city" after new century. Because of population aging and the popularization of higher education, general worker supply reduced in Hefei, which has become a prominent problem in enterprise recruitment. The wage and employment benefits in Hefei located in central China is relatively low, coupled with the occupation education and training cannot be normalized in some enterprises and college graduates' high expectation, so it was difficult for the college graduates to find jobs in the market and enterprises to find professional technical worker. How to solve this problem, the example of Hefei will give us some suggestions.

Keywords: Central Provincial Capital; Employment Situation; Hefei

B V　Family Construction

B. 10　Care in a Changing Context: Happy Family Construction in Anhui Province　*Xia Dangying, Xiong Feng* / 220

Abstract: Now, in Anhui province, family is faced with problems including the deteriorating ability of risk prevention, the shortage of public products, severe pension problems, children's education problems, abnormal marriage problems, and so on. This phenomenon shows the current demand to construct the "happy family". Based on the fact, Anhui province focuses on family problems, and perfect family system from five aspects including wealth, health, harmony, mutual aid and safety safeguarding. In Anhui province, "happy family" has many basic experiences. They are as follows: focusing the realistic need of the family by relative projects; devoting all resources to construct happy family; making and improving related policies and regulations; innovating the way of localization by combining with the local cultural.

Keywords: Anhui Province; Family Problem; Happy Family; Family Construction

B.11 The Current Situation and Countermeasure of Left-behind Family in Anhui Province

Wang Yunfei, Gao Yuan / 236

Abstract: In the process of social transformation, rural left-behind family actually is faced with great risk. The problems of rural left-behind family are not only the problem of individual family, but also the social problems and people's livelihood problem. As a big agricultural and the rural labor export province, rural left-behind family phenomenon in Anhui province is very common and outstanding. On the basis of sampling survey on left-behind families in rural areas of Anhui province, this paper objectively and comprehensively analyzed the plight of the families and the existing problems of the rural left-behind family social support in Anhui province, proposed related measures and suggestions for perfecting rural left-behind family social support system through the formal social support and informal social support.

Keywords: Rural Left-behind Family; Social Support; Practical Problem

B.12 Report on Baseline Survey of Social Care Project for Special Family in Family Planning of Anhui Province

Sun Zhongfeng, Zhou Wenjing and Wang Rongrong / 252

Abstract: The only-child-died or disabled-family has these essential problems, the fragile ability of economic development, the challenge of psychological adaptability, the deficiency of life care, and the lack of effective organization, etc. In order to implement the party and country's policy better, which is the care and support of only-child-died or disabled-family, understands the basic status and realistic demands of only-child-died or disabled-family accurately and provides the practical guidance of service and assistance explicitly, this report analyzed the baseline survey data, based on the 66 regions' target families of Anhui Province, mastered the basic requirements and main characteristics of these special families, and proposed reasonable and effective suggestions.

Keywords: Anhui Province; The Only-child-died or Disabled-family; Social Care; Baseline Survey

ℬ Ⅵ Exploration and Development

B. 13 Study on Development Strategy of Anhui Province in the Yangtze River Economic Zone *Li Benhe* / 272

Abstract: The Yangtze River Economic Zone is the key area and growth axis of China's economic and social development in the next 10 years. This report based on the great significance of the construction of the Yangtze River Economic Zone, the main basis, forecasting, analysis and forecast the transformation upgrade and strategic location, combined with field survey, to explore the opportunities and challenges facing the advantages and disadvantages of existing docking. For the Yangtze River Economic Zone construction, Anhui focuses on the strategic emphasis of function orientation, the role of Anhui in the Yangtze River Economic Zone development strategy, the industry in the regional division of labor cooperation relations, economic transformation and development, and how to create new regional growth poles and accelerates the transformation and upgrading of Wanjiang City belt and other issues, and proposes the corresponding countermeasure, policy measures and relevant recommendations accordingly.

Keywords: The Yangtze River Economic Zone; Development Strategy Research of Anhui Province; Jianghuai City Group

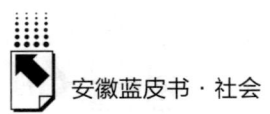
安徽蓝皮书·社会

B.14 The Evaluation of Developmental Level and Research on Countermeasures of Anhui Urban-rural Integration

Chen Junfeng, Song Yujie and Cai Run / 304

Abstract: This paper conducts a comprehensive evaluation and analysis of the development of urban-rural integration in Anhui Province, summarizes major problems in the process of urban-rural integration in Anhui Province, and proposes corresponding policy recommendations. An analysis of the development of urban-rural integration in Anhui Province in the past decade has revealed a steady boost of urban-rural integration in Anhui Province, a closing gap in consumption between urban and rural residents, more convenience in urban and rural transportation, gradual strengthening of urban and rural spatial connection, further improvement of urbanization, and a more developed urban and rural system, but still rather significant differences in urban-rural integration among different regions. The author suggests that in the future Anhui should accelerate the process of urban-rural integration and new urbanization by focusing on areas such as the development of the subject role of peasants, the construction of the system of city, town and township, the integrative development of the industries and the rational flow of urban and rural resources.

Keywords: Urban-rural Integration; New Urbanization; People-oriented; System of City; Town and Township; Anhui

B.15 The Report of Child Social Development in Anhui

Yang Xueyun / 321

Abstract: In recent years, under the leadership of provincial government and provincial Party committee and the guidance of provincial working committee on children and women, each member of the Anhui province worked together, earnestly performed their duties, around the "Children of Anhui Province Development Program (2011 - 2020)" target, not only paid attention to the children's development, but also solved the problem during the children's development and explored new thinking and measure of child work under new situations, carried out fruitful work on survival, protection, development and participation of children in Anhui. Perfecting law and policy, building good institutional environment of children development. The tasks of children development outline were carried forward steadily and some goals of the outline have finished ahead of the schedule. The protection of children's rights and interests and critical and difficult issues of children survival and development were solved effectively.

Keywords: Anhui; Child Development

B.16 Investigation and Analysis on the Value Orientation of Anhui College Students

Pan Li, Dong Meihao, Hao Dandan and Li Qing / 333

Abstract: In order to grasp the value orientation of Anhui college students, the research conducts questionnaire survey, using Individualism-Collectivism Scale and students value orientation questionnaire, which is designed by ourselves. The study found that Anhui college students tend to favor collectivism, stay positive on life value orientation, and prioritize the family, followed by personal health and career development; being reasonable on consumer value orientation, pay much attention to quality and price when they are shopping; being relatively passive on the moral value orientation, laying particular stress on individual interests when they make moral value decision; as for political value orientation, although most college students are vigorous in political activities, they don't have a clear understanding of the nature of China's Socialism with Chinese Characteristics and the guiding position of Marxism. College students of both genders, different grades and different family backgrounds are different in the different value orientation, which should be treated differently in terms of education and guidance.

Keywords: Anhui; College Students; Value Orientation

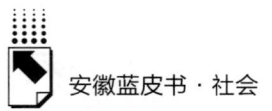

B.17 Exploration and Thinking on the Development of Social
Organizations of the City of Hefei *Yan Cuifang, Zhang Jian* / 353

Abstract: Development of social organizations has made great achievements in the city of Hefei, especially in the aspects of number and employees and size and system. Otherwise, it also faces the confusion between politics and society, the inadequacies in the government contracting-out, the uneven regional development of social organizations and the plight of lack of the role of the assessment of social organizations. In order to solve these problems and guild the healthy development of social organizations, we should build regulatory framework to foster social organizations through expert advisory committee, federation of social organizations, foundation of development of social organization, government contracting-out, relevant administrative departments and self-development of social organizations.

Keywords: Social Organizations; Government Contracting-out; Assessment of Social Organizations; Hefei

B.18 Social Development Indexs of Anhui Province
and Its Cities in 2013 *Tian Fei, Yu Pan and He Leilei* / 370

Abstract: Based on computing, SDI of Anhui Province in 2013 is 0.36, lower than that of 2012. The SDI's ranking in various regions also has some changes compared with 2012. Among them, the top five were still in Tongling, Huangshan, Chizhou, Wuhu and Xuancheng, following by the other three, which were still in Fuyang, Suzhou and Bozhou, other cities have varying degrees of rise or fall. It is worth pointing out that the SDI of Hefei decreased from 0.4 in 2012 to 0.36 in 2013. In addition, the corresponding ranking also fell by three places.

Keywords: Anhui; SDI; Indicator System

社会科学文献出版社　皮书系列

❖ 皮书起源 ❖

"皮书"起源于十七、十八世纪的英国，主要指官方或社会组织正式发表的重要文件或报告，多以"白皮书"命名。在中国，"皮书"这一概念被社会广泛接受，并被成功运作、发展成为一种全新的出版型态，则源于中国社会科学院社会科学文献出版社。

❖ 皮书定义 ❖

皮书是对中国与世界发展状况和热点问题进行年度监测，以专业的角度、专家的视野和实证研究方法，针对某一领域或区域现状与发展态势展开分析和预测，具备权威性、前沿性、原创性、实证性、时效性等特点的连续性公开出版物，由一系列权威研究报告组成。皮书系列是社会科学文献出版社编辑出版的蓝皮书、绿皮书、黄皮书等的统称。

❖ 皮书作者 ❖

皮书系列的作者以中国社会科学院、著名高校、地方社会科学院的研究人员为主，多为国内一流研究机构的权威专家学者，他们的看法和观点代表了学界对中国与世界的现实和未来最高水平的解读与分析。

❖ 皮书荣誉 ❖

皮书系列已成为社会科学文献出版社的著名图书品牌和中国社会科学院的知名学术品牌。2011年，皮书系列正式列入"十二五"国家重点图书出版规划项目；2012~2014年，重点皮书列入中国社会科学院承担的国家哲学社会科学创新工程项目；2015年，41种院外皮书使用"中国社会科学院创新工程学术出版项目'标识。

法律声明

"皮书系列"(含蓝皮书、绿皮书、黄皮书)之品牌由社会科学文献出版社最早使用并持续至今,现已被中国图书市场所熟知。"皮书系列"的LOGO( )与"经济蓝皮书""社会蓝皮书"均已在中华人民共和国国家工商行政管理总局商标局登记注册。"皮书系列"图书的注册商标专用权及封面设计、版式设计的著作权均为社会科学文献出版社所有。未经社会科学文献出版社书面授权许可,任何使用与"皮书系列"图书注册商标、封面设计、版式设计相同或者近似的文字、图形或其组合的行为均系侵权行为。

经作者授权,本书的专有出版权及信息网络传播权为社会科学文献出版社享有。未经社会科学文献出版社书面授权许可,任何就本书内容的复制、发行或以数字形式进行网络传播的行为均系侵权行为。

社会科学文献出版社将通过法律途径追究上述侵权行为的法律责任,维护自身合法权益。

欢迎社会各界人士对侵犯社会科学文献出版社上述权利的侵权行为进行举报。电话:010-59367121,电子邮箱:fawubu@ssap.cn。

社会科学文献出版社

权威·前沿·原创

社会科学文献出版社

皮书系列

2015年

盘点年度资讯　预测时代前程

社会科学文献出版社
SOCIAL SCIENCES ACADEMIC PRESS (CHINA)

社会科学文献出版社成立于1985年,是直属于中国社会科学院的人文社会科学专业学术出版机构。

成立以来,特别是1998年实施第二次创业以来,依托于中国社会科学院丰厚的学术出版和专家学者两大资源,坚持"创社科经典,出传世文献"的出版理念和"权威、前沿、原创"的产品定位,社科文献立足内涵式发展道路,从战略层面推动学术出版五大能力建设,逐步走上了智库产品与专业学术成果系列化、规模化、数字化、国际化、市场化发展的经营道路。

先后策划出版了著名的图书品牌和学术品牌"皮书"系列、"列国志"、"社科文献精品译库"、"全球化译丛"、"全面深化改革研究书系"、"近世中国"、"甲骨文"、"中国史话"等一大批既有学术影响又有市场价值的系列图书,形成了较强的学术出版能力和资源整合能力。2014年社科文献出版社发稿5.5亿字,出版图书1500余种,承印发行中国社科院院属期刊71种,在多项指标上都实现了较大幅度的增长。

凭借着雄厚的出版资源整合能力,社科文献出版社长期以来一直致力于从内容资源和数字平台两个方面实现传统出版的再造,并先后推出了皮书数据库、列国志数据库、中国田野调查数据库等一系列数字产品。数字出版已经初步形成了产品设计、内容开发、编辑标引、产品运营、技术支持、营销推广等全流程体系。

在国内原创著作、国外名家经典著作大量出版,数字出版突飞猛进的同时,社科文献出版社从构建国际话语体系的角度推动学术出版国际化。先后与斯普林格、荷兰博睿、牛津、剑桥等十余家国际出版机构合作面向海外推出了"皮书系列""改革开放30年研究书系""中国梦与中国发展道路研究丛书""全面深化改革研究书系"等一系列在世界范围内引起强烈反响的作品;并持续致力于中国学术出版走出去,组织学者和编辑参加国际书展,筹办国际性学术研讨会,向世界展示中国学者的学术水平和研究成果。

此外,社科文献出版社充分利用网络媒体平台,积极与中央和地方各类媒体合作,并联合大型书店、学术书店、机场书店、网络书店、图书馆,逐步构建起了强大的学术图书内容传播平台。学术图书的媒体曝光率居全国之首,图书馆藏率居于全国出版机构前十位。

上述诸多成绩的取得,有赖于一支以年轻的博士、硕士为主体,一批从中国社科院刚退出科研一线的各学科专家为支撑的300多位高素质的编辑、出版和营销队伍,为我们实现学术立社,以学术品位、学术价值来实现经济效益和社会效益这样一个目标的共同努力。

作为已经开启第三次创业梦想的人文社会科学学术出版机构,2015年的社会科学文献出版社将迎来她30周岁的生日,"三十而立"再出发,我们将以改革发展为动力,以学术资源建设为中心,以构建智慧型出版社为主线,以社庆三十周年系列活动为重要载体,以"整合、专业、分类、协同、持续"为各项工作指导原则,全力推进出版社数字化转型,坚定不移地走专业化、数字化、国际化发展道路,全面提升出版社核心竞争力,为实现"社科文献梦"奠定坚实基础。

社长致辞

我们是图书出版者，更是人文社会科学内容资源供应商；

我们背靠中国社会科学院，面向中国与世界人文社会科学界，坚持为人文社会科学的繁荣与发展服务；

我们精心打造权威信息资源整合平台，坚持为中国经济与社会的繁荣与发展提供决策咨询服务；

我们以读者定位自身，立志让爱书人读到好书，让求知者获得知识；

我们精心编辑、设计每一本好书以形成品牌张力，以优秀的品牌形象服务读者，开拓市场；

我们始终坚持"创社科经典，出传世文献"的经营理念，坚持"权威、前沿、原创"的产品特色；

我们"以人为本"，提倡阳光下创业，员工与企业共享发展之成果；

我们立足于现实，认真对待我们的优势、劣势，我们更着眼于未来，以不断的学习与创新适应不断变化的世界，以不断的努力提升自己的实力；

我们愿与社会各界友好合作，共享人文社会科学发展之成果，共同推动中国学术出版乃至内容产业的繁荣与发展。

社会科学文献出版社社长
中国社会学会秘书长

2015 年 1 月

社会科学文献出版社　**皮书系列**

❖ 皮书起源 ❖

"皮书"起源于十七、十八世纪的英国，主要指官方或社会组织正式发表的重要文件或报告，多以"白皮书"命名。在中国，"皮书"这一概念被社会广泛接受，并被成功运作、发展成为一种全新的出版形态，则源于中国社会科学院社会科学文献出版社。

❖ 皮书定义 ❖

皮书是对中国与世界发展状况和热点问题进行年度监测，以专业的角度、专家的视野和实证研究方法，针对某一领域或区域现状与发展态势展开分析和预测，具备权威性、前沿性、原创性、实证性、时效性等特点的连续性公开出版物，由一系列权威研究报告组成。皮书系列是社会科学文献出版社编辑出版的蓝皮书、绿皮书、黄皮书等的统称。

❖ 皮书作者 ❖

皮书系列的作者以中国社会科学院、著名高校、地方社会科学院的研究人员为主，多为国内一流研究机构的权威专家学者，他们的看法和观点代表了学界对中国与世界的现实和未来最高水平的解读与分析。

❖ 皮书荣誉 ❖

皮书系列已成为社会科学文献出版社的著名图书品牌和中国社会科学院的知名学术品牌。2011年，皮书系列正式列入"十二五"国家重点出版规划项目；2012~2014年，重点皮书列入中国社会科学院承担的国家哲学社会科学创新工程项目；2015年，41种院外皮书使用"中国社会科学院创新工程学术出版项目"标识。

经 济 类

经济类皮书涵盖宏观经济、城市经济、大区域经济，提供权威、前沿的分析与预测

经济蓝皮书
2015年中国经济形势分析与预测

李 扬 / 主编　　2014年12月出版　　定价：69.00元

◆ 本书课题为"总理基金项目"，由著名经济学家李扬领衔，联合数十家科研机构、国家部委和高等院校的专家共同撰写，对2014年中国宏观及微观经济形势进行了深入分析，并且提出了2015年经济走势的预测。

城市竞争力蓝皮书
中国城市竞争力报告 No.13

倪鹏飞 / 主编　　2015年5月出版　　估价：89.00元

◆ 本书由中国社会科学院城市与竞争力研究中心主任倪鹏飞主持编写，汇集了众多研究城市经济问题的专家学者关于城市竞争力研究的最新成果。本报告构建了一套科学的城市竞争力评价指标体系，采用第一手数据材料，对国内重点城市年度竞争力格局变化进行客观分析和综合比较、排名，对研究城市经济及城市竞争力极具参考价值。

西部蓝皮书
中国西部发展报告（2015）

姚慧琴　徐璋勇 / 主编　　2015年7月出版　　估价：89.00元

◆ 本书由西北大学中国西部经济发展研究中心主编，汇集了源自西部本土以及国内研究西部问题的权威专家的第一手资料，对国家实施西部大开发战略进行年度动态跟踪，并对2015年西部经济、社会发展态势进行预测和展望。

皮书系列重点推荐 　经济类

中部蓝皮书
中国中部地区发展报告（2015）
喻新安 / 主编　　2015 年 5 月出版　　估价 :69.00 元

◆ 本书敏锐地抓住当前中部地区经济发展中的热点、难点问题，紧密地结合国家和中部经济社会发展的重大战略转变，对中部地区经济发展的各个领域进行了深入、全面的分析研究，并提出了具有理论研究价值和可操作性强的政策建议。

世界经济黄皮书
2015 年世界经济形势分析与预测
王洛林　张宇燕 / 主编　　2015 年 1 月出版　　定价 :69.00 元

◆ 本书为"十二五"国家重点图书出版规划项目，中国社会科学院创新工程学术出版资助项目，作者来自中国社会科学院世界经济与政治研究所。该书总结了 2014 年世界经济发展的热点问题，对 2015 年世界经济形势进行了分析与预测。

中国省域竞争力蓝皮书
中国省域经济综合竞争力发展报告（2013~2014）
李建平　李闽榕　高燕京 / 主编　　2015 年 2 月出版　定价 :198.00 元

◆ 本书充分运用数理分析、空间分析、规范分析与实证分析相结合、定性分析与定量分析相结合的方法，建立起比较科学完善、符合中国国情的省域经济综合竞争力指标评价体系及数学模型，对 2012~2013 年中国内地 31 个省、市、区的经济综合竞争力进行全面、深入、科学的总体评价与比较分析。

城市蓝皮书
中国城市发展报告 No.8
潘家华　魏后凯 / 主编　　2015 年 9 月出版　　估价 :69.00 元

◆ 本书由中国社会科学院城市发展与环境研究中心编著，从中国城市的科学发展、城市环境可持续发展、城市经济集约发展、城市社会协调发展、城市基础设施与用地管理、城市管理体制改革以及中国城市科学发展实践等多角度、全方位地立体展示了中国城市的发展状况，并对中国城市的未来发展提出了建议。

经济类　皮书系列 重点推荐

金融蓝皮书

中国金融发展报告（2015）

李 扬　王国刚 / 主编　2014 年 12 月出版　定价 :75.00 元

◆ 由中国社会科学院金融研究所组织编写的《中国金融发展报告（2015）》，概括和分析了 2014 年中国金融发展和运行中的各方面情况，研讨和评论了 2014 年发生的主要金融事件。本书由业内专家和青年精英联合编著，有利于读者了解掌握 2014 年中国的金融状况，把握 2015 年中国金融的走势。

低碳发展蓝皮书

中国低碳发展报告（2015）

齐 晔 / 主编　2015 年 4 月出版　估价 :89.00 元

◆ 本书对中国低碳发展的政策、行动和绩效进行科学、系统、全面的分析。重点是通过归纳中国低碳发展的绩效，评估与低碳发展相关的政策和措施，分析政策效应的制度背景和作用机制，为进一步的政策制定、优化和实施提供支持。

经济信息绿皮书

中国与世界经济发展报告（2015）

杜 平 / 主编　2014 年 12 月出版　定价 :79.00 元

◆ 本书由国家信息中心继续组织有关专家编撰。由国家信息中心组织专家队伍编撰，对 2014 年国内外经济发展环境、宏观经济发展趋势、经济运行中的主要矛盾、产业经济和区域经济热点、宏观调控政策的取向进行了系统的分析预测。

低碳经济蓝皮书

中国低碳经济发展报告（2015）

薛进军　赵忠秀 / 主编　2015 年 5 月出版　估价 :69.00 元

◆ 本书是以低碳经济为主题的系列研究报告，汇集了一批罗马俱乐部核心成员、IPCC 工作组成员、碳排放理论的先驱者、政府气候变化问题顾问、低碳社会和低碳城市计划设计人等世界顶尖学者、对气候变化政策制定、特别是中国的低碳经济经济发展有特别参考意义。

社会政法类

社会政法类

社会政法类皮书聚焦社会发展领域的热点、难点问题，提供权威、原创的资讯与视点

社会蓝皮书

2015年中国社会形势分析与预测

李培林　陈光金　张　翼/主编　2014年12月出版　定价:69.00元

◆ 本报告是中国社会科学院"社会形势分析与预测"课题组2014年度分析报告，由中国社会科学院社会学研究所组织研究机构专家、高校学者和政府研究人员撰写。对2014年中国社会发展的各个方面内容进行了权威解读，同时对2015年社会形势发展趋势进行了预测。

法治蓝皮书

中国法治发展报告No.13（2015）

李　林　田　禾/主编　　2015年3月出版　　定价:105.00元

◆ 本年度法治蓝皮书一如既往秉承关注中国法治发展进程中的焦点问题的特点，回顾总结了2014年度中国法治发展取得的成就和存在的不足，并对2015年中国法治发展形势进行了预测和展望。

环境绿皮书

中国环境发展报告（2015）

刘鉴强/主编　　2015年5月出版　　估价:79.00元

◆ 本书由民间环保组织"自然之友"组织编写，由特别关注、生态保护、宜居城市、可持续消费以及政策与治理等版块构成，以公共利益的视角记录、审视和思考中国环境状况，呈现2014年中国环境与可持续发展领域的全局态势，用深刻的思考、科学的数据分析2014年的环境热点事件。

社会政法类 皮书系列重点推荐

反腐倡廉蓝皮书
中国反腐倡廉建设报告 No.4
李秋芳 张英伟/主编　2014年12月出版　定价:79.00元

◆ 本书抓住了若干社会热点和焦点问题,全面反映了新时期新阶段中国反腐倡廉面对的严峻局面,以及中国共产党反腐倡廉建设的新实践新成果。根据实地调研、问卷调查和舆情分析,梳理了当下社会普遍关注的与反腐败密切相关的热点问题。

女性生活蓝皮书
中国女性生活状况报告 No.9（2015）
韩湘景/主编　2015年4月出版　估价:79.00元

◆ 本书由中国妇女杂志社、华坤女性生活调查中心和华坤女性消费指导中心组织编写,通过调查获得的大量调查数据,真实展现当年中国城市女性的生活状况、消费状况及对今后的预期。

华侨华人蓝皮书
华侨华人研究报告 (2015)
贾益民/主编　2015年12月出版　估价:118.00元

◆ 本书为中国社会科学院创新工程学术出版资助项目,是华侨大学向世界提供最新涉侨动态、理论研究和政策建议的平台。主要介绍了相关国家华侨华人的规模、分布、结构、发展趋势,以及全球涉侨生存安全环境和华文教育情况等。

政治参与蓝皮书
中国政治参与报告（2015）
房　宁/主编　2015年7月出版　估价:105.00元

◆ 本书作者均来自中国社会科学院政治学研究所,聚焦中国基层群众自治的参与情况介绍了城镇居民的社区建设与居民自治参与和农村居民的村民自治与农村社区建设参与情况。其优势是其指标评估体系的建构和问卷调查的设计专业,数据量丰富,统计结论科学严谨。

行业报告类

行业报告类皮书立足重点行业、新兴行业领域，提供及时、前瞻的数据与信息

房地产蓝皮书
中国房地产发展报告 No.12（2015）
魏后凯　李景国 / 主编　　2015 年 5 月出版　　估价：79.00 元

◆ 本书汇集了众多研究城市房地产经济问题的专家、学者关于城市房地产方面的最新研究成果。对 2014 年我国房地产经济发展状况进行了回顾，并做出了分析，全面翔实而又客观公正，同时，也对未来我国房地产业的发展形势做出了科学的预测。

保险蓝皮书
中国保险业竞争力报告（2015）
姚庆海　王　力 / 主编　　2015 年 12 出版　　估价：98.00 元

◆ 本皮书主要为监管机构、保险行业和保险学界提供保险市场一年来发展的总体评价，外在因素对保险业竞争力发展的影响研究；国家监管政策、市场主体经营创新及职能发挥、理论界最新研究成果等综述和评论。

企业社会责任蓝皮书
中国企业社会责任研究报告（2015）
黄群慧　彭华岗　钟宏武　张　蒽 / 编著
2015 年 11 月出版　　估价：69.00 元

◆ 本书系中国社会科学院经济学部企业社会责任研究中心组织编写的《企业社会责任蓝皮书》2015 年分册。该书在对企业社会责任进行宏观总体研究的基础上，根据 2014 年企业社会责任及相关背景进行了创新研究，在全国企业中观层面对企业健全社会责任管理体系提供了弥足珍贵的丰富信息。

行业报告类　皮书系列 重点推荐

投资蓝皮书
中国投资发展报告（2015）

杨庆蔚 / 主编　　2015 年 4 月出版　　估价：128.00 元

◆ 本书是中国建银投资有限责任公司在投资实践中对中国投资发展的各方面问题进行深入研究和思考后的成果。投资包括固定资产投资、实业投资、金融产品投资、房地产投资等诸多领域，尝试将投资作为一个整体进行研究，能够较为清晰地展现社会资金流动的特点，为投资者、研究者、甚至政策制定者提供参考。

住房绿皮书
中国住房发展报告（2014~2015）

倪鹏飞 / 主编　　2014 年 12 月出版　　定价：79.00 元

◆ 本报告从宏观背景、市场主体、市场体系和公共政策四个方面，对中国住宅市场体系做了全面系统的分析、预测与评价，并给出了相关政策建议，并在评述 2013~2014 年住房及相关市场走势的基础上，预测了 2014~2015 年住房及相关市场的发展变化。

人力资源蓝皮书
中国人力资源发展报告（2015）

余兴安 / 主编　　2015 年 9 月出版　　估价：79.00 元

◆ 本书是在人力资源和社会保障部部领导的支持下，由中国人事科学研究院汇集我国人力资源开发权威研究机构的诸多专家学者的研究成果编写而成。作为关于人力资源的蓝皮书，本书通过充分利用有关研究成果，更广泛、更深入地展示近年来我国人力资源开发重点领域的研究成果。

汽车蓝皮书
中国汽车产业发展报告（2015）

国务院发展研究中心产业经济研究部 中国汽车工程学会
大众汽车集团（中国）/ 主编　　2015 年 7 月出版　　估价：128.00 元

◆ 本书由国务院发展研究中心产业经济研究部、中国汽车工程学会、大众汽车集团（中国）联合主编，是关于中国汽车产业发展的研究性年度报告，介绍并分析了本年度中国汽车产业发展的形势。

皮书系列
重点推荐

国别与地区类

国别与地区类

国别与地区类皮书关注全球重点国家与地区，提供全面、独特的解读与研究

亚太蓝皮书

亚太地区发展报告（2015）

李向阳 / 主编　　2015年1月出版　　定价：59.00元

◆ 本书是由中国社会科学院亚太与全球战略研究院精心打造的品牌皮书，关注时下亚太地区局势发展动向里隐藏的中长趋势，剖析亚太地区政治与安全格局下的区域形势最新动向以及地区关系发展的热点问题，并对2015年亚太地区重大动态做出前瞻性的分析与预测。

日本蓝皮书

日本研究报告（2015）

李薇 / 主编　　2015年4月出版　　估价：69.00元

◆ 本书由中华日本学会、中国社会科学院日本研究所合作推出，是以中国社会科学院日本研究所的研究人员为主完成的研究成果。对2014年日本的政治、外交、经济、社会文化作了回顾、分析与展望，并收录了该年度日本大事记。

德国蓝皮书

德国发展报告（2015）

郑春荣　伍慧萍 / 主编　　2015年6月出版　　估价：69.00元

◆ 本报告由同济大学德国研究所组织编撰，由该领域的专家学者对德国的政治、经济、社会文化、外交等方面的形势发展情况，进行全面的阐述与分析。德国作为欧洲大陆第一强国，与中国各方面日渐紧密的合作关系，值得国内各界深切关注。

国别与地区类　　皮书系列 重点推荐

国际形势黄皮书
全球政治与安全报告（2015）

李慎明　张宇燕/主编　2015年1月出版　定价：69.00元

◆ 本书为"十二五"国家重点图书出版规划项目、中国社会科学院创新工程学术出版资助项目，为"国际形势黄皮书"系列年度报告之一。报告旨在对本年度国际政治及安全形势的总体情况和变化进行回顾与分析，并提出一定的预测。

拉美黄皮书
拉丁美洲和加勒比发展报告（2014~2015）

吴白乙/主编　2015年4月出版　估价：89.00元

◆ 本书是中国社会科学院拉丁美洲研究所的第14份关于拉丁美洲和加勒比地区发展形势状况的年度报告。本书对2014年拉丁美洲和加勒比地区诸国的政治、经济、社会、外交等方面的发展情况做了系统介绍，对该地区相关国家的热点及焦点问题进行了总结和分析，并在此基础上对该地区各国2015年的发展前景做出预测。

美国蓝皮书
美国研究报告（2015）

黄平　郑秉文/主编　2015年7月出版　估价：89.00元

◆ 本书是由中国社会科学院美国所主持完成的研究成果，它回顾了美国2014年的经济、政治形势与外交战略，对2014年以来美国内政外交发生的重大事件以及重要政策进行了较为全面的回顾和梳理。

大湄公河次区域蓝皮书
大湄公河次区域合作发展报告（2015）

刘稚/主编　2015年9月出版　估价：79.00元

◆ 云南大学大湄公河次区域研究中心深入追踪分析该区域发展动向，以把握全面，突出重点为宗旨，系统介绍和研究大湄公河次区域合作的年度热点和重点问题，展望次区域合作的发展趋势，并对新形势下我国推进次区域合作深入发展提出相关对策建议。

皮书系列
重点推荐

地方发展类

地方发展类

地方发展类皮书关注大陆各省份、经济区域，
提供科学、多元的预判与咨政信息

北京蓝皮书

北京公共服务发展报告（2014~2015）

施昌奎 / 主编　　2015年1月出版　　定价：69.00元

◆ 本书是由北京市政府职能部门的领导、首都著名高校的教授、知名研究机构的专家共同完成的关于北京市公共服务发展与创新的研究成果。内容涉及了北京市公共服务发展的方方面面，既有综述性的总报告，也有细分的情况介绍，既有对北京各个城区的综合性描述，也有对局部、细部、具体问题的分析，对年度热点问题也都有涉及。

上海蓝皮书

上海经济发展报告（2015）

沈开艳 / 主编　　2015年1月出版　　定价：69.00元

◆ 本书系上海社会科学院系列之一，报告对2015年上海经济增长与发展趋势的进行了预测，把握了上海经济发展的脉搏和学术研究的前沿。

广州蓝皮书

广州经济发展报告（2015）

李江涛　朱名宏 / 主编　　2015年5月出版　　估价：69.00元

◆ 本书是由广州市社会科学院主持编写的"广州蓝皮书"系列之一，本报告对广州2014年宏观经济运行情况作了深入分析，对2015年宏观经济走势进行了合理预测，并在此基础上提出了相应的政策建议。

 文化传媒类

皮书系列
重点推荐

文化传媒类

文化传媒类皮书透视文化领域、文化产业，
探索文化大繁荣、大发展的路径

新媒体蓝皮书
中国新媒体发展报告 No.5（2015）

唐绪军 / 主编　　2015 年 6 月出版　　估价 :79.00 元

◆ 本书由中国社会科学院新闻与传播研究所和上海大学合作编写，在构建新媒体发展研究基本框架的基础上，全面梳理 2014 年中国新媒体发展现状，发表最前沿的网络媒体深度调查数据和研究成果，并对新媒体发展的未来趋势做出预测。

舆情蓝皮书
中国社会舆情与危机管理报告（2015）

谢耘耕 / 主编　　2015 年 8 月出版　　估价 :98.00 元

◆ 本书由上海交通大学舆情研究实验室和危机管理研究中心主编，已被列入教育部人文社会科学研究报告培育项目。本书以新媒体环境下的中国社会为立足点，对 2014 年中国社会舆情、分类舆情等进行了深入系统的研究，并预测了 2015 年社会舆情走势。

文化蓝皮书
中国文化产业发展报告（2015）

张晓明　王家新　章建刚 / 主编　　2015 年 4 月出版　　估价 :79.00 元

◆ 本书由中国社会科学院文化研究中心编写。从 2012 年开始　中国社会科学院文化研究中心设立了国内首个文化产业的研究类专项资金——"文化产业重大课题研究计划"，开始在全国范围内组织多学科专家学者对我国文化产业发展重大战略问题进行联合攻关研究。本书集中反映了该计划的研究成果。

13

经济类

G20国家创新竞争力黄皮书
二十国集团(G20)国家创新竞争力发展报告(2015)
著(编)者：黄茂兴 李闽榕 李建平 赵新力
2015年9月出版　估价:128.00元

产业蓝皮书
中国产业竞争力报告(2015)
著(编)者：张其仔　2015年5月出版　估价:79.00元

长三角蓝皮书
2015年全面深化改革中的长三角
著(编)者：张伟斌　2015年10月出版　估价:69.00元

城乡一体化蓝皮书
中国城乡一体化发展报告(2015)
著(编)者：付崇兰 汝信　2015年12月出版　估价:79.00元

城市创新蓝皮书
中国城市创新报告(2015)
著(编)者：周天勇 旷建伟　2015年8月出版　估价:69.00元

城市竞争力蓝皮书
中国城市竞争力报告(2015)
著(编)者：倪鹏飞　2015年5月出版　估价:89.00元

城市蓝皮书
中国城市发展报告NO.8
著(编)者：潘家华 魏后凯　2015年9月出版　估价:69.00元

城市群蓝皮书
中国城市群发展指数报告(2015)
著(编)者：刘新静 刘士林　2015年10月出版　估价:59.00元

城乡统筹蓝皮书
中国城乡统筹发展报告(2015)
著(编)者：潘晨光 程志强　2015年4月出版　估价:59.00元

城镇化蓝皮书
中国新型城镇化健康发展报告(2015)
著(编)者：张占斌　2015年5月出版　估价:79.00元

低碳发展蓝皮书
中国低碳发展报告(2015)
著(编)者：齐晔　2015年4月出版　估价:89.00元

低碳经济蓝皮书
中国低碳经济发展报告(2015)
著(编)者：薛进军 赵忠秀　2015年5月出版　估价:69.00元

东北蓝皮书
中国东北地区发展报告(2015)
著(编)者：马克 黄文艺　2015年8月出版　估价:79.00元

发展和改革蓝皮书
中国经济发展和体制改革报告(2015)
著(编)者：邹东涛　2015年11月出版　估价:98.00元

工业化蓝皮书
中国工业化进程报告(2015)
著(编)者：黄群慧 吕铁 李晓华　2015年11月出版　估价:89.00元

国际城市蓝皮书
国际城市发展报告(2015)
著(编)者：屠启宇　2015年1月出版　定价:79.00元

国家创新蓝皮书
中国创新发展报告(2015)
著(编)者：陈劲　2015年6月出版　估价:59.00元

环境竞争力绿皮书
中国省域环境竞争力发展报告(2015)
著(编)者：李建平 李闽榕 王金南
2015年12月出版　估价:198.00元

金融蓝皮书
中国金融发展报告(2015)
著(编)者：李扬 王国刚　2014年12月出版　定价:75.00元

金融信息服务蓝皮书
金融信息服务发展报告(2015)
著(编)者：鲁广锦 殷剑峰 林义相　2015年6月出版　估价:89.00元

经济蓝皮书
2015年中国经济形势分析与预测
著(编)者：李扬　2014年12月出版　定价:69.00元

经济蓝皮书·春季号
2015年中国经济前景分析
著(编)者：李扬　2015年5月出版　估价:79.00元

经济蓝皮书·夏季号
中国经济增长报告(2015)
著(编)者：李扬　2015年7月出版　估价:69.00元

经济信息绿皮书
中国与世界经济发展报告(2015)
著(编)者：杜平　2014年12月出版　定价:79.00元

就业蓝皮书
2015年中国大学生就业报告
著(编)者：麦可思研究院　2015年6月出版　估价:98.00元

临空经济蓝皮书
中国临空经济发展报告(2015)
著(编)者：连玉明　2015年9月出版　估价:79.00元

民营经济蓝皮书
中国民营经济发展报告(2015)
著(编)者：王钦敏　2015年12月出版　估价:79.00元

农村绿皮书
中国农村经济形势分析与预测(2014~2015)
著(编)者：中国社会科学院农村发展研究所
　　　　　国家统计局农村社会经济调查司
2015年4月出版　估价:69.00元

农业应对气候变化蓝皮书
气候变化对中国农业影响评估报告(2015)
著(编)者：矫梅燕　2015年8月出版　估价:98.00元

经济类・社会政法类

皮书系列 2015全品种

企业公民蓝皮书
中国企业公民报告（2015）
著(编)者:邹东涛 2015年12月出版 / 估价:79.00元

气候变化绿皮书
应对气候变化报告（2015）
著(编)者:王伟光 郑国光 2015年10月出版 / 估价:79.00元

区域蓝皮书
中国区域经济发展报告（2015）
著(编)者:梁昊光 2015年4月出版 / 估价:79.00元

全球环境竞争力绿皮书
全球环境竞争力报告（2015）
著(编)者:李建建 李闽榕 李建平 王金南
2015年12月出版 / 估价:198.00元

人口与劳动绿皮书
中国人口与劳动问题报告No.15
著(编)者:蔡昉 2015年1月出版 / 定价:59.00元

世界经济黄皮书
2015年世界经济形势分析与预测
著(编)者:王洛林 张宇燕 2015年1月出版 / 定价:69.00元

世界旅游城市绿皮书
世界旅游城市发展报告（2015）
著(编)者:鲁勇 周正宇 宋宇 2015年6月出版 / 估价:88.00元

商务中心区蓝皮书
中国商务中心区发展报告No.1（2014）
著(编)者:魏后凯 李国红 2015年1月出版 / 定价:89.00元

西北蓝皮书
中国西北发展报告（2015）
著(编)者:赵宗福 孙发平 苏海红 鲁顺元 段庆林
2014年12月出版 / 定价:79.00元

西部蓝皮书
中国西部发展报告（2015）
著(编)者:姚慧琴 徐璋勇 2015年7月出版 / 估价:89.00元

新型城镇化蓝皮书
新型城镇化发展报告（2015）
著(编)者:李伟 2015年10月出版 / 估价:89.00元

新兴经济体蓝皮书
金砖国家发展报告（2015）
著(编)者:林跃勤 周文 2015年7月出版 / 估价:79.00元

中部竞争力蓝皮书
中国中部经济社会竞争力报告（2015）
著(编)者:教育部人文社会科学重点研究基地
　　　　　南昌大学中国中部经济社会发展研究中心
2015年9月出版 / 估价:79.00元

中部蓝皮书
中国中部地区发展报告（2015）
著(编)者:喻新安 2015年5月出版 / 估价:69.00元

中国省域竞争力蓝皮书
中国省域经济综合竞争力发展报告（2013~2014）
著(编)者:李建平 李闽榕 高燕京
2015年2月出版 / 定价:198.00元

中三角蓝皮书
长江中游城市群发展报告（2015）
著(编)者:秦尊文 2015年10月出版 / 估价:69.00元

中小城市绿皮书
中国中小城市发展报告（2015）
著(编)者:中国城市经济学会中小城市经济发展委员会
　　　　　《中国中小城市发展报告》编纂委员会
　　　　　中小城市发展战略研究院
2015年10月出版 / 估价:98.00元

中央商务区蓝皮书
中国中央商务区发展报告（2015）
著(编)者:中国商务区联盟
　　　　　中国社会科学院城市发展与环境研究所
2015年10月出版 / 估价:69.00元

中原蓝皮书
中原经济区发展报告（2015）
著(编)者:李英杰 2015年6月出版 / 估价:88.00元

社会政法类

北京蓝皮书
中国社区发展报告（2015）
著(编)者:于燕燕 2015年6月出版 / 估价:69.00元

殡葬绿皮书
中国殡葬事业发展报告（2015）
著(编)者:李伯森 2015年4月出版 / 估价:59.00元

城市管理蓝皮书
中国城市管理报告（2015）
著(编)者:谭维克 刘林 2015年12月出版 / 估价:158.00元

城市生活质量蓝皮书
中国城市生活质量报告（2015）
著(编)者:中国经济实验研究院 2015年6月出版 / 估价:59.00元

城市政府能力蓝皮书
中国城市政府公共服务能力评估报告（2015）
著(编)者:何艳玲 2015年7月出版 / 估价:59.00元

创新蓝皮书
创新型国家建设报告（2015）
著(编)者:詹正茂 2015年4月出版 / 估价:69.00元

慈善蓝皮书
中国慈善发展报告（2015）
著(编)者:杨团 2015年5月出版 / 估价:79.00元

大学生蓝皮书
中国大学生生活形态研究报告（2015）
著(编)者:张新洲 2015年12月出版 / 估价:69.00元

皮书系列 2015全品种 — 社会政法类

地方法治蓝皮书
中国地方法治发展报告No.1（2014）
著（编）者：李林　田禾　　2015年1月出版　/　定价：98.00元

法治蓝皮书
中国法治发展报告No.13（2015）
著（编）者：李林　田禾　　2015年3月出版　/　定价：105.00元

反腐倡廉蓝皮书
中国反腐倡廉建设报告No.4
著（编）者：李秋芳　张英伟　2014年12月出版　/　定价：79.00元

非传统安全蓝皮书
中国非传统安全研究报告（2015）
著（编）者：余潇枫　魏志江　2015年6月出版　/　估价：79.00元

妇女发展蓝皮书
中国妇女发展报告（2015）
著（编）者：王金玲　　2015年9月出版　/　估价：148.00元

妇女教育蓝皮书
中国妇女教育发展报告（2015）
著（编）者：张李玺　　2015年1月出版　/　估价：78.00元

妇女绿皮书
中国性别平等与妇女发展报告（2015）
著（编）者：谭琳　　2015年12月出版　/　估价：99.00元

公共服务蓝皮书
中国城市基本公共服务力评价（2015）
著（编）者：钟君　吴正果　2015年12月出版　/　估价：79.00元

公共服务满意度蓝皮书
中国城市公共服务评价报告（2015）
著（编）者：胡伟　　2015年12月出版　/　估价：69.00元

公民科学素质蓝皮书
中国公民科学素质报告（2015）
著（编）者：李群　许佳军　2015年6月出版　/　估价：79.00元

公益蓝皮书
中国公益发展报告（2015）
著（编）者：朱健刚　　2015年5月出版　/　估价：78.00元

管理蓝皮书
中国管理发展报告（2015）
著（编）者：张晓东　　2015年9月出版　/　估价：98.00元

国际人才蓝皮书
中国国际移民报告（2015）
著（编）者：王辉耀　　2015年2月出版　/　定价：79.00元

国际人才蓝皮书
中国海归发展报告（2015）
著（编）者：王辉耀　苗绿　2015年4月出版　/　估价：69.00元

国际人才蓝皮书
中国留学发展报告（2015）
著（编）者：王辉耀　苗绿　2015年9月出版　/　估价：69.00元

国家安全蓝皮书
中国国家安全研究报告（2015）
著（编）者：刘慧　　2015年5月出版　/　估价：98.00元

行政改革蓝皮书
中国行政体制改革报告（2014~2015）
著（编）者：魏礼群　　2015年4月出版　/　估价：89.00元

华侨华人蓝皮书
华侨华人研究报告（2015）
著（编）者：贾益民　　2015年12月出版　/　估价：118.00元

环境绿皮书
中国环境发展报告（2015）
著（编）者：刘鉴强　　2015年5月出版　/　估价：79.00元

基金会蓝皮书
中国基金会发展报告（2015）
著（编）者：刘忠祥　　2015年6月出版　/　估价：69.00元

基金会绿皮书
中国基金会发展独立研究报告（2015）
著（编）者：基金会中心网　2015年8月出版　/　估价：88.00元

基金会透明度蓝皮书
中国基金会透明度发展研究报告（2015）
著（编）者：基金会中心网　清华大学廉政与治理研究中心
2015年9月出版　/　估价：78.00元

教师蓝皮书
中国中小学教师发展报告（2015）
著（编）者：曾晓东　　2015年7月出版　/　估价：59.00元

教育蓝皮书
中国教育发展报告（2015）
著（编）者：杨东平　　2015年5月出版　/　估价：79.00元

科普蓝皮书
中国科普基础设施发展报告（2015）
著（编）者：任福君　　2015年6月出版　/　估价：59.00元

劳动保障蓝皮书
中国劳动保障发展报告（2015）
著（编）者：刘燕斌　　2015年6月出版　/　估价：89.00元

老龄蓝皮书
中国老年宜居环境发展报告(2015)
著（编）者：吴玉韶　　2015年9月出版　/　估价：79.00元

连片特困区蓝皮书
中国连片特困区发展报告（2015）
著（编）者：冷志明　游俊　2015年4月出版　/　估价：79.00元

民间组织蓝皮书
中国民间组织报告(2015)
著（编）者：潘晨光　黄晓勇　2015年8月出版　/　估价：69.00元

民调蓝皮书
中国民生调查报告（2015）
著（编）者：谢耘耕　　2015年5月出版　/　估价：128.00元

民族发展蓝皮书
中国民族区域自治发展报告（2015）
著（编）者：王希恩　郝时远　2015年6月出版　/　估价：98.00元

女性生活蓝皮书
中国女性生活状况报告No.9（2015）
著（编）者：《中国妇女》杂志社　华坤女性生活调查中心
华坤女性消费指导中心
2015年4月出版　/　估价：79.00元

社会攻法类　皮书系列 2015全品种

企业公众透明度蓝皮书
中国企业公众透明度报告(2014~2015)No.1
著(编)者：黄速建　王晓光　肖红军
2015年1月出版　/　定价:98.00元

企业国际化蓝皮书
中国企业国际化报告(2015)
著(编)者：王辉耀　2015年10月出版　/　估价:79.00元

汽车社会蓝皮书
中国汽车社会发展报告（2015）
著(编)者：王俊秀　2015年4月出版　/　估价:69.00元

青年蓝皮书
中国青年发展报告No.3
著(编)者：廉思　2015年4月出版　/　估价:59.00元

区域人才蓝皮书
中国区域人才竞争力报告（2015）
著(编)者：桂昭明　王辉耀　2015年6月出版　/　估价:69.00元

群众体育蓝皮书
中国群众体育发展报告（2015）
著(编)者：刘国永　杨桦　2015年8月出版　/　估价:69.00元

人才蓝皮书
中国人才发展报告（2015）
著(编)者：潘晨光　2015年8月出版　/　估价:85.00元

人权蓝皮书
中国人权事业发展报告（2015）
著(编)者：中国人权研究会　2015年8月出版　/　估价:99.00元

森林碳汇绿皮书
中国森林碳汇评估发展报告（2015）
著(编)者：闫文德　胡文臻　2015年9月出版　/　估价:79.00元

社会保障绿皮书
中国社会保障发展报告（2015）
著(编)者：王延中　2015年6月出版　/　估价:79.00元

社会工作蓝皮书
中国社会工作发展报告（2015）
著(编)者：民政部社会工作研究中心
2015年8月出版　/　估价:79.00元

社会管理蓝皮书
中国社会管理创新报告（2015）
著(编)者：连玉明　2015年9月出版　/　估价:139.00元

社会蓝皮书
2015年中国社会形势分析与预测
著(编)者：李培林　陈光金　张翼
2014年12月出版　/　定价:69.00元

社会体制蓝皮书
中国社会体制改革报告（2015）
著(编)者：龚维斌　2015年5月出版　/　估价:79.00元

社会心态蓝皮书
中国社会心态研究报告（2015）
著(编)者：王俊秀　杨宜音　2015年10月出版　/　估价:69.00元

社会组织蓝皮书
中国社会组织评估发展报告（2015）
著(编)者：徐家良　廖鸿　2015年12月出版　/　估价:69.00元

生态城市绿皮书
中国生态城市建设发展报告（2015）
著(编)者：刘举科　孙伟平　胡文臻
2015年6月出版　/　估价:98.00元

生态文明绿皮书
中国省域生态文明建设评价报告（ECI 2015）
著(编)者：严耕　2015年9月出版　/　估价:85.00元

世界社会主义黄皮书
世界社会主义跟踪研究报告（2015）
著(编)者：李慎明　2015年4月出版　/　估价:198.00元

水与发展蓝皮书
中国水风险评估报告（2015）
著(编)者：王浩　2015年9月出版　/　估价:69.00元

土地整治蓝皮书
中国土地整治发展研究报告No.2
著(编)者：国土资源部土地整治中心　2015年5月出版　/　估价:89.00元

危机管理蓝皮书
中国危机管理报告（2015）
著(编)者：文学国　2015年8月出版　/　估价:89.00元

形象危机应对蓝皮书
形象危机应对研究报告（2015）
著(编)者：唐钧　2015年6月出版　/　估价:149.00元

医改蓝皮书
中国医药卫生体制改革报告（2015~2016）
著(编)者：文学国　房志武　2015年12月出版　/　估价:79.00元

医疗卫生绿皮书
中国医疗卫生发展报告（2015）
著(编)者：申宝忠　韩玉珍　2015年4月出版　/　估价:75.00元

应急管理蓝皮书
中国应急管理报告（2015）
著(编)者：宋英华　2015年10月出版　/　估价:69.00元

政治参与蓝皮书
中国政治参与报告（2015）
著(编)者：房宁　2015年7月出版　/　估价:105.00元

政治发展蓝皮书
中国政治发展报告（2015）
著(编)者：房宁　杨海蛟　2015年5月出版　/　估价:88.00元

中国农村妇女发展蓝皮书
流动女性城市融入发展报告（2015）
著(编)者：谢丽华　2015年11月出版　/　估价:69.00元

宗教蓝皮书
中国宗教报告（2015）
著(编)者：金泽　邱永辉　2015年9月出版　/　估价:59.00元

行业报告类

保险蓝皮书
中国保险业竞争力报告（2015）
著(编)者：王力　　2015年12月出版／估价：98.00元

彩票蓝皮书
中国彩票发展报告（2015）
著(编)者：益彩基金　　2015年10月出版／估价：69.00元

餐饮产业蓝皮书
中国餐饮产业发展报告（2015）
著(编)者：邢颖　　2015年6月出版／估价：69.00元

测绘地理信息蓝皮书
智慧中国地理空间智能体系研究报告（2015）
著(编)者：库热西·买合苏提　　2015年12月出版／估价：98.00元

茶业蓝皮书
中国茶产业发展报告（2015）
著(编)者：杨江帆　李闽榕　　2015年10月出版／估价：78.00元

产权市场蓝皮书
中国产权市场发展报告（2015）
著(编)者：曹和平　　2015年12月出版／估价：79.00元

电子政务蓝皮书
中国电子政务发展报告（2015）
著(编)者：洪毅　杜平　　2015年11月出版／估价：79.00元

杜仲产业绿皮书
中国杜仲橡胶资源与产业发展报告（2014~2015）
著(编)者：杜红岩　胡文臻　俞锐
2015年1月出版／定价：85.00元

房地产蓝皮书
中国房地产发展报告No.12（2015）
著(编)者：魏后凯　李景国　　2015年5月出版／估价：79.00元

服务外包蓝皮书
中国服务外包产业发展报告（2015）
著(编)者：王晓红　刘德军　　2015年6月出版／估价：89.00元

工业设计蓝皮书
中国工业设计发展报告（2015）
著(编)者：王晓红　于炜　张立群　　2015年9月出版／估价：138.00元

互联网金融蓝皮书
中国互联网金融发展报告（2015）
著(编)者：芮晓武　刘烈宏　　2015年8月出版／估价：79.00元

会展蓝皮书
中外会展业动态评估年度报告（2015）
著(编)者：张敏　　2015年1月出版／估价：78.00元

金融监管蓝皮书
中国金融监管报告（2015）
著(编)者：胡滨　　2015年5月出版／估价：69.00元

金融蓝皮书
中国商业银行竞争力报告（2015）
著(编)者：王松奇　　2015年12月出版／估价：69.00元

客车蓝皮书
中国客车产业发展报告（2014~2015）
著(编)者：姚蔚　　2015年2月出版／定价：85.00元

老龄蓝皮书
中国老年宜居环境发展报告（2015）
著(编)者：吴玉韶　党俊武　　2015年9月出版／估价：79.00元

流通蓝皮书
中国商业发展报告（2015）
著(编)者：荆林波　　2015年5月出版／估价：89.00元

旅游安全蓝皮书
中国旅游安全报告（2015）
著(编)者：郑向敏　谢朝武　　2015年5月出版／估价：98.00元

旅游景区蓝皮书
中国旅游景区发展报告（2015）
著(编)者：黄安民　　2015年7月出版／估价：79.00元

旅游绿皮书
2014~2015年中国旅游发展分析与预测
著(编)者：宋瑞　　2015年1月出版／定价：98.00元

煤炭蓝皮书
中国煤炭工业发展报告（2015）
著(编)者：岳福斌　　2015年12月出版／估价：79.00元

民营医院蓝皮书
中国民营医院发展报告（2015）
著(编)者：庄一强　　2015年10月出版／估价：75.00元

闽商蓝皮书
闽商发展报告（2015）
著(编)者：王日根　李闽榕　　2015年12月出版／估价：69.00元

能源蓝皮书
中国能源发展报告（2015）
著(编)者：崔民选　王军生　　2015年8月出版／估价：79.00元

农产品流通蓝皮书
中国农产品流通产业发展报告（2015）
著(编)者：贾敬敦　张东科　张玉玺　孔令羽　张鹏毅
2015年9月出版／估价：89.00元

企业蓝皮书
中国企业竞争力报告（2015）
著(编)者：金碚　　2015年11月出版／估价：89.00元

企业社会责任蓝皮书
中国企业社会责任研究报告（2015）
著(编)者：黄群慧　彭华岗　钟宏武　张蒽
2015年11月出版／估价：69.00元

行业报告类

皮书系列 2015全品种

汽车安全蓝皮书
中国汽车安全发展报告（2015）
著（编）者：中国汽车技术研究中心　2015年4月出版／估价：79.00元

汽车蓝皮书
中国汽车产业发展报告（2015）
著（编）者：国务院发展研究中心产业经济研究部
中国汽车工程学会　大众汽车集团（中国）
2015年7月出版／估价：128.00元

清洁能源蓝皮书
国际清洁能源发展报告（2015）
著（编）者：国际清洁能源论坛（澳门）
2015年9月出版／估价：89.00元

人力资源蓝皮书
中国人力资源发展报告（2015）
著（编）者：余兴安　2015年9月出版／估价：79.00元

融资租赁蓝皮书
中国融资租赁业发展报告（2014~2015）
著（编）者：李光荣　王力　2015年1月出版／定价：89.00元

软件和信息服务业蓝皮书
中国软件和信息服务业发展报告（2015）
著（编）者：陈新河　洪京一　2015年12月出版／估价：198.00元

上市公司蓝皮书
上市公司质量评价报告（2015）
著（编）者：张跃文　王力　2015年10月出版／估价：118.00元

食品药品蓝皮书
食品药品安全与监管政策研究报告（2015）
著（编）者：唐民皓　2015年7月出版／估价：69.00元

世界能源蓝皮书
世界能源发展报告（2015）
著（编）者：黄晓勇　2015年6月出版／估价：99.00元

碳市场蓝皮书
中国碳市场报告（2015）
著（编）者：低碳发展国际合作联盟
2015年11月出版／估价：69.00元

体育蓝皮书
中国体育产业发展报告（2015）
著（编）者：阮伟　钟秉枢　2015年4月出版／估价：69.00元

投资蓝皮书
中国投资发展报告（2015）
著（编）者：杨庆蔚　2015年4月出版／估价：128.00元

物联网蓝皮书
中国物联网发展报告（2015）
著（编）者：黄桂田　2015年4月出版／估价：59.00元

西部工业蓝皮书
中国西部工业发展报告（2015）
著（编）者：方行明　甘犁　刘方健　姜凌　等
2015年9月出版／估价：79.00元

西部金融蓝皮书
中国西部金融发展报告（2015）
著（编）者：李忠民　2015年8月出版／估价：75.00元

新能源汽车蓝皮书
中国新能源汽车产业发展报告（2015）
著（编）者：中国汽车技术研究中心
日产（中国）投资有限公司　东风汽车有限公司
2015年8月出版／估价：69.00元

信托市场蓝皮书
中国信托业市场报告（2014~2015）
著（编）者：用益信托工作室　2015年2月出版／定价：198.00元

信息产业蓝皮书
世界软件和信息技术产业发展报告（2015）
著（编）者：洪京一　2015年8月出版／估价：79.00元

信息化蓝皮书
中国信息化形势分析与预测（2015）
著（编）者：周宏仁　2015年8月出版／估价：98.00元

信用蓝皮书
中国信用发展报告（2015）
著（编）者：田侃　2015年4月出版／估价：69.00元

休闲绿皮书
2015年中国休闲发展报告
著（编）者：刘德谦　2015年6月出版／估价：59.00元

医药蓝皮书
中国中医药产业园战略发展报告（2015）
著（编）者：裴长洪　房书亭　吴镓心　2015年5月出版／估价：89.00元

邮轮绿皮书
中国邮轮产业发展报告（2015）
著（编）者：汪泓　2015年9月出版／估价：79.00元

支付清算蓝皮书
中国支付清算发展报告（2015）
著（编）者：杨涛　2015年5月出版／估价：45.00元

中国上市公司蓝皮书
中国上市公司发展报告（2015）
著（编）者：许雄斌　张平　2015年9月出版／估价：98.00元

中国总部经济蓝皮书
中国总部经济发展报告（2015）
著（编）者：赵弘　2015年5月出版／估价：79.00元

住房绿皮书
中国住房发展报告（2014~2015）
著（编）者：倪鹏飞　2014年12月出版／定价：79.00元

资本市场蓝皮书
中国场外交易市场发展报告（2015）
著（编）者：高峦　2015年8月出版／估价：79.00元

资产管理蓝皮书
中国资产管理行业发展报告（2015）
著（编）者：智信资产管理研究院　2015年7月出版／估价：79.00元

文化传媒类

传媒竞争力蓝皮书
中国传媒国际竞争力研究报告（2015）
著(编)者：李本乾　　2015年9月出版　/　估价：88.00元

传媒蓝皮书
中国传媒产业发展报告（2015）
著(编)者：崔保国　　2015年4月出版　/　估价：98.00元

传媒投资蓝皮书
中国传媒投资发展报告（2015）
著(编)者：张向东　　2015年7月出版　/　估价：89.00元

动漫蓝皮书
中国动漫产业发展报告（2015）
著(编)者：卢斌　郑玉明　牛兴侦　2015年7月出版 / 估价：79.00元

非物质文化遗产蓝皮书
中国非物质文化遗产发展报告（2015）
著(编)者：陈平　　2015年4月出版　/　估价：79.00元

非物质文化遗产蓝皮书
中国少数民族非物质文化遗产发展报告（2015）
著(编)者：肖远平　柴立　2015年4月出版 / 估价：79.00元

广电蓝皮书
中国广播电影电视发展报告（2015）
著(编)者：杨明品　　2015年7月出版　/　估价：98.00元

广告主蓝皮书
中国广告主营销传播趋势报告（2015）
著(编)者：黄升民　　2015年5月出版　/　估价：148.00元

国际传播蓝皮书
中国国际传播发展报告（2015）
著(编)者：胡正荣　李继东　姬德强
2015年7月出版 / 估价：89.00元

国家形象蓝皮书
2015年国家形象研究报告
著(编)者：张昆　　2015年5月出版　/　估价：79.00元

纪录片蓝皮书
中国纪录片发展报告（2015）
著(编)者：何苏六　　2015年9月出版　/　估价：79.00元

科学传播蓝皮书
中国科学传播报告（2015）
著(编)者：詹正茂　　2015年4月出版　/　估价：69.00元

两岸文化蓝皮书
两岸文化产业合作发展报告（2015）
著(编)者：胡惠林　李保宗　2015年7月出版 / 估价：79.00元

媒介与女性蓝皮书
中国媒介与女性发展报告（2015）
著(编)者：刘利群　　2015年8月出版　/　估价：69.00元

全球传媒蓝皮书
全球传媒发展报告（2015）
著(编)者：胡正荣　　2015年12月出版　/　估价：79.00元

世界文化发展蓝皮书
世界文化发展报告（2015）
著(编)者：张庆宗　高乐田　郭熙煌
2015年5月出版 / 估价：89.00元

视听新媒体蓝皮书
中国视听新媒体发展报告（2015）
著(编)者：庞井君　　2015年6月出版　/　估价：148.00元

文化创新蓝皮书
中国文化创新报告（2015）
著(编)者：于平　傅才武　2015年4月出版 / 估价：79.00元

文化建设蓝皮书
中国文化发展报告（2015）
著(编)者：江畅　孙伟平　戴茂堂
2015年4月出版 / 估价：138.00元

文化科技蓝皮书
文化科技创新发展报告（2015）
著(编)者：于平　李凤亮　2015年10月出版 / 估价：89.00元

文化蓝皮书
中国文化产业供需协调检测报告（2015）
著(编)者：王亚南　2015年2月出版 / 定价：79.00元

文化蓝皮书
中国文化消费需求景气评价报告（2015）
著(编)者：王亚南　2015年2月出版 / 定价：79.00元

文化蓝皮书
中国文化产业发展报告（2015）
著(编)者：张晓明　王家新　章建刚
2015年4月出版 / 估价：79.00元

文化蓝皮书
中国公共文化投入增长测评报告(2015)
著(编)者：王亚南　2014年12月出版 / 定价：79.00元

文化蓝皮书
中国文化政策发展报告（2015）
著(编)者：傅才武　宋文玉　燕东升　2015年9月出版 / 估价：98.0元

文化品牌蓝皮书
中国文化品牌发展报告（2015）
著(编)者：欧阳友权　2015年4月出版 / 估价：79.00元

文化遗产蓝皮书
中国文化遗产事业发展报告（2015）
著(编)者：刘世锦　2015年12月出版 / 估价：89.00元

文学蓝皮书
中国文情报告（2015）
著(编)者：白烨　2015年5月出版 / 估价：49.00元

新媒体蓝皮书
中国新媒体发展报告（2015）
著(编)者：唐绪军　2015年6月出版 / 估价：79.00元

文化传媒类·地方发展类

新媒体社会责任蓝皮书
中国新媒体社会责任研究报告（2015）
著（编）者：钟瑛　2015年10月出版 / 估价：79.00元

移动互联网蓝皮书
中国移动互联网发展报告（2015）
著（编）者：官建文　2015年6月出版 / 估价：79.00元

舆情蓝皮书
中国社会舆情与危机管理报告（2015）
著（编）者：谢耘耕　2015年8月出版 / 估价：98.00元

地方发展类

安徽经济蓝皮书
芜湖创新型城市发展报告（2015）
著（编）者：杨少华　王开玉　2015年4月出版 / 估价：69.00元

安徽蓝皮书
安徽社会发展报告（2015）
著（编）者：程桦　2015年4月出版 / 估价：79.00元

安徽社会建设蓝皮书
安徽社会建设分析报告（2015）
著（编）者：黄家海　王开玉　蔡宪　2015年4月出版 / 估价：69.00元

澳门蓝皮书
澳门经济社会发展报告（2015）
著（编）者：吴志良　郝雨凡　2015年4月出版 / 估价：79.00元

北京蓝皮书
北京公共服务发展报告（2014~2015）
著（编）者：施昌奎　2015年1月出版 / 定价：69.00元

北京蓝皮书
北京经济发展报告（2015）
著（编）者：杨松　2015年4月出版 / 估价：79.00元

北京蓝皮书
北京社会治理发展报告（2015）
著（编）者：殷星辰　2015年4月出版 / 估价：79.00元

北京蓝皮书
北京文化发展报告（2015）
著（编）者：李建盛　2015年4月出版 / 估价：79.00元

北京蓝皮书
北京社会发展报告（2015）
著（编）者：缪青　2015年5月出版 / 估价：79.00元

北京蓝皮书
北京社区发展报告（2015）
著（编）者：于燕燕　2015年1月出版 / 定价：79.00元

北京旅游绿皮书
北京旅游发展报告（2015）
著（编）者：北京旅游学会　2015年7月出版 / 估价：68.00元

北京律师蓝皮书
北京律师发展报告（2015）
著（编）者：王隽　2015年12月出版 / 估价：75.00元

北京人才蓝皮书
北京人才发展报告（2015）
著（编）者：于淼　2015年4月出版 / 估价：89.00元

北京社会心态蓝皮书
北京社会心态分析报告（2015）
著（编）者：北京社会心理研究所　2015年4月出版 / 估价：69.00元

北京社会组织蓝皮书
北京社会组织发展研究报告(2015)
著（编）者：李东松　唐军　2015年4月出版 / 估价：79.00元

北京社会组织蓝皮书
北京社会组织发展报告（2015）
著（编）者：温庆云　2015年9月出版 / 估价：69.00元

滨海金融蓝皮书
滨海新区金融发展报告（2015）
著（编）者：王爱俭　张锐钢　2015年9月出版 / 估价：79.00元

城乡一体化蓝皮书
中国城乡一体化发展报告（北京卷）（2015）
著（编）者：张宝秀　黄序　2015年4月出版 / 估价：69.00元

创意城市蓝皮书
北京文化创意产业发展报告（2015）
著（编）者：张京成　2015年11月出版 / 估价：65.00元

创意城市蓝皮书
无锡文化创意产业发展报告（2015）
著（编）者：谭军　张鸣年　2015年10月出版 / 估价：75.00元

创意城市蓝皮书
武汉市文化创意产业发展报告（2015）
著（编）者：袁堃　黄永林　2015年11月出版 / 估价：85.00元

创意城市蓝皮书
重庆创意产业发展报告（2015）
著（编）者：程宇宁　2015年4月出版 / 估价：89.00元

创意城市蓝皮书
青岛文化创意产业发展报告（2015）
著（编）者：马达　张丹妮　2015年6月出版 / 估价：79.00元

福建妇女发展蓝皮书
福建省妇女发展报告（2015）
著（编）者：刘群英　2015年10月出版 / 估价：58.00元

皮书系列 2015全品种 — 地方发展类

甘肃蓝皮书
甘肃舆情分析与预测（2015）
著(编)者：陈双梅 郝树声　2015年1月出版 / 定价:79.00元

甘肃蓝皮书
甘肃文化发展分析与预测（2015）
著(编)者：安文华 周小华　2015年1月出版 / 定价:79.00元

甘肃蓝皮书
甘肃社会发展分析与预测（2015）
著(编)者：安文华 包晓霞　2015年1月出版 / 定价:79.00元

甘肃蓝皮书
甘肃经济发展分析与预测（2015）
著(编)者：朱智文 罗哲　2015年1月出版 / 定价:79.00元

甘肃蓝皮书
甘肃县域经济综合竞争力评价（2015）
著(编)者：刘进军　2015年4月出版 / 估价:69.00元

甘肃蓝皮书
甘肃县域社会发展评价报告（2015）
著(编)者：刘进军 柳民 王建兵　2015年1月出版 / 定价:79.00元

广东蓝皮书
广东省电子商务发展报告（2015）
著(编)者：程晓　2015年12月出版 / 估价:69.00元

广东蓝皮书
广东社会工作发展报告（2015）
著(编)者：罗观翠　2015年6月出版 / 估价:89.00元

广东社会建设蓝皮书
广东省社会建设发展报告（2015）
著(编)者：广东省社会工作委员会　2015年10月出版 / 估价:89.00元

广东外经贸蓝皮书
广东对外经济贸易发展研究报告（2015）
著(编)者：陈万灵　2015年5月出版 / 估价:79.00元

广西北部湾经济区蓝皮书
广西北部湾经济区开放开发报告（2015）
著(编)：广西北部湾经济区规划建设管理委员会办公室
　　　广西社会科学院广西北部湾发展研究院
2015年8月出版 / 估价:79.00元

广州蓝皮书
广州社会保障发展报告（2015）
著(编)者：蔡国萱　2015年4月出版 / 估价:65.00元

广州蓝皮书
2015年中国广州社会形势分析与预测
著(编)者：张强 陈怡霓 杨秦　2015年5月出版 / 估价:69.00元

广州蓝皮书
广州经济发展报告（2015）
著(编)者：李江涛 朱名宏　2015年5月出版 / 估价:69.00元

广州蓝皮书
广州商贸业发展报告（2015）
著(编)者：李江涛 王旭东 荀振英　2015年6月出版 / 估价:69.00元

广州蓝皮书
2015年中国广州经济形势分析与预测
著(编)者：庾建设 沈奎 郭志勇　2015年6月出版 / 估价:79.00元

广州蓝皮书
中国广州文化发展报告（2015）
著(编)者：徐俊忠 陆志强 顾涧清　2015年6月出版 / 估价:69.

广州蓝皮书
广州农村发展报告（2015）
著(编)者：李江涛 汤锦华　2015年8月出版 / 估价:69.00元

广州蓝皮书
中国广州城市建设与管理发展报告（2015）
著(编)者：董皞 冼伟雄　2015年7月出版 / 估价:69.00元

广州蓝皮书
中国广州科技和信息化发展报告（2015）
著(编)者：邹采荣 马正勇 冯元　2015年7月出版 / 估价:79.00

广州蓝皮书
广州创新型城市发展报告（2015）
著(编)者：李江涛　2015年7月出版 / 估价:69.00元

广州蓝皮书
广州文化创意产业发展报告（2015）
著(编)者：甘新　2015年8月出版 / 估价:79.00元

广州蓝皮书
广州志愿服务发展报告（2015）
著(编)者：魏国华 张强　2015年9月出版 / 估价:69.00元

广州蓝皮书
广州城市国际化发展报告（2015）
著(编)者：朱名宏　2015年9月出版 / 估价:59.00元

广州蓝皮书
广州汽车产业发展报告（2015）
著(编)者：李江涛 杨再高　2015年9月出版 / 估价:69.00元

贵州房地产蓝皮书
贵州房地产发展报告（2015）
著(编)者：武廷方　2015年10月出版 / 估价:89.00元

贵州蓝皮书
贵州人才发展报告（2015）
著(编)者：于杰 吴大华　2015年4月出版 / 估价:69.00元

贵州蓝皮书
贵州社会发展报告（2015）
著(编)者：王兴骥　2015年4月出版 / 估价:69.00元

贵州蓝皮书
贵州法治发展报告（2015）
著(编)者：吴大华　2015年4月出版 / 估价:69.00元

贵州蓝皮书
贵州国有企业社会责任发展报告（2015）
著(编)者：郭丽　2015年10月出版 / 估价:79.00元

海淀蓝皮书
海淀区文化和科技融合发展报告（2015）
著(编)者：孟景伟 陈名杰　2015年5月出版 / 估价:75.00元

地方发展类　　皮书系列 2015全品种

海峡西岸蓝皮书
海峡西岸经济区发展报告（2015）
著(编)者：黄端　　2015年9月出版　/　估价:65.00元

杭州都市圈蓝皮书
杭州都市圈发展报告（2015）
著(编)者：董祖德 沈翔　　2015年5月出版　/　估价:89.00元

杭州蓝皮书
杭州妇女发展报告（2015）
著(编)者：魏颖　　2015年6月出版　/　估价:75.00元

河北经济蓝皮书
河北省经济发展报告（2015）
著(编)者：马树强 金浩 张贵　　2015年4月出版　/　估价:79.00元

河北蓝皮书
河北经济社会发展报告（2015）
著(编)者：周文夫　　2015年1月出版　/　定价:79.00元

河南经济蓝皮书
2015年河南经济形势分析与预测
著(编)者：胡五岳　　2015年2月出版　/　定价:69.00元

河南蓝皮书
河南城市发展报告（2015）
著(编)者：谷建全 王建国　　2015年3月出版　/　定价:79.00元

河南蓝皮书
2015年河南社会形势分析与预测
著(编)者：刘道兴 牛苏林　　2015年4月出版　/　估价:69.00元

河南蓝皮书
河南工业发展报告（2015）
著(编)者：龚绍东 赵西三　　2015年1月出版　/　定价:79.00元

河南蓝皮书
河南文化发展报告（2015）
著(编)者：卫绍生　　2015年3月出版　/　定价:79.00元

河南蓝皮书
河南经济发展报告（2015）
著(编)者：喻新安　　2014年12月出版　/　定价:79.00元

河南蓝皮书
河南法治发展报告（2015）
著(编)者：丁同民 闫德民　　2015年4月出版　/　估价:59.00元

河南蓝皮书
河南金融发展报告（2015）
著(编)者：喻新安 谷建全　　2015年4月出版　/　估价:69.00元

河南商务蓝皮书
河南商务发展报告（2015）
著(编)者：焦锦淼 穆荣国　　2015年5月出版　/　估价:68.00元

黑龙江产业蓝皮书
黑龙江产业发展报告（2015）
著(编)者：于渤　　2015年9月出版　/　估价:79.00元

黑龙江蓝皮书
黑龙江经济发展报告（2015）
著(编)者：曲伟　　2015年1月出版　/　定价:79.00元

黑龙江蓝皮书
黑龙江社会发展报告（2015）
著(编)者：张新颖　　2015年1月出版　/　定价:79.00元

湖北文化蓝皮书
湖北文化发展报告（2015）
著(编)者：江畅 吴成国　　2015年5月出版　/　估价:89.00元

湖南城市蓝皮书
区域城市群整合
著(编)者：童中贤 韩未名　　2015年12月出版　/　估价:79.00元

湖南蓝皮书
2015年湖南电子政务发展报告
著(编)者：梁志峰　　2015年4月出版　/　估价:128.00元

湖南蓝皮书
2015年湖南社会发展报告
著(编)者：梁志峰　　2015年4月出版　/　估价:128.00元

湖南蓝皮书
2015年湖南产业发展报告
著(编)者：梁志峰　　2015年4月出版　/　估价:128.00元

湖南蓝皮书
2015年湖南经济展望
著(编)者：梁志峰　　2015年4月出版　/　估价:128.00元

湖南蓝皮书
2015年湖南县域经济社会发展报告
著(编)者：梁志峰　　2015年4月出版　/　估价:128.00元

湖南蓝皮书
2015年湖南两型社会发展报告
著(编)者：梁志峰　　2015年4月出版　/　估价:128.00元

湖南县域绿皮书
湖南县域发展报告No.2
著(编)者：朱有志　　2015年4月出版　/　估价:69.00元

沪港蓝皮书
沪港发展报告（2015）
著(编)者：尤安山　　2015年9月出版　/　估价:89.00元

吉林蓝皮书
2015年吉林经济社会形势分析与预测
著(编)者：马克　　2015年2月出版　/　定价:89.00元

济源蓝皮书
济源经济社会发展报告（2015）
著(编)者：喻新安　　2015年4月出版　/　估价:69.00元

健康城市蓝皮书
北京健康城市建设研究报告（2015）
著(编)者：王鸿春　　2015年4月出版　/　估价:79.00元

江苏法治蓝皮书
江苏法治发展报告（2015）
著(编)者：李力 龚廷泰　　2015年9月出版　/　估价:98.00元

京津冀蓝皮书
京津冀发展报告（2015）
著(编)者：文魁 祝尔娟　　2015年4月出版　/　估价:79.00元

地方发展类

经济特区蓝皮书
中国经济特区发展报告（2015）
著(编)者:陶一桃　　2015年4月出版 / 估价:89.00元

辽宁蓝皮书
2015年辽宁经济社会形势分析与预测
著(编)者:曹晓峰　张晶　梁启东　2014年12月出版 / 定价:79.00元

南京蓝皮书
南京文化发展报告（2015）
著(编)者:南京文化产业研究中心
2015年12月出版 / 估价:79.00元

内蒙古蓝皮书
内蒙古反腐倡廉建设报告（2015）
著(编)者:张志华　无极　2015年12月出版 / 估价:69.00元

浦东新区蓝皮书
上海浦东经济发展报告（2015）
著(编)者:沈开艳　陆沪根　2015年1月出版 / 定价:69.00元

青海蓝皮书
2015年青海经济社会形势分析与预测
著(编)者:赵宗福　2014年12月出版 / 定价:69.00元

人口与健康蓝皮书
深圳人口与健康发展报告（2015）
著(编)者:曾序春　2015年12月出版 / 估价:89.00元

山东蓝皮书
山东社会形势分析与预测（2015）
著(编)者:张华　唐洲雁　2015年6月出版 / 估价:89.00元

山东蓝皮书
山东经济形势分析与预测（2015）
著(编)者:张华　唐洲雁　2015年6月出版 / 估价:89.00元

山东蓝皮书
山东文化发展报告（2015）
著(编)者:张华　唐洲雁　2015年6月出版 / 估价:98.00元

山西蓝皮书
山西资源型经济转型发展报告（2015）
著(编)者:李志强　2015年5月出版 / 估价:98.00元

陕西蓝皮书
陕西经济发展报告（2015）
著(编)者:任宗哲　白宽犁　裴成荣　2015年1月出版 / 定价:69.00元

陕西蓝皮书
陕西社会发展报告（2015）
著(编)者:任宗哲　白宽犁　牛昉　2015年1月出版 / 定价:69.00元

陕西蓝皮书
陕西文化发展报告（2015）
著(编)者:任宗哲　白宽犁　王长寿　2015年1月出版 / 定价:65.00元

陕西蓝皮书
丝绸之路经济带发展报告（2015）
著(编)者:任宗哲　石英　白宽犁
2015年8月出版 / 估价:79.00元

上海蓝皮书
上海文学发展报告（2015）
著(编)者:陈圣来　2015年1月出版 / 定价:69.00元

上海蓝皮书
上海文化发展报告（2015）
著(编)者:荣跃明　2015年1月出版 / 定价:74.00元

上海蓝皮书
上海资源环境发展报告（2015）
著(编)者:周冯琦　汤庆合　任文伟
2015年1月出版 / 定价:69.00元

上海蓝皮书
上海社会发展报告（2015）
著(编)者:杨雄　周海旺　2015年1月出版 / 定价:69.00元

上海蓝皮书
上海经济发展报告（2015）
著(编)者:沈开艳　2015年1月出版 / 定价:69.00元

上海蓝皮书
上海传媒发展报告（2015）
著(编)者:强荧　焦雨虹　2015年1月出版 / 定价:69.00元

上海蓝皮书
上海法治发展报告（2015）
著(编)者:叶青　2015年4月出版 / 估价:69.00元

上饶蓝皮书
上饶发展报告（2015）
著(编)者:朱寅健　2015年4月出版 / 估价:128.00元

社会建设蓝皮书
2015年北京社会建设分析报告
著(编)者:宋贵伦　冯虹　2015年7月出版 / 估价:79.00元

深圳蓝皮书
深圳劳动关系发展报告（2015）
著(编)者:汤庭芬　2015年6月出版 / 估价:75.00元

深圳蓝皮书
深圳经济发展报告（2015）
著(编)者:张骁儒　2015年7月出版 / 估价:79.00元

深圳蓝皮书
深圳社会发展报告（2015）
著(编)者:叶民辉　张骁儒　2015年7月出版 / 估价:89.00元

深圳蓝皮书
深圳法治发展报告（2015）
著(编)者:张骁儒　2015年4月出版 / 估价:79.00元

四川蓝皮书
四川文化产业发展报告（2015）
著(编)者:侯水平　2015年4月出版 / 估价:69.00元

四川蓝皮书
四川企业社会责任研究报告（2015）
著(编)者:侯水平　盛毅　2015年3月出版 / 定价:79.00元

地方发展类·国别与地区类

皮书系列 2015全品种

四川蓝皮书
四川法治发展报告（2015）
著(编)者:郑泰安　2015年1月出版／定价:59.00元

四川蓝皮书
2015年四川生态建设报告
著(编)者:四川省社会科学院
2015年4月出版／估价:69.00元

四川蓝皮书
四川城镇化发展报告（2015）
著(编)者:四川省城镇发展研究中心
2015年4月出版／估价:69.00元

四川蓝皮书
2015年四川社会发展形势分析与预测
著(编)者:郭晓鸣　李羚　2015年5月出版／估价:69.00元

四川蓝皮书
2015年四川经济发展形势分析与预测
著(编)者:杨钢　2015年1月出版／定价:89.00元

四川法治蓝皮书
四川依法治省年度报告No.1（2015）
著(编)者:李林　杨天宗　田禾　2015年3月出版／定价:108.00元

天津金融蓝皮书
天津金融发展报告（2015）
著(编)者:王爱俭　杜强　2015年9月出版／估价:89.00元

图们江区域合作蓝皮书
中国图们江区域合作开发发展报告（2015）
著(编)者:李铁　朱显平　吴成章　2015年4月出版／估价:79.00元

温州蓝皮书
2015年温州经济社会形势分析与预测
著(编)者:潘忠强　王春光　金浩　2015年4月出版／估价:69.00元

扬州蓝皮书
扬州经济社会发展报告（2015）
著(编)者:丁纯　2015年12月出版／估价:89.00元

云南蓝皮书
中国面向西南开放重要桥头堡建设发展报告（2015）
著(编)者:刘绍怀　2015年12月出版／估价:69.00元

长株潭城市群蓝皮书
长株潭城市群发展报告（2015）
著(编)者:张萍　2015年4月出版／估价:69.00元

郑州蓝皮书
2015年郑州文化发展报告
著(编)者:王哲　2015年9月出版／估价:65.00元

中医文化蓝皮书
北京中医文化发展报告（2015）
著(编)者:毛嘉陵　2015年4月出版／估价:69.00元

珠三角流通蓝皮书
珠三角商圈发展研究报告（2015）
著(编)者:林至颖　王先庆　2015年7月出版／估价:98.00元

国别与地区类

阿拉伯黄皮书
阿拉伯发展报告（2015）
著(编)者:马晓霖　2015年4月出版／估价:75.00元

北部湾蓝皮书
泛北部湾合作发展报告（2015）
著(编)者:吕余生　2015年8月出版／估价:69.00元

大湄公河次区域蓝皮书
大湄公河次区域合作发展报告（2015）
著(编)者:刘稚　2015年9月出版／估价:79.00元

大洋洲蓝皮书
大洋洲发展报告（2015）
著(编)者:喻常森　2015年8月出版／估价:89.00元

德国蓝皮书
德国发展报告（2015）
著(编)者:郑春荣　伍慧萍　2015年6月出版／估价:69.00元

东北亚黄皮书
东北亚地区政治与安全（2015）
著(编)者:黄凤志　刘清才　张慧智
2015年5月出版／估价:69.00元

东盟黄皮书
东盟发展报告（2015）
著(编)者:崔晓麟　2015年5月出版／估价:75.00元

东南亚蓝皮书
东南亚地区发展报告（2015）
著(编)者:王勤　2015年4月出版／估价:79.00元

俄罗斯黄皮书
俄罗斯发展报告（2015）
著(编)者:李永全　2015年7月出版／估价:79.00元

非洲黄皮书
非洲发展报告（2015）
著(编)者:张宏明　2015年7月出版／估价:79.00元

皮书系列 2015全品种
国别与地区类

国际形势黄皮书
全球政治与安全报告（2015）
著(编)者:李慎明 张宇燕　2015年1月出版 / 定价:69.00元

韩国蓝皮书
韩国发展报告（2015）
著(编)者:刘宝全 牛林杰　2015年8月出版 / 估价:79.00元

加拿大蓝皮书
加拿大发展报告（2015）
著(编)者:仲伟合　2015年4月出版 / 估价:89.00元

拉美黄皮书
拉丁美洲和加勒比发展报告（2014~2015）
著(编)者:吴白乙　2015年4月出版 / 估价:89.00元

美国蓝皮书
美国研究报告（2015）
著(编)者:黄平 郑秉文　2015年7月出版 / 估价:89.00元

缅甸蓝皮书
缅甸国情报告（2015）
著(编)者:李晨阳　2015年8月出版 / 估价:79.00元

欧洲蓝皮书
欧洲发展报告（2015）
著(编)者:周弘　2015年6月出版 / 估价:89.00元

葡语国家蓝皮书
葡语国家发展报告（2015）
著(编)者:对外经济贸易大学区域国别研究所　葡语国家研究中心
2015年4月出版 / 估价:89.00元

葡语国家蓝皮书
中国与葡语国家关系发展报告·巴西（2014）
著(编)者:澳门科技大学　2015年4月出版 / 估价:89.00元

日本经济蓝皮书
日本经济与中日经贸关系研究报告（2015）
著(编)者:王洛林 张季风　2015年5月出版 / 估价:79.00元

日本蓝皮书
日本研究报告（2015）
著(编)者:李薇　2015年4月出版 / 估价:69.00元

上海合作组织黄皮书
上海合作组织发展报告（2015）
著(编)者:李进峰 吴宏伟 李伟
2015年9月出版 / 估价:89.00元

世界创新竞争力黄皮书
世界创新竞争力发展报告（2015）
著(编)者:李闽榕 李建平　赵新力
2015年12月出版 / 估价:148.00元

土耳其蓝皮书
土耳其发展报告（2015）
著(编)者:郭长刚 刘义　2015年7月出版 / 估价:89.00元

亚太蓝皮书
亚太地区发展报告（2015）
著(编)者:李向阳　2015年1月出版 / 定价:59.00元

印度蓝皮书
印度国情报告（2015）
著(编)者:吕昭义　2015年5月出版 / 估价:89.00元

印度洋地区蓝皮书
印度洋地区发展报告（2015）
著(编)者:汪戎　2015年4月出版 / 估价:79.00元

中东黄皮书
中东发展报告（2015）
著(编)者:杨光　2015年11月出版 / 估价:89.00元

中欧关系蓝皮书
中欧关系研究报告（2015）
著(编)者:周弘　2015年12月出版 / 估价:98.00元

中亚黄皮书
中亚国家发展报告（2015）
著(编)者:孙力 吴宏伟　2015年9月出版 / 估价:89.00元

中国皮书网

www.pishu.cn

发布皮书研创资讯，传播皮书精彩内容
引领皮书出版潮流，打造皮书服务平台

栏目设置：

- ☐ 资讯：皮书动态、皮书观点、皮书数据、皮书报道、皮书发布、电子期刊
- ☐ 标准：皮书评价、皮书研究、皮书规范
- ☐ 服务：最新皮书、皮书书目、重点推荐、在线购书
- ☐ 链接：皮书数据库、皮书博客、皮书微博、在线书城
- ☐ 搜索：资讯、图书、研究动态、皮书专家、研创团队

中国皮书网依托皮书系列"权威、前沿、原创"的优质内容资源，通过文字、图片、音频、视频等多种元素，在皮书研创者、使用者之间搭建了一个成果展示、资源共享的互动平台。

自 2005 年 12 月正式上线以来，中国皮书网的 IP 访问量、PV 浏览量与日俱增，受到海内外研究者、公务人员、商务人士以及专业读者的广泛关注。

2008 年、2011 年，中国皮书网均在全国新闻出版业网站荣誉评选中获得"最具商业价值网站"称号；2012 年，获得"出版业网站百强"称号。

2014 年，中国皮书网与皮书数据库实现资源共享、端口合一，将提供更丰富的内容，更全面的服务。

权威报告　热点资讯　海量资源

当代中国与世界发展的高端智库平台

皮书数据库 www.pishu.com.cn

皮书数据库是专业的人文社会科学综合学术资源总库,以大型连续性图书——皮书系列为基础,整合国内外相关资讯构建而成。包含七大子库,涵盖两百多个主题,囊括了近十几年间中国与世界经济社会发展报告,覆盖经济、社会、政治、文化、教育、国际问题等多个领域。

皮书数据库以篇章为基本单位,方便用户对皮书内容的阅读需求。用户可进行全文检索,也可对文献题目、内容提要、作者名称、作者单位、关键字等基本信息进行检索,还可对检索到的篇章再做二次筛选,进行在线阅读或下载阅读。智能多维度导航,可使用户根据自己熟知的分类标准进行分类导航筛选,使查找和检索更高效、便捷。

权威的研究报告,独特的调研数据,前沿的热点资讯,皮书数据库已发展成为国内最具影响力的关于中国与世界现实问题研究的成果库和资讯库。

皮书俱乐部会员服务指南

1. 谁能成为皮书俱乐部成员?
● 皮书作者自动成为俱乐部会员
● 购买了皮书产品(纸质书/电子书)的个人用户

2. 会员可以享受的增值服务
● 免费获赠皮书数据库100元充值卡
● 加入皮书俱乐部,免费获赠该纸质图书的电子书
● 免费定期获赠皮书电子期刊
● 优先参与各类皮书学术活动
● 优先享受皮书产品的最新优惠

3. 如何享受增值服务?
(1) 免费获赠100元皮书数据库体验卡
第1步　刮开皮书附赠充值的涂层(右下);
第2步　登录皮书数据库网站(www.pishu.com.cn),注册账号;
第3步　登录并进入"会员中心"—"在线充值"—"充值卡充值",充值成功后即可使用。

(2) 加入皮书俱乐部,凭数据库体验卡获赠该书的电子书
第1步　登录社会科学文献出版社官网(www.ssap.com.cn),注册账号;
第2步　登录并进入"会员中心"—"皮书俱乐部",提交加入皮书俱乐部申请;
第3步　审核通过后,再次进入皮书俱乐部,填写页面所需图书、体验卡信息即可自动兑换相应电子书。

4. 声明
解释权归社会科学文献出版社所有

皮书俱乐部会员可享受社会科学文献出版社其他相关免费增值服务,有任何疑问,均可与我们联系。

图书销售热线: 010-59367070/7028　图书服务QQ: 800045692　图书服务邮箱: duzhe@ssap.com.cn
数据库服务热线: 400-008-6695　数据库服务QQ: 2475522410　数据库服务邮箱: database@ssap.com.cn
欢迎登录社会科学文献出版社官网(www.ssap.com.cn)和中国皮书网(www.pishu.com.cn)了解更多信息

皮书大事记
（2014）

☆ 2014年10月，中国社会科学院2014年度皮书纳入创新工程学术出版资助名单正式公布，相关资助措施进一步落实。

☆ 2014年8月，由中国社会科学院主办，贵州省社会科学院、社会科学文献出版社承办的"第十五次全国皮书年会（2014）"在贵州贵阳隆重召开。

☆ 2014年8月，第二批淘汰的27种皮书名单公布。

☆ 2014年7月，第五届优秀皮书奖评审会在京召开。本届优秀皮书奖首次同时评选优秀皮书和优秀皮书报告。

☆ 2014年7月，第三届皮书学术评审委员会于北京成立。

☆ 2014年6月，社会科学文献出版社与北京报刊发行局签订合同，将部分重点皮书纳入邮政发行系统。

☆ 2014年6月，《中国社会科学院皮书管理办法》正式颁布实施。

☆ 2014年4月，出台《社会科学文献出版社关于加强皮书编审工作的有关规定》《社会科学文献出版社皮书责任编辑管理规定》《社会科学文献出版社关于皮书准入与退出的若干规定》。

☆ 2014年1月，首批淘汰的44种皮书名单公布。

☆ 2014年1月，"2013(第七届)全国新闻出版业网站年会"在北京举办，中国皮书网被评为"最具商业价值网站"。

☆ 2014年1月，社会科学文献出版社在原皮书评价研究中心的基础上成立了皮书研究院。

皮书数据库
www.pishu.com.cn

皮书数据库三期

• 皮书数据库（SSDB）是社会科学文献出版社整合现有皮书资源开发的在线数字产品，全面收录"皮书系列"的内容资源，并以此为基础整合大量相关资讯构建而成。

• 皮书数据库现有中国经济发展数据库、中国社会发展数据库、世界经济与国际政治数据库等子库，覆盖经济、社会、文化等多个行业、领域，现有报告30000多篇，总字数超过5亿字，并以每年4000多篇的速度不断更新累积。

• 新版皮书数据库主要围绕存量+增量资源整合、资源编辑标引体系建设、产品架构设置优化、技术平台功能研发等方面开展工作，并将中国皮书网与皮书数据库合二为一联体建设，旨在以"皮书研创出版、信息发布与知识服务平台"为基本功能定位，打造一个全新的皮书品牌综合门户平台，为您提供更优质更到位的服务。

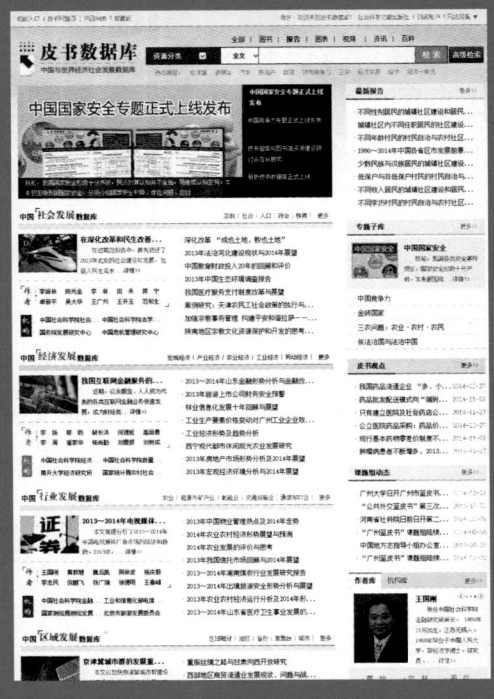

更多信息请登录

中国皮书网
http://www.pishu.cn

皮书微博
http://www.weibo.com/pishu

皮书博客
http://blog.sina.com.cn/pishu

皮书微信
皮书说

请到各地书店皮书专架 / 专柜购买，也可办理邮购

咨询 / 邮购电话：010-59367028　59367070　　　邮　箱：duzhe@ssap.cn
邮购地址：北京市西城区北三环中路甲29号院3号楼华龙大厦13层读者服务中心
邮　编：100029
银行户名：社会科学文献出版社
开户银行：中国工商银行北京北太平庄支行
账　号：0200010019200365434
网上书店：010-59367070　　qq：1265056568
网　址：www.ssap.com.cn　　www.pishu.com